DESCRIPTION
DES PRINCIPAUX LIEUX
DE FRANCE.

DESCRIPTION

DES PRINCIPAUX LIEUX

DE FRANCE,

CONTENANT des détails descriptifs & historiques sur les Provinces, Villes, Bourgs, Monastères, Châteaux, &c. du royaume, remarquables par quelques curiosités de la Nature ou des Arts, & par des événemens intéressans & singuliers, &c.; ainsi que des détails sur le commerce, la population, les usages, & le caractère de chaque peuple de France; semée d'observations critiques, &c.

ACCOMPAGNÉE DE CARTES.

Par J. A. DULAURE.

CINQUIÈME PARTIE.

Prix, 2 liv. 10 sous br., 3 liv. rel.

A PARIS,

Chez LEJAY, Libraire, rue Neuve des Petits Champs, près celle de Richelieu.

M. DCC. LXXXIX.

Avec Approbation & Privilège du Roi.

DESCRIPTION
DES
PRINCIPAUX LIEUX
DE FRANCE.

AUVERGNE.

Tableau général de l'Auvergne.

Cette province, dont *Clermont* est la capitale, est bornée au nord par le Bourbonnois ; au sud par le Velai, le Gévaudan & le Rouergue ; à l'est par le Forez, & en partie par le Velai ; & à l'ouest par le Querci, le Limosin & la Marche. Dans sa plus grande longueur, l'Auvergne a environ quarante lieues, dans une direction prise du nord au sud, inclinant un peu du nord-est au sud-est ; & dans sa largeur moyenne elle a vingt-quatre lieues ; sa surface est d'environ sept cent vingt lieues. La généralité est moins étendue, & du côté du Bourbonnois ses limites sont rétrécies ; d'après les calculs, fondés sur les données les plus certaines, j'ai trouvé que la surface de cette généralité étoit d'environ six cent quatre-vingt-trois lieues.

Par rapport au spirituel, cette province se divise en deux diocèses, celui de *Clermont* & celui de *Saint-Flour*. Elle est d'ailleurs divisée en haute & basse Auvergne : une ligne tirée des montagnes de la Margeride, qui se prolonge vers la ville d'*Alanche*, & suit le cours de la rivière appelée *la Rue*, jusqu'à son embouchure dans la Dordogne, forme la ligne de démarcation. C'est dans la basse Auvergne que se trouve le beau & fertile pays de la *Limagne*.

HISTOIRE. Les Auvergnats jouèrent un rôle distingué dans l'ancienne Histoire des Gaules; ils prétendoient descendre des Troyens; Lucain, dans sa Pharsale, semble leur reprocher cette prétention, lorsqu'il dit :

Arvernique ausi latios se dicere fratres
Sanguine ab Iliaco populi. . . . .

Cette opinion s'est long-temps conservée parmi ce peuple. Plusieurs siècles après Lucain, *Sidoine Apollinaire*, en divers endroits de ses ouvrages, rappelle fort sérieusement cette brillante origine, comme un point d'histoire alors généralement admis (1); quoiqu'il en soit

―――――――――――――――――

(1) M. *Bonamy*, dans ses recherches sur l'Historien *Timagène*, imprimées dans le tome XIIIe des *Mémoires de l'Académie des Inscriptions*, hasarde quel-

ces peuples étoient connus 590 ans avant notre ère ; on trouve leurs noms parmi ceux des colonies nombreuses de Gaulois, qui, après avoir favorisé l'établissement des Phocéens en Provence, vinrent, sous la conduite de *Bellovése* & de *Sigovése*, neveux d'*Ambigat*, Roi de la Celtique, conquérir la partie de l'Italie qui fut depuis nommée *Gaule Cisalpine*, & s'y fixèrent. Quatre cents ans après, ils fournirent des troupes à *Asdrubal*, lorsque ce Général des Carthaginois passa sur les frontières de l'Auvergne, pour se rendre en Italie (1).

---

ques conjectures sur l'origine de cette opinion, qui fait descendre les Auvergnats des anciens Troyens. Il dit que du temps des Argonautes, il existoit un peuple appelé *Brébyces*, dont le Roi *Amycus* fut vaincu par Pollux dans un combat singulier ; que ce peuple, qui habitoit une partie du royaume de Priam, après la prise de Troyes, fut chassé de la Troade, & qu'il vint occuper une partie de la Gaule Narbonnoise. Plusieurs Auteurs anciens parlent des *Brébyces* Gaulois, dont Narbonne étoit la capitale. Si le pays des Auvergnats paroît aujourd'hui un peu éloigné de la Gaule Narbonnoise, c'est que ces peuples, long-temps avant l'arrivée de Jules César, avoient étendu leur domination, du Rhin à l'Océan, & jusqu'aux Pyrénées, qui, suivant *Silius Italicus* & *Estienne de Byzance*, étoient du côté du midi les bornes de l'état des *Brébyces*.

(1) Plutarque, dans son Traité des vertus des femmes, dit que, dans les conventions que firent alors les Gaulois, il fut stipulé que s'ils avoient quelques plaintes à former, le jugement en seroit remis aux Préteurs & aux Généraux Carthaginois en Espagne ; qu'au contraire, si les Carthaginois avoient à se plaindre, les femmes Gauloises seroient juges de la contestation. Il

L'Auvergne eut ses Rois, qui étendirent considérablement les limites de ce pays. *Luerius*, le plus ancien que l'on connoisse, a mérité, par sa prodigalité excessive, une mention dans l'Histoire : il donna à tous ses sujets un repas qui dura plusieurs jours ; & au rapport de Strabon, ce Roi, monté sur un char, parcouroit son camp en répandant à pleines mains des pièces d'or & d'argent que recueilloient ceux de sa suite.

Bituld ou *Bituitus*, dont le véritable nom Celte étoit *Bitultich*, lui succéda dans le royaume d'Auvergne. Ce royaume s'étendoit d'un côté, depuis la Loire jusqu'à l'Océan ; de l'autre, depuis les Pyrénées jusqu'au Rhin ; les Auvergnats durent la domination de ce vaste royaume à la protection des Carthaginois.

Teutomalion, Roi des Saliens, peuples de la Provence, ayant été vaincu & chassé de ses Etats par les Romains, se réfugia chez les Allobroges, qui lui donnèrent un asile, & se mirent en état de lui fournir des forces néces-

---

y avoit en effet alors un Tribunal de femmes, établi depuis long-temps, à l'occasion d'une sédition violente qui s'éleva entre les Gaulois, & qui fut calmée par l'entremise des femmes. Cet établissement ne doit pas cependant flatter l'amour-propre des Dames : les Gaulois, peuples barbares, sentant qu'ils étoient incapables de discernement & d'impartialité, durent naturellement choisir pour les conseiller, un sexe non pas plus éclairé, mais moins féroce & plus paisible ; ainsi ce fut plutôt à la foiblesse de leurs organes qu'à leur judiciaire, que les femmes durent cette singulière prérogative.

faires pour fe rétablir dans fes poffeffions. *Bituitus*, l'un des plus puiffans Princes de la Gaule, fe déclara ouvertement pour ce malheureux Prince, & demanda fa grace au Conful *Domitius*, qui la lui refufa.

Après ce refus, *Bituitus* s'unit aux Allobroges, & conjointement il déclara la guerre aux Romains. Ce Roi, à la tête d'une armée formidable d'Auvergnats, s'avança vers le Dauphiné. *Domitius*, apprenant fon approche, & voulant empêcher la jonction de cette armée à celle des Allobroges, fut au devant de *Bituitus*, & fe difpofa à lui livrer bataille. Les deux armées fe rencontrèrent dans un lieu qu'on appeloit *Vindalium*, au confluent de la Sorgue dans le Rhône. La bataille ne refta pas long-temps incertaine ; les Romains furent vainqueurs. Vingt mille hommes de troupes de *Bituitus* furent taillés en pièces, trois mille furent faits prifonniers. La frayeur qu'épouvèrent les Gaulois à l'afpect des éléphans des Romains, qu'ils n'avoient jamais vus, contribua beaucoup à leur défaite.

Cet échec n'abattit point le courage du Roi d'Auvergne; le défir d'effacer la honte de fa défaite & de chaffer entièrement de la Gaule les Romains, dont le voifinage l'inquiétoit, releva fon courage, & fembla lui prêter de nouvelles forces. Bientôt on le vit à la tête de deux cent mille combattans, compofés d'Auvergnats, de Rouerguois & d'Allobroges, s'avancer vers le Conful *Fabius*, qui étoit dans le Dauphiné. Impatient d'en venir aux mains, il fit conftruire un pont fur le Rhône; voyant qu'il ne suffisoit pas, il en fit construire un second de bateaux, passa ce fleuve, & rencontra bientôt Fabius à la tête de trente mille hommes seulement. *Bituitus*, voyant ce petit nombre d'ennemis, dit en plaisantant que l'armée de *Fabius* suffiroit à peine pour un repas des chiens qui étoient dans la sienne.

Ce Roi parut dans ce combat, selon *Valère Maxime*, couvert d'une armure de différentes couleurs, & monté sur un char d'argent. Le 18 du mois d'août de l'an 633 de Rome, les deux armées se rencontrèrent vers l'embouchure de l'Isère dans le Rhône. Bientôt l'action fut générale, très-vive & très-funeste pour les Auvergnats, qui, pour la seconde fois, furent défaits. Leur grand nombre fut cause de leur perte : le champ de bataille étant très-resserré par les montagnes voisines, *Bituitus* ne put ranger avantageusement son armée & déployer en même temps toutes ses forces; l'embarras & la confusion s'y répandirent au premier choc; une partie de ses soldats prirent la fuite, & voulurent se sauver à la faveur des ponts de bateaux construits sur le Rhône; mais le poids de la multitude des fuyards fit rompre les chaînes qui lioient les planches & les bateaux; ils coulèrent à fond, & plusieurs Gaulois furent ensevelis sous les eaux : un plus grand nombre périrent par le fer des Romains, qui les poursuivoient. La chaleur excessive du jour abattit le courage des Gaulois. Les Historiens Romains semblent avoir exagéré le nombre des vaincus qui furent tués à cette bataille; les uns le font monter à cent vingt mille, les autres à cent trente ou même à cent cinquante, tandis qu'ils ne comptent, du côté des Romains, que quinze soldats tués. Le Roi *Bituitus* fut assez heureux pour échapper des mains des vainqueurs.

Par cette victoire, une grande partie de la Gaule Celtique, appelée *Braccata*, fut soumise à la République Romaine, c'est à-dire, la Savoie, le Dauphiné, la Provence & le Languedoc, qui formèrent par la suite la *Gaule Narbonnoise* (1).

Bituitus, se voyant sans espoir, de concert avec les Auvergnats & les Allobroges, prit la résolution de demander la paix aux Romains. *Domitius*, jaloux de la gloire que venoit d'acquérir son collègue *Fabius* par ce dernier exploit, voulut lui enlever celle de traiter en maître le Chef des Auvergnats, & de le rétablir dans son ancienne autorité. Plein de cette idée, il fait appeler *Bituitus*, sous prétexte de conférer avec lui sur les propositions de paix qu'il avoit faites. Il reçut d'abord avec distinc-

---

(1) *Fabius* & *Domitius*, son collègue, furent tellement flattés de ces deux victoires, que l'un & l'autre firent élever sur chaque champ de bataille un monument pour en éterniser la mémoire; chose nouvelle alors! car les Romains n'avoient pas encore adopté l'usage d'insulter, par des trophées, aux peuples qu'ils avoient soumis. On a dit que l'arc de triomphe d'Orange fut le monument que fit élever *Fabius*, & que l'arc de triomphe de Carpentras fut celui que fit élever *Domitius*; mais cette assertion n'est pas suffisamment démontrée: on peut consulter à cet égard, dans le tome XXVIe des Mémoires de l'Académie des Inscriptions, le savant Mémoire de M. Ménard.

tion ce Roi d'Auvergne, qui, se reposant sur la parole du Proconsul, s'étoit rendu sans méfiance auprès de lui; puis accomplissant ses projets de vengeance, il le fit, contre le droit des gens, arrêter & conduire à Rome. Le Sénat désapprouva la trahison de *Domitius*; mais tout en la blâmant, il jugea nécessaire, pour la sûreté des conquêtes de la République, de retenir *Bituitus*, qui fut exilé à Albe. La même crainte détermina aussi le Sénat à s'assurer du fils de ce Roi, nommé *Congentiac*; on le conduisit à Rome, où on le fit élever d'une manière digne de sa naissance (1).

La République Romaine, satisfaite d'avoir subjugué la plus grande partie des Etats de ce Prince, accorda la paix aux Auvergnats & aux Rouerguois seulement, avec la liberté de vivre selon leurs lois, sans réduire leur pays en province, & sans leur imposer aucun tribut; ainsi les Auvergnats furent vaincus, sans être soumis.

Les peuples d'Auvergne, jaloux de leur liberté & de leur indépendance, profitèrent de la défaite de ce Roi, pour ériger leur Gouverne-

_____

(1) Quelque temps après ces deux victoires, Fabius & son collègue Domitius revinrent à Rome pour y demander la récompense de leurs exploits. Le Sénat leur accorda les honneurs du triomphe, & pour relever la pompe de cette cérémonie, il ordonna que *Bituitus* y paroîtroit monté sur le char d'argent qui lui servoit pendant le combat, & vêtu des mêmes armes qu'il portoit lors de sa défaite. C'étoit par de telles récompenses que la République Romaine, avide de dominer l'univers, allumoit dans le cœur des citoyens l'ardeur des conquêtes & la soif du sang des peuples libres.

ment en République, ils tuèrent même un de leurs principaux Seigneurs, nommé *Cetillus*, que l'ambition de dominer avoit porté à se faire proclamer Roi.

Le fils de cet ambitieux fut le célebre *Vercingentorix*, que les Auvergnats, dans une circonstance différente, proclamèrent Roi. Par sa haute naissance, par son courage, il ne mérita pas seulement de commander à ses compatriotes; mais il fut élu Chef de tous les peuples de la Gaule, confédérés contre le joug Romain. Ayant formé une armée considérable, il se rendit maître de *Gergovia*, ville forte d'Auvergne, malgré *Gobanition*, son oncle, qui vouloit y maintenir la tranquillité; puis il s'empara de plusieurs autres places, envoya son Lieutenant *Lucterius* faire une irruption dans la province Romaine du côté de Narbonne.

César, informé de ces mouvemens, passe les Alpes, arrive dans les montagnes de la haute Auvergne, met ce pays au pillage, y laisse le jeune *Brutus* (1) à la tête de ses troupes, & se rend ensuite à Vienne. Après plusieurs dispositions, & après avoir envoyé *Labienus* dans le Sénonois, avec quatre légions, il marche, avec le reste de ses troupes, en Auvergne, en suivant la rive droite de l'Allier, tandis que Vercingentorix l'observoit & côtoyoit l'autre rive, pour s'opposer à son passage.

Le Général Romain, dans cette situation, eut recours au stratagême. Il fit cacher deux

---

(1) Ce *Brutus* étoit le même que César appeloit son fils, & qui fut un de ses assassins.

légions dans un bois touffu, & fit marcher le reste de son armée avec le bagage & les enseignes de toutes ses troupes. Le Général Gaulois ne s'en aperçut point, & continua sa route. Cependant les deux légions restées dans le bois s'occupèrent, lorsqu'il en fut temps, à rétablir un pont sur l'Allier, que Vercingentorix venoit de faire rompre ; elles passèrent dessus, & furent suivies du reste de l'armée romaine, qui revint exprès sur ses pas.

Vercingentorix, voulant éviter le sort d'une bataille, se retira à *Gergovia*, la plus forte place de l'Auvergne. César vint l'assiéger, & après des périls & des travaux infructueux, il fut obligé de lever le siège & d'abandonner l'Auvergne (1). Enfin Vercingentorix lui ayant présenté le combat, César le battit, le força de se retirer à *Alesia*, & quoiqu'avec des forces bien inférieures à celles des Gaulois, il parvint à prendre cette ville. Ainsi fut terminée cette guerre, qui assura aux Romains la conquête de la Gaule.

César donna à chacun de ses soldats un des prisonniers Gaulois qu'il venoit de faire ; il excepta de cette humiliation les prisonniers Auvergnats, & les renvoya même sans en exiger de rançon. Il ne se montra point aussi généreux à l'égard de *Vercingentorix*. Ce Général Gaulois, voyant ses troupes battues, s'étoit rendu aux Romains, & étoit venu déposer lui-même ses armes aux pieds du vainqueur ; il fut fait prisonnier, &, quoique dans les fers, il donnoit

---

(1) Voyez ci-après *Gergovia*.

de l'ombrage à la République Romaine, qui le fit égorger dans sa prison.

Par cette conquête, les Auvergnats restèrent soumis aux Romains; mais la République, redoutant le courage & le naturel inquiet & belliqueux de ces peuples, se les attacha par des bienfaits; elle gratifia la capitale de cette province, du *Droit latin*, d'un *Sénat*, de plusieurs autres établissemens honorifiques ou avantageux, & gratifia les habitans du nom de *frères*.

L'administration bienfaisante des Romains devint une source de bonheur & de richesse pour les peuples d'Auvergne; mais ce pays, riche par sa fertilité, sa population, ses édifices, fut, après quelques siècles, la proie des brigands, qui ravagèrent une grande partie de l'Europe.

Crocus, à la tête d'un peuple d'assassins, de voleurs & d'incendiaires, fut le premier, depuis les Romains, qui porta la destruction & la mort dans l'Auvergne.

A ces brigands en succédèrent d'autres. Les *Visigoths*, établis dans les provinces méridionales des Gaules, étendirent leurs conquêtes si avant, qu'il ne restoit, en 472, aux Romains, dans la première Aquitaine, que le *Berri* & l'*Auvergne*. *Seronat*, Gouverneur de ces provinces pour les Romains, non seulement trahissoit l'Empire, en favorisant les projets d'*Euric*, Roi des Visigoths, mais encore il exerçoit sur les habitans des violences & des vexations excessives : la plupart avoit pris la fuite & abandonné leurs biens, pour se délivrer d'un joug si rigoureux. Alors plusieurs Seigneurs d'Auvergne se réunirent, parvinrent à se saisir de ce traître & cruel Gouverneur, & le livrèrent entre les mains de l'Empereur *Anthême*, qui lui fit expier ses crimes par le dernier supplice.

Cependant le Roi des Visigoths profita des avantages que la trahison de Seronat & la foiblesse du Gouvernement Romain lui avoient procuré. Il accrut ses Etats par de nouvelles conquêtes que la mort de l'Empereur & les troubles qui la suivirent, affermirent encore. Après s'être emparé du Lyonnois, du Berri & de la Touraine, il porta ses armes victorieuses en *Auvergne*, la seule province de l'Aquitaine qui alors lui restoit à soumettre. Après avoir ravagé les campagnes, il vint mettre le siège devant la capitale; malgré de longs efforts, il fut forcé de l'abandonner. L'année suivante, en 474, *Euric*, vint avec de nouvelles troupes faire de nouvelles tentatives. Les préparatifs que les Auvergnats avoient faits pendant l'hiver, ne furent que de foibles obstacles à la fureur des Visigoths, qui dépeuplèrent & dévastèrent cette province par le fer & le feu.

Nepos, nouvellement élevé à l'Empire, fut touché de l'état pitoyable où les Visigoths réduisoient l'Auvergne; connoissant la valeur & la fidélité des habitans, il résolut de les soulager par des moyens que sa foiblesse lui suggéroit. Il envoya, de Ravenne, le Questeur *Licinien* au Roi *Euric*, pour négocier la paix; mais cette tentative fut vaine : les Visigoths se disposèrent, avec plus d'empressement, à entreprendre

entreprendre l'année suivante, sur l'Auvergne, une troisième incursion.

L'Empereur Nepos ne se rebuta point par ce mauvais succès; il envoya à *Euric* une nouvelle députation composée de plusieurs Prélats des Gaules. Le célèbre *Sidoine Apollinaire* étoit alors Evêque de la capitale d'Auvergne; comme Pasteur zélé, il mit tout en usage pour sauver son troupeau de la fureur des ennemis : la domination d'*Euric* l'épouvantoit. Ce Roi désiroit ardemment de terminer ses Etats par la Loire & par le Rhône, & l'Auvergne présentoit le seul obstacle qui s'opposât à son désir : brûlant de faire sentir aux habitans de cette province tout le poids de sa tyrannie, & étant de la secte des *Ariens*, il voyoit dans les Auvergnats des peuples dont le courage opiniâtre, depuis long-temps arrêtoit le cours de ses conquêtes, & humilioit son orgueil, & en eux des hérétiques que sa religion lui faisoit un prétexte d'exterminer. Ainsi l'orgueil, l'ambition & le fanatisme excitoient *Euric* à exercer sur l'Auvergne toute l'étendue de sa cruauté.

Sidoine, justement alarmé, écrivit à plusieurs Evêques & aux Plénipotentiaires de l'Empereur, afin qu'ils parvinssent à calmer la colère du Roi des Visigoths, en leur remontrant que si cette province venoit à lui être cédée, on stipulât que les habitans conserveroient au moins le libre exercice de leur religion.

La seconde députation de Nepos n'ayant eu aucun succès, cet Empereur en envoya une troisième. Ce fut *Saint-Epiphane*, Evêque de Pavie, un des plus illustres personnages de son temps, qui en fut chargé; il parla à ce Roi Visigoth avec une noble fermeté : *Vous n'ignorez pas*, lui dit-il, *que tout homme qui s'abandonne à la colère ne mérite pas le nom de brave*. Il finit sa harangue par ces mots remarquables, qui indiquent assez la foiblesse de l'Empire : *Acceptez donc les offres d'un Prince qui fut votre maître, & qui veut bien aujourd'hui vous traiter en ami*.

Par ces dernières propositions, l'Empereur Nepos, pour avoir la paix, offroit la cession de l'Auvergne. Euric, touché de l'éloquence d'Epiphane, répondit par son Interprète : « *Quoique je sois toujours armé de mon bouclier, de ma cuirasse & de mon épée, tu as pourtant trouvé le secret de me désarmer par la force de ton discours. Ceux-là se trompent*, ajouta-t-il, *qui disent que la langue des Romains n'est pas aussi forte qu'un bouclier, aussi pénétrante qu'un javelot; ils savent détourner nos paroles, & porter les leurs jusqu'au fond de nos cœurs. Je ferai donc, vénérable Prélat, ce que tu souhaites de moi*, &c. On jura une paix aussi avantageuse pour Euric, qu'elle étoit honteuse pour l'Empire Romain.

Après ce traité, fait en 475, Euric envoya *Victorius* pour prendre possession de l'Auvergne. Ce Seigneur avoit été nommé, quelque temps auparavant, Gouverneur de toute l'Aquitaine première; outre ce titre général, il fut pourvu en particulier du Gouvernement ou du Comté d'Auvergne, & il fixa sa résidence dans la ville de Clermont. De là vient que Sidoine Apollinaire ne lui donne que le titre de *Comte* ; car, comme le remarque l'Auteur de l'Histoire du Languedoc, les Visigoths avoient déjà emprunté ce titre des Romains, pour désigner les Gouverneurs particuliers de chaque diocèse, de même que celui de Duc, pour marquer les Gouverneurs généraux des provinces.

Ecdice, Seigneur Auvergnat, fils de l'Empereur *Avitus*, qui commandoit alors en Auvergne pour les Romains, en qualité de maître de la milice des Gaules, quitta le pays après l'avoir défendu avec un courage extraordinaire contre les Visigoths ; il aima mieux s'exiler volontairement de sa patrie, que de vivre sous cette nouvelle domination. L'Empereur *Nepos*, qui l'avoit décoré de la dignité de Patrice, l'appela auprès de sa personne.

Victorius gouverna l'Auvergne comme Comte pendant neuf années de suite. Il étoit Catholique, & il fut bienfaiteur de plusieurs églises. Grégoire de Tours n'en dit pas du bien, & Sidoine Apollinaire en parle avec éloge. Il est certain que les mœurs débordées de ce Comte, les vexations excessives qu'il exerçoit sur les habitans de Clermont, les révoltèrent contre lui de telle sorte, que pour éviter la mort, il prit la fuite, & se rendit à Rome, où il reçut enfin la punition de ses crimes. Le peuple, indigné de ses déportemens, le tua à coups de pierres.

A la célèbre bataille dite *de Vouglé*, donnée en 507, où *Alaric*, fils d'*Euric*, Roi des Visigoths, fut vaincu par *Clovis*, & tué de la main de ce Roi de France, les Auvergnats soutinrent la cause des Visigoths avec le même zèle qu'ils avoient montré pour les Romains. Un corps considérable, composé de la Noblesse d'Auvergne, & commandé par *Sidoine Apollinaire*, fils de l'illustre Sidoine, Evêque de Clermont, résista seul, avec distinction, aux armes de Clovis; *Sidoine* lui-même fut tué en combattant (1).

Clovis, après cette victoire, partagea son armée en deux corps; se mit à la tête de l'un, & donna le commandement de l'autre à *Thiéri*, son fils naturel. Ce jeune Prince, après avoir soumis le Querci, le Rouergue & l'Albigeois, porta ses armes victorieuses dans l'Auvergne. Cette province, déjà ravagée par *Gondebaud*,

---

(1) Les Historiens du Languedoc disent que *Sidoine Apollinaire* ne fut point tué dans cette bataille, puisqu'il fut long-temps après Evêque de Clermont; ils pensent que c'est une erreur de Grégoire de Tours, qui a le premier rapporté cet événement; mais ces Historiens, estimables à tant d'égards, n'ont pas fait attention que ce guerrier, mort à la bataille de *Vouglé*, avoit un fils nommé aussi *Apollinaire*; ce fils, & non pas lui, fut Evêque de Clermont: d'ailleurs l'autorité de Grégoire de Tours doit être ici de quelque poids; il étoit du pays, & presque contemporain, & il a pu avoir sur cette famille illustre des connoissances certaines. On remarque même que cet Evêque Apollinaire, quoiqu'on l'ait placé au rang des Saints, n'avoit point les vertus de son aïeul. En 515, sollicité par sa femme & par sa sœur, il vint à la Cour de *Thiéri*, & offrit à ce Roi des présens considérables, afin d'en obtenir l'évêché de Clermont, vacant par la mort de S. Eufraise; il mourut quatre mois après s'en être mis en possession.

Roi des Bourguignons, allié de Clovis, ne put offrir qu'une foible résistance à l'armée de ce Prince, qui partit après s'être rendu maître des principales places.

En 532, *Arcade*, de la famille d'Apollinaire, Sénateur de Clermont, sur le faux bruit de la mort de Thiéri, s'assura de cette capitale. A cette nouvelle, *Thiéri* saisit avec joie une occasion qui lui fournissoit un prétexte de se venger des habitans d'Auvergne & de piller cette province. Pour faire passer dans le cœur de ses soldats toute l'ardeur qui l'animoit, il leur dit: *Suivez-moi, je vous conduirai dans un pays où vous trouverez autant d'or & d'argent que votre avidité pourra vous en faire désirer, où vous trouverez en abondance des troupeaux, des denrées & des vêtemens.* Après avoir ainsi excité le courage de ses troupes, il vint en Auvergne; il pilla, brûla, massacra tout sur son passage; le beau & fertile pays de la Limagne fut désolé par ces barbares affamés de sang & de butin; ils n'y laissèrent, suivant l'expression énergique de Grégoire de Tours, que le sol qu'ils ne purent emporter.

Théodebert, fils de Thiéri, étant monté sur le trône, affranchit les églises d'Auvergne, du tribut servile auquel son père les avoit assujetties, & rendit les otages qu'il avoit exigés, & qui étoient choisis parmi les enfans des familles les plus distinguées de la province; de ce nombre étoit *Florentius*, qui devint Sénateur de Clermont, & père du célèbre Grégoire de Tours.

C'est ainsi que les Auvergnats furent soumis à la domination des Rois de France. Ces peuples, dans l'Histoire de l'ancienne Gaule, ont joué le rôle le plus brillant ; ils furent les protecteurs de la colonie des Grecs fondateurs de Marseille; ils s'allièrent aux Carthaginois, & traitèrent avec Asdrubal. Ils fondèrent un royaume riche & puissant, & dont l'étendue embrassoit presque toute la France ; ils combattirent long-temps les Romains, & ne purent être vaincus que par eux ; dans les combats, ils firent voir que si les Romains les surpassoient par la ruse & la discipline, ils leur étoient peut-être supérieurs en courage; & quoique vaincus par ces vainqueurs du monde, ils conservèrent encore leur liberté, & se gouvernèrent en République. Ils fournirent ensuite aux Gaulois confédérés contre les Romains, un Chef digne d'être opposé à Jules César; ce conquérant ne put jamais les vaincre chez eux, lui-même y fut battu : enfin, en se soumettant à la République Romaine, les Auvergnats furent honorablement distingués des autres peuples ; ils obtinrent les plus belles prérogatives dont jouissoient alors le petit nombre des villes de l'Europe favorisées par la République (1). L'Auvergne fournit aux Romains, des Guerriers, des Magistrats, des Littérateurs distingués, & un Empereur. Sous la première race de nos Rois, elle a produit le plus ancien des Historiens de la Monarchie. Elle fut la seule

---

(1) Pline, dans le dénombrement qu'il donne des différens peuples des Gaules, distingue les Auvergnats, en leur donnant le titre de *peuples libres* ; *Arverni liberi*.

province qui résista vigoureusement aux armes des Visigoths, & la dernière qui fut soumise à ces peuples.

Après tant de titres d'illustration, les Auvergnats, successivement, subirent le joug de différentes Puissances, gémirent ensuite sous les chaînes du gouvernement féodal, ne jouèrent plus qu'un rôle secondaire, & virent insensiblement leur gloire & leur énergie disparoître avec leur liberté (1).

―――――――――――――――

(1) Il est peu ou il n'est point de province en France dont l'Histoire ancienne soit aussi conservée que celle de l'Auvergne, dont on ait tant de détails ; cependant dans un ouvrage moderne intitulé : *Voyage d'Auvergne*, par M. *le Grand d'Auffy*, on lit *ces phrases* : « Un des Académiciens de Clermont a entrepris, dit-on, l'Histoire de la ville & celle de la province. Sans doute il est des miracles qu'opère l'art d'un grand Ecrivain ; sa plume peut quelquefois, comme la baguette d'Armide, changer en jardins brillans & en palais somptueux, les plus arides déserts ; mais sans cette baguette enchanteresse, j'ai peine à concevoir comment nous intéressera l'Historien des Auvergnats.... L'Histoire ne parle de lui (de ce pays) que quand elle parle de ses maîtres. *Pas un seul fait intéressant, pas un événement qui marque, à peine deux ou trois grands Hommes* ». Voilà l'Histoire d'une province jugée d'un trait de plume. Mais M. le Grand d'Auffy connoît-il assez bien tous les événemens dont l'Auvergne a été le théâtre, pour dire qu'il n'en est aucun d'intéressant ? Je crois qu'il ne les connoît point, & que c'est pour cacher adroitement ce défaut de connoissance qu'il juge avec ce ton leste, assuré, tranchant, que les gens superficiels prennent pour la marque du savoir. La lecture de notre description d'Auvergne prouvera qu'à cet égard M. d'*Auffy*, n'a que l'air d'être instruit. Quant aux grands Hommes

B iv

Sous les premiers Rois de France, cette province, gouvernée par des Comtes, fut long-temps comprise dans l'Aquitaine, & soumise aux Souverains de cette partie de la France. *Waifre*, dernier Duc d'Aquitaine de la race de Charibert, fut vaincu à plusieurs reprises, dépouillé par Pepin, & enfin assassiné par les ordres de cet usurpateur; toute l'Aquitaine, & par conséquent l'Auvergne, furent alors réunies à la couronne de France.

---

dont il fait monter le nombre *à peine à deux ou trois*, nous opposons à son jugement celui d'un Littérateur qui est, autant que lui, étranger à cette province. Voici comment il commence l'éloge de *Pascal* : « Rome fut la patrie d'un peuple de Rois ; l'Auvergne est la patrie d'un peuple de Littérateurs & de Savans. Cette province, qui a produit les *Arnaud*, les *Sirmond*, n'est point encore épuisée par son excessive fécondité. C'est de son sein que sont sortis MM. *Thomas, Marmontel, de Lille & Chamfort*, dont les ingénieuses productions fertilisent aujourd'hui les champs de la Littérature ». *Pascal* & *l'Hôpital* ont déjà leur statues rangées parmi celles des plus grands Hommes de la France. On pourroit grossir de beaucoup cette liste par les noms, de *Sidoine Apollinaire*, de *Grégoire de Tours*, de *Herbert*, le plus savant homme de son siècle ; de *Jean Bonnefont*, de *Domat*, de *l'Abbé Girard*, Auteur des *Synonymes François* ; de l'Abbé *Bannier*, de l'Abbé *Chappes*, de *Meynard*, de *Boissi*, de *du Belloi*, & d'une foule d'autres plus ou moins célèbres. Quant aux guerriers, cette province a fourni *Vercingentorix*, l'émule de *Jules César* ; elle est le berceau des *Turrenne*, des *Destaing* ; de nos jours elle a vu naître MM. de *Bouillé*, de *la Fayette*, &c. &c. On peut ici faire à M. d'Aussy le double reproche de parler de ce qu'il ne connoît pas assez, & d'en parler avec le ton décidé d'un homme parfaitement instruit.

Charlemagne succéda à Pepin, & érigea en faveur de *Louis* son fils, l'Aquitaine en royaume. Ce Prince étoit très-jeune alors; le Roi son père nomma des Comtes pour gouverner les différentes provinces qui formoient ce nouveau royaume. *Icterius*, ou *Itier*, fut élu Comte d'Auvergne (1).

Pepin II s'étant fait couronner Roi d'Aquitaine par une partie des Seigneurs de ce pays, l'Empereur Louis le Débonnaire, irrité de la conduite de ce Prince, marcha, en 839, à la tête de son armée, accompagné de l'Impératrice *Judith* son épouse, & du Roi *Charles* son fils; il s'avança en Auvergne; à une lieue de Clermont, les habitans & les Seigneurs d'une partie de l'Aquitaine vinrent à sa rencontre, & lui firent leur soumission. L'Empereur les reçut avec bonté, & les engagea à prêter serment de fidélité au jeune *Charles*, leur nouveau Roi d'Aquitaine, qu'ils avoient déjà reconnu sept ans auparavant, lorsque Pepin avoit été dépouillé de ce royaume.

Ce jeune Roi fut *Charles le Chauve*, sous

───────────────

(1) *Itier* étoit de la Maison des Ducs d'Aquitaine; il avoit pour aïeul le fameux Duc *Eudes*, & pour père *Hatton*, frère d'*Hunaud*, Duc d'Aquitaine. *Itier* ne devoit pas aimer son oncle *Hunaud*, parce que ce Duc avoit, contre son serment, fait crever les yeux à son père; ainsi on ne doit pas être surpris de le voir partisan des Rois de France, ennemis de sa famille. Ce fut afin de le récompenser du zèle qu'il avoit montré pour le parti de Charlemagne, que ce Prince lui donna le Gouvernement de l'Auvergne.

le règne duquel les Comtes accrurent leur autorité aux dépens de celle du Monarque ; ils transmirent à leurs enfans leurs Comtés, qui n'étoient que des commissions. *Hugues Capet* fut forcé de ratifier ces usurpations, pour se maintenir lui-même sur le trône qu'il venoit d'usurper.

Guillaume le Pieux fut le premier Comte héréditaire d'Auvergne. En 886, il succéda à *Bernard* son père, & en 893, il fut nommé Duc d'Aquitaine. Les Moines lui donnèrent le surnom de *dévot* ou de *pieux*, parce qu'il fit beaucoup de bien aux ordres monastiques, & qu'il fonda plusieurs couvens ; la principale de ses fondations fut celle qu'il fit en 910, de la fameuse abbaye de *Cluni*.

Le Comté d'Auvergne comprenoit alors une étendue bien plus considérable que celle des diocèses de Clermont & de Saint-Flour ; il embrassoit une partie des diocèses de Lyon, d'Autun & de Nevers.

Dans la suite, l'Auvergne fut dépendante des Ducs de Guienne, Comtes du Poitou & Rois d'Angleterre, & fut en grande partie réunie à la couronne.

Gui II, Comte d'Auvergne, suivant les insinuations perfides de *Richard Cœur de Lion*, Roi d'Angleterre & Duc de Guienne, se ligua avec le *Dauphin* d'Auvergne son cousin, contre le Roi *Philippe-Auguste* (1). Ce Roi vint à

---

(1) Voyez ci-après *Clermont* & *Vodable*.

la tête d'une puissante armée, enleva Clermont au Comte, & mit cette capitale sous la garde des habitans. L'an 1197, Gui se brouilla avec son frère, Evêque de Clermont. Le Prélat, joignant les armes spirituelles aux temporelles leva des troupes, ravagea l'Auvergne, mit en interdit les terres de son frère, & l'excommunia.

Cette guerre entre les deux frères dura près de vingt ans. En 1202, *Gui* parut entièrement réconcilié avec l'Evêque de Clermont; il lui donna même la garde de cette ville jusqu'à ce que lui ou les siens eussent fait leur paix avec le Roi de France. Depuis cette époque, les Evêques de Clermont ont conservé le Comté jusqu'en 1552, comme nous le dirons par la suite.

La guerre recommença entre les deux frères en 1209. *Gui*, furieux contre l'Evêque de Clermont, le fit emprisonner. Alors Philippe Auguste envoya en Auvergne, au secours de l'Evêque, une armée commandée par *Gui Dampierre*, qui parvint à ravager tout le pays, & à se rendre maître de plusieurs places.

Le Roi, outre le désir d'étendre ses possessions, étoit depuis long-temps animé contre le Comte d'Auvergne; il le taxa de félonie, confisqua le Comté & conquit cette province. Le Comte Gui résista encore quelque temps, & mourut presque entièrement dépouillé de ses Etats.

Son fils Guillaume X ou XI lui succéda dans les terres qui lui restoient encore. Ce Comte, en 1229 ou 1230, fit un traité avec le Roi

Saint-Louis, par lequel il fut rétabli dans une partie des terres qu'on avoit enlevées à son père.

A cette époque, l'Auvergne se trouva divisée en quatre grands fiefs, relevant immédiatement de la couronne : le *Comté d'Auvergne*, qui comprenoit la partie de cette province restituée au Comte Guillaume X, dont *Vic-le-Comte* étoit la capitale ; l'autre partie de la province, confisquée par Philippe Auguste, nommée d'abord *la terre d'Auvergne*, & dans la suite érigée en Duché, dont la ville de *Riom* devint le chef-lieu ; *le Comté de Clermont*, composé de cette capitale & de quelques autres villes qui appartenoient aux Evêques d'Auvergne ; & le *Dauphiné d'Auvergne*, qui long-temps auparavant la confiscation du Comté, en avoit été démembré, & formoit un arondissement particulier dont *Vodable* étoit le chef-lieu.

Nous allons donner une idée succincte de ces quatre divisions que les Historiens ont souvent confondues.

LE COMTÉ *d'Auvergne* comprenoit, après le traité passé entre le Comte Guillaume X & le Roi Saint-Louis, *Vic-le-Comte*, qui étoit la capitale, *Mercurol*, *Mirefleur*, *Ybois*, *Cremps*, *Saint-Babel*, *Laps* ; *Dieu-y-soit* ou *Busceol*, *Buron* & *Saint-Julien de Coppel*. Ce Comté, qui n'étoit qu'un simulacre de l'ancien Comté d'Auvergne, n'avoit pas plus de trois lieues dans sa plus grande longueur, & de deux lieues de largeur. Il passa de la postérité de *Gui* dans la Maison *de la*

Tour, par le mariage de *Marie*, fille & unique héritière de Godefroi de *Boulogne*, & petite fille de Robert VII, Comte d'Auvergne, célébré en 1388, avec *Bertrand V*, Seigneur de la *Tour*.

En 1501, *Anne*, fille aînée & héritière de Jean III, Comte d'Auvergne, épousa, le 13 juillet 1505, *Jean Stuard*, Duc d'Albanie en Ecosse, duquel elle n'eut point d'enfans. Etant tombée malade en 1524, elle fit son testament, & transmit le Comté d'Auvergne à *Catherine de Médicis* sa nièce. Cette dame, qui épousa depuis le Roi de France Henri II, réunit à ce Comté celui de Clermont qui appartenoit aux Evêques.

Henri III fit don du Comté d'Auvergne à *Charles de Valois*, fils naturel de Charles IX; mais en 1606, *Marguerite de Valois*, sœur d'Henri III, & première femme d'*Henri IV*, se pourvut au Parlement contre cette donation du Roi Henri III. *Charles de Valois*, qui possédoit ce Comté, étoit alors prisonnier à la Bastille, pour crime d'Etat. Il ne put suffisamment faire valoir ses droits. Le Parlement adjugea ce Comté à la Reine *Marguerite*; elle le céda ensuite au Dauphin, qui fut Louis XIII, & qui le réunit à couronne.

Le Duché d'Auvergne, d'abord appelé *la terre d'Auvergne*, comprenoit la partie de cette province confisquée par *Philippe Auguste*. En 1241, le Roi Saint-Louis le donna en apanage à *Alphonse* son frère, après la mort duquel ces terres revinrent à la couronne. En 1360, elles furent érigées en *Duché* par le Roi

Jean, en faveur de *Jean* de France son fils, Duc de Berri, qui mourut sans enfans mâles le 15 juin 1416.

Sous la seigneurie de ce Prince, les Anglois ravagèrent l'Auvergne, & s'emparèrent de plusieurs places. Par le traité de *Bretigny*, ce Duc fut un des otages donnés à l'Angleterre, & ayant eu congé pour passer en France, il y resta. Le *Dauphin* d'Auvergne, qui étoit aussi en otage chez les Anglois, obtint son congé pour la somme de dix mille écus.

Après la mort du Duc de Berri, la terre d'Auvergne, titrée de *Duché d'Auvergne*, passa à la Maison de *Bourbon*, parce que le Roi Charles VI avoit consenti, par le contrat de mariage de *Marie de Berri*, fille de *Jean*, avec *Jean*, Duc du Bourbonnois, que ce Duché se perpétuât dans la Maison de *Bourbon*. Cette disposition devint un grand sujet de litige; mais le Duché d'Auvergne n'en resta pas moins à cette Maison, qui le posséda jusqu'à la mort du fameux *Charles*, Connétable de Bourbon, tué au siège de Rome; il étoit à la fois Duc & Dauphin d'Auvergne.

Ce Duché, confisqué par François Ier sur le Connétable de Bourbon, fut donné par ce Roi à *Louise de Savoie* sa mère, & fut enfin réuni à la couronne. Charles IX le donna en apanage à Henri, Duc d'Anjou son frère, & la Reine Catherine en jouit aussi à titre de douaire, en vertu des lettres de Charles IX.

Lorsque par l'échange de Sédan, on donna le Comté d'Auvergne au Duc de Bouillon, il fut question d'y joindre aussi le Duché; les habitans de la province y formèrent opposition. Le Duc de Chaulne, qui en étoit Gouverneur, représenta qu'un Duché auſſi conſidérable ne pouvoit être détaché du domaine du Roi, excepté pour les apanages des Princes & les douaires des Reines; qu'au ſurplus les Rois de France s'étoient engagés, par divers titres, à ne jamais détacher cette province de leur domaine; ces remontrances furent approuvées, & le Duché reſta uni à la couronne.

Le Comté de Clermont, par la ceſſion que le Comte Gui II fit, en 1202, de cette capitale, à ſon frère Robert qui en étoit Evêque, appartint depuis aux Evêques de cette ville. Il comprenoit pluſieurs châteaux & villes des environs; tels étoient *Billom*, *Lezoux*, *Mauzun*, *Beauregard*, qu'on appelle encore *terres de l'Evêque*, la ville & banlieue de Clermont. La Reine Catherine de Médicis ayant hérité du Comté d'Auvergne, parvint à y réunir celui de Clermont; elle prétendoit que les Evêques de cette ville n'en avoient joui qu'à titre de dépôt, & elle obtint en ſa faveur deux arrêts du Parlement; l'un proviſionnel en 1551, l'autre définitif en 1557, qui autoriſent cette réunion. On a démontré depuis que le titre ſur lequel cette Reine appuyoit ſes prétentions, étoit un titre fabriqué. Lors de la ceſſion du Comté d'Auvergne au Duc de Bouillon, le Roi ſe réſerva le Comté de Clermont & les terres en dépendantes.

Le Dauphiné d'Auvergne fut démembré de l'ancien Comté d'Auvergne vers le milieu du douzième siècle. Guillaume VIII, Comte d'Auvergne, pendant le séjour de son neveu dans la Terre-Sainte, s'empara de la province. Le neveu, légitime héritier du Comté d'Auvergne, comme fils aîné, parvint à son tour à obtenir de son oncle usurpateur plusieurs terres qui furent nommées dans la suite *Dauphiné*; ce ne fut pas lui, mais son fils, qui, le premier, porta le titre de *Dauphin*; on le voit ainsi nommé dans un acte de 1167. On présume que *Marchise*, son aïeule, femme de Robert III, lui donna ce surnom en mémoire du Comte *Guigues*, *Dauphin du Viennois*. Ce surnom devint depuis un nom de Maison & de dignité pour tous les descendans de cette branche de la Maison d'Auvergne. La portion des terres dont ce Prince jouissoit, fut d'abord nommée *les terres Dauphines* ou *le fief Dauphin*, puis on l'appela *le Dauphiné d'Auvergne*. Ces terres comprenoient *Solignac*, *Rongières*, *Malnaut*, *Antoin*; *Mezerat*, *Longchamp*, *Marvejol*, *Bergonne*, *Colange* & *le Broc*, qui formoient la châtellenie de *Vodable*, regardée comme la capitale du Dauphiné; on'y joint aussi les seigneuries de *Rochefort* & d'*Aurières*, la châtellenie de *Herment*, le château de *Montrognon*, les villages de *Champeix*, *Neschers*, *Sauriers*, *Plauzat*, *Brion*, *Chanonat* & *Cros*.

Les Dauphins prirent aussi le titre de *Comte de Clermont*, quoique ce Comté appartînt aux Evêques, mais à cause de certaines prétentions qu'ils avoient sur cette ville.

DE L'AUVERGNE. 33

Le premier Dauphin d'Auvergne fut un des Princes de son temps qui s'adonnèrent à la poésie. Sa Cour étoit l'asile des Troubadours. *Richard Cœur-de-Lion* lui adressa une pièce de vers un peu piquante, à laquelle il répondit sur le même ton. (Voyez *Vodable*.)

En 1262, Robert II succéda à Robert I son père, dans le Dauphiné d'Auvergne. Son frère fut la malheureuse victime de l'avidité de *Philippe le Bel* & de la cruauté des Moines; enveloppé dans la disgrace des *Templiers*, il fut arrêté en 1307, & interrogé sur les crimes qu'on imputoit à l'Ordre. D'après l'assurance que le Roi lui donna de le renvoyer absous, il avoua ce qu'on exigeoit de lui, & réitéra cette confession devant le Pape, à Lyon, & en présence du même Pontife & du Roi, à Poitiers; mais l'an 1313, il déclara, devant le Légat du Pape, qu'il avoit été surpris, & que sa déposition étoit fausse; il accusa le Pape & le Roi de l'avoir séduit, & protesta que la vue de la mort la plus honteuse & la plus cruelle ne lui feroit point changer de sentiment; en effet, ferme dans cette dernière résolution, il fut conduit au bûcher, en protestant de son innocence & de celle de l'Ordre.

La postérité des Dauphins d'Auvergne subsista jusqu'au 26 mai 1436, époque de la mort de *Jeanne*, Comtesse de Clermont, de Sancerre & de Montpensier, Dauphine d'Auvergne, & fille du Dauphin *Beraud III*; elle avoit épousé, en 1408, Louis de Bourbon, premier du nom, Comte de *Montpensier*, & chef de cette branche; par son testament, elle donna l'usufruit

Partie V. C

de tous ses biens à son époux ; en vertu de ce titre, il fut Dauphin d'Auvergne, & la douceur de son gouvernement lui mérita le surnom précieux & rare, dans ces temps-là, de *Louis le Bon*.

Gilbert de Bourbon, son fils, lui succéda dans le Dauphiné d'Auvergne. Charles VIII laissa ce Prince à Naples pour continuer la conquête de ce royaume ; mais il mourut à Pouzoles le 5 octobre 1496, soupçonné d'avoir été empoisonné.

Louis II, son fils & son héritier, fut célèbre par son courage, mais encore plus par sa tendresse filiale. Ayant eu le commandement de la seconde armée que le Roi Louis XII envoya dans le Duché de Milan, il se signala l'an 1501 au siège de Capoue ; de là il se rendit à Pouzoles & y fit célébrer un service pour honorer la mémoire de son père. Il voulut voir son cadavre, & cette vue lui causa une si vive émotion, qu'après avoir versé un torrent de larmes, le 15 août de la même année, il expira de douleur. (Voyez *Aigue-Perse*.)

Charles, Duc de Bourbon, second fils de Gilbert de Montpensier, Dauphin & Duc d'Auvergne, fut le fameux Connétable de Bourbon, tué au siège de Rome, dont François Ier confisqua tous les biens, & les réunit à la couronne l'an 1531.

François Ier, érigea, en 1538, le Comté de Montpensier en Duché-Pairie, & le réunit, en 1543, ainsi que le pays de Combrailles, au Dauphiné d'Auvergne, quoique ces deux terres fussent éloignées du Dauphiné. Ces pays réunis restèrent dans la Maison de Bourbon, & passèrent à la célèbre *Mademoiselle de Montpensier*, morte le 15 avril 1693. *Philippe* de France, *Monsieur*, frère de Louis XIV, succéda à Mademoiselle, & ses terres sont restées depuis dans la maison d'Orléans, qui en jouit encore. (Voyez *Aigue-Perse*.)

L'Auvergne eut long-temps pour fléau ses propres Seigneurs; comme voisine ou dépendante de la Guienne, elle fut inquiétée par les courses des Anglois, & ravagée, à plusieurs reprises, par des troupes de brigands françois, même Gentilshommes, connus sous les noms de *Compagnies, routiers, pillards*, &c., qui faisoient métier de voler les marchands, de brûler les maisons, d'égorger les laboureurs. On a vu, à la honte de la Monarchie, des troupes de brigands, toujours *nobles* quoique *scélérats*, désoler ainsi la France pendant près de trois siècles (1).

Les guerres intestines des Seigneurs d'Auvergne causèrent beaucoup de maux dans cette province; Louis le Gros y vint deux fois dans l'espace de cinq ans, pour appaiser de semblables divisions (2); Philippe-Auguste s'y transporta aussi une fois, & y envoya une seconde fois une armée commandée par *Gui*

---

(1) Les descendans de ces brigands s'honorent encore de leurs nobles aïeux, & pour conserver leurs priviléges, réclament les anciens *services* que ces aïeux ont rendus à l'Etat.

(2) Voyez *Montferrand* & *Pontduchâteau*.

Dampierre, pour le même objet ; enfin Louis le jeune y fit plusieurs voyages pour faire cesser les brigandages qu'y exerçoient sur les églises, sur les Marchands & les Laboureurs, les plus puissans Seigneurs du pays, & notamment les Vicomtes de *Polignac*. (Voyez *Brioude*, *Nonette*, *Usson*.)

La partie la plus utile & la plus respectable du peuple gémissoit sous la tyrannie de la partie la plus inutile & la plus fière. Les Laboureurs de l'Auvergne, du Poitou, du Limosin, accablés par des impôts excessifs que le Roi & les Seigneurs percevoient avec violence, désolés par les Gentilshommes & les gens de guerre qui dévastoient les campagnes, brûloient les villages, & ne vivoient que de meurtre & de vol, enfin ne pouvant plus supporter une si douloureuse existence, s'abandonnèrent au désespoir, & se révoltèrent contre la Noblesse & le Clergé. Jean, Duc de Berri & d'Auvergne, fils du Roi Jean, rassembla toutes ses forces, se jeta sur ces malheureux, & *les fit presque tous mourir*, dit du Tillet, *les faisant mettre au fil de l'épée ou attacher à un gibet ; bien peu y en eut qui échappèrent pour s'en retourner labourer les champs* : & on appelle ces exécutions *faire justice*.

Les guerres intestines, connues sous les noms de la *Praguerie*, du *bien public*, de la *Ligue*, causèrent plusieurs désastres dans cette province ; l'ambition fit naître les deux premières ; la dernière, où le fanatisme étoit joint à l'ambition, fut bien plus longue & plus sanglante.

Le fanatisme y causa plusieurs massacres ;

mais la province doit à la prudence de M. de *Montmorin*, qui en étoit Gouverneur, la vie d'un grand nombre de sujets Protestans ; le Roi Charles IX lui ayant envoyé l'ordre de les faire égorger, il se contenta de s'assurer de leurs personnes, & fit au Roi cette noble réponse :

SIRE,

J'ai reçu un ordre sous le sceau de Votre Majesté, de faire mourir tous les Protestans qui sont dans ma province ; je respecte trop Votre Majesté, pour ne pas croire ces lettres supposées, & si, ce qu'à Dieu ne plaise, l'ordre est véritablement émané d'Elle, je la respecte aussi trop pour lui obéir.

Ainsi, par cette vertueuse désobéissance, le sang de plusieurs milliers de sujets fut épargné (1).

Enfin le germe virulent de la féodalité a continué dans cette province, plus que dans toute autre, ses honteux ravages ; en vain deux fois la Cour a commis des tribunaux extraordi-

———

(1) Ce Seigneur étoit *Gaspard de Montmorin*, Seigneur *de Saint-Herem*, Chevalier de l'Ordre du Roi, Capitaine de cinquante lances de ses ordonnances, Gouverneur & Lieutenant Général pour Sa Majesté au pays d'Auvergne. Ce trait le sort de la classe commune des Nobles, qui n'ont pour tout mérite, que la preuve d'une longue suite d'aïeux, & le met au rang du petit nombre de ceux qu'on peut louer sans rougir.

naires, appelés *Grands-Jours*, pour réprimer les vexations criantes & les désordres sans nombre de cette classe connue sous le nom de *Nobles*; on a vu dans ces derniers temps de ces *Nobles* chargés de bien plus de crimes que de titres & d'aïeux, être avec orgueil le fléau des campagnes, & plaisanter même de leur cruauté. Les malheureux cultivateurs conservent encore dans ce pays le souvenir d'une infinité d'exploits atroces qui servoient de passe-temps à cette Noblesse (1).

---

(1) M. *Molé*, Conseiller au Parlement de Paris, & Député aux Grands Jours de Clermont, écrivit au célèbre *Etienne Pasquier* une lettre sur les désordres que la Noblesse causoit en Auvergne, & sur les crimes des Grands du pays. *Pasquier*, lui répondit : « Au regard du désordre qu'avez trouvé au pays, j'ai tous les regrets du monde que je ne suis maintenant des vôtres.... Je ne pensois que les affaires fussent en tels désordres, &c. Si j'ai bien recueilli de vos lettres, le principal désordre qu'avez trouvé au pays, provient de deux sources, l'une de *l'insolence désordonnée des Gentilshommes*; l'autre, de *la connivence des Juges*, qui sont deux maux qui fraternisent ensemblement ; car la connivence des Juges peut avoir apporté le désordre qui est en la Noblesse : comme aussi le même désordre peut avoir été cause de la connivence des Juges, qui n'ont pu résister à la force ». *Pasquier* attribue les crimes des Nobles d'Auvergne à leur éloignement de la Cour & du Parlement, au pays montueux qu'ils habitent. « Joignez, dit-il, les débauts qu'ont apportés nos guerres civiles depuis vingt-deux ans en çà, pendant lesquels les Gentilshommes ont toujours eu les armes au poing sans aucune discipline militaire ». Il ajoute qu'afin que le châtiment soit plus exemplaire, il faut toujours que les criminels les plus distingués par leur rang soient pu-

LA LIMAGNE. Outre les divisions que la violence a formées en Auvergne, il en est qui sont l'ouvrage de la nature. Celle connue sous le nom de *la Limagne*, mérite une mention particulière.

Ce pays s'étend du sud au nord depuis Saint-Germain Lembron, au dessus d'Issoire, jusqu'aux environs de Gannat, dans une longueur de quinze lieues. Sa largeur varie beaucoup ; elle n'a quelquefois pas une lieue, & jamais plus de trois ou quatre.

La rivière d'Allier l'arrose dans toute sa longueur, & y reçoit une infinité de ruisseaux qui animent & fécondent cette belle & fertile partie de l'Auvergne, qui n'est autre chose que le bassin formé par cette rivière.

La Limagne, à l'est & à l'ouest, est bornée par les hautes montagnes de l'Auvergne, & à l'est par celles du Forez. Au sud le bassin s'ouvre, les montagnes qui le bordent s'abaissent, & laissent voir un lointain immense. L'intérieur de la Limagne est composé de plaines, de côteaux, ou de montagnes inférieures, dépendantes des hautes montagnes.

La fertilité & la beauté de ce canton, qui renferme les principales villes de la basse Auvergne, sont depuis long-temps célèbres dans l'His-

---

nis de préférence. « C'est un remede souverain, dit il, en justice, voire en toute affaire d'estat, de s'attacher aux plus grands quand ils le méritent : car un seul de ceux-là puni apporte plus de crainte & terreur à tout le demeurant du peuple, qu'une infinité de petits ».

toire ; *Sidoine Appolinaire*, dans ſes vers comme dans ſa proſe, fait de ce pays un éloge magnifique. Dans ſes lettres, il dit que cette partie de l'Auvergne *eſt ſi belle, que les Etrangers qui une fois y ſont entrés, ne peuvent ſe réſoudre d'en ſortir, & y oublient bientôt leur patrie.* Suivant Grégoire de Tours, le Roi Childebert diſoit qu'*avant de mourir il ne déſiroit qu'une choſe, c'étoit de voir cette belle Limagne d'Auvergne, qu'on dit être le chef-d'œuvre de la nature, & une eſpéce d'enchantement.* Dans un temps où le nombre des Ecrivains étoit fort rare, & où l'on ne s'occupoit guère de donner au Public des Deſcriptions de pays, la Limagne, ſous François Ier, mérita d'être décrite par un Savant antiquaire Florentin. C'eſt peut-être le premier canton de France pour lequel on a fait une Deſcription particulière (1).

Il eſt peu de pays en France qui offrent un ſol plus fertile, des payſages plus magnifiques & plus variés que la Limagne. De nombreux ruiſſeaux, dont les eaux ſont toujours vives, toujours limpides, ne ſemblent deſcendre des monta-

---

(1) Cet ouvrage eſt intitulé : *Deſcription de la Limagne d'Auvergne, en forme de dialogue, avec pluſieurs médailles, ſtatues, oracles, épitaphes, ſentences & autres choſes mémorables, non moins plaiſantes que profitables aux amateurs de l'antiquité, traduit de l'Italien de* GABRIEL SIMÉON, *en langue françoiſe par* ANTOINE CHAPPUYS, *du Dauphiné*; il eſt accompagné d'une carte topographique, gravée en bois, qui eſt un des plus anciens monumens de ce genre.

gnes que pour embellir & féconder la plaine. Ce n'est point cette fécondité nue, ces vastes champs de blés qui se montrent dans plusieurs autres provinces tout dépouillés de verdure, & dont l'aspect est aussi triste que monotone. Ici le verd des feuillages se mêle par-tout à l'or des moissons, & Cérès y paroît avec tous ses atours. Les vergers, les vastes prairies sont protégés, embellis par des saules élevés, par des haies touffues. Les grandes routes, en droites lignes, bordées d'arbres, représentent les allées d'un beau jardin (1).

Les côteaux ou les montagnes inférieures qui bordent les hautes montagnes, & semblent leur servir de soubassement, ont leur beauté particulière. Les côteaux & les petites montagnes, semées çà & là dans la plaine, produisent, par leurs heureuses dispositions, des contrastes piquans, & des effets admirables. Les bords de l'Allier l'emportent encore en richesses, & sur-tout en beautés; à chaque pas ils déployent des accidens pittoresques, des paysages délicieux, ou des lointains magnifiques; enfin ce pays présente l'image d'une belle nature qui conserve toutes les graces & toute la vigueur de la jeunesse.

CLIMAT, SOL & PRODUCTIONS. La température n'est pas la même dans toute la

---

(1) Ces arbres sont des noyers qui offrent des fruits aux propriétaires, & de l'ombre aux Voyageurs. Ils sont presque tous du même âge. L'hiver de 1709 ayant fait périr tous les noyers de la Limagne, ils furent remplacés à la même époque.

province ; la haute Auvergne, ainsi qu'une partie de la basse, est un pays froid, montagneux & entrecoupé de petits vallons, dont quelques-uns sont fertiles & agréables, mais qui sont en général bien éloignés de la beauté & de la fécondité de la Limagne. On y recueille du seigle, & on y trouve d'excellens pâturages. Les plus hautes montagnes de la haute comme de la basse Auvergne, sont inaccessibles en hiver, à cause de la neige qui les couvre entièrement, & qui, en quelques endroits, s'y conserve jusqu'en été. Le printemps y est toujours tardif, mais, en général, les automnes y sont belles, quelquefois jusqu'au mois de décembre.

La partie de la basse Auvergne qu'on appelle *la Limagne*, produit abondamment du blé, du vin, des fruits excellens. Le climat n'y est pas toujours tempéré ; le passage du froid au chaud est souvent très-brusque ; en hiver le froid est vif ; en été la chaleur est excessive, sur-tout dans les plaines. Ce pays, comme tous ceux qui sont placés aux pieds des hautes montagnes, est fort sujet aux orages, & le tonnerre s'y fait entendre avec un bruit effroyable.

COMMERCE. Dans la haute Auvergne & dans le pays montagneux de la basse, le principal commerce consiste en mulets qui se vendent en Provence & en Espagne ; en chevaux, plus renommés par leur vigueur que par leur beauté. Les habitans du Poitou sont en usage d'envoyer leurs mulets dans les environs de Saint-Flour, dont les pacages engraissent ces animaux. Les herbes odoriférantes qui couvrent les plus hautes montagnes, dans la belle saison, forment un pâturage excellent. Les habitans des pays voisins y envoyent des bestiaux qui y paissent six mois de l'année; ceux à qui la garde en est confiée, retirent pour salaire le lait des vaches, dont ils font du beurre & du fromage. Le fromage appelé *le Cantal*, qui se fabrique sur les montagnes de ce nom, jouit d'une grande réputation; le débit s'en fait en Languedoc, en Guienne, &c. Les fromages qui se fabriquent sur les montagnes du Mont-d'or, se débitent en Poitou & en Touraine. Ces fromages forment une des principales branches du commerce de la haute Auvergne. Il faut y joindre le commerce des mulets & des chauderons.

La Limagne fait un grand commerce de denrées, ses vins se transportent dans la haute Auvergne, & même à Paris, par l'Allier & le canal de Briare. Par la même voie on transporte à Paris, à Rouen, des pommes & du charbon de terre; ce commerce s'étend aussi sur toutes les villes qui bordent la Loire. Les exportations que la navigation de cette rivière favorise, seroient bien plus abondantes, sans les nombreuses entraves qui se rencontrent sur la route. Les douanes auxquelles sont assujetties les marchandises, mettent un grand obstacle au commerce de l'Auvergne, & causent souvent dans cette province, d'ailleurs privée de débouchés, une stagnation décourageante & pire que la stérilité (1).

---

(1) On ne sauroit trop encourager le commerce sur

Il y a plusieurs manufactures en Auvergne dont les marchandises se consomment dans le pays. Les principales marchandises exportées sont les papiers de Thiers, ceux d'Ambert & des environs de Clermont. La quincaillerie & la coutellerie de Thiers, quoique peu estimées dans le pays, forment une branche de commerce considérable & fort étendue.

Rivières. L'Auvergne est fort arrosée de rivières; on en compte jusqu'à vingt-trois, sans y comprendre les petits ruisseaux.

L'Allier est la plus considérable; elle prend sa source dans le Gévaudan, au village du Coudrai, au pied du mont de Lauzere; elle passe à Langeac, à Vieille-Brioude, à Brassac, où elle commence à être navigable; puis elle coule à une lieue d'Yssoire, de là au Pont du Château, & commence à arroser le Bourbonnois, entre Ris & Puy-Guillaume; elle se jette en-

---

cette rivière, qui pourroit devenir, pour la Limagne, une source d'activité & de richesse. Ce commerce, tel qu'il se fait aujourd'hui, n'offre pas des avantages assez certains pour qu'ils puissent déterminer beaucoup de personnes à l'entreprendre. La navigation, peu facile en quelques endroits, cause souvent des retards; les péages royaux sont multipliés & considérables; la douane de *Vichi* est la plus gênante & la plus chère. Les retards que cause la vérification des marchandises, & la perception de ces droits sont souvent presque aussi onéreux que la taxe même de ces droits. Il faut solliciter, comme une faveur, l'avantage de donner le plutôt possible son argent. Celui qui parviendroit à délivrer l'Auvergne de ce fléau fiscal, rendroit un grand service à cette province.

suite dans la Loire, à une lieue au dessous de Nevers. Par cette jonction elle procure à l'Auvergne une communication avec le Nivernois, le Berri, l'Orléannois & autres provinces que la Loire traverse, & le canal de Briare lui procure de là une communication avec la Seine.

La Dore prend sa source proche Saint-Germain-l'Herm, passe du village de Dore-l'Eglise à Courpierre, à une demi-lieue de Thiers, & se jette dans l'Allier vis-à-vis Ris.

La Sioule prend sa source auprès de Vernines, aux pieds du Mont d'or, passe à Pont-Gibaud, à Ebreuille, à Saint-Pourcain, & se jette dans l'Allier à une lieue de cette ville.

L'Allagnon prend sa source dans les montagnes du Cantal, passe près de Murat, puis à Matliac, à Lempde; & après avoir traversé une partie de la haute & de la basse Auvergne, elle se jette dans l'Allier, à une lieue au dessus de Nonette.

La Trueyre prend sa source au bas des monts du Cantal, passe à Saint-Flour, sort de l'Auvergne, après lui avoir servi de limites; dans l'espace de quelques lieues, traverse une partie du Rouergue, & se jette dans le Lot à Entraigues.

La Dordogne prend sa source aux pieds du Mont-d'or, passe près de Bord, sépare, dans un long espace, l'Auvergne du Limosin, &, après avoir traversé une partie de cette dernière province & du Périgord, elle se jette dans la Garonne au dessous de Bourg.

MONTAGNES. Les montagnes de *la Margeride* forment une chaîne dépendante de celles du Vivarais & du Gévaudan; cette chaîne s'étend dans une direction de l'est à l'ouest jusqu'au groupe énorme des monts du Cantal.

Les monts du Cantal offrent un groupe de montagnes très-étendu, les sommets les plus élevés sont au centre, d'où partent, en divergeant, une trentaine de ruisseaux ou de rivières qui coulent dans autant de ravins profonds, & qui, pour la plupart, vont grossir la Dordogne; des montagnes inférieures semblent, dans la même disposition en s'éloignant du centre, s'abaisser insensiblement, & ne former plus que de longs plateaux. (Voyez *Monts du Cantal*).

En partant de ce groupe colossal, la chaîne se perpétue jusqu'à un autre groupe moins étendu, mais plus élevé, qu'on appelle *les Monts-d'or*.

Le groupe des Monts-d'or offre les plus hautes montagnes de l'Auvergne; on découvre, à des distances considérables, leurs sommets presque toujours couverts de neiges; elles sont environnées de montagnes bien moins élevées, séparées entre elles par de profonds ravins, où coulent, comme d'un centre commun, plusieurs rivières, dont quelques-unes sont considérables, comme la *Sioule* & la *Dordogne*. Ces monts, dont nous parlerons plus en détail à l'article des *Bains du Mont-d'or*, offrent au Naturaliste une infinité d'objets curieux, & à l'Amateur, des paysages, des points de vue très-étendus, très-pittoresques, & sur-tout ce qu'on appelle de belles horreurs.

La même chaîne se continue en s'abaissant dans une direction du sud au nord, elle présente par intervalles quelques montagnes élevées. La plus remarquable est celle du *Puy de Dome*, située à une lieue & demie de Clermont; nous en parlerons à la suite de l'article de cette ville.

La chaîne des montagnes qui sont à l'est de l'Auvergne, & qui séparent cette province de celle du Forez, est une branche des hautes montagnes du Vivarais; elles présentent un pays semé de nombreuses aspérités, mais bien inférieures en hauteur à la chaîne qui comprend les monts du Cantal & ceux du Mont-d'or.

Minéralogie. L'Auvergne est une des provinces de France les plus curieuses en minéralogie; c'est l'opinion de plusieurs Savans en Histoire Naturelle, & c'est celle particulièrement de M. *Monnet*, dans la Relation de ses voyages minéralogiques en Auvergne. « Il n'y a peut-être pas, dit-il, de pays au monde dont le règne minéral offre plus de variétés & de plus grands sujets d'observations que celui de cette province ». Des Historiens disent que ce pays étoit autrefois célèbre par ses mines d'or & d'argent. Aujourd'hui on ne connoît aucunes mines d'or ni d'argent proprement dites; on y trouve seulement des mines de plomb, dont quelques-unes sont assez riches en argent; telles sont celles de *Roure* & de *Barbaco*, près de Pontgibaud. Ces mines ont été anciennement exploitées pour le Roi; elles furent abandonnées, & l'exploitation en a été reprise depuis quelques années. (Voyez *Pontgibaud*).

Les autres mines qu'on exploite en Auvergne sont principalement les mines d'antimoine qui se trouvent auprès de Brioude, à Lubillac & autres lieux de ce canton.

Il y a plusieurs mines de charbon de terre en Auvergne; celles de *Brassac* est très-étendue, & on l'exploite en différens endroits; il s'en fait un commerce considérable, & on en transporte jusqu'en Normandie.

Une grande partie de l'Auvergne fut autrefois brûlée par des feux volcaniques. Le foyer que cette terre couvoit dans ses entrailles, fut immense, & son embrasement de longue durée, si l'on en juge par les témoignages prodigieux & multipliés qu'il en reste. Depuis les environs de la ville de Riom, où les montagnes volcaniques commencent, elles se continuent du nord au midi, comprennent le Puy de Dome & les monts adjacens, le groupe des Monts-d'or, celui des monts du Cantal & les montagnes inférieures; la ligne se courbe vers l'est, & continue du côté des montagnes de la Margeride jusqu'aux montagnes du Velai & du Vivarais. La traînée de feu s'est manifestée le long de cette chaîne à différens intervalles, & les bouches volcaniques sont encore très-apparentes; nous parlerons ci-après plus en détail des volcans les plus considérables (1).

---

(1) M. *Desmarest*, de l'Académie des Sciences, a entrepris, depuis environ vingt ans, aux frais du Gouvernement & de la province, un ouvrage considérable sur les montagnes volcaniques d'Auvergne. Cet ouvrage doit comprendre une description des lieux, accompa-

DE L'AUVERGNE. 49

On ne connoît point, à proprement parler, de carrière de marbre en Auvergne; celles à qui l'on donne ce nom, n'offrent qu'une pierre grise qui ne peut long-temps résister à l'action de l'air, & qui ne prend point un beau poli. (Voy. *Nonette*).

FONTAINES *Minérales*. Les fontaines minérales abondent dans cette province; les plus renommées sont celles d'*Evaux* en Combrailles, de *Saint-Mion*, de *Châtel-guyon*, de *Clermont*, de *Saint-Alyre*, de *Saint-Mart*, du *Mont-d'or*, de *Vic* en Caraladez, au bas des monts du Cantal, de *Chaudes-Aigues*, aux extrémités de la haute Auvergne, & de plusieurs autres lieux. Il semble que toutes ces fontaines suivent la chaîne des montagnes volcaniques; cependant

---

gnée de gravures, représentant des coupes de terrains, & sur-tout de deux cartes à très-grands points; l'une est en quatre feuilles papier grand aigle, l'autre, en une feuille, contient la réduction de la première. Ces cartes & ces dessins sont gravés depuis long-temps. Quelle cause en arrête donc la publication? Seroit-ce la digression que M. de Saussure a faite dans le premier volume de son *Voyage dans les Alpes*, sur *la matière première des laves*, contre le système de M. Desmarest? Cette critique décourageroit-elle ce Savant, au point de lui faire renoncer à un travail si considérable, & presque entièrement fini? Il y a tout lieu de croire qu'un jour enfin il sera publié; que la réputation de cet ancien Académicien n'en souffrira point, & que son ouvrage sera excellent, parce qu'il n'aura point été fait, comme tant d'autres, avec précipitation: en effet on ne pourra jamais reprocher à M. Desmarest de n'avoir pas pris son temps.

Part. V. D

les eaux de *Châteldon* & les célèbres eaux de *Vichi*, situées sur les frontières de l'Auvergne, & du Bourbonnois, sont fort éloignées des cantons volcanisés.

M. *Monnet*, dans son voyage minéralogique en Auvergne, dit que toutes les fontaines minérales de cette province se ressemblent à beaucoup d'égards; qu'elles sont presque toutes gazeuses, alkalines & ferrugineuses : il ajoute qu'en ce genre, c'est non seulement la plus riche province du royaume, mais vraisemblablement de l'Europe entière.

On donne aussi le nom de *Fontaine* en Auvergne à des suintemens de bitume que la chaleur fait découler des rochers ou des terrains volcanisés. On trouve de ces espèces de fontaines au *Puy de la Poix*, proche de *Montferrand*, & au *Puy de Cruel*, à peu de distance du même lieu, ainsi qu'au *Pont du Château* & ailleurs ; nous en donnerons des détails particuliers en parlant de *Montferrand* & du *Pont du Château*.

ADMINISTRATION. La généralité d'Auvergne ou de Riom comprend presque toute la province, à l'exception d'une petite partie au nord qui a été distraite, & qui est comprise dans la généralité de Moulins.

Cette généralité, d'après l'évaluation qui se trouve dans l'ouvrage de l'Administration des Finances par M. *Necker*, a six cent cinquante-une lieues carrées. Les calculs que j'ai faits d'après la grande carte de l'Académie, m'ont donné six cent quatre-vingt-trois lieues.

DE L'AUVERGNE.

POPULATION & Impositions. La population de cette généralité est évaluée à six cent quatre-vingt-un mille cinq cents ames. D'après l'évaluation de la superficie, on auroit environ neuf cent quatre-vingt dix-sept habitans par lieue carrée.

La contribution de cette généralité étant estimée à environ douze millions huit cent mille livres, c'est dix-huit livres seize sous par tête d'habitans.

Une partie de l'Auvergne est rédimée de l'impôt du sel, l'autre est comprise dans le pays des petites gabelles. La généralité entière est exempte des octrois municipaux, des droits sur la marque des fers & des Aides, à l'exception de quelques droits subsidiaires, & qui sont abonnés en partie; mais l'imposition de la taille y est très-forte. Les travaux des chemins y sont faits par corvées (1).

CARACTÈRE & Mœurs. Les Auvergnats, suivant Strabon, passoient pour les peuples les plus belliqueux & les plus féroces; *Arvenia, virorum ferox, bellicosissima gens dicitur.* Un

---

(1) Sur les charges excessives du peuple de cette province, & même de toute la France, on peut consulter l'intéressant ouvrage intitulé : *Doléances sur les surcharges que les gens du peuple supportent en toute espèce d'impôts, &c.*, par M. J. F. Gautier de Biauzat, Avocat en Parlement, premier Député du Tiers-Etat de la ville de Clermont ; ouvrage plein de méthode, d'érudition, où l'Auteur a eu le courage d'offrir un tableau aussi vrai qu'effrayant du fardeau des impositions qui accablent la partie la plus utile, la plus malheureuse & la moins protégée de la société.

ancien Cosmographe dit, « qu'ils sont extrêmement accorts & rusés, fort laborieux, ardens & âpres au gain, s'adonnent grandement au trafic, sont doubles pour la plufpart, querelleux & pleins de violence, & gens avec qui il fait mauvais avoir affaire. La Nobleffe y eft fort courtoife & courageufe; mais le peuple ayme les procez, & contefte malicieufement pour peu de chofe (1) ».

Ce portrait n'étoit pas flatté ; on peut dire qu'en plufieurs points il eft aujourd'hui éloigné de la reffemblance ; le fuivant, fait par un Auteur plus moderne, plus judicieux & plus habile obfervateur, s'en approche davantage. C'eft la Raifon qui voyage en France fous le nom de *Lucidor* (2).

« Lucidor n'avoit jamais tant entendu parler de la Nobleffe que dans cette province. C'eft la marotte de prefque tous les Gentilshommes qui habitent la campagne.

» Quoi qu'il en foit, la Nobleffe, en Auvergne, eft une des meilleures du royaume; mais Lucidor, qui préfera toujours les Savans aux Nobles, eût défiré plus de favoir & moins d'ancienneté. L'homme inftruit exifte par lui-même ; celui qui n'a que de la condition ne vit que dans fes aïeux.... Il obferva qu'ils (les Auvergnats)

---

(1) *Les Etats, Empires, Royaumes & Principautés du monde*, &c., par le fieur D. T. V. Y, Gentilhomme ordinaire de la Chambre du Roi, 1625.

(2) *Voyage de la Raifon en Europe*, par l'Auteur *des Lettres récréatives & morales*, 1772.

abondoient un peu trop dans leur sens ; c'est l'usage du pays.

» On lui demanda souvent s'il étoit Noble ; & comme il ne brilloit pas du côté des habits, on l'eût presque soupçonné d'être aventurier : la plupart des hommes veulent être éblouis.

» La Limagne le ravit ; cette contrée aussi agréable que fertile, où l'on trouve les paysans les plus industrieux ; c'est dommage qu'ils soient obstinés : mais c'est un tribut qu'il faut payer au sol ou au climat ».

L'Auvergnat est actif, courageux, spirituel, propre aux sciences ; mais l'intérêt est chez lui plus puissant que la gloire. A ces traits généraux il faut en joindre de particuliers qui appartiennent séparément aux deux grandes divisions que la nature a tracées dans cette province, au pays de montagnes & à celui de plaine. Les habitans de ces deux pays diffèrent par les mœurs, le caractère, le costume & même par le langage (1).

Les Montagnards, habitant un climat plus rude, un sol moins agréable & moins fertile, ont eu besoin de recourir, pour pourvoir à leur

---

(1) Dans la haute Auvergne l'accent est chez le peuple bien plus dur que dans la basse ; on prononce fortement les finales, & sur tout les *s*. Du côté d'Aurillac on prononce constamment les *b* comme les *v*, & cette seconde lettre comme la première ; ainsi on entend souvent dire mon *havit*, ma *beste*, M. *l'Avvé* ; pour mon *habit*, ma *veste*, M. *l'Abbé*. J'ai entendu un homme de ce pays, qui passoit pour être fort bien élevé, dire : *Malheureusement mon père est beuf*.

subsistance, à des moyens extraordinaires. Chaque année, à la renaissance du printemps, ils quittent leurs foyers, se répandent en grand nombre dans la Limagne, dans toutes les provinces de France, se portent en foule à Paris, & s'étendent jusqu'en Espagne; par-tout ils retirent de leur industrie, de leur activité & de leur force, un salaire qu'ils rapportent pour vivifier leur ménage & payer leurs impositions.

La plupart de ceux qui ne s'expatrient point sont Bergers, & gardent, sur les montagnes, des bestiaux qu'on leur confie pendant six mois de l'année, dont ils retirent le lait, duquel ils font des fromages estimés.

Dans les montagnes de la basse Auvergne, & qui sont voisines du Forez, les Manufactures occupent presque entièrement la plupart des habitans de la campagne. Dans les environs de Thiers, les paysans travaillent à la coutellerie; du côté d'Ambert & d'Arlant, ils fabriquent des camelots, des blondes & des dentelles, & leur industrie supplée à la stérilité du terrein.

Ceux qui habitent le pays de la Limagne diffèrent par le costume, le langage & les mœurs, des habitans des montagnes. La plupart sont vêtus comme on l'étoit sous le règne d'Henri IV, des guêtres, de très-larges culottes d'étoffe grise, & un habit blanc, court & plissé derrière comme celui d'un Cent-Suisse; j'en ai vu qui portoient la fraise, mais cela n'est pas commun; ils portent en place le rabat en toile blanche. Le dialecte romance, qu'on parle dans toute l'Auvergne, est plus doux, moins prononcé, moins guttural dans la baſſe Limagne, que dans le pays des montagnes.

Les habitans de la Limagne placés dans un pays ſuperbe & riche en toutes ſortes de productions, offrent preſque toujours dans leur ménage, comme à leur extérieur, l'image de la peine & de la miſère ; entourés de Bourgeois qui étendent leurs poſſeſſions aux dépens des leurs ; de Praticiens qui s'enrichiſſent à les tourmenter ; accablés de rentes, de redevances ſeigneuriales, d'impoſitions, &c, &c., en travaillant conſtamment, ils peuvent à peine ſe procurer la ſubſiſtance la plus néceſſaire. La plupart ſont foibles, exténués, de petite ſtature ; ils ſupportent toute la fatigue de la culture, ſans en goûter les fruits (1).

Ils ſont trop entourés de Gentillâtres ou de Praticiens qui les mépriſent ou les vexent (2) ;

―――――――――

(1) La plupart des Cultivateurs recueillent de leurs héritages, du blé & du vin, mais ils ne peuvent ſe nourrir de ces fruits qui leurs appartiennent par leur poſſeſſion & par leurs travaux. Afin de payer les rentes & les impoſitions, ils ſont forcés de vendre le pur froment & leur vin, de ſe nourrir d'un pain noir & groſſier, formé de ſeigle & d'orge, & de ſe contenter, pour boiſſon, d'un mélange ſans ſuc & ſans vigueur.

(2) Il ſeroit bien utile que dans les campagnes on ne choiſît que des perſonnes intègres pour remplir les fonctions de Juges, de Procureur Fiſcal, de Notaires ou de Procureurs, &c. : éloignés des ſurveillans, & n'ayant affaire qu'à des hommes ſans inſtruction, la probité eſt chez eux bien plus néceſſaire que chez les perſonnes des mêmes états qui habitent les villes. Ces êtres appelés *Praticiens*, vivent à l'abri des lois,

D iv

ils ont devant les yeux trop d'exemples de vanité ou de mauvaise foi ; enfin ils sentent trop souvent les atteintes du besoin, pour être parfaitement bons, sincères & délicats sur l'honneur : on sait que la misère & le mauvais exemple sont des pièges bien dangereux pour la vertu.

LE PAYS DE COMBRAILLES.

C'est un pays particulier ou petite province, dont *Évaux* est la capitale ; il est situé entre la Marche & l'Auvergne, le Berri & le Bourbonnois. Il a neuf lieues dans sa plus grande longueur, sur six dans sa largeur moyenne ; ce qui peut donner une superficie de quarante-huit lieues carrées.

Depuis l'hérédité des fiefs, ce pays a conservé sa constitution parmi les grands fiefs du royaume. *Albert*, fils d'*Amélie*, fut le premier qui succéda à son père dans le gouvernement ou Comté de Combrailles, & qui en usurpa la souveraineté. Dans la charte de fondation du prieuré de *Malval*, de l'an 1038, il prend la qualité de *Prince de Combrailles*. Cette seigneurie passa à la maison d'Auvergne, par le mariage de Guy II, Comte d'Auvergne, avec *Pernelle du Chambon*, qui lui porta en dot la terre de Combrailles. Cette terre échut

---

parce qu'ils savent jusqu'à quel point on peut en abuser sans être pendu. Enfin cette espèce corrosive est un des grands fléaux des campagnes.

au Cardinal de Boulogne, dans le partage qu'il fit avec ses frères vers l'an 1361, des biens qu'ils avoient à prétendre en Auvergne. Dans son testament, ce Cardinal reconnoît que la seigneurie de Combrailles consistoit dans les châteaux & châtellenies de *Sermur*, *Lespau*, *Evaux*, *Chambon*, *Leyrac*, *Argence* & la *Marche*.

Le pays de Combrailles resta long-temps dans la maison d'Auvergne; *Jean II*, Comte d'Auvergne & de Boulogne, surnommé, à cause de son inconduite, le *Mauvais mesnagier*, aliéna plusieurs de ses terres, & le pays de Combrailles, qu'il vendit à Pierre de *Giac*, Chancelier de France. Quelques années après, cette terre passa dans la maison de Bourbon, d'où elle n'est plus sortie.

La Combrailles fut, en 1543, réunie au Duché de Montpensier, & cette réunion subsiste encore.

Ce pays a relevé toujours immédiatement de la Couronne, & quoiqu'il ait souvent été allié étroitement à l'Auvergne, que la juridiction de son Bailliage ait été réunie à celui de Montpensier pour les affaires civiles, & qu'il fasse partie du gouvernement militaire de cette province, il n'a jamais été réuni à elle ni à aucune province voisine, & conserve, à plusieurs égards, sa constitution primitive, qui doit le faire regarder comme une petite province particulière.

La Combrailles est un pays peu fertile & montagneux, on y recueille beaucoup de seigle. Ce pays est appelé en latin *Combrallia*, qui, suivant la conjecture de M. de Valois, vient de *Convallia*, à cause des montagnes qui l'entourent.

Le petit pays de *Franc-Alleu*, dont la ville de *Bellegarde* est la capitale, est compris dans celui de Combrailles.

EVAUX.

Petite ville, chef-lieu du pays de Combrailles, & d'une élection qui dépend de la généralité de Moulins, à seize lieues de Moulins, à dix-huit de Limoges & à quatorze lieues de Clermont, à peu de distance des limites du Bourbonnois, du Berri & de la Marche.

Cette ville, autrefois nommée *Evahon*, & en latin *Evahonium*, doit son origine à un ancien monastère qui existoit avant le neuvième siècle, & dans lequel fut déposé le corps de *Saint-Marien*, natif de Bourges qui passa une grande partie de sa vie dans une solitude, au milieu de la forêt d'Entraigues en Combrailles. On voit encore à une lieue d'Evaux les ruines d'une chapelle qui porte le nom de *Saint-Marien*, & qui lui servoit d'oratoire. Les habitans de cette ville & des environs vont le 10 octobre de chaque année, en procession, visiter ces masures ; ceux qui ont de la foi & qui sont malades, ne manquent jamais de boire de l'eau d'une fontaine voisine, qui a sur-tout la vertu de guérir la fièvre.

L'événement qui procura à la ville d'Evaux l'avantage de posséder le corps de Saint-Marien, est assez remarquable.

La ville de *Chambon* & celle d'*Evaux* se disputoient l'honneur de posséder le corps du Saint qui venoit d'expirer dans l'hermitage dont nous avons parlé. Pour terminer une discussion si importante, les habitans de ces deux villes voisines se transportèrent au lieu où étoit le corps saint. Après de vives altercations, le plus sage de l'assemblée proposa de placer le cercueil de Saint-Marien sur une voiture à laquelle on attelleroit deux bœufs indomptés; il ajouta qu'ensuite on les abandonneroit, pour les laisser courir & s'arrêter à leur gré, & que ce seroit aux habitans du lieu où ces animaux termineroient librement leur course, qu'appartiendroit le trésor dont ils étoient chargés.

Cette proposition parut la plus juste, & fut unanimement adoptée.

Le corps saint est dévotement attaché sur une voiture, les bœufs fougueux la traînent & suivent le chemin qui mène à *Evaux* & à *Chambon*; il falloit nécessairement passer par cette première ville, pour arriver à la seconde.

Les habitans de ces deux villes suivoient, avec une religieuse inquiétude, les pas de ces animaux, dont le caprice devoit les enrichir ou les priver pour jamais d'un bien si désiré; enfin le char fatal s'avance près des murs d'*Evaux*. S'y arrêtera-t il, ou passera-t-il outre pour aller à *Chambon* ? Un instant va faire cesser cette cruelle indécision. Les bœufs, sans entrer dans la ville, en côtoyent les murs, & prennent la route de Chambon. Alors les habitans d'Evaux, désespérés, remplissent l'air de cris & de gémissemens, tandis que leurs adversaires poussoient des cris de joie, & faisoient retentir les échos de leurs chants d'alégresse. Ce tintamare flattoit infiniment les oreilles du saint défunt ; il jouissoit en secret de voir que chez les uns le chagrin de le perdre égaloit chez les autres la joie de le posséder ; mais il penchoit pour ceux d'Evaux ; on dit même qu'il ne feignit de diriger le char vers Chambon, que pour éprouver combien il étoit aimé.

Bientôt tout changea de face ; la douleur & la joie quittèrent les uns, pour s'emparer des autres. Les bœufs inspirés, qui sembloient avoir abandonné Evaux, tournèrent brusquement à droite, entrèrent dans cette ville, & s'arrêtèrent exactement à la porte de l'église.

Les habitans de Chambon se retirèrent confus & désespérés, & ceux d'Evaux témoignèrent, par mille actions de grace, tout le plaisir que leur causoit cet heureux événement.

L'église qui possède la précieuse relique, étoit celle d'un ancien monastère qui a le titre de *Prévoté* ; il fut successivement enrichi par les bienfaits des Seigneurs de Combrailles & des Ducs d'Auvergne qui leur succédèrent dans cette seigneurie.

En 1267, le Prévôt s'avoua vassal de l'Evêque de Limoges pour tous les biens qu'il tenoit à Evaux, au préjudice d'Alphonse, frère de Saint-Louis, Seigneur des terres d'Auvergne. *Robert V*, Comte d'Auvergne & de Boulogne, & successeur des Seigneurs de Combrailles, mécontent sans doute de l'hommage que le Prévôt avoit fait à l'Evêque de Limoges, envoya plusieurs de ses gens dans ce monastère, qui enfoncèrent les portes, chassèrent avec violence les Moines de leur couvent, & les accablèrent d'injures & de coups.

DE L'AUVERGNE.

Les Moines se pourvurent auprès du Roi, & demandèrent qu'on leur donnât un Sergent pour veiller à la garde du couvent, & les préserver à l'avenir de pareilles injures. Le Comte d'Auvergne soutint que, comme Seigneur haut-justicier du pays de Combrailles, c'étoit à lui qu'appartenoit la garde de ce monastère ; l'Evêque prétendit avoir ce droit comme Seigneur de l'église d'Evaux. Il fut déclaré que l'Evêque y établiroit un Sergent pour défendre les personnes & les biens de ce monastère, à condition néanmoins qu'il ne se mêlât en aucune sorte de la justice dudit lieu.

Un second arrêt, rendu quelques jours après, déclare le Comte d'Auvergne Seigneur haut-justicier d'Evaux & du monastère, & en attribue la garde au Roi, pourvu que le Sergent chargé de cette garde ne se mêle en aucune manière de la justice du lieu.

DESCRIPTION. Le monastère est aujourd'hui occupé par des Chanoines Réguliers de Sainte-Geneviève, qui posèdent de grands biens, beaucoup de titres sur lesquels ils fondent les procès fréquens qu'ils intentent aux habitans.

L'église est sous l'invocation de *Saint-Pierre*, sa construction est belle. On y conserve les reliques de Saint-Marien, qui d'abord placées dans un tombeau, en furent tirées vers l'an 1300 par un Evêque de Limoges qui les logea plus honorablement dans la châsse d'argent qu'on voit encore aujourd'hui.

La ville d'Evaux, bâtie sur une éminence qui en rend la situation salubre, est entourée de murs, & les portes y sont encore conservées. Elle ne contient rien de remarquable, si ce n'est l'église de *Saint-Pierre*, dont nous avons parlé. Il y a plusieurs juridictions & très-peu de commerce; il consiste en toiles, en étoffes grossières, en grains & en bestiaux.

En 1440, pendant la guerre civile appelée la *Praguerie*, cette ville fut prise d'assaut. Charles VII, qui du Poitou passa en Auvergne pour dissiper les Seigneurs & Princes rebelles, partit de Guéret, dépêcha son avant-garde, commandée par *Poton de Saintrailles*, *Robert du Floquet* & *Jean de Brezé*, pour mettre le siège devant *Chambon* & *Evaux*. Après quelque résistance, ces deux places furent prises d'assaut & pillées; plusieurs habitans d'Evaux furent massacrés. Les grands Capitaines de ce temps aimoient mieux prendre les villes d'assaut que par composition; ce premier moyen leur donnoit le droit de piller les maisons, d'égorger les hommes & de violer les femmes; ces atrocités étoient de bonnes aubaines pour les Nobles du bon vieux temps.

Les habitans de Chambon furent moins maltraités que ceux d'Evaux; ils s'étoient réfugiés dans leur église, & y avoient déposé ce qu'ils possédoient de plus précieux. Leur asile sacré alloit être violé, lorsque le Connétable de *Richemont*, bien plus humain que la plupart des héros de son temps, arriva fort à propos pour leur sauver la vie; il les sauva aussi du pillage, moyennant la somme de six cents écus, ou de cent marcs d'argent; somme qui représente aujourd'hui environ six mille livres.

Les eaux minérales qui coulent près de cette ville, y attirent plusieurs Etrangers. Par cette communication, les habitans ont acquis une politesse qu'on ne trouve guère dans des villes aussi éloignées des capitales.

Ces *eaux minérales*, dont il existe plusieurs fontaines, sont à un quart de lieue & au nord de la ville. Elles coulent au bas de plusieurs côteaux qui environnent leurs sources. On distingue deux fontaines principales, l'une, dans la colline gauche, remplit le puits & les *bains d'en haut*; l'autre, à la colline droite, fournit au puits & aux *bains d'en bas*.

Ces eaux sont très-chaudes, & l'on peut à peine y tenir la main pendant quelques minutes. L'eau du puits du bain d'en haut fait monter le thermomètre de Réaumur jusqu'au quarante-septième degré. L'eau de la fontaine des bains d'en bas est un peu moins chaude, & ne fait monter le thermomètre qu'au quarante-cinquième degré. Il paroît, d'après les expériences de M. *Chomel*, que ces eaux contiennent un sel marin joint à un sel alkali naturel, & à une petite quantité de soufre. Les Médecins qui connoissent les effets de ces eaux, ne balancent pas à les mettre au rang des plus salutaires du royaume, elles sont sur-tout efficaces pour les maladies dont la source est dans le moral; il ne leur manque, pour obtenir une célébrité distinguée, que d'être plus connues, & sur-tout mieux prônées.

Environs. Les environs de cette ville sont peu agréables; le sol, quoiqu'en général peu fertile, produit cependant du seigle en abondance.

A une lieue & demie, & au sud-ouest d'Evaux, est le village de *Montfrialoux*, dans la paroisse de *Sannat*; on y trouve plusieurs ruines qui attestent l'existence de quelques édifices remarquables. Deux éminences placées dans la même direction furent reconnues pour des restes de constructions antiques. Celle qui étoit au nord, avoit environ cinquante-quatre pieds de long sur vingt-cinq de large; l'entrée étoit au midi, & communiquoit à un corridor d'une toise de large; tout le long étoient de petits appartemens plus ou moins spacieux, & à l'extrémité, un cabinet de six pieds en carré, où fut trouvé, dans une espèce d'embrâsure, environ trois cents médailles impériales, ramassées depuis le règne de Sévère Alexandre jusqu'à celui de Galien, c'est-à-dire, pendant l'espace d'environ quarante ans.

La seconde éminence offroit un bâtiment moins large, mais plus profond que le précédent; il avoit environ quarante pieds de face sur soixante de longueur; il étoit partagé en deux parties égales par un corridor à gauche & à droite; dans ce corridor se trouvoient des chambres dont chacune avoit douze pieds en tous sens; on y voyoit aussi un appartement plus vaste & mieux décoré que les autres; les murs étoient en briques, & recouverts d'un enduit de ciment peint à fresque. Le pavé étoit double & formé de carreaux propres à en éloigner l'humidité. M. *Barrillon*, qui présida, au mois de novembre 1783, à la fouille de ces ruines, trouva, dans cette pièce, plusieurs médailles Romaines.

Ces deux bâtimens avoient leurs façades l'une vis-à-vis de l'autre ; ils étoient enfermés dans la même enceinte par des murs collatéraux & par un troisième édifice.

Ce troisième édifice étoit de forme elliptitique ; son plus grand diamètre avoit environ quatre-vingts pieds, & le petit quarante pieds ; l'entrée de ce bâtiment étoit opposée à l'Orient.

On conjecture que les deux édifices parallèles servoient à loger une Communauté de Druides, & que le troisième édifice étoit un temple ; mais on ne sait à quelle Divinité il étoit consacré : il est certain qu'il n'a dû être construit que depuis l'établissement de la domination Romaine dans les Gaules ; car avant cette époque, les Gaulois, ainsi que tous les Celtes en général, n'étoient point en usage de bâtir des temples. La cime des montagnes, le centre des forêts les plus épaisses, étoient les seuls sanctuaires où les Druides célébroient les mystères de leur religion.

On assure qu'à une lieue du village de Montfrialoux, près de Louroux, paroisse de Tromp, il existoit un autre temple consacré à Vulcain, au moins une enclume en bronze qu'on a trouvée dans son enceinte, l'a fait conjecturer.

Outre plusieurs médailles découvertes dans ces fouilles, on a aussi recueilli les pieds d'une statue, & une grande quantité de boucles ou anneaux de fer, &c. Il existe aussi

Partie V. E

dans les environs plusieurs autres restes de monumens, comme des vestiges de tours, des tombeaux, &c. qui semblent offrir plusieurs découvertes intéressantes aux Amateurs de l'antiquité.

La Roche-Aimon est un village avec un ancien château situé à un quart de lieue d'Évaux, célèbre par son antiquité, par les merveilles romanesques qu'on en raconte, & sur-tout par l'ancienne & illustre famille à laquelle il a donné son nom.

BORT-SAINT-GEORGE.

Village situé dans le pays de Combrailles, à trois lieues & demie d'Evaux, & à deux & demie de Chambon.

Des découvertes faites, en 1782 & 1783, aux environs de ce village, méritent une mention particulière; elles peuvent jeter quelque lumière sur l'Histoire ancienne du pays, & intéresser vivement les Amateurs de l'antiquité (1).

Entre plusieurs villages de la paroisse de Bort, au bas d'une éminence nommée *la Roche de Baume*, à trois mille toises environ du sommet de la haute montagne de *Toul*, on a

---

(1) C'est d'après deux Mémoires publiés par M. *Barillon*, Docteur en Médecine, Conseiller Médecin du Roi, &c., que nous avons composé cet article ; ce Médecin a montré autant de zèle pour la découverte de ces monumens antiques, à laquelle il a présidé, que de lumières & de méthode pour exposer au Public le résultat de ses recherches.

trouvé les restes d'un bâtiment recouvert de quatre ou cinq pouces de terre végétale les murailles ne s'élevoient au dessus du sol que d'environ un pied; ce plan annonçoit un bâtiment carré dont chaque face avoit près de soixante pieds de longueur. L'épaisseur des murs étoit de deux pieds, & d'après ces proportions on peut juger que l'édifice ne pouvoit avoir moins de dix à douze pieds de hauteur.

Après la porte d'entrée étoit un vestibule demi circulaire de vingt-quatre pieds de diamètre. Au milieu & au fond de ce vestibule, régnoit un corridor de quatre pieds de large; ce corridor communiquoit à un autre par lequel on pouvoit faire intérieurement le tour de l'édifice. Les trois faces intérieures étoient bordées, ainsi que tous les corridors à droite & à gauche, de petites cases plus ou moins profondes; ces cases, qui formoient six rangs, remplissoient, avec les corridors, tout l'intérieur de l'édifice; elles étoient séparées entre elles par des murs de refends de huit pouces d'épaisseur, composés de petites pierres carrées semblables à celles qu'on trouve communément dans les édifices antiques. Ces murs étoient enduits, ainsi que ceux des corridors, d'une couche de ciment très-uni, coloré en rouge & en vert.

Le pavé étoit formé d'un enduit de trois ou quatre pouces de chaux, de sable & de pierres broyées; cet enduit conserve une grande dureté, & il s'enlève par de grandes pièces. Lorsqu'on a fait cette découverte, il restoit encore, dans trois des cases, un pavé formé d'une couche de chaux très-blanche, sur laquelle étoient peintes, en différentes couleurs, des fleurs dont l'effet étoit assez agréable.

On trouva dans ces différentes cases, des débris d'ossemens humains & de chevaux, des vases entiers ou brisés, des statues & un grand nombre de médailles.

On y vit deux squelettes bien conservés & placés séparément; l'un avoit six pieds, & l'on remarquoit un large trou au milieu de son coronal; l'autre avoit les mêmes proportions, mais la tête lui manquoit.

Les médailles se trouvoient éparses dans tout le bâtiment, sous les fondemens, & même en dehors. Celles qui furent trouvées dans l'intérieur des cases de cet édifice, étoient contenues dans des vases de terre. Ces vases avoient à peu près la forme des cassolettes antiques. On a trouvé aussi plusieurs autres vases d'une terre noire, quelques-uns d'une terre très-blanche, inconnue dans le pays, dont la forme étoit presque sphérique, & dont le pied & l'ouverture étoient fort étroits.

Dans le vestibule dont nous avons parlé, il existoit un massif de maçonnerie, composé de pierres taillées & liées avec du mortier de chaux; ce massif, de forme à peu près ovale, avoit sept pieds de long, & quatre de large; dans son milieu étoit une ouverture où l'on voyoit encore, lors de la découverte, des charbons, des cendres & des débris d'ossemens noircis & à demi brûlés; on a même cru y reconnoître un fragment d'*Humerus*; à côté étoient différens instrumens de fer, dont l'un, en forme d'anneau, avoit vingt lignes de circonférence,

& n'étoit point entièrement fermé. Les extrémités de cet anneau représentoient des têtes d'hommes ; on y a aussi trouvé une espèce de fourchette.

On ne peut pas douter que ce massif ne fût un autel où l'on sacrifioit & où l'on brûloit des animaux, & peut-être des hommes ; de même on ne peut pas douter que l'édifice dont nous venons de parler ne fût un lieu anciennement consacré à renfermer les morts. Les Grecs déposoient leurs morts dans de semblables souterrains qui étoient aussi distribués en petits appartemens, & qu'ils appeloient *Hypogées*. Le Père Montfaucon, dans son antiquité expliquée, tome V, livre I, parle de ces édifices sépulcraux, & donne le dessin de plusieurs.

Les Romains avoient aussi leurs *Catacombes* qui étoient simplement des grottes naturelles ou creusées sans beaucoup d'art, en forme de carrières.

Le monument sépulcral dont nous parlons semble avoir beaucoup de rapport avec les *Hypogées* des Grecs : on sait que ces peuples avoient plusieurs usages communs avec les Gaulois. Cependant il est constant, d'après les figures & les médailles qu'on a découvertes dans cet édifice, qu'il fut construit du temps des Empereurs Romains.

On a trouvé, en entrant à droite, à côté du corridor, une statue de dix-huit pouces de hauteur, qui avoit l'index de la main gauche appliqué sur la bouche ; l'autre bras étoit tendu, & sembloit, avec l'index seul déployé, indiquer quelque chose. Cette statue étoit celle du Dieu du *Silence*, qui, par son attitude, sembloit prescrire le respect qu'on devoit garder dans ce lieu sacré, ou indiquer les défenses d'y entrer (1). Cette petite figure a été entièrement détruite par les stupides propriétaires du champ.

Le plus grand nombre des médailles qu'on a trouvées dans cet édifice sont d'Antonin le Pieux. Sur le revers de quelques-unes, on lisoit *felicitas*, & sur celles où se trouvoit *Astrée* la balance à la main, on lisoit *equitas*.

On a même trouvé une médaille en bronze d'un Roi françois, sur laquelle on lit autour de la tête, *Dominus Childericus*. Ce ne pouvoit être *Childeric I*, parce que, sous son règne, ce pays appartenoit encore aux Visigoths, & avant Clovis aucun Roi françois ne s'étoit avancé jusques-là. Il est donc plus raisonnable de dire que cette médaille a appartenu à Childeric II, qui devint Roi de Neustrie, & qui vivoit vers la fin du septième siècle. On peut en induire que les pratiques du Paganisme étoient alors en vigueur dans cette partie de l'Auvergne, qui, sans doute, n'étoit point éclairée des lumières de la foi, ou que les habitans commençant à l'être, n'avoient point encore abandonné leurs anciens usages.

A vingt toises de ce monument, on a découvert

―――――――――――――

(1) Les anciens avoient le plus grand respect pour ces tombeaux souterrains; ils mettoient ordinairement sur la porte, des malédictions & des imprécations contre ceux qui oseroient les violer.

un puits profond & parfaitement conservé, dont les pierres, taillées après avoir été posées, offrent des parois très-unies. Ce puits avoit la forme d'un cône renversé, c'est-à-dire, que l'ouverture en étoit fort large, & le fond beaucoup moins (1). Les tuiles, les clous que l'on y a trouvés en grande abondance, prouvent assez que l'ouverture de ce puits étoit couverte par un vaste comble en charpent.

Près de là on voit sur un très-petit ruisseau un pont antique, nommé *de la Valade*, solidement construit en très-grandes pierres, & composé de trois arcades qui subsistent encore aujourd'hui ; ce pont conduisoit sans doute au monument sépulcral.

Il existoit autrefois au pied de la colline un puits semblable à celui dont nous avons parlé; mais il est si comblé aujourd'hui, qu'on ne peut le reconnoître : il se nommoit le *Puits des Fades* ou *des Fées*. On voit encore, à côté de la même colline, sept creux ou bassins bien pavés qui se vident les uns dans les autres, & qui sont connus sous le nom de *Creux des Fades*.

La colline de *Roche de Baune*, au bas de laquelle se trouvent tous les monumens dont nous venons de parler, offre à sa partie la plus élevée, des masses de rochers sur lesquels on

---

(1) On voit à Polignac, près le Puy en Velai, un puits semblable, dont la forme présente également un cône renversé, & qu'on nomme dans le pays *précipice*. Voyez la seconde Partie de cet Ouvrage, pag. 47 & 48.

voit deux empreintes de pied humain. Suivant la tradition orale, l'une est celle du pied de Saint-Martial qui s'arrêta en cet endroit, & y laissa ce témoignage de son séjour; l'autre empreinte appartient à *la Reine des Fades* ou *des Fées*, qui, suivant la tradition, dans un moment de fureur, frappa si fortement le rocher du pied droit, qu'elle y laissa la marque. On dit que, mécontente des habitans du canton, elle fit en même temps, par sa puissance surnaturelle, tarir les sources minérales qui remplissoient les *creux des Fades* dont nous venons de parler, & les fit couler à Evaux, où elles sont encore.

Ces *Fades*, *Foles* ou *Fées*, dont plusieurs lieux en France ont conservé les noms, étoient, du temps des Gaulois, des espèces de Druidesses auxquelles on attribuoit, comme aux Druides ou aux Sibylles de l'antiquité, le pouvoir de commander aux élémens & de connoître l'avenir (1).

―――――――――――――――――――

(1) Les monumens qui attestent l'existence des Fées sont nombreux. Nous avons parlé en grand détail dans la deuxième Partie de cet Ouvrage, page 126, de la *Grotte des Fées*, près de Gange en Languedoc; dans la troisième Partie, pag. 286, du *Mont des Fées*, près de *Saintes*. Il existe plusieurs autres montagnes ou souterrains en France qui portent le nom de Fées, & auxquels le peuple des campagnes attribue encore des effets merveilleux. Dans la légende de *Saint-Armentaire*, composée vers l'an 1300, par *Raymond Fenaud*, Gentilhomme provençal, on parle de la *Fée Esterelle*, & de ses Sacrificateurs, qui donnoient à boire quelques breuvages enchantés aux femmes stériles pour les rendre fécondes, & d'une pierre appelée *la Lauza de*

DE L'AUVERGNE. 73

Proche de ces monumens de la superstition payenne, on en trouve d'autres plus antiques, moins intéressans pour l'Artiste que pour le Philosophe, & qui remontent à cette époque reculée, où l'homme, dans l'état de nature, vivoit sans art, & différoit à peine des animaux avec lesquels il disputoit sa nourriture ; ces monumens sont des antres creusés & long-temps habités par les Gaulois.

Les Gaulois faisoient leur habitation de ces souterrains, & y renfermoient leur moisson. « Le plus grand nombre, dit le Savant M. Pelloutier dans son *Histoire des Celtes*, s'ouvrirent des cavernes souterraines pour y serrer leur moisson. Le grain se conservoit parfaitement

―――――――

la fada, où l'on faisoit des sacrifices à cette espèce de Divinité. Près du village de Domremi, étoit *l'arbre des Fées*. La Pucelle d'Orléans fut même accusée d'avoir eu des relations avec les Fées qui se rendoient sous cet arbre. Le nom de *Fée* vient du latin *fatidica*, qui signifie *Prophetesse* ou *Magicienne*. C'étoient d'abord des femmes de Sacrificateurs Druides, qui prophétisoient, & que l'on consultoit de préférence à leurs maris. On vit aussi des Vierges Gauloises, initiées dans les mystères de la divination, se croire inspirées. Les Empereurs Romains les ont souvent consultées. Tacite nous assure qu'elles étoient regardées par le plus grand nombre comme des Divinités. Les premiers Chrétiens, qui croyoient tout, crurent long-temps qu'elles étoient inspirées, mais que c'étoit le *Diable* qui communiquoit avec elles, & leur enseignoit la science de l'avenir; c'est pourquoi ils en firent brûler un grand nombre. Depuis quelque temps, comme l'a remarqué le Roi de Prusse, *il est permis au beau sexe de vieillir & de radoter, sans crainte d'encourir la peine du feu.*

dans ces caves pendant plusieurs années ; ils y trouvoient eux-mêmes une retraite contre les rigueurs de l'hiver & contre les incursions subites de l'ennemi. Quand ils quittoient une contrée, ils couvroient si bien ces caves de terre & de gazon, qu'il n'étoit pas possible à un ennemi de les découvrir. Tous les peuples Scythes, ajoute le même Auteur, avoient autrefois de ces cavernes, tant en Asie qu'en Europe ; il est remarquable qu'elles portoient tous le même nom ; on les appeloit *Sir*, *Cir*, & le mot de *Sir*, *Schir*, *Scheuer*, signifie en Allemand une grange (1)».

On voit plusieurs de ces antres dans le même canton, notamment il en est un près du lieu où existoit le monument sépulcral dont nous venons de parler : tous ont à peu près la même forme ; l'ouverture se trouve ordinairement sur une éminence, & se prolonge en descendant dans l'intérieur de la montagne ; ils présentent un seul & long boyau, tortueux ou avec quelques branches, & ont depuis trente jusqu'à cent pieds de profondeur ; ces espèces de galeries souterraines ont quatre ou cinq pieds de haut sur environ trois de large, elles sont taillées en voûtes.

Ces souterrains ont constamment leurs ouvertures opposées à l'Orient, & sont creusés ordinairement dans le voisinage de quelque rivière ou ruisseau.

---

(1) *Histoire des Celtes*, par *Simon Pelloutier*, édition in-4 de 1771, corrigée & augmentée par M. de *Chiniac*, t. I, p. 149.

DE L'AUVERGNE.

Au fond d'un de ces souterrains creusé en pente, comme nous l'avons dit, on voit un petit réservoir en tout temps plein d'eau ; de sorte que ceux qui l'habitoient, y trouvoient de quoi satisfaire un des plus pressans besoins de la nature.

Ces souterrains ne sont point l'ouvrage des animaux ni des hommes civilisés, l'état dans lequel on les a trouvés le prouve suffisamment ; les parois en sont encore noircies par la fumée, & enduits d'une suie épaisse ; une ouverture presque verticale perçoit la montagne, aboutissoit vers le milieu du souterrain où se faisoit le feu, & servoit de cheminée.

L'endroit du foyer offre encore des charbons & des cendres en abondance, & plusieurs pierres calcinées ou noircies jusqu'au centre ; ce qui marque une longue action du feu : les unes, oblongues & assez considérables par leur grosseur, pouvoient servir de chenets ; d'autres, plates & unies, servoient peut-être de plats pour contenir les viandes rôties sur les charbons, ou plutôt à écraser le grain afin d'en tirer la farine.

Dans un de ces souterrains on a trouvé quelques débris d'une poterie de terre, & sur-tout un couvercle d'une forme très-grossière, & qui annonce l'art dans sa première enfance (1).

---

(1) Pour juger de la difformité de cet ouvrage, il suffit de dire qu'ayant à peine quatre pouces de diamètre, il pèse à peu près onze ou douze livres, & a partout l'épaisseur de sept à huit lignes ; il est composé d'un mélange grossier de sable & d'argile, qui lors de sa cuisson a été noirci en quelques endroits, tandis qu'il est resté rouge en d'autres, & qui a acquis par cette

Ce qui prouve que les hommes qui ont creusé ces souterrains, n'étoient point civilisés, c'est qu'en cette opération ils n'ont point fait usage d'instrumens de fer; on le remarque en les parcourant & on reconnoît que l'ouvrier a été arrêté par-tout où la pierre devenoit plus dure, ou offroit de trop grandes masses, & par-tout où le rocher, succédant au tuf, ne laissoit plus de prise aux outils de bois ou de pierre que ces hommes pouvoient employer à ce travail (1) : de là ces coudes, ces fréquens détours, ces étranglemens que l'on observe dans ces excavations, dans quelques-unes desquelles on ne peut pénétrer qu'à genoux ou même en rampant : aussi peu de gens sont-ils tentés d'en faire la visite.

D'après ce que nous avons rapporté sur l'usage où étoient les Gaulois d'habiter dans des souterrains, on ne peut douter que ceux-ci

---

opération, la dureté de la pierre. « Pour le cuire de la sorte, dit M. Barillon, il a fallu au moins vingt-quatre heures dans le brasier le plus ardent. A en juger par la forme lourde & inégale de la couverture, on voit que le vase a été fabriqué & façonné à la main, & sans le secours du tour. Si on a maintenant égard à sa compacité & à son épaisseur, on concevra facilement qu'il falloit très-long-temps & un très-grand feu pour y faire bouillir l'eau & les autres liqueurs dont on pouvoit avoir besoin ».

(1) Les haches de pierre étoient chez les Gaulois, comme elles sont aujourd'hui chez les Sauvages de l'Amérique, d'un usage continuel. On a découvert en Auvergne plusieurs de ces haches en pierre, qui devoient également servir dans les combats & pour les besoins de la vie.

ne fussent les habitations de ces anciens peuples. Cette partie de la Gaule Celtique appelée aujourd'hui *Combrailles* fut une des dernières où les arts & la civilisation pénétrèrent : placé dans la chaîne des montagnes d'Auvergne, ce pays couvert de bois, éloigné des rivières navigables, & peu propre aux communications, a pu, mieux que tout autre, conserver les monumens barbares de ses anciens habitans.

Hommes puissans, qui ne l'êtes que par vos richesses, & qui ne devez ces richesses qu'à vos crimes ou à ceux de vos aïeux, si vous avez encore la maladie de vous croire plus respectables que les habitans des campagnes, venez essayer de vous guérir ; quittez vos palais superbes, dépouillez-vous de vos puériles & embarrassantes décorations ; courbez vos petites têtes orgueilleuses, afin de pénétrer plus facilement dans ces cavernes étroites & obscures qui furent long-temps l'habitation de ces Gaulois dont vous descendez ! Si dans ces travaux leur instinct ne se montre pas fort supérieur à celui des blaireaux, du moins ces habitations souterraines étoient leur ouvrage, & votre gloire & vos palais ne sont pas de vous.

TOUL-SAINTE-CROIX.

Village situé à une forte lieue & à l'ouest de Bort-Saint-George, près des frontières du Berri.

Les ruines sans nombre que présentent les dehors de ce village, prouvent incontestablement qu'il existoit en cet endroit une ville considérable. « L'étendue immense de terrain couvert de débris, dit M. *Barillon*; ces monceaux de pierres où l'on reconnoît l'empreinte du marteau; les vestiges d'une ancienne forteresse; ce nombre prodigieux de souterrains qui s'y trouvent, qui en partent & vont aboutir à des endroits plus ou moins éloignés; & tant d'autres objets semblent promettre la plus ample récompense aux recherches des curieux ».

On voit dans le voisinage plusieurs camps, & entre autres il en est un avec une circonvallation qu'on dit être un camp Romain.

Si l'on s'en rapporte à la légende de Saint-Martial, *Toul* existoit du temps de cet Apôtre Limosin, & cette ville étoit alors assez considérable pour avoir un Gouverneur que l'on y qualifie de *Prince*. Le Saint, suivant la légende, étant arrivé sur les frontières du Limosin, vint à Toul, où il convertit beaucoup de monde à la foi chrétienne, en délivrant une jeune fille possédée du Démon, & en ressucitant le Prince de la ville; mais cette légende fabuleuse a été composée dans le dixième siècle, & ne doit servir ici qu'à prouver que Toul, à cette époque, existoit encore, ou étoit regardée comme une ville fort ancienne.

Si l'on considère la situation avantageuse de Toul, placé sur une montagne qui domine sur tout le pays de *Combraille*, sur la *Marche* & sur une grande partie du *Bourbonnois* & du *Berri*, on sera tenté de croire que ce lieu avoit pu être choisi de préférence à tout autre par les Romains, qui regardoient moins, pour construire des forteresses, à la fertilité du terrain qu'à une situation favorable à leur dessein. Les Romains, suivant le Continuateur des Commentaires de César, placèrent une garnison dans un lieu situé proche l'Auvergne, & sur les frontières du Limosin, appelé *Fines Lemovicum*. Le nom de *Fines* étoit commun à un grand nombre de positions établies sur les frontières des provinces. Tous les Géographes placent une position nommée *Fines*, entre les confins du Berri, du Limosin & de l'Auvergne; quelques-uns ont conjecturé, sans aucune certitude, que cette position étoit la petite ville d'*Herment*, située dans les montagnes de la basse Auvergne, & qui ne conserve aucuns restes d'antiquité. Il paroît plus satisfaisant de placer ce lieu à Toul, où il existe encore les ruines d'une grande ville, & où l'on a découvert plusieurs médailles Romaines du temps des Empereurs. C'est ainsi que les Géographes, en ignorant les ruines de plusieurs anciennes villes des Gaules, dont ils ne connoissent que les noms latins, ne peuvent leur assigner la place qu'elles occupoient, & laissent incertaines un grand nombre de positions.

Sous le règne de Charles VI, cette ville fut prise par les Anglois; au moins les trois Léopards en pierre qu'on y trouve, monument ordinaire de leur domination, prouvent qu'ils en ont été les maîtres.

Une famille très-ancienne des environs de Boussac, prétend avoir une lettre de François Ier, par laquelle ce Prince ordonne à un de ses Généraux d'assiéger Toul, & de le ruiner de fond en comble; si le fait est vrai, il n'a pu avoir lieu qu'à l'occasion de la défection du Connétable Charles de Bourbon, dont ce Roi confisqua toutes les possessions qu'il avoit en Auvergne & dans la Marche; mais quelle que soit l'époque de la destruction de cette ville, on peut dire que celui qui s'en chargea remplit parfaitement les intentions de son maître.

SAINT-POURCAIN.

Ville située sur la rive gauche de la Sioule, & sur la grande route de Moulins à Clermont, à six lieues de cette première ville, & à treize lieues de la seconde.

Saint-Portianus, qui vivoit vers l'an 540, que Grégoire de Tours qualifie d'*Abbé*, & dont il raconte plusieurs miracles dans ses *Vies des Pères*, a donné son nom à ce lieu, qui, sans doute, n'étoit alors qu'un monastère; il devint célèbre par la célébrité du Saint-Abbé: la ville fut formée, ainsi que plusieurs autres villes de France, par le concours de Pélerins qui visitèrent son tombeau; & de *Saint-Porcian*, on fit par corruption Saint-Pourcain.

Piganiol place cette ville au rang de celles du Bourbonnois. « Quelques Géographes, dit-il, la placent dans l'Auvergne, mais elle est du Bourbonnois, & quoiqu'elle soit du ressort de Riom, ses habitans y sont jugés suivant la coutume du Bourbonnois ». Piganiol se trompe; sans rechercher si le ressort de la justice détermine, plutôt que la coutume, de quelle province est une ville, il est constant que cette ville est une des treize anciennes de la basse Auvergne,

convoquées

convoquées aux Etats, & qu'elle a toujours fait partie de cette province & de son gouvernement militaire; il est vrai qu'elle est séparée de l'Auvergne, & que la petite ville de *Gannat*, située dans l'intervalle, est du Bourbonnois. Mais on sait combien il existe en France d'exemples de pareilles enclaves. D'ailleurs cette ville est accompagnée de cinq ou six paroisses, & d'un grand nombre de villages qui forment avec elle un district particulier, qui a environ deux lieues & demie dans sa plus grande longueur, & qui est entièrement de la province d'Auvergne.

DESCRIPTION. Cette ville, quoique petite, est assez peuplée; la situation en est agréable: la grande route de Clermont à Paris, & la rivière de Sioule qui y passent, contribuent à l'embellir & à la vivifier. Depuis une vingtaine d'années on a comblé les fossés, & une partie a été plantée d'arbres, & convertie en promenade publique.

L'église des Bénédictins étoit l'ancienne abbaye, qui a été, pour ainsi dire, la souche de cette ville, & dans laquelle Saint-Pourcain fut enterré. Cette abbaye, fondée dans le cinquième siècle, confirmée dans le huitième par Charlemagne, fut, dans le neuvième, convertie en Prieuré, & fut réunie à l'abbaye de Tournus, ordre de Saint-Benoît.

Au portail de cette église, on voit la statue d'une femme avec un pied d'oie. Ces sortes de figures sont assez communes en France, & se voyent au portail de Saint-Benigne de Dijon, à Toulouse, à Sainte Marie de Nesle, à Saint-

Partie V. F

Pierre de Nevers, &c. &c. : on croit communément qu'elles représentent la Reine *Clotilde*, qu'on appelle, à cette occasion, *la Reine Pédauque* ou *la Reine au pied d'oie*.

Le Père *Montfaucon*, dans ses *Monumens de la Monarchie Françoise*, n'adopte pas à cet égard l'opinion du Père *Mabillon* ; il croit comme lui que cette Reine au pied d'oie est la Reine *Clotilde* ; mais il soutient que les statues où elle est ainsi représentée, ont été faites long-temps après la mort de cette Princesse ; qu'elle n'avoit point réellement un pied d'oie, puisque Grégoire de Tours, son contemporain, n'en parle point, & puisque la statue de Clotilde, faite de son temps, & qu'on voit au portail de Saint-Germain-des-Prés de Paris, n'a point un pied d'oie. « Je croirois plus volontiers, dit-il, que cela est tiré de quelque Fable ou de quelque Histoire monstrueuse, dont nos Historiens, depuis Grégoire de Tours, sont tous pleins ».

Ce qui confirme ici l'opinion du Père Montfaucon, c'est que cette église fut en effet construite long-temps après la mort de Clotilde, sous le règne de Charlemagne ; on croit même que ce Prince en ordonna lui-même la construction, & on dit que sa figure se voit encore au portail du côté du nord.

Dans l'église paroissiale de *Saint-George*, on voit dans une chapelle à droite du chœur un *Ecce Homo* en pierre qu'on regarde comme la principale curiosité du pays. Cette figure est d'une grande vérité ; la corde qui lie les bras & les jambes se détache du bloc, & paroît nouée si naturellement, que cela fait illusion. On peut comparer cette figure à celle qu'on voit à Paris dans l'église des *Filles-Dieu*; elle offre le même sujet & le même genre de beauté ; il est à présumer que l'une & l'autre sont provenues du même Artiste.

On trouve dans cette ville un couvent de *Cordeliers* fort ancien; en 1263, ceux de cet ordre y ont tenu un Chapitre général; on y trouve aussi des Bénédictines, qui ont été transférées, en 1703, du lieu de Venteuil, à Saint-Pourcain.

L'Hôtel-Dieu obtint, en juin 1787, des lettres patentes.

Il y avoit autrefois à Saint-Pourcain une monnoie dont l'établissement fut transféré, en 1531, à Montferrand.

En 1440, pendant la guerre civile nommée *la Praguerie*, le Dauphin, qui fut depuis Roi sous le nom de Louis XI, le Duc de Bourbon, ainsi que plusieurs autres Seigneurs révoltés s'assurèrent de Saint-Pourcain, & s'y retirèrent. Charles VII étoit logé à Aiguesperse, & après s'être emparé d'*Ebreuil*, de *Charroux* (1) & d'*Escurolles*, il plaça la plupart de ses troupes dans cinq ou six forteresses des environs.

_____

(1) Charroux n'est plus aujourd'hui qu'un bourg ; il y a deux paroisses, dont l'une est du diocèse de Clermont, & l'autre de celui de Bourges. Il y a aussi un couvent de filles de l'ordre de Saint-Benoît. L'armée de Charles VII assiégea ce lieu, le prit d'assaut & le pilla. *Berri*, dans son Histoire chronologique de ce Roi, dit que les troupes « y trouvèrent force biens, » & là demeurèrent par l'espace de quinze jours bien » aises & rafraîchies ».

F ij

Lorsque les Princes virent que l'armée du Roi étoit si voisine de Saint-Pourcain, ne jugeant pas cette ville assez bien fortifiée pour soutenir un long siège, quoique le Duc de la Tremouille y fût nouvellement arrivé avec un renfort de cent hommes d'armes, ils abandonnèrent la place, & se retirèrent à Moulins, & de là à Décize.

En 1455, *Charlotte de Savoie*, seconde femme de Louis XI, partie de son pays, fut accompagnée dans ce voyage par le Connétable de Richemont, par le Duc de Savoie son père, & par sa sœur. De Lyon ils arrivèrent à Saint-Pourcain. Le Roi Charles VII vint les y recevoir, & vit plusieurs fois, dans un lieu près de Sauvigny, cette Princesse, qui n'avoit alors que dix ans; elle séjourna avec toute sa suite, pendant l'hiver, à Saint-Pourcain.

Du temps de la Ligue, cette ville fut du petit nombre de celles qui tinrent pour le parti du Roi. Clermont, Montferrand, Issoire & Saint-Pourcain furent les seules qui osèrent, dans les commencemens de cette révolte, se déclarer ouvertement contre les Ligueurs dont la province étoit remplie.

HOMMES *célèbres. Blaise Vigenaire*, Secrétaire du Duc de Nevers, & puis du Roi Henri III, naquit à Saint-Pourcain en 1522, & mourut à Paris le 19 février 1596; c'étoit un des Savans de son siècle; mais ses ouvrages ne sont plus lus aujourd'hui : il fit un grand nombre de traductions peu estimées : voici comment l'*Etoile* raconte sa mort. « Il mourut, dit-il, d'une manière fort étrange ; car il lui fortit un chancre du corps, qui lui gagna de telle façon la bouche, que, nonobstant tous les remèdes des Médecins & Chirurgiens, il demeura fuffoqué faute de refpiration ; il étoit homme très-docte, mais vicieux ».

EBREUIL.

Petite ville fituée fur la rive gauche de la Sioule, à huit lieues & au nord de Clermont, & à deux lieues de Gannat.

Ce lieu, nommé en latin *Ebrorolacum*, *Evrorolacum* ou *Ebrogilum*, étoit, au huitième fiècle, une magnifique maifon royale des Ducs d'Aquitaine. Le jeune *Louis*, Roi d'Aquitaine, fils de Charlemagne, y féjourna à différentes époques. En 971 cette maifon fut accordée à des Moines. En 1080 elle fut érigée en abbaye de l'ordre de Saint-Benoît.

Cette abbaye eft fous l'invocation de *Saint-Léodegare* ou *Leger*; elle eft riche, & l'Abbé eft Seigneur de la ville.

La ville fe préfente affez avantageufement, lorfqu'on y arrive par la grande route qui vient de Gannat; on paffe la rivière de Sioule fur un bac, au lieu duquel étoit autrefois un pont de bois, & l'on voit enfuite une petite ville fort laide & très-mal bâtie ; le monaftère eft le premier édifice du lieu.

Cette petite ville participa à la guerre civile appelée *la Praguerie*. *Jacques de Chabannes*, qui commandoit dans ce pays le parti des Princes & Seigneurs révoltés, s'affura, en 1440, d'Ebreuil & de toutes les places voisines. Le Roi Charles VII, qui de Poitou fut en Auvergne pour dissiper les rebelles, après s'être emparé d'*Evaux*, de *Chambon* & de *Montaigu* en Combrailles, coucha dans cette dernière ville, & de là envoya ses hérauts devant Ebreuil pour sommer les habitans de se rendre, *& les bonnes gens le firent volontiers, & lui firent ouverture*, dit l'Auteur de l'Histoire chronologique de Charles VII. Ce Roi arriva aussi-tôt à Ebreuil, y séjourna deux jours, & de là il envoya ses hérauts à Aiguesperse, pour s'assurer de cette ville, qui lui ouvrit aussi ses portes. *Jacques de Chabannes* ayant été averti que le Roi faisoit conduire d'Ebreuil à Aiguesperse son artillerie, se mit en embuscade sur le chemin avec une troupe de soldats. Cette artillerie & son convoi partirent vers le milieu de la nuit; lorsqu'ils furent près de l'embuscade, Jacques de Chabannes tomba dessus avec ses gens, il s'empara d'une partie des bombardes & des traits, & brûla les poudres. A cette nouvelle, le Roi se leva avant le jour, se mit à la tête de quelques troupes, marcha promptement vers le lieu de l'événement; mais il ne trouva personne à combattre, & l'artillerie étoit enlevée.

Le 4 avril 1566, Charles IX, en revenant de Clermont, passa à Ebreuil, & y dîna. L'Auteur de la Relation de ce voyage dit qu'il y avoit alors un pont de bois, qui n'existe plus.

Les environs de cette ville produisent du seigle & de l'avoine en abondance; on y voit aussi plusieurs vignobles. On pêche du saumon dans la Sioule, & le bassin qu'a formé cette rivière, offre des paysages agréables.

GANNAT.

Petite ville du Bourbonnois, presque enclavée dans l'Auvergne, chef-lieu d'une élection, située sur la grande route de Paris à Clermont, entre Saint-Pourcain & Aiguesperse, à quatre lieues & demie de la première ville, à deux de la seconde, & à deux lieues d'Ebreuil.

Nos Historiens du quinzième siècle, en cherchant l'étymologie du nom de cette ville, n'auroient pas manqué de faire briller leur érudition, en assurant qu'il vient de celui d'une vierge Gauloise appelée *Ganna*, qui remplaça la fameuse Prophétesse *Velléda*, & qui fut elle-même trouver l'Empereur Domitien, & en fut très-honorablement reçue.

Cette ville, en latin nommée *Gannapum*, dépendoit autrefois de l'ancien Comté d'Auvergne, & fait encore partie du diocèse de Clermont. Son voisinage d'Auvergne nous a déterminé à la placer au rang des villes de cette province, quoique depuis long-temps elle n'en fasse plus partie.

Il paroît qu'elle doit son origine à un ancien monastère, qui depuis a été érigé en collégiale; cette collégiale est composée de douze Chanoines; on y trouve aussi quelques Communautés de Moines & de Filles, & un Hôpital.

Cette ville est située au bas des montagnes qui s'élèvent à l'Occident, & à l'extrémité d'une belle & fertile plaine qui est à l'Orient. Elle

F iv.

étoit autrefois très-fortifiée; une partie de ses fossés a été comblée & convertie en promenade agréable, dont les arbres sont touffus.

C'est dans cette ville qu'est établi le bureau des cinq grosses fermes, si ruineux pour la province d'Auvergne, & si gênant pour son commerce. Ici, au nom du Roi, on arrête, on détrousse, on rançonne tout ce qui passe d'une province à l'autre; ici, une foule de malheureux exercent, pour subsister, le honteux emploi de persécuteurs contre d'autres malheureux que la misère détermine à courir les risques de perdre leur fortune & leur liberté, & souvent leur vie pour l'appât d'un faible gain. Les sujets sont armés les uns contre les autres; le nom du Roi, qui par-tout réveille l'idée de protection, de justice & de bienfaisance, n'est prononcé ici que pour rappeler la violence & des attentats contre la liberté. Cette perception, la plus fiscale & la plus désastreuse de toutes, maintient dans ce pays une stagnation de denrées plus onéreuse souvent que la disette même, ôte des bras à l'agriculture, accoutume une foule de particuliers à la persécution, porte plusieurs autres à des infractions dont l'habitude dégénère souvent en crimes; enfin cette perception honteuse, qui est si ruineuse pour la province d'Auvergne, si gênante pour son commerce, & qui produit des maux innombrables, sera peut-être bientôt abolie; Louis XVI l'a désiré, & nous pouvons nous flatter que ce reste barbare de la féodalité & de l'avidité des traitans ne laissera plus de traces.

HOMMES célèbres. Antoine Duprat, qui

fut Cardinal, Légat & Chancelier de France, étoit originaire d'une famille bourgeoise d'Issoire, & natif de Gannat; son père, Antoine *Duprat*, & sa mère, *Jaqueline Boyer*, tous deux d'Issoire, vinrent habiter Gannat, où le mari occupa l'emploi de Procureur fiscal. De ces deux époux naquirent trois fils légitimes, dont *Antoine*, qui fut le Chancelier; *Annet* & *Claude* Duprat; il eut aussi un fils bâtard, nommé *Thomas Duprat*, qui devint Evêque de Clermont.

Antoine Duprat naquit le 17 janvier 1463 à Gannat, & commença par enseigner le Droit à Bourges, puis fut Avocat à Paris; il parvint par ses intrigues, à se rendre nécessaire à *Louise de Savoie*, mère de François Ier, qui l'éleva successivement aux grades de Lieutenant Général du bailliage de Montferrant, d'Avocat Général du Parlement de Toulouse, de Maître des Requêtes, de Premier Président au Parlement de Paris, enfin de Chancelier; pendant le cours de ces succès il avoit épousé une fille de qualité d'Auvergne, nommée *Françoise de Veni*, qui mourut à trente ans: on voit son tombeau dans l'église des Minimes de Chaillot près Paris. Il eut d'elle deux fils, dont l'un fut *Guillaume Duprat*, qui devint Evêque de Clermont, & qui introduisit les Jésuites en France. Après la mort de son épouse, il voulut réunir les plus hautes dignités de la Magistrature aux plus éminentes de l'état ecclésiastique; il se fit Prêtre, devint Evêque de plusieurs diocèses, puis Archevêque de Sens,

Cardinal, Légat, & peu s'en fallut qu'il n'arrivât jusqu'au Siége Papal.

Dans cette suite de prospérités, Antoine Duprat n'oublia ni sa fortune ni celle de ses parens; tous, par sa faveur, furent élevés à des grades éminens, & il eut le crédit de faire avoir un Evêché à *Thomas Duprat*, son frère naturel. Son oncle *Boyer*, de simple Moine, fut élevé au Cardinalat. S'il fit du bien à sa famille, il fit le malheur de la France; il ne respecta aucuns principes d'ordre, de raison, ni d'équité; il ne respecta que ses passions; & ses passions étoient d'autant plus impérieuses, que son pouvoir étoit plus étendu. Il s'appropria une partie des biens du Connétable de Bourbon, dont il fut le juge & le spoliateur; & pour ajouter l'insulte à l'iniquité, il fit bâtir tout auprès du magnifique château de Chantelle, qui appartenoit au Connétable, le château de *Verrières*. Il dépouilla cet ancien palais de ses meubles les plus précieux, pour en décorer sa nouvelle construction (1).

___

(1) Le moderne Commentateur de la coutume d'Auvergne commet deux erreurs en parlant du Cardinal Duprat, il dit qu'il est né à Issoire; que *Verrières*, maison de campagne qui appartenoit au père de ce Cardinal, est situé à demi-quart de lieue de la ville d'Issoire. Il est certain qu'Antoine du Prat étoit originaire d'Issoire, mais natif de Gannat; il est certain que le *Verrières* près d'Issoire n'est pas le *Verrières* que le Cardinal fit bâtir auprès de *Chantelle*, afin de narguer le Connétable. Le Verrières dont il est question, est situé à trois lieues de Gannat dans le Bourbonnois, au bas de Chantelle, & sur les bords de la Sioule.

Il établit la vénalité des charges, pilla les finances, aggrava le fardeau dont la fiscalité accable les peuples, & le premier autorisa la peine de mort contre les Protestans. Il créa même des Commissions extraordinaires, où les formes judiciaires étoient effrontément violées, pour conduire plus sûrement ces malheureux sur le bûcher. Enfin il n'usa de son pouvoir que pour faire de grands maux; &, suivant l'expression énergique d'un de ses Contemporains, il fut le plus méchant de tous les animaux à deux pieds.

Après avoir flatté les goûts licencieux de François Ier, avoir favorisé son excessive prodigalité; après avoir été le conseiller, le favori de *Louise de Savoie*, mère de ce Roi, & avoir lâchement soutenu ses injustices; après que tous les deux l'eurent comblé de faveur & de bienfaits, tous les deux le méprisèrent & le haïrent : il fut disgracié. Lorsqu'on annonça au Roi que Duprat venoit de fonder une salle à l'Hôtel-Dieu de Paris; il dit : *Elle sera bien grande, si elle peut contenir tous les malheureux qu'il a faits.*

Une remarque qu'aucun Ecrivain n'a, je crois, faite encore, c'est le mécontentement que Louise de Savoie manifesta d'une manière piquante contre le Cardinal Duprat, dans le petit journal qu'elle a écrit, où elle a noté plusieurs événemens de son temps. Voici ses singulières expressions : « En novembre 1518, le Moine Rouge, *Anthoine Boys*, parent de noftre Révérendissime Chancelier (*Duprat*) & des *inextricables sacrificateurs* des finances, alla, *de repos en travail*, hors de ce monde, & lors fut faicte *une fricaſſée d'abbayes*, ſelon la folle ambition de pluſieurs Papes ».

Accablé de la peſanteur de ſon corps, déſeſpéré de ſa diſgrace, & pourſuivi par ſes remords, déteſté de ſes Contemporains, Duprat mourut le 9 juillet 1535, en ſon château de Nantouillet, & laiſſa une mémoire odieuſe, que l'on ne ſauroit peindre avec des traits trop hideux; l'on ne ſauroit trop la rappeler, avec la forte indignation qu'elle excite, à ceux qui, dans les mêmes ſituations oſeroient ſuivre les mêmes principes, & la leur repréſenter comme un ſalutaire épouvantail.

Cognac eſt un village d'Auvergne ſitué à l'eſt, à une lieue & demie de Gannat, ſur la croupe d'un côteau qui termine une vaſte plaine. Le clocher de l'égliſe s'élève en pyramidant, paroît de très-loin, & domine une grande étendue de pays. C'eſt au bas de ce village, & près du château de *Lyonne* que ſe donna une bataille, en 1568, entre les troupes du parti des Proteſtans & celles des Catholiques.

Au commencement des ſeconds troubles, le Prince de Condé avoit donné ordre à pluſieurs Capitaines de faire des levées de troupes dans toutes les provinces. Cette levée produiſit, dans le Languedoc & autres provinces voiſines, environ ſept mille hommes qui étoient commandés par Bernard Roger de Comminges, Vicomte de *Bruniquel*, Bertrand de Rabaſtens, Vicomte de *Paulin*, le Vicomte de *Montclar* & le Vicomte de *Caumons*. Ces troupes s'étant avancées vers le Querci, *Da-*

cier les joignit, les augmenta de ses soldats, & en eut le commandement. *Poncenac* & *Verbelai*, suivant les ordres du Prince de Condé, levèrent aussi en Bourbonnois & en Auvergne trois mille hommes de pied & cinq cents chevaux qu'ils assemblèrent à la Pacaudiere. Se trouvant trop foibles pour aller directement joindre le Prince de Condé au siège de Chartres, ils préférèrent se réunir à l'armée levée dans le Languedoc ; en conséquence au mois d'octobre 1567, ils se mirent en marche vers le Forez. *Montaret*, Gouverneur du Bourbonnois en l'absence du Duc de Nemours, délibéra de les surpendre dans leur marche ; il détermina le Marquis *de la Chambre*, *Terride*, *Lavalette* & autres qui conduisoient quinze cents chevaux, & environ huit mille hommes de pied en Guienne, de se détourner un peu pour défaire cette troupe de Protestans. Les Catholiques, fort supérieurs en nombre, atteignirent *Poncenac* près d'un village nommé *Champoli*, au bas de Cervière ; ils mirent sa troupe en déroute, enlevèrent les drapeaux, tuèrent trois cents soldats & le Capitaine *Villenoce*. *Poncenac* & *Verbelai*, après cette défaite, réunirent leurs troupes, & marchèrent vers l'armée des Confédérés, qui, après différens échecs, & réduite au nombre de quatre mille hommes, traversa le Forez pour se rendre à Gannat.

Ponçenac, comme étant du pays, & connoissant les chemins les plus favorables, fut chargé de guider la marche de l'armée ; il va en sa maison de *Poncenac*, qui n'étoit pas fort éloignée des frontières du Forez, & avec cinquante chevaux il se saisit du pont de *Vichi*, où les troupes passèrent sans obstacles le 4 janvier 1568, & y séjournèrent un jour, pour se délasser des fatigues du voyage.

Le six janvier, jour *des Rois*, ils traversèrent la forêt de Randan pour se rendre à *Gannat* & à *Charroux*; à peine furent-ils sur la hauteur du village de *Cognac*, qu'ils aperçurent dans la plaine plusieurs troupes de cavalerie que les Catholiques avoient rassemblées dans ce lieu pour arrêter leur marche. Ces troupes étoient commandées par de *Saint-Herem*, Grand-Prieur & Gouverneur d'Auvergne; *Saint-Chaumond*, *le Baron de Lastic*, *Gordes*, *d'Urfé*, *Bressieu*, Jean Mottier de la Fayette, dit *Haute-Feuille*, Seigneur du bourg de Cognac, étoit aussi de ce nombre. Parmi plusieurs autres Seigneurs, on distinguoit l'*Evêque du Puy*. Ce Prélat, le casque en tête, la cuirasse sur le dos, défendoit l'Eglise Romaine, & prêchoit les soldats Protestans à grands coups d'espadon.

Les Protestans, ne pouvant éviter le combat, rangèrent leur armée en bataille, mirent *Claude de Levis*, Seigneur d'*Audon*, avec le Capitaine *la Boissière*, à l'avant-garde qui étoit composée des régimens de Foix & de Rapin; le corps d'armée fut composé de huit enseignes du régiment de *Monclar*, & des onze de celui de *Mouvans*. Sur l'aîle gauche on posta la cavalerie, formée des Gendarmes de *Bruniquel*, de *Savignat* & de *Montamor*.

Les Capitaines Protestans, dont la cavalerie étoit fort inférieure en nombre à celle des

Catholiques, excitèrent le courage de leurs troupes en leur remontrant qu'il valoit mieux combattre le même jour, que d'attendre au lendemain, que les ennemis, profitant du retard, pourroient devenir plus nombreux; ils firent même rompre le pont de Vichi, afin d'ôter tout espoir de retraite & de fuite, & d'obliger les soldats à remporter la victoire ou à mourir honorablement.

Après quelques escarmouches de la cavalerie, le Baron de *Paulin*, suivi de son guidon, secondé par le Vicomte son frère, & par *Poncenac*, attaqua la cavalerie des Catholiques, commandée par *Breffieu* qui, au premier choc, fut tué, & sa troupe mise en déroute. La bataille s'engagea de toutes parts. Les Protestans, quoique mal armés, mirent bientôt les Catholiques en fuite; plus de cent périrent sur le champ de bataille; le Seigneur de *Cognac* fut tué, son château d'*Haute-Feuille* fut brûlé, ainsi que l'église de *Cognac*.

Parmi les prisonniers que firent les Protestans, étoit un Gentilhomme Auvergnat nommé *la Forest de Bulhon*, qui fut tué, parce qu'il s'étoit vanté de n'avoir jamais pris une femme huguenote sans l'avoir violée.

Les Protestans perdirent peu de monde dans le combat, & leur plus grande perte fut causée par une méprise qui eut lieu le soir même de la bataille. Leur bagage étoit dans le village de Cognac; ceux qui le gardoient aperçurent, à l'entrée de la nuit, leurs compagnons qui s'approchoient du village pour poursuivre les fuyards; ils les prirent pour des ennemis, tirèrent deſſus, & en tuèrent pluſieurs. *Sadu-ret*, Prévôt de Forez, bleſſé en cette occaſion, mourut cinq ou ſix jours après. *Poncenac* y périt, ſon corps fut auſſi-tôt porté en ſon château de *Changi*, où il fut enterré. *La Popelinière*, qui donne, dans ſon Hiſtoire de France, un grand détail de cette journée, dit que quelques jours après, lorſque *Saint-Chaumont* & *d'Urfé* ſe retiroient dans leurs maiſons, les ſoldats Catholiques qui les ſuivoient, entrèrent dans le château de *Changi*, exhumèrent le corps de *Poncenac*, lui donnèrent pluſieurs coups d'épée, « & vouloient le traîner & proſtituer à toutes dériſions, ſans *l'Ecluſe* qui les chaſſa plus par force de baſtonnades que de remontrance & répréhenſion de leur inhumaine cruauté ».

Après cette victoire, les Proteſtans paſsèrent en Berri, &, ſuivant les ordres du Prince de Condé, qu'ils reçurent en chemin, ils ſe rendirent à Orléans.

Les Catholiques ſe retirèrent, à la faveur de la nuit, vers Aigueſperſe, Riom, Clermont, Montferrand & autres places d'Auvergne, où on ne voulut point les recevoir, parce qu'avant de partir ils avoient promis de revenir vainqueurs, & qu'ils avoient recommandé aux habitans de ces villes de ne recevoir aucun de ceux qui échapperoient du combat, afin qu'ils puſſent les faire tous mourir; on les prit eux-mêmes pour des Proteſtans vaincus, & ils furent obligés de vivre dans les campagnes, où ils firent une infinité de maux.

A une lieue & demie, & au nord de Gannat,

est le village de *Genſac*. Lorſqu'en 1751, on travailloit à la grande route, on découvrit dans un trou pratiqué au pied d'une montagne, ſept épées de cuivre jaune, avec une roue creuſe, en métal, qui pouvoit avoir environ trente pouces de diametre; un morceau de cuivre reſſemblant au fer d'une lance; quelques petites pièces de même métal, & les débris des harnois de deux chevaux. Cette découverte donna lieu à pluſieurs ſavantes diſcuſſions, ſur la queſtion de ſavoir ſi les anciens ont employé le cuivre à la guerre dans leurs armes offenſives.

M. le Comte *de Caylus* traita la queſtion, prouva que les anciens faiſoient le plus ordinairement uſage d'armes en cuivre, & conjectura que les armes trouvées à Genſac étoient fabriquées par les Romains. M. l'*Evêque de la Ravalière* ſoutint que ni les Grecs, ni les Romains, ni les Gaulois, ni les Francs n'avoient employé le cuivre pour les armes offenſives, & conclut expreſſément que les armes déterrées à Genſac étoient des monumens de fêtes & d'exercices de Chevalerie, tels que les Tournois & les Joûtes qui furent très-communs aux douzième & treizième ſiècles. M. l'Abbé *Barthelemy* prit part à la diſcuſſion; il convint, avec M. le Comte de Caylus, que ces armes étoient antiques; mais il crut qu'elles avoient appartenu à des Francs, dont l'uſage étoit d'enterrer les perſonnes conſidérables avec leurs armes, & même leurs chevaux. Un quatrième Savant entra dans cette carrière, & ſoutint, avec beaucoup de raiſon, que ces antiquités appartenoient à un Gaulois qui fut enterré

Partie V.   G

avec ses armes. A l'égard de la roue en cuivre, il cite un passage de Pline, portant que les chars militaires des habitans du Berri, pays voisin du village de Gensac, avoient des roues de cuivre argenté. (Voyez *Mémoires de l'Académie des Inscriptions*, tom. *XXV*.)

AIGUESPERSE.

Ville, chef-lieu du *Duché de Montpensier*, située à quinze lieues de Moulins, sur la grande route de cette ville à Riom & à Clermont, à trois lieues de Riom & à six de Clermont.

Cette ville est nommée en latin *Aquæ-Sparsæ*, & dans quelques titres, *Aquæ Cærulæ*; elle existoit au douzième siècle, & au quatorzième, elle avoit des priviléges & des établissemens qui supposent une population assez considérable. *Aiguesperse* a toujours dépendu de la seigneurie de *Montpensier*, dont le château étoit voisin. Cette seigneurie appartint long-temps à la Maison d'Auvergne; elle passa à celle de *Beaujeu*, par le mariage d'*Agnès de Thiers*, veuve de Raimond de Bourgogne, avec Humbert de *Beaujeu*, quatrième du nom. Humbert, sixième du nom, fut Connétable de France; il mourut en 1285, sans enfans mâles. Sa fille unique, *Jeanne*, fit passer la terre de Montpensier dans la Maison de *Dreux*, en épousant *Jean* second, Grand Chambrier de France & Comte de Dreux. Cette terre passa ensuite dans la Maison de *Thouars* & dans celle de *Ventadour*. En 1381, Bertrand & Robert de Ventadour la vendirent à Jean, Duc de Berri & d'Auvergne, frère du Roi

Jean. Sa fille Marie porta, en 1400, cette seigneurie à la Maison de *Bourbon*, par son mariage avec *Jean de Bourbon*. *Louis de Bourbon*, leur fils, épousa *Jeanne*, Dauphine d'Auvergne, fille unique de Beraud III, & réunit le premier le Dauphiné d'Auvergne à la seigneurie de Montpensier

Depuis la défection du Connétable *de Bourbon*, mort au siège de Rome, la Maison de Montpensier avoit perdu tout son crédit en France. L'Amiral *Chabot* la releva, en faisant épouser *Jacqueline de Longvic* à *Louis*, Prince de la *Roche-sur-Yon*, qui avoit de grands biens à prétendre en la succession du Connétable de Bourbon son oncle maternel, & en déterminant le Roi François Ier à lui céder, en faveur de ses prétentions, le Comté de *Montpensier*, le *Dauphiné d'Auvergne*, les terres de *la Tour de Bussière* & de *la Roche en Regnier*, avec la faculté de racheter ce qui en avoit été distrait ou aliéné.

Après ce mariage, en 1539, le même Roi érigea Montpensier en *Duché-Pairie*, avec union du Dauphiné d'Auvergne, de la Baronnie de la Bussière, de la Châtellenie d'Ecolle, pour être le tout tenu à une seule foi & hommage de la couronne de France.

En 1543, le Roi incorpora au Duché de Montpensier, *le pays de Combraille*. *Il n'y a si bon droit*, disoit Henri IV, *qui ne se perde faute de défense, ou de puissance, ou de justice*; si l'Amiral Chabot n'eût pas soutenu celui des Montpensiers, cette Maison alloit être entièrement déchue.

La célèbre Mademoiselle de Montpensier, morte en 1693, laissa, comme nous l'avons déjà dit, ces terres à *Philippe* de France, *Monsieur*, frère de Louis XIV; elles appartiennent aujourd'hui à son descendant, Monseigneur le Duc d'Orléans.

DESCRIPTION. La ville d'Aiguesperse, située dans une plaine fertile, au bas de plusieurs côteaux qui bornent agréablement la vue du côté de l'Occident, est remarquable par sa forme; elle consiste presque entièrement en une seule rue où passe la grande route; mais cette rue a près d'une demi-lieue de longueur. Aussi l'Auteur de la Relation du Voyage de Charles IX en France, en parlant d'Aiguesperse, où ce Roi coucha le 3 avril 1566, dit qu'il alla faire son entrée & coucher à Aiguesperse, qui est *une belle & longue ville*.

Cette ville a deux collégiales, plusieurs maisons religieuses, & un hôpital général.

Notre-Dame est une église collégiale & paroissiale, composée de douze Chanoines, y compris le Curé, & de six Chanoines semi-prébendés. Le Chapitre de la ville de Thiers a des droits considérables sur celui-ci; il nomme alternativement, avec le Chapitre de Notre-Dame, aux prébendes, & lorsque les Chanoines députés de Thiers viennent à Aiguesperse pour célébrer la fête du Patron, ceux du Chapitre de Notre-Dame sont obligés de leur céder la place au chœur, & de leur donner à chacun trois livres par jour; ces Chanoines ne peuvent même nommer leurs Officiers sans le consentement du Chapitre de Thiers, qui avoit autrefois la seigneurie directe dans la moitié de la ville d'Aiguesperse.

La Sainte-Chapelle, appelée *Saint-Louis*, est une collégiale composée d'un Trésorier, de huit Chanoines, & d'autant de semi-prébendés. C'étoit l'ancienne chapelle du Palais qu'avoient dans cette ville les anciens Dauphins d'Auvergne, Comtes de Montpensier ; cette église fut fondée en 1475 par Louis, Dauphin d'Auvergne.

On y conserve un ancien tableau représentant le martyre de Saint-Sébastien ; ce tableau est d'un fini très-précieux ; le dessin en est correct, les têtes pleines d'expression ; cette peinture est en général remplie de vérité ; la figure de Saint-Sébastien est admirable, ainsi que les têtes des deux bourreaux.

On voit aussi, dans la même église, un morceau de perspective qui produit une illusion complète.

HOMME *Illustre*. Aiguesperse a produit un de ces hommes rares, forts de raison & d'équité, qui, dans un siècle de crimes & d'erreurs, conserva intacts sa vertu, son jugement & sa gloire ; c'est le Chancelier *l'Hôpital*. Tant qu'il eut du pouvoir, il préserva la France de beaucoup de maux, il fit tout le bien que le désordre général pouvoit permettre ; mais étranger par ses vertus, & à charge au milieu d'une cour corrompue, il vécut dans la retraite, & y fut heureux. Lors du massacre de la Saint-Barthelemi, il fut compris dans cette horrible proscription ; mais l'ordre fut révoqué. Michel de l'Hôpital étoit, comme disent les Gentilshommes, *un homme du néant* ; son père étoit roturier, & lui est devenu un des plus grands hommes d'Etat que la France ait produits. On vient d'élever à ce roturier une statue au Louvre.

Le château de Montpensier, dont nous avons parlé, fut démoli en 1637, par ordre du Cardinal de Richelieu. Tous les anciens châteaux forts de l'Auvergne, ainsi que tous ceux de l'intérieur de la France furent détruits dans le même temps.

Ce château étoit bâti sur un monticule situé au nord, & à peu de distance de la ville d'Aiguesperse, à gauche de la grande route, en arrivant du côté de Paris. Ce château dominoit une plaine immense. Plusieurs Rois y ont logé ; il devoit être vaste & magnifique ; aujourd'hui il ne reste que la butte sur laquelle il étoit élevé, & le village de Montpensier qui est au bas.

Evénement remarquable. Louis VIII, dit *le Lion*, qui, suivant les insinuations du Pape & du Clergé, s'étoit embarqué fort inconsidérément dans une guerre contre les hérétiques *Albigeois*, après avoir pris plusieurs villes du Languedoc, fatigué de la campagne, laissa pour Gouverneur du pays qu'il venoit de soumettre, *Humbert de Beaujeu*, fils d'Humbert de Beaujeu, quatrième du nom, & Comte de Montpensier. Ce Seigneur, qui devint Connétable de France, est regardé comme le premier Gouverneur du Languedoc depuis la réunion de cette province à la couronne. Le Roi, se reposant sur l'expérience & la sagesse de ce Gouverneur, quitta le Languedoc, arriva à la fin d'octobre 1226 à Clermont, accompagné du Cardinal de Saint-Ange, & des principaux Prélats & Seigneurs qui avoient participé à son expédition; de Clermont il se rendit à Montpensier, où *Guichard*, frère d'*Humbert* Gouverneur du Languedoc, eut l'honneur de recevoir le Roi. Le jeudi 29 du même mois, ce Prince tomba malade. Mathieu Paris raconte que cette maladie fut l'effet du poison que Thibaut, Comte de Champagne, lui avoit fait prendre, afin de se défaire de ce Monarque qui gênoit ses intrigues amoureuses avec la Reine, *Blanche de Castille*.

Ce Comte, après avoir, suivant la loi des grands fiefs, servi le Roi pendant quarante jours, prit congé de lui. Le Roi qui avoit besoin de son service pour la prise d'Avignon, ou qui étoit inquiet sur les motifs de son départ, lui ordonna de rester; il refusa d'obéir, & partit. Le Roi jura de s'en venger; mais le sort en décida autrement.

Le 3 novembre, le Roi, voyant son mal s'accroître & sa vie en danger, fit appeler dans sa chambre les Prélats & les principaux Seigneurs qui l'accompagnoient; il leur ordonna, par l'obéissance qu'ils lui devoient, & leur fit promettre, par serment, de rendre, s'il venoit à décéder, incessamment hommage à *Louis* son fils aîné, comme à leur Seigneur & à leur Souverain, & de le faire, le plutôt possible, couronner & sacrer Roi de France.

Si l'on en croit *Guillaume de Puylaurent*, Auteur contemporain, les Médecins ayant déclaré à ce Prince que sa maladie venoit de trop de continence, *Archambaud de Bourbon* se chargea de procurer au Roi l'unique remède qu'on lui croyoit nécessaire. « *Archambaud de Bourbon*, dit-il, croyant que les caresses d'une femme pourroient soulager ses maux, chercha une fille jeune, belle & bien élevée, la fit introduire, par ses Valets-de-Chambre, dans le lit de Louis VIII, pendant qu'il dormoit. Il avoit recommandé à cette fille de dire au Roi, quand il s'éveilleroit, que ce n'étoit point par esprit de libertinage qu'elle se trouvoit couchée avec lui, mais qu'ayant appris sa maladie, elle venoit seulement dans l'intention de lui offrir son secours. Le Roi, à son réveil, voyant cette jeune fille, lui demanda qui elle étoit, & comment elle avoit été introduite ; elle répondit comme on le lui avoit recommandé. Le Prince alors lui dit d'un air gracieux : *Cela ne sera point, ma fille; car je ne voudrois en aucune sorte commettre un péché mortel*. Aussitôt il appela *Archambaud de Bourbon*, & lui commanda de marier honorablement cette aimable fille ».

Le dimanche, 8 novembre 1226, le Monarque expira. Ses entrailles furent transférées à Clermont, dans l'église de l'abbaye de Saint-André, & déposées dans le tombeau des Dauphins d'Auvergne.

Ce Prince fut la victime de son zèle religieux, s'il ne le fut pas de sa chasteté; sa mort fut pressentie par le Roi Philippe Auguste son père. *Les gens d'église*, disoit-il, *engageront mon fils à faire la guerre aux hérétiques Albigeois; il ruinera sa santé à cette expé-*

dition; il y mourra, & par-là le royaume demeurera entre les mains d'une femme & d'un enfant.

Cette femme étoit *Blanche de Castille*, célèbre par sa fermeté & sa prudence, & cet enfant, qui n'avoit alors que douze ans, devint illustre sous le nom de *Saint-Louis*.

La Maison de Montpensier a pendant long-temps joué un rôle remarquable dans l'Histoire; nous aurions à citer plusieurs traits de courage, de grandeur d'ame, de fanatisme ou de cruauté, & de mauvaise foi (1), de ceux qui ont porté ce nom; nous nous contenterons de rapporter le trait suivant, que nous aimons à placer bien au dessus de tous les exploits militaires dont cette Maison peut se glorifier.

Louis de Bourbon, Comte de Montpensier, deuxième du nom, avoit perdu son père *Gilbert*, Comte de Montpensier, qui mourut, en 1496, à Pouzzoles, & y fut enterré. Le Roi de France, Louis XII, envoya, six ans après, le jeune Comte de Montpensier à la tête d'une armée destinée à la conquête du Duché de Milan: après avoir servi dignement son Roi & s'être signalé au siège de Capoue, il songea à remplir les devoirs d'un fils; il se rendit à Pouz-

---

(1) La cruauté & la mauvaise foi du Duc de Montpensier, qui, du temps des guerres de la religion, combattoit en France contre les Protestans, est l'exemple que je citerai; il se faisoit un jeu de violer les traités, de manquer à sa parole & aux lois de la guerre; il fut la cause de plusieurs massacres, les uns exécutés par ses ordres sur les Protestans, les autres par représailles sur les Catholiques.

zoles, dans le deſſein d'y faire célébrer un ſervice pour honorer la cendre de ſon père. A l'aſpect de ſon tombeau il éprouva la plus vive émotion; il voulut voir des reſtes ſi chers, & fit ouvrir le cercueil. Alors, pénétré de tendreſſe & de regret, il répandit un torrent de larmes, & peu de jours après il expira de douleur.

Cette mort touchante inſpira dans le temps les quatre vers ſuivans, qui ſont peu connus :

Dum patrios lacrymis cineres, Lodoice, rigabas,
   Mors poſuit lacrymis ipſa repentè modum.
Scilicet haud aliâ poterat, quam morte, medelâ,
   Extingui ardenti natus amore dolor (1).

ENVIRONS. On trouve au nord, & à quelque diſtance de la butte de Montpenſier, une fontaine dont l'eau, ſuivant le rapport des gens du pays, donne la mort aux animaux qui en boivent. La qualité gazeuſe de cette eau qui annonce la préſence d'un peu d'air fixe, dû aux roches calcaires ou marneuſes à travers leſquelles elle filtre, expliquent aujourd'hui ces prétendues merveilles.

―――――

(1) Quelques perſonnes feront peut-être curieuſes de trouver ici la traduction de ces vers, la voici :

« Pendant que Louis de Montpenſier arroſoit la cendre de ſon père d'un torrent de larmes, la mort vint elle-même en tarir la ſource; la mort ſeule étoit capable d'éteindre un amour auſſi tendre, & de faire ceſſer une douleur ſi profonde ».

On trouve aussi, près d'Aiguesperse, des carrières de plâtre qui sont assez rares en Auvergne.

Effiat est situé à trois quarts de lieue d'Aiguesperse, & à une demi-lieue de Montpensier, dans une plaine agréable & fertile. Le château appartint, dès 1557, à *Gilbert Coiffier*, Maître d'Hôtel de Madame Marguerite de France, & aïeul du célèbre Maréchal d'*Effiat*. Le fils de Gilbert Coiffier fut Seigneur d'Effiat, se distingua dans divers combats donnés en Auvergne, où il fut d'abord Ligueur, puis Royaliste.

Le petit-fils de *Gilbert Coiffier*, devenu Maréchal de France, érigea la terre d'Effiat en marquisat, fit construire un château magnifique, y fonda une Académie pour l'instruction de douze Gentilshommes choisis de préférence dans ses terres, & au défaut, dans la province d'Auvergne; & pour Professeur, il établit des Prêtres de la Congrégation de l'Oratoire. Il fonda aussi un Hôpital dans le même lieu. Il mourut le 27 juillet 1632 en Allemagne; son corps, conformément à ses dernières volontés, fut enterré dans l'église d'Effiat, où l'on voit encore son épitaphe. Ce Maréchal d'*Effiat* fut le premier qui quitta ce nom pour prendre celui de *Ruzé*, comme étant institué héritier de son oncle maternel, *Martin Ruzé*, Secrétaire d'Etat sous Henri IV; ce fut le second fils de ce Maréchal, connu sous le nom de *Cinqmars*, que le Cardinal de Richelieu fit décapiter à Lyon avec M. de Thou.

L'Académie du Collège fondée par le Marquis d'Effiat en 1627, s'est toujours maintenue avec distinction sous la direction des Oratoriens; c'est pourquoi, en 1776, elle fut mise au nombre des dix Collèges de France, érigés par réglement du 28 mars de la même année, en *Ecole Royale Militaire*. Ce collège, aujourd'hui célèbre, a des bâtimens commodes, de vastes & belles promenades, & des lieux propres aux exercices de l'éducation.

ARTONNE est une petite ville située dans un canton fertile & agréable, près de la rivière de Morge, à une lieue & au sud-ouest d'Aiguesperse, & à deux lieues de Riom.

« J'ai souvent entendu raconter, dit *Grégoire de Tours*, par des vieillards, le fait suivant, arrivé dans le bourg d'Artonne en Auvergne. Une certaine Vierge, nommée *Vitaline*, repose dans ce lieu. *Saint-Martin* vint un jour visiter son tombeau, salua la défunte, qui aussitôt ressuscita pour le solliciter de lui donner sa bénédiction; après que l'oraison fut achevée, le bienheureux *Martin* adressa ce discours à *Vitaline*: *Dites-moi, très-sainte Vierge, si déjà vous jouissez de la présence de Dieu.* La morte répondit: *Un seul péché facile à éviter dans ce monde, m'a privée de cet avantage: le Vendredi, jour où nous célébrons la passion du Rédempteur du monde, j'ai osé me laver la tête avec de l'eau.*

» Saint-Martin ayant opéré plusieurs miracles dans Artonne, partit de ce bourg pour aller à Clermont. Les Sénateurs de cette ville, qui tous étoient issus de Noblesse romaine, ayant appris le dessein du saint homme, marchèrent au devant de lui avec un grand nombre de chevaux, de chars & des équipages magnifiques; cependant Saint-Martin, monté sur un âne, avoit atteint la cîme du mont Belenien (1); du haut de cette éminence, où l'on découvre le bourg de *Riom*, il aperçut de loin les Sénateurs de Clermont qui venoient à lui avec leur pompeux cortège. *Que veulent ces gens-là*, dit le Saint, *avec tant d'appareil?* Un de la troupe qui s'étoit avancé le premier, lui répondit: *Ce sont les Sénateurs d'Auvergne qui viennent à votre rencontre.* — *Il ne me convient pas*, répliqua le Saint, *d'entrer avec une compagnie aussi brillante dans leur ville*; aussi-tôt il retourna son âne, & reprit le chemin d'Artonne. Les Sénateurs le suivirent en lui disant: *Le bruit de votre sainteté est venu jusqu'à nous. Nous avons dans notre ville plusieurs infirmes qu'il vous faudroit visiter.* Le Saint ne se rendit point à cette représentation, il se contenta d'imposer les mains sur quelques malades qui étoient venus avec eux, & les guérit.

Il rentra dans Artonne. Il existe encore dans ce lieu, ajoute Grégoire de Tours, une petite maison où l'on dit que ce Saint s'est arrêté.

» Il s'approcha ensuite du tombeau de la Vierge *Vitaline*, & s'écria: *Réjouissez-vous maintenant, ma bienheureuse sœur, car dans*

---

(1) Cette montagne étoit ainsi nommée à cause d'un temple à *Belenus*, qui étoit l'Apollon des Gaulois; c'est aujourd'hui la montagne de *Saint-Bonnet*.

trois jours vous pourrez contempler la majesté divine ».

Notre Historien ajoute, que la Sainte fit depuis beaucoup de miracles, & apparut à plusieurs personnes. L'Archiprêtre d'Artonne, nommé *Eulalie*, ayant célébré les vigiles en l'honneur de cette Sainte, & ayant invité à un repas les Prêtres de son voisinage, le poisson vint à lui manquer. La Sainte eut la complaisance d'apparoître à un Pêcheur qui dormoit, & de l'avertir d'aller promptement pêcher du poisson pour le repas que devoit donner *Eulalie*. Le Pêcheur, d'après cet avis, sortit de son lit, prit son filet; mais ô prodige! à peine l'at-il développé, qu'il y trouve un poisson énorme, & le porte aussi-tôt aux convives de l'Archiprêtre, qui le mangèrent dévotement.

Il y a dans cette ville un ancien Chapitre sous le titre de *Saint-Martin*; il fut fondé, en 1048, par *Guillaume* I, Vicomte de Thiers. En 1771, on détermina le Roi à en ordonner la suppression, pour le réunir à celui du *Marthuret* de Riom, & en former un seul sous le nom de *Saint-Louis*; cette réunion n'a pas encore eu lieu.

La terre d'Artonne a appartenu autrefois à la maison des *Bouteilliers de Senlis*; en 1416, elle passa à la Maison de la Tour d'Auvergne & de Montgâcon; M. de Broglie en est aujourd'hui possesseur.

SAINT-MYON, village situé à un petit quart de lieue d'Artonne, à une lieue d'Aigueperse, & sur la petite rivière de Morges.

Ce lieu est célèbre par ses eaux minérales. M. *Colbert*, qui en fit usage avec succès, a beaucoup contribué à cette célébrité; elles sont rafraichissantes & apéritives, il s'en fait une exportation considérable à Paris & dans tout le royaume.

RIOM.

Jolie ville, chef-lieu d'une généralité & d'une élection de son nom, avec une sénéchaussée & un siège présidial dont le ressort est fort étendu, une juridiction des Monnoies, située dans une plaine fertile, au bas des montagnes de la basse Auvergne, sur la grande route de Paris à Clermont, à trois lieues de cette dernière ville, & à trois lieues & demie d'Aiguesperse.

ORIGINE. Riom n'est pas une ville ancienne. Du temps de Grégoire de Tours, ce lieu n'étoit qu'un village; ce premier Historien de la Monarchie le nomme en divers endroits de ses Ouvrages, *Vicus Ricomagensis*. En vain le moderne Commentateur de la coutume d'Auvergne tourmente les passages, pour prouver que Riom, sa patrie, étoit alors une ville considérable, & que *Vicus* signifioit ville; il ne le persuadera jamais aux personnes instruites (1). D'ailleurs il est prouvé que Riom, sur

---

(1) L'autorité la plus prépondérante sur cette matière est sans contredit celle de *Ducange*; il dit positivement que les lieux nommés *Vicus*, *Castella* & *Pagi*, « signifient ceux qui ne sont honorés d'aucune dignité de ville; mais qui sont habités par un certain nombre

lequel l'Histoire garde, pendant plusieurs siècles, le plus profond silence, n'étoit encore, sous le règne de Philippe Auguste, qu'un bourg ou un village avec un château. *Castrum Riomense, villa Riomensi* ; voilà les noms qu'on lui donnoit alors.

Pour appuyer sa frêle opinion, le même Commentateur assure que Riom étoit décoré d'un *Sénat* ; il se fonde sur ce seul passage rapporté par Grégoire de Tours.

Cet Historien parle d'un Prêtre libertin, nommé *Eparchius*, qui, après avoir fait la débauche pendant toute la nuit, osa, quoiqu'encore ivre, entreprendre de célébrer la messe. Une incommodité fort scandaleuse le surprit au milieu de la célébration ; cependant on lui permit d'achever le saint exercice, parce qu'*étant de race sénatoriale*, il n'y avoit personne dans le bourg de Riom qui fût aussi noble que lui. *Cum esset*, dit Grégoire de Tours, *ex genere senatorio & nullus in vico Ricomagensi... juxta seculi dignitatem, haberetur nobilior*.

Les Romains avoient établi un Sénat dans la capitale d'Auvergne, aujourd'hui nommée *Clermont* ; Grégoire de Tours étoit fils d'un Sénateur de cette ville : il parle sciemment, en cent endroits de ses Ouvrages, de ce Sénat qui exista jusqu'au septième siècle. Les Romains n'étoient pas en usage d'établir plus d'un Sénat dans la même province, & le siège de ce Tribunal étoit toujours dans

---

de personnes du peuple » ; *qui nullâ dignitate civitatis honorantur, sed vulgari hominum cœtu incoluntur*.

la capitale. Il est ridicule, il est absurde de conclure, d'après l'unique passage ci-dessus cité, que Riom, si voisin de la capitale, & qui n'étoit qu'un bourg, eût aussi un Sénat.

Eparchius habitoit Riom, parce que ses fonctions ecclésiastiques le tenoient attaché à l'église de ce bourg; mais on ne peut pas soutenir qu'il en fut originaire, ni même natif, au moins Grégoire de Tours ne le dit point; ainsi l'on n'est pas fondé à dire que les aïeux de ce Prêtre étoient Sénateurs de Riom : d'ailleurs s'il n'étoit le plus noble de ce lieu, que parce qu'il descendoit d'un Sénateur, il n'y avoit donc point d'autres personnes du même rang, il n'y avoit donc point de Sénateurs, & par conséquent point de Sénat dans ce bourg. Parce qu'on prouveroit que les descendans d'un Conseiller au Parlement de Paris seroient habitans de Charenton, pourroit-on en induire qu'il y avoit un Parlement à Charenton ? Il est peut-être louable de flatter ses concitoyens en leur prêtant une antique origine, mais il est encore plus louable de dire la vérité.

Le même Commentateur avance hardiment qu'il y avoit eu à Riom, *de tout temps*, une École publique ou *Université*. En 1168, *Guillaume Dauphin* confirma la donation qu'*Aimeric*, Evêque de Clermont, avoit faite à l'église de Saint-Amable de Riom, & en même temps il reconnut le droit de ce monastère sur l'Ecole de Riom ; *Scholam Rioni, quæ ad jus illius ecclesiæ pertinere dicitur*; il s'agissoit d'une de ces Ecoles dépendantes des anciens monastères où l'on enseignoit à lire & à chanter du lutrin;

ainsi l'*Université* n'est pas mieux fondée que le *Sénat*.

HISTOIRE. Depuis Grégoire de Tours, plusieurs siècles s'écoulent, & aucun monument historique ne sort le bourg de Riom de l'oubli qui sembloit convenir à son peu d'importance; enfin il en est fait mention sous le règne de Philippe Auguste. Ce Roi, pour terminer les longues guerres allumées entre *Gui II*, Comte d'Auvergne, & son frère l'Evêque de Clermont, envoya, dans ce pays une armée formidable, commandée par *Gui Dampierre*, qui se rendit maître du champ de bataille, en s'emparant de la province; il assiégea & prit le *château de Riom*, que les Historiens qui rapportent cet événement, s'accordent à nommer *Castrum Rionem* ou *Castrum Rionense*.

Philippe Auguste s'empara de la plus grande partie de la province. Cet événement fatal à la maison d'Auvergne, fut avantageux au bourg de Riom, & devint la cause de son agrandissement.

Le Roi, en s'emparant des terres d'Auvergne, avoit été sollicité à cette entreprise par l'Evêque de Clermont qui en étoit Comte; il ne pouvoit donc établir le chef-lieu des pays qu'il venoit de conquérir, dans cette capitale qui appartenoit au Prélat à qui il avoit obligation de cette conquête, & dont il devoit, par reconnoissance ou par besoin, ménager la bienveillance. Loin d'attenter aux droits de l'Evêque, il le confirma dans la possession de la seigneurie du Comté de Clermont, que son frère Gui II lui avoit disputée. Ainsi le Roi fut obligé de choisir toute autre place que Clermont pour être le chef-lieu de la justice des pays nouvellement réunis à la couronne. Le bourg de Riom, défendu par un fort château, & situé dans un canton aussi fertile qu'avantageux, parut le plus convenable.

Riom devint alors le siège d'un bailliage qui comprenoit dans son ressort la partie conquise, nommée dans ce temps-là *les terres d'Auvergne*. *Alphonse*, frère de Saint-Louis, eut ces terres en apanage. Les différens séjours, les établissemens que ce Prince fit à Riom, & les privilèges qu'il accorda aux habitans, contribuèrent beaucoup à accroître ce lieu, & à l'élever à la dignité de ville.

Lorsqu'en 1360, le Roi Jean eut érigé les *terres d'Auvergne* en Duché-Pairie en faveur de Jean son fils, Duc d'Auvergne & de Berri, ce Duc & quelques-uns de ses successeurs de la Maison de Bourbon y firent souvent leur séjour; ce qui rendit cette ville florissante.

DESCRIPTION. Riom, dans le rang des villes du quatrième ordre, peut être citée comme une des plus jolies qu'il y ait en France; elle est la mieux percée de toutes celles de l'Auvergne; les maisons sont généralement bien bâties, ses rues sont larges, & plusieurs se coupent entre elles à angle droit. Cette construction régulière atteste encore mieux que ne feroient les titres, le peu d'ancienneté de cette ville, & les habitans raisonnables doivent s'applaudir d'un avantage bien préférable à la vaine gloire d'une antique origine.

La ville, dont les murs sont presque entièrement détruits, présente en plan une figure à peu près elliptique, dont le plus grand diamètre est dans la direction du sud au nord, & n'a pas plus de deux cents toises. A la place des tristes murailles & des fossés hideux & fétides qui lui servoient d'enceinte, on a pratiqué tout au tour un boulevart, planté, depuis une douzaine d'années, de quatre rangs d'arbres, qui forment une promenade aussi agréable que salutaire.

Le Pré Madame, planté régulièrement d'arbres déjà touffus, & entouré de deux côtés de murs de terrasse, étoit, avant la plantation des boulevarts, la seule promenade de Riom. Du côté du nord on y jouit d'une vue assez étendue & fort agréable. De là on voit le palais des Ducs, où l'on rend aujourd'hui la justice ; on y remarque sur-tout une énorme & solide tour ronde, toute bâtie en pierres de taille ; elle sert aujourd'hui de prison.

Le Palais est un édifice du quatorzième siècle, autant qu'on en peut juger par les bâtimens que les constructions modernes n'ont point dénaturés ; ainsi on peut présumer qu'il fut fondé par le Duc *Jean*.

La Sainte Chapelle, bâtie par le même Duc, est l'église d'un Chapitre fondé par *Pierre* de Bourbon, Duc d'Auvergne, & Anne de France sa femme ; la bulle d'érection est du 4 avril 1489. Elle ne contient rien de remarquable ; on y conserve, comme dans presque toutes les églises de France, un morceau du bois de la vraie croix.

Le Palais où se rend la justice est à côté de la Sainte-Chapelle, il n'offre rien de curieux. La salle basse, comme dans tous les anciens patais des temps de la féodalité, étoit vaste, haute & imposante; les bustes des Ducs, rangés tout autour, y ajoutoient un air de grandeur & de magnificence : en détruisant ces restes respectables, en blanchissant les murs, on a prétendu embellir cette salle, on en a fait une grange.

Quoique le ressort du présidial soit bien moins étendu qu'autrefois, & qu'il ait éprouvé plusieurs démembremens, il est encore un des plus considérables de France; ainsi ce palais est, pour une grande partie de la province, un centre fatal de réunion & pour la ville une source de richesse.

Après le Palais, le lieu le plus important pour les habitans est l'église de Saint-Amable.

Saint-Amable est une église *collégiale* qui étoit autrefois celle d'un monastère de l'ordre de Saint-Augustin, sécularisé en 1548. Nous avons souvent eu lieu de remarquer que le relâchement universel dans la discipline de l'église, qui se manifesta au commencement du seizième siècle, fut cause des nombreuses sécularisations qui s'effectuèrent, à la même époque, dans la majeure partie des anciens monastères de France. Celui de Saint-Amable demanda & obtint d'être délivré d'une règle dont les Religieux commençoient à trouver l'observance insupportable.

Saint-Amable est la seule église paroissiale de la ville. La construction de cet édifice paroît avoir été formée à différentes époques. Le clocher se termine par une flèche toute construite en pierres de taille d'une hauteur considérable; il forme un obélisque colossal d'une assez bonne proportion. En 1490, un tremblement de terre renversa la partie supérieure de ce clocher; il fut depuis rétabli.

Le portail principal est moderne; il a été construit, ainsi que la fontaine qui est en face, en 1746, ou dans les années suivantes; ces deux ouvrages d'architecture, qui sont consacrés à la décoration, prouvent suffisamment le mauvais goût qui règne dans ce pays.

L'intérieur n'offre rien de remarquable pour la construction. Le maître-Autel est à la romaine, & décoré de marbres; au dessus est un baldaquin avec des formes de draperies retroussées, d'un goût fort mesquin. La châsse de Saint-Amable est en argent, elle pèse, dit-on, cent trente-sept marcs; le travail en est précieux: elle fut fabriquée en 1473.

Dans le chœur on voit une petite table de marbre blanc, clouée contre un pilier, sur laquelle est gravée cette inscription, où cette petite table y est qualifiée de monument:

En mémoire de l'entrée de Madame Adéla*** de France, dans cette Église, le X.IX Juin M. DCCLXXXV, le Chap. a élevé ce mon. (1).

Dans une chapelle à gauche, est sur l'autel un tableau représentant une Cène médiocrement peinte, en 1725, par *Simon Bequoy*.

---

(1) Une table de marbre de deux pieds tout au plus de hauteur, est un *monument*; & clouer cette table contre un pilier, cela s'appelle à Riom, *élever un monument*.

Un autre tableau de cette église, qui mérite mieux l'attention des Amateurs, est dans une chapelle à droite ; il représente l'Inauguration de Saint-Gervais & de Saint-Protais ; il fut peint, en 1750, par *Restout* le père.

Madame la Duchesse de Narbonne, prétendant descendre d'une famille alliée à celle de *Saint-Amable*, qui vivoit avant Grégoire de Tours, a bien voulu, en 1783, enrichir cette église d'un petit morceau de bois précieusement enchâssé, qu'on dit être de *la vraie croix*.

La petite église de Saint-Jean, dans laquelle on est en usage de célébrer le Sacrement de Baptême & celui du Mariage, est décorée d'un tableau offrant le baptême de Jésus, peint par *Ferrand* ; ce tableau n'étoit pas sans mérite ; mais le vernis, qui s'éclate, en fait presque entièrement disparoître la peinture.

Dans l'église des *Carmélites*, fondée en 1618, on verra quelques tableaux ; celui du maître-autel est beau par la composition, le dessin & la couleur ; il représente une Adoration des Mages : ce tableau paroît être de l'Ecole Italienne.

Les Cordeliers furent fondés au commencement du quatorzième siècle ; leur église, détruite par un tremblement de terre, fut reconstruite en 1500.

L'église est décorée de plusieurs tableaux, celui du maître-autel, qui représente une Adoration des Rois, est une grande machine bien composée.

Les Religieux de Saint-Amable mirent quelques obstacles à l'établissement de ce couvent, & ils n'y consentirent qu'à des conditions assujettissantes, entre lesquelles on remarque celles qui obligent les Moines nouveaux venus, à partager, avec ceux de Saint-Amable, les offrandes des enterremens qui se feroient chez les Cordeliers, avec le quart du pain.

Une autre convention faite en 1493, entre les deux mêmes communautés, concourt à prouver la conduite déréglée des Moines du quinzième siècle. Les Cordeliers s'obligent, par cet acte, à ne point prêcher contre les titres, la conduite & les mœurs des Religieux de Saint-Amable, & ceux-ci en même temps promettent de ne point déclamer en chaire contre les mœurs, les usages & la façon de vivre des Frères Mineurs.

L'Eglise du Marthuret est une collégiale fort ancienne dont on ignore l'origine. On trouve dans cette église, à gauche du sanctuaire, un grand & ancien tableau, qui représente la Mère de Dieu, avec plusieurs figures très-singulièrement disposées; dans le même tableau est une très-longue inscription en vers françois, divisée en strophes, dont la première donne l'historique de la fondation de cette église:

Saint-Louis, Roi de France très-louable,
Funda premier l'église vénérable,
Et la doua de grand préhéminence;
Et puis Alphonse, de France Connestable,

La augmenta après, ce n'eſt pas fable.
Un bon preud'homme, rempli de ſapience,
Donna le lieu qui pourte, ſans doutance,
Son nom, tout par grace plénière,
C'eſt *Marturet*, pourtant ſignifiance
Que la dame Vierge de recouvrance
Seule eſt des hauts cieulx impérière.

Le ſtyle & les caractères de cette inſcription ſont, à n'en pas douter, du quinzième ſiècle; on peut préſumer que ce tableau fut fait & placé dans cette égliſe pluſieurs ſiècles après la fondation, & vers le temps de ſa réconſtruction, dont la plus grande partie eut lieu l'an 1438.

On peut croire que le nom de *Marthuret* n'eſt pas celui du *bon preud'homme*, qui donna l'emplacement, comme le dit l'inſcription. Ce nom qui, ainſi que celui de *Martroys*, eſt commun à pluſieurs places & égliſes de France, indique le lieu du ſupplice ou celui du tombeau de quelques martyrs. Cette égliſe eſt peut-être celle dont parle Grégoire de Tours, où étoit honoré le martyr Saint-Policarpe.

Cette égliſe eſt ſurmontée par une conſtruction curieuſe; c'eſt un petit dôme en pierres de taille, ſoutenu en l'air par quelques colonnes abſolument iſolées. Cette conſtruction, auſſi hardie qu'élégante, fut faite en 1584. L'ancien clocher de cette égliſe avoit été abattu en 1490, par un tremblement de terre qui renverſa pluſieurs édifices à Riom; une tempête affreuſe abattit de nouveau, le 13 décembre 1646, ce dôme; la ville le fit rétablir en 1676.

DESCRIPTION

L'Horloge de la ville paroît avoir été bâtie dans le même temps & par le même Artiste. Les Beaux-Arts étoient alors cultivés dans cette ville avec plus de succès qu'aujourd'hui : on y voit plusieurs morceaux de sculpture qui ne sont pas sans mérite. La fontaine des Lions, celle des Carmélites en sont des témoignages. Un Amateur ne doit pas oublier d'observer, ce que personne n'observe dans ce pays, deux cariatides qui sont contre la façade d'une maison placée dans la grande rue, au dessus & du côté de l'église du *Marthuret*, ces morceaux en pierre de *volvic* sont de la fin du seizième siècle, & rappellent le ciseau correct & animé du célèbre *Germain Pilon*.

Outre les Communautés religieuses dont nous avons parlé, on trouve à Riom des *Capucins*, fondés en 1606 par François de la Rochefoucauld, Evêque de Clermont; des *Carmes*, établis en 1643 ; des *Chanoines Réguliers de Sainte-Geneviève*, fondés le 31 mai 1661, dont la maison est d'une construction moderne, & se voit à côté de la promenade appelée *le Pré Madame* ; enfin des Religieuses de *Notre-Dame*, de *Sainte-Marie* & des *Hospitalières*.

On trouve aussi dans cette ville quatre hôpitaux, dont les plus considérables sont l'*Hôtel-Dieu* & l'*Hôpital-Général*.

La maison des *Prêtres de l'Oratoire* fut établie à Riom le 8 janvier 1618 ; elle sert de Collège à la ville, & les Oratoriens y professent les Humanités & la Philosophie.

USAGES. *Saint-Amable* est à Riom ce que *Saint-Martial* est à Limoges, ce que

Saint-Janvier est à Naples, c'est-à-dire, que les honneurs qu'on rend à ce Saint vont jusqu'à la superstition. Le 11 juin, jour de la fête, est un grand jour pour la ville, & les Villageois y affluent de toutes parts; il s'y fait une procession magnifique, où l'on porte plusieurs pieuses machines, parmi lesquelles est une grande roue de cire, ornée de rubans, ayant plusieurs pieds de diamètre; elle est portée en l'air par des Prêtres qui, de temps en temps, la font dévotement tourner sur son essieu, pour l'édification des fidèles.

Un autre objet aussi remarquable paroît ensuite; c'est la châsse de Saint-Amable, sous laquelle marchent sept à huit Villageois énergumènes, à qui le Diable, ou, comme le disent les incrédules, l'argent du Chapitre, fait faire d'horribles contorsions, & tout cela pour la plus grande gloire du Saint, qui jouit à Riom de la réputation de chasser sans peine les Diables les plus tenaces du corps de ceux qui s'approchent de ses reliques (1).

---

(1) Une jeune fille qui se croyoit démoniaque, & qu'un Abbé hypocrite promenoit de ville en ville, vint, il y a une vingtaine d'années, éprouver la vertu de la relique de Saint-Amable. Elle fut solennellement exorcisée à plusieurs reprises; mais le malin esprit, qui se plaît tant dans le corps des femmes, ne voulut point se départir de celui-ci, ou plutôt le but de ceux qui conduisoient cette fille étant de lever sur la crédulité publique une certaine rétribution, ils ne voulurent point encore laisser aller le Diable. La fille, son Démon, l'Abbé & sa suite vinrent à Clermont. La supercherie n'y fit pas fortune; l'Abbé, menacé d'être

Grégoire de Tours assure que de son temps Saint-Amable guérissoit les énergumènes. *J'ai vu*, dit le saint Historien, *à son sépulcre un énergumène délivré*.

Grégoire de Tours en a bien vu d'autres. Autrefois la vertu de Saint-Amable opéroit merveille contre les serpens. L'Abbé *Faydit*, Chanoine de cette église, incrédule d'ailleurs, y croyoit fermement, à ce qu'il dit dans sa *Dissertation sur les Sermons de Saint-Policarpe*; aujourd'hui c'est seulement sur les possédés, les maniaques, les insensés, & contre les incendies, que la vertu du Saint agit efficacement.

ANECDOTE. Avant de parler des effets merveilleux des reliques de ce Saint, il auroit été nécessaire d'examiner si elles existent réellement à Riom. Savaron, dans l'ancien manuscrit sur les églises de Clermont, qu'il a publié avec des notes, prouve incontestablement que Saint-Amable étoit Chantre de l'église de Clermont, qu'il y a été enterré dans la petite église du Bois de Cros, démolie depuis environ vingt ans. On croit cependant, mais sans aucune certitude, que ce corps saint a été transféré à Riom dans le onzième siècle (1) : quoi qu'il en soit, il a de tout temps opéré un grand nombre de

---

poursuivi judiciairement, prit la fuite ; la fille fut renfermée à l'Hôtel-Dieu, où on lui administra les remèdes qui conviennent aux maniaques, & le Diable disparut sans le secours des reliques.

(1) *De sanctis ecclesiis & monasteriis Claramontis, cum notis Savaroni.*

miracles dans l'église de Riom, & quand même il seroit encore à Clermont, il est assez grand Saint pour que son pouvoir s'étende à deux ou trois lieues à la ronde.

C'étoit sans doute la crainte de perdre ces reliques, ou de voir leur peu d'authenticité reconnu, que les habitans de Riom montrèrent en certaine occasion plus de zèle que de politesse.

M. *Massillon*, étant nommé Evêque de Clermont, visita les églises de son diocèse; il vint à Riom, & fit la vérification des reliques renfermées dans la châsse de Saint-Amable. Les dévots habitans s'attroupèrent, investirent l'église; & lorsque le célèbre Prélat voulut en sortir, il fut vivement assailli par la foule. Dans ce pressant danger, il monte précipitamment dans sa voiture, s'échappe à toute bride à travers les rues de Riom, & va chercher un asile dans la maison de l'Oratoire: mais la promptitude de sa fuite ne put le préserver de la sainte colère des Riomois; pour témoigner leur dévotion à Saint-Amable, ils suivirent le Prélat à coups de pierres, & lui cassèrent les glaces de son carosse.

Cet excès de dévotion auroit eu, pour les habitans de Riom, des suites funestes, si le Prélat offensé n'eût eu la générosité de les prévenir lui-même.

Cette ville n'a été le théâtre d'aucun événement remarquable; à ce défaut, nous rapporterons ici les principales causes de l'animosité qui, depuis long-temps, règne entre les habitans des villes de Clermont & de Riom. Dans ce cadre nous pourrons faire entrer plusieurs particularités historiques & peu connues, qui doivent, par leur objet, intéresser les habitans du pays.

L'accroissement subit de la ville de Riom, après que Philippe Auguste y eut établi le siége de la justice, dut inspirer de la jalousie à celle de Clermont, qui, depuis les temps les plus reculés, étoit, au temporel comme au spirituel, la première ville de la province. Riom se prévalut sans doute de sa subite élévation, & toute peuplée de Robins, elle joignit l'arrogance des nouveaux anoblis à la morgue de la magistrature ; cette première rivalité, une fois établie entre ces deux villes voisines, voici ce qui servit à l'entretenir.

Dans les guerres civiles du royaume, les habitans de la ville de Riom, par force ou par inclination, ont toujours adopté le parti opposé à celui de Clermont ; la première preuve qu'en offre l'Histoire, se trouve en 1440, à l'occasion de la guerre civile appelée *la Praguerie*. Les habitans de Clermont restèrent fidèles au Roi Charles VII, & ceux de Riom embrassèrent le parti des Princes révoltés, à la tête desquels étoient *Louis*, Dauphin, qui fut depuis Roi sous le nom de Louis XI. *Berri*, Roi d'armes de France, dans sa Chronique du règne de Charles VII, dit, en parlant des Princes révoltés : « Mesdits Seigneurs le Dauphin & de Bourbon furent devant *Clermont* & *Montferrand* en armes, à toute leur puissance, pour les cuider attirer & mettre en leur obéissance, dont les sujets d'icelles se gouvernèrent grandement & honorablement pour le Roi, & comme vrays & loyaux subjets doivent faire à leur souverain Seigneur. Les gens du Roi se mirent & logèrent en toutes les places qui estoient en la Loumengne (Limagne) d'Auvergne, entre Aiguesperse & Clermont, *excepté Riom, qui tenoit pour le Duc de Bourbon*. Le Roi délibéra de partir dudit lieu d'Aiguesperse, & de s'en aller à *Clermont*, où il fut grandement reçeu & bien venu; & là demeurat-il bien quinze jours; & y vinrent devers lui les Barons & les trois Etats du pays d'Auvergne; là aussi luy firent-ils grande révérence, & y tint le Roi son conseil public, &c, (1) ».

Pendant la guerre civile appelée *du Bien public*, les habitans de Riom résistèrent, à la vérité, aux premières tentatives des révoltés; mais bientôt ils furent obligés de suivre leur parti.

Louis XI, en 1465, au mois de juin, vint assiéger Riom, « dedans laquelle, dit *Jean de Troys* dans sa Chronique, y étoient Monseigneur le Duc de Bourbon, le Duc de Nemours,

---

(1) Le Roi Charles VII assembla les Etats de la province aux Cordeliers de Clermont, pour leur demander une certaine somme destinée à subvenir aux frais de la guerre; on la lui accorda. Les Princes ligués, après bien des instances, se rendirent à Clermont, promirent d'obéir au Roi & de quitter les armes; mais étant partis de cette ville, ils ne tinrent plus leur promesse. Ce Roi, pour remercier les habitans de Clermont de leur fidélité, & les dédommager des dégâts que l'armée des Princes avoit faits dans les environs de cette ville, leur accorda, le 5 juin 1440, pendant cinq années, la somme annuelle de six cents livres.

le Comte d'Armignac, le Seigneur d'Albret & autres ; & avoit le Roi devant ladite ville la plus belle & noble armée que onques fût guère vue, car il avoit de bonnes gens de guerre & de grand façon, vingt-quatre mille hommes combattans, & mieux ». La ville de Riom fut bientôt prise ; les Princes qui la défendoient traitèrent avec le Roi, & promirent, sous peine d'être excommuniés, de rester fidèles à Sa Majesté ; mais les Nobles de ce temps-là se jouoient des sermens les plus sacrés : ils furent oubliés dès que le Roi fut parti (1).

Les habitans de Clermont ne participèrent point à cette révolte, & Louis XI leur en témoigna sa reconnoissance, en leur accordant plusieurs privilèges & exemptions, & en louant dans ses lettres patentes leur *loyauté* & leur obéissance « durant les guerres & divi-

---

(1) Le Commentateur de la coutume d'Auvergne dit à cette occasion : « Ainsi finit la guerre du bien public, dont l'Auvergne, *& Riom principalement, avoient été le théâtre* ». Certes, voilà une nouveauté en histoire ! Le siège de Riom fit si peu de bruit, que *Commines*, qui a, dans un si grand détail, raconté les événemens de cette guerre, n'en fait aucune mention. Tout le monde sait que le *principal théâtre* de cette guerre ne fut point à Riom, mais à Montlhéri & aux environs de Paris ; le Commentateur, sans doute, le sait aussi ; mais il feint de l'ignorer, afin de prêter, par cette complaisante inexactitude, plus d'importance & de lustre à la ville de Riom. Le long article qu'il a composé sur cette ville, est rempli de pareilles complaisances.

sions

sions passées, y est-il dit, tellement que quelques partis & obéissances que les Seigneurs dudit lieu ayent tenu, quelques hostilités & guerres qui aient eu cours du temps de nos prédécesseurs, Rois de France, & de nous, ladite ville (de Clermont) est continuellement demeurée sous nosdits prédécesseurs & nous, en la vraye & entière obéissance de Maison de France, par quoi &c. »

Dans le voyage que Charles IX fit en Auvergne, on remarque que ce Roi séjourna dans plusieurs petites villes de cette province, fit son entrée solennelle à Clermont & à Montferrand, & après avoir passé quelques jours dans ces deux villes, il partit pour Paris, passa à Riom sans faire d'entrée, ni sans s'y arrêter, & préféra aller dîner à trois-quarts de lieue de la ville, dans un pauvre village, nommé *Saint-Bonnet*.

Abel Jouan, qui accompagnoit le Roi en ce voyage, & qui en a publié une relation, dit : « Et le mercredi 3 dudit jour d'avril (1566), le Roi partit de *Clermont* pour aller passer par dedans *Riom*, qui est une belle & bonne ville en laquelle le Roi ne fit point d'entrée, & alla disner à *Saint-Bonnet*, qui est un pauvre village ».

Cette indifférence que marqua le Roi pour la ville de Riom, dut flatter l'amour-propre des habitans de Clermont, humilier celui des Riomois, & réveiller entre les deux peuples l'animosité qu'ils nourrissoient depuis long-temps. Les guerres de la religion offrirent bientôt à ces deux villes un nouveau motif de haine. Riom embraſſa le parti de la Ligue, & le Comte de Randan, Gouverneur de la province, Ligueur très-zélé, y établit ſa place d'armes, & y fit fondre pluſieurs canons pour l'armée des Ligueurs (1).

Les habitans de Clermont, malgré le Comte de Randan, malgré les intrigues de ſon frère, *François de la Rochefoucauld*, qui étoit leur Evêque, ſoutinrent conſtamment le parti du Roi, ſoldèrent des troupes pour ſa défenſe, & parvinrent ſeuls, à force de zèle, d'argent & de courage, à ruiner, en Auvergne, le parti de la Ligue, qui étoit fort conſidérable. (Voyez *Clermont.*)

Henri III, quelque temps avant ſa mort, pour punir la rebellion de ceux de Riom, & récompenſer la fidélité de ceux de Clermont, donna, le 17 avril 1589, des lettres patentes, par leſquelles Sa Majeſté transfère en la ville de Clermont la recette générale & le bureau des Tréſoriers généraux d'Auvergne, établis à Riom. Voici le préambule de ces lettres :

...Ayant été avertis que les habitans de la

---

(1) Le Comte de Randan, Gouverneur général de la province, écrivit de Riom, le 13 août 1589, une lettre circulaire aux villes qui tenoient, en Auvergne, le parti du Roi, qu'il nomme *Villes rebelles*, dans laquelle, ſous prétexte de religion, il tâche de les détourner du parti de Henri IV ; il finit ſa lettre par cette menaçante rodomontade : « La diſpoſition de mes affaires & les forces que j'ai en main, vous feront aiſément connoître que rien ne me peut convier à cette ſemonſe, que le ſeul déſir que j'ai toujours eu m'employer plutôt à maintenir la paix qu'entretenir le trouble en cette province ».

ville de *Riom*, en notre pays d'Auvergne, sans considérer l'état auquel il a plu à Dieu nous appeler, le devoir, respect & obéissance qu'ils nous doivent.... pour délaisser à leurs successeurs un assuré témoignage de leur perfidie & deloyauté, ont, au préjudice de notre autorité & service, pris le parti de ceux qui s'efforcent d'*envahir la vie* (1), l'état & l'autorité de leur Roi légitime & naturel, & desquels la félonie & mauvaise intention est telle, qu'il ne se trouve des paroles assez expresses pour la pouvoir exprimer, se rendant en cela, lesdits habitans, semblables à eux, & par ces moyens, indignes de tant de biens & d'honneurs qui leur ont été octroyés... A cette cause, sachant la fidélité, loyauté, zèle & affection que les habitans de notre ville de *Clermont* ont de tout temps portés à nos prédécesseurs Rois, & celle qu'ils font paroître avoir au bien de nos affaires & service, même que ladite ville & la principale, capitale dudit pays, sise au milieu d'icelui, accompagnée de toutes les commodités qui sont requises & nécessaires, & plus propre pour tenir lesdites juridictions, au soulagement de nos sujets, que nulle des autres; pour ces causes, &c » (2).

En même temps le Roi écrivit aux habitans de Riom une lettre pour les exhorter à se

---

(1) Il n'y a rien d'exagéré dans cette expression, car les Ligueurs, dont le Roi parle ici, le firent assassiner deux mois & demi après la date de ces lettres.

(2) Mémoires de la Ligue, tom. III, pag. 263.

remettre sous son obéissance, & pour leur déclarer que s'ils ne le faisoient avant quinze jours, il les priveroit de la Cour des Monnoies & du siège Présidial : cette lettre est du 22 avril 1589; elle commence ainsi : « Chers & bien amez, si l'ingratitude & rendre le mal pour le bien, a toujours été détestable devant Dieu & les hommes, vous pouvez juger combien vous êtes coupables, après tant de bienfaits, de privilèges & d'honneurs que vos ancestres & vous, avez reçus des Rois nos prédécesseurs & de nous, &c. »

Les quinze jours que le Roi accordoit aux habitans de Riom pour se déterminer à rentrer dans leur devoir, étant expirés, ce Prince donna au mois de juin suivant un édit par lequel la Chambre des monnoies, établie à Riom, seroit transférée à Clermont. Dans cet édit, après plusieurs reproches contre l'infidélité, on lit : « Et ayant connu que par notre patience & délay que nous leur avons donné de se recognoistre, ils en demeurent obstinés & comme endurcis, continuent au mal plus que devant, nous les avons jugés indignes de nos bonnes graces, &c. »

Les habitans de Riom & ceux de Clermont, ennemis depuis long-temps par une ancienne rivalité, ennemis déclarés dans la guerre civile de *la Ligue*, le devinrent bien davantage lorsque, par la volonté du Roi, la plus fidelle de ces villes fut enrichie des dépouilles de l'autre.

On vit, en cette occasion, les habitans de Riom aux prises avec ceux de Clermont. Issoire fut sur-tout le théâtre où les Ligueurs

Riomois en vinrent souvent aux mains contre les Claromontois, qui soutenoient le parti d'Henri IV (1). En 1594, la ville de Riom, après être restée cinq ans sous les lois de la Ligue, se soumit d'elle-même à Henri IV, qui lui en témoigna, par une lettre, sa satisfaction. Ce furent *Jean de Beaufort*, Vicomte de *Canillac*, & son parent Jean-Claude de *Beaufort*, Vicomte du *Pont du Château*, qui déterminèrent les habitans à cette soumission. Ils tâchèrent alors de se justifier, en publiant un manifeste dans lequel ils déclarèrent qu'ils n'avoient suivi le parti de la Ligue que pour l'intérêt de la religion. Ils donnèrent même en cette occasion des marques éclatantes de leur repentir, en punissant quelques Ecclésiastiques séditieux, qui, dans leurs sermons ou par quelques autres menées, cherchoient à soulever le peuple contre Henri IV (2).

La paix fut rétablie dans le royaume, mais elle ne le fut point entre Riom & Clermont. Les

---

(1) Il faut excepter le Procureur du Roi de Riom, nommé *Murat*, qui abandonna cette ville & le parti de ses concitoyens, quitta la simarre, prit la cuirasse, & se distingua dans le parti du Roi au combat d'Issoire.

(2) Un nommé *Huraud* & sa femme, un Frère Cordelier, un des Régens du Collège, furent chassés de la ville, parce qu'ils montroient toujours, en faveur de la Ligue, un zèle très-dangereux à la tranquillité publique. Un Vicaire de Saint-Amable, pour avoir refusé de dire au prône la prière pour le Roi, fut également banni de Riom ; mais c'étoit un peu tard.

intrigues & les sollicitations que les gens de Riom mirent en usage pour recouvrer la Recette générale, le Bureau des Finances & la Cour des monnoies, excitèrent une guerre plus sourde, mais qui n'étoit pas moins animée. Riom obtint ce qu'elle avoit perdu par sa désobéissance, & ce succès fut encore, pour les deux villes, une nouvelle source d'inimitié.

Si, à toutes ces causes de haîne & de jalousie entre Riom & Clermont, on joint la dispute sur la possession des véritables reliques de Saint-Amable, les longues discussions sur les droits réciproques des juridictions & des municipalités de ces deux villes; si l'on considère encore que leurs collèges ont été professés long-temps par deux corps ennemis, celui de Riom par des *Oratoriens*, & celui de Clermont par des *Jésuites*, & que la rivalité religieuse qui existoit entre ces deux corps, a été facilement partagée par les jeunes gens de l'une & de l'autre ville, & a dû donner une nouvelle activité à la réciproque animosité des habitans; on ne doit pas être surpris si cette animosité, entretenue par tant de circonstances successives, subsiste encore, non pas seulement parmi la classe inférieure des citoyens, mais encore chez des gens plus éclairés; l'ouvrage du Commentateur de la coutume en offre souvent la preuve.

Hommes célèbres (1). Les Hommes les

---

(1) Il est plaisant de voir le Jurisconsulte Riomois faire des incursions, non seulement dans les villes,

plus connus que la ville de Riom a produits, sont *Génébrard*, *Sirmond*, le Père *Arnoux*, l'Abbé *Faidit*, & *Danchet*.

Gilbert Génébrard fut successivement Cordelier, Bénédictin, Docteur de la Maison de

---

mais dans les provinces voisines, pour les dépouiller des hommes célèbres qu'elles ont produits, afin d'en attribuer la gloire à sa patrie. Il s'empare de *Basmaison*, qui n'étoit pas de Riom, mais de Vic-le-Comte où il est enterré; de *Jean Bonnefons*, qui composa des vers latins dans le goût de Catulle, dont M. Dorat a traduit plusieurs pièces en françois dans *les Baisers*; il étoit de Clermont, non pas de Riom. C'étoit *Amable Bonnefons*, de la même famille, qui a composé quelques ouvrages de piété peu connus, qui étoit de Riom; il prête aussi à sa patrie *Amable Bourseis*, de l'Académie Françoise, il étoit de Volvic; *Aubin Olivier*, qui inventa l'art de monnoyer au moulin, étoit du même lieu de Volvic. Ceux de la famille des *Arnauds* qui se sont rendus fameux dans le Barreau, dans les Lettres ou dans des Ambassades, étoient originaires d'Herment en Auvergne; ils s'établirent à la vérité quelque temps à Riom, mais les plus illustres de ceux qui ont porté le nom d'*Arnaud*, étoient natifs de Paris. Enfin *Grégoire de Tours* n'étoit pas plus de Riom que les précédens; on ne peut pas dire qu'il fût né à Clermont, quoiqu'il y fût élevé, & que son père fût Sénateur, & par conséquent habitant de cette capitale; mais il étoit né aux environs de Brioude, comme il le dit lui-même, dans une maison de campagne qui appartenoit à son père. Le Commentateur ne donne aucune preuve de la naissance de Grégoire de Tours à Riom; il cite à cet égard le sentiment des *Encyclopédistes*; autorité puissante en géographie! Cependant il faut croire que le saint Historien savoit mieux que le Commentateur & que les Encyclopédistes dans quel pays il étoit né.

Navarre à Paris, & Professeur en langue Hébraïque au collège Royal; il eut pour disciple *Saint-François de Sales*. Une affaire d'intérêt lui fit abandonner le parti du Roi, pour embrasser celui de la Ligue.

Génébrard fut un des Prédicateurs de la Ligue, & M. de Thou le range parmi les boutefeux qui étoient soudoyés par les Princes de Lorraine, pour exciter en chaire le peuple à la révolte. Mayenne, pour récompenser son zèle séditieux, lui fit avoir l'archevêché d'Aix: cette dignité donna plus de force à son fanatisme; il ne cessa de prêcher, de vomir des injures contre le Roi. Il excita à Aix une révolte, en voulant empêcher les habitans de se soumettre à leur Souverain. Enfin il fut forcé de se retirer à Avignon, où il écrivit & publia tout ce que les circonstances ne permettoient plus à son zèle amer de déclamer de vive voix; enfin il mourut avec la réputation d'un homme très-érudit, mais très-déraisonnable, très-emporté & très-fanatique, qui ne connut d'autre raison que la sombre colère qui le dominoit: il est aujourd'hui bien plus fameux par ses défauts que par ses talens.

Jacques Sirmond naquit à Riom le 12 octobre 1559; il commenta, compila, rectifia & publia un grand nombre d'éditions; enfin il fut, de son temps, un des plus laborieux & des plus habiles manœuvres de l'Histoire (1).

―――――――――――――――――

(1) Il a publié plusieurs éditions qui ne sont plus estimées aujourd'hui, depuis qu'on en a de meilleures. On ne peut s'empêcher de louer sa sincérité dans la

Ce Savant joignoit aux vertus d'un Jésuite, les qualités d'un courtisan. Il fut le vil complaisant du plus cruel & du plus détesté des Ministres; il prostitua même sa plume pour servir la vengeance de *son maître*. Dans les nombreux libelles qu'il composa par l'ordre de *Richelieu*, aveuglé par la faveur, il rejeta toute idée de raison, d'équité, s'efforça de justifier les vices & les attentats de ce Cardinal, calomnia & persécuta les malheureux qu'il avoit faits, & tâcha d'ôter, avec sa plume, la réputation de ceux à qui ce Ministre n'avoit pu ôter la vie.

Le Jésuite *Arnoux*, Confesseur de Louis XIII, étoit de Riom; c'est encore un de ces êtres poussés par l'intrigue; il est fort décrié dans l'Histoire de son temps, par son manège de courtisan, & par ses persécutions contre les Protestans.

Pierre Faidit naquit à Riom le 27 août 1644; sa vie offre une suite d'inconséquences & de bizarreries; de l'esprit, des connoissances superficielles, de la vivacité, voilà ce qui valut à l'Abbé Faydit, dans son temps, quelque célébrité. Sans goût, sans jugement, affamé de réputation, malade de celle des autres, il eut l'audace de s'attaquer aux plus célèbres Auteurs

---

publication de quelques anciens manuscrits plus favorables aux Protestans qu'aux Catholiques; de ce nombre est l'ouvrage de *Facundus*, Evêque d'Hormiane en Afrique, qui vivoit au sixième siècle; on y trouve, page 144, le fameux passage de l'Eucharistie, qui a de quoi embarrasser bien des Docteurs.

du règne de Louis XIV ; *Tillemont*, *Santeuil* furent les objets de ses singulières critiques. L'illustre *Fénélon* se vit attaqué par cet Abbé Faydit, qui ne craignit pas de composer contre l'immortel ouvrage de *Télémaque*, une satire méprisable, intitulée, *La Télémacomanie*. L'éloquent *Bossuet* fut aussi en butte à ses sarcasmes. Cet Evêque ayant prononcé, en 1682, à l'assemblée du Clergé, un discours dans lequel il citoit *Balaam*, Faydit fit cette épigramme, que l'Abbé de *Longuerue*, qui avoit beaucoup plus d'érudition que de goût, trouve superbe. Piganiol, l'Abbé d'Expilli & autres Copistes la jugent de même par imitation, la voici :

> Un Auditeur un peu cynique
> Dit tout haut en baillant d'ennui,
> Le Prophète Balaam est obscur aujourd'hui ;
> Qu'il fasse parler sa bourique,
> Elle s'expliquera plus clairement que lui.

Danchet est, sans contredit, de tous les Littérateurs que Riom a produits, celui avec lequel on aimeroit le mieux à vivre : il étoit né en cette ville ; mais il fit ses études à Paris, où il vécut continuellement : peu intrigant, peu ambitieux, ses mœurs étoient douces, son ame étoit élevée ; il eut des amis, & par son désintéressement, sa générosité, sa probité exacte, il mérita d'en avoir. On a observé que quoiqu'il fût Poëte, & Poëte outragé, il ne se permit jamais un seul vers satirique (1).

---

(1) Dans les fameux couplets de 1710, on lit ce

Danchet eut une place à la Bibliothèque du Roi, fut reçu à l'Académie des Inscriptions & à l'Académie Françoise; il composa plusieurs Poésies, des Drames lyriques & quelques Tragédies qui eurent bien moins de mérite & de succès que ses Opéra. Sa versification étoit douce, facile, mais foible; il mourut à Paris en 1748, regretté de tous les honnêtes gens & de ceux qui préfèrent les qualités du cœur à celles de l'esprit.

CARACTÈRE & MŒURS des habitans. Cette ville ne fait aucun commerce, & ne fleurit que par les querelles & les procès qui s'élèvent dans l'étendue du ressort de son Présidial; elle est peuplée de Juges, d'Avocats, de Procureurs, de Clercs, d'Huissiers & d'Aubergistes pour loger les plaideurs qui y vien-

---

trait contre Danchet, qui sans doute avoit l'extérieur fort simple :

   Je te vois, innocent Danchet,
   Grands yeux ouverts, bouche béante,
   Comme un sot pris au trébuchet,
   Ecouter les vers que je chante.

Piron a composé une fort longue pièce en vers, intitulée *Danchet aux Champs Elysées*. Danchet ayant été insulté vivement par un de ses rivaux, dans une satire sanglante, fit en réponse une épigramme très-piquante, & l'envoya à son ennemi, en lui déclarant que personne ne la verroit, & qu'il vouloit seulement lui montrer combien il étoit facile & honteux d'employer les armes de la satire.

nent en affluence. Le caractère qui appartient généralement aux villes où les gens de robe dominent, est bien prononcé dans celle-ci. On y remarque plus de manières que dans les autres villes, un ton cérémonieux, rogue dans les gens en place; une gravité & une morgue qui en imposent aux uns, & qui amusent les autres. Chacun met une sérieuse attention à garder son rang, & à observer rigoureusement les formes de convention, formes qui ont tant d'ascendant sur le peuple, & qui font le charme des petits esprits.

A travers tous ces ridicules, on trouve dans cette ville des Jurisconsultes éloquens & très-éclairés.

POPULATION. On compte dans la ville de Riom & dans ses faubourgs environ quatorze mille ames.

MOZAT, bourg situé à la suite d'un des faubourgs de Riom, est célèbre dès les premiers temps de la monarchie. Un obélisque en pierres de taille, placé au milieu du chemin, au bas duquel est une fontaine, annonce ce lieu; on y trouve deux églises paroissiales, & une abbaye.

L'Abbaye, de l'ordre de Saint-Benoît, fut fondée par *Saint-Culmin* ou *Culminius*, Auvergnat de naissance, de famille sénatoriale, & qui gouvernoit la province sous le titre de Duc. C'est ce que rapporte une charte attribuée à Pepin Roi d'Aquitaine, dont l'authenticité est fort douteuse (1).

───────────────────
(1) Ce même Saint fonda en Vélay une autre

Par cette charte, ce Prince confirma la fondation de l'abbaye, & cette confirmation dut se faire entre l'année 680 & l'année 687, ou dans la suivante.

Culmin & *Namadie* sa femme furent enterrés dans l'église de ce monastère, où ces fondateurs sont honorés comme Saints. Suivant une histoire manuscrite de l'abbaye de *Mozat*, composée par un Religieux nommé *Lamfredus*, Pepin étant en Auvergne, ce *Lamfredus* vint trouver ce Prince, lui représenta que le corps de *Saint-Austremoine*, Apôtre de l'Auvergne, transporté d'*Issoire* à *Volvic*, ne recevoit pas dans ce dernier lieu les honneurs qu'il méritoit, & lui demanda ce corps pour son monastère.

Ce Moine, véridique comme l'étoient les Moines d'autrefois, assure que Pepin avoit eu une vision miraculeuse qui le disposa à lui accorder sa demande. Ce Prince fit assembler plusieurs Prélats de sa Cour pour procéder avec plus de solemnité à cette translation, il voulut charger sur ses royales épaules le saint fardeau, & il le porta dévotement de *Volvic* à *Mozat*.

La sainte relique, que les Moines avoient demandée avec instance, contribua à enrichir le monastère, mais non pas à sanctifier les Moines. Le libertinage, le désordre, & les richesses s'introduisirent en même temps dans leur monas-

---

abbaye qui fut nommée d'abord *Carmery* de son nom, aujourd'hui *Saint-Chaffre* ou le *Monastier S.-Chaffre*.

tère. Ce scandale détermina *Robert*, Comte d'Auvergne, & son fils *Guillaume*, à demander au Roi Philippe I que cette abbaye fût donnée à l'ordre de Clugni. Ce changement fut effectué sans opposition de la part des Prélats, & la discipline fut rétablie.

En 1197, les Religieux de Mozat invitèrent Robert, Evêque de Clermont, à venir visiter le corps de Saint-Austremoine; le tombeau fut ouvert, & on trouva le corps du Saint tel qu'il avoit été renfermé par le Roi Pepin, avec des courroies sur lesquelles étoient encore conservés les sceaux de ce Prince.

On montre encore dans ce monastère les reliques de ce Saint avec la chasuble, dont il se revêtoit.

L'abbaye est en commende, & elle vaut à l'Abbé plus de six mille livres.

Volvic est un bourg situé à une forte lieue & au sud-ouest de Riom; on a dit que ce lieu est l'ancien *Martialis* dont parle *Sidoine Apollinaire* dans une lettre à *Maurisius*; cette opinion, appuyée seulement sur ce qu'il existe encore à Volvic une place nommée *Saint-Martial*, n'est pas sans réplique. D'ailleurs ce nom de *Martialis*, suivant Apollinaire, a été donné à un lieu où les légions Juliennes avoient pris des quartiers d'hiver; ainsi, il n'est pas trop satisfaisant de croire que de *Martialis*, qui signifie un lieu de guerre, on ait fait *Saint-Martial*. *Savaron* a pensé avec plus de raison, & le Père *Sirmond* est presque de son avis, que la position de *Martialis* devoit s'appliquer à *Marsac*, qui est un lieu plus rapproché de Riom, & dans un pays plus fécond.

Dans les anciens titres, *Volvic* est nommé *Volovicum* ou *Vulvicum*. L'énorme coulée de lave dont les environs sont comblés, les Volcans qui l'ont produite, & les torrens de feu par lesquels, pendant plusieurs siècles, ce canton a été dévasté, ont fait croire que ce nom venoit de *Vulcani vicum*, ou de *Vol* ou *Vul*, qui signifie *feu*, & de *vicum*, *bourg*, bourg de feu. L'étroite analogie qui se trouve entre *Volcan* & *Vulcain*, dieu du feu, dont le nom est écrit sur quelques médailles *Volcanos*, ne laisse aucun doute sur l'étymologie du mot *Volcan*; d'ailleurs c'étoit ainsi que les anciens nommoient ce qu'on appelle aujourd'hui Volcan (1); d'après cela, il paroît assez probable

---

(1) Les Anciens plaçoient toujours les forges de Vulcain dans les cavernes des montagnes volcaniques, comme dans l'île de *Lemnos*, dans le centre du *Mont-Etna*. *Apollonius* & *Agathocles* ont cru que ces forges étoient dans les îles de *Lipari*, qui sont volcaniques; Juvenal dit... *Vulcanus Liparæa nigra taberna*. Virgile, en parlant des mêmes îles, dit:

Vulcani domus, & Vulcania nomine tellus.

Ainsi ce Poète nous apprend que le lieu même étoit nommé *Vulcania*. Ce nom donné aux volcans étoit en usage au septième siècle de notre ère. Suivant une ancienne légende, un certain Hermite vit l'ame du Roi Dagobert prête à devenir la proie des Diables; cet Hermite habitoit alors une petite île sur les côtes de la Sicile, & nommoit les volcans de son voisinage, qu'il croyoit être l'entrée des enfers, *Vulcania* que ce nom *Volvic*, dont le territoire porte l'empreinte du plus affreux embrasement, dérive de la même racine qui a formé *Vulcain* & *volcan*.

Quoi qu'il en soit, Volvic offre une masse de lave d'une profondeur inconnue, & dont la coulée paroît sensiblement descendre des montagnes qui l'ont produite. Le Puy de *Louchardière*, celui de *Jumes*, celui de *Taur*, & sur-tout le Puy de *Nugerre*, qui est plus rapproché, semblent avoir concouru à entasser pendant plusieurs siècles cet énorme amas de lave.

Cette masse de lave forme une carrière de

---

loca; cette dénomination a été conservée jusqu'à ce jour dans tous les pays où il existe des bouches à feu : ainsi, on peut présumer que ce nom ayant constamment été appliqué aux volcans, le lieu de *Volvic*, placé dans un canton volcanisé, peut avoir la même étymologie. On trouve près de ce bourg un territoire dont le nom concourt à attester la mémoire d'un ancien embrasement; il s'appelle *Brûlavé*. Dans le Vivarais, une montagne volcanique est nommée *Montbrul*. Le moderne Commentateur de la coutume d'Auvergne dit fort savamment, pour prouver que l'étymologie qu'on prétend trouver à Volvic n'est pas soutenable, *que le mot de volcan vient des Portugais*, & certainement, ajoute-t-il, *ils ne l'ont mis en usage que long-temps après les volcans de Volvic*. Cette érudition paroîtra étrange dans un homme qui parle de l'Histoire Naturelle de son pays, & qui en parle en 1786 : mais cela ne doit pas arrêter. Il est certain que les noms des lieux qui rappellent *Vulcain*, ou ses feux, ne sont pas rares en Auvergne, comme nous aurons occasion de le remarquer dans la suite. On trouve même au dessus de *Saint-Saturnin*, un lieu bâti sur une énorme coulée de lave, qui s'appelle *Volcan*,

laquelle

laquelle sont sorties, pour ainsi dire, les principales villes de la Limagne. On n'employe point d'autre pierre de taille dans ce pays. On peut en trouver dont le grain soit plus fin, la couleur plus agréable; mais on n'en trouve guère qui soit plus durable. Les marbres se réduisent en poussière avant que la pierre de Volvic éprouve la moindre altération. Des monumens formés de cette pierre se sont conservés intacts depuis les premiers temps de la monarchie.

Sa couleur est celle de l'ardoise; le temps, comme il fait de toutes les autres pierres, la noircit; mais les anciens édifices qui en sont bâtis, conservent une teinte égale, & n'offrent point ces bigarrures de noir, de blanc, de gris sale, qui se trouvent ordinairement sur les vieux bâtimens construits en pierres blanches. Son grain est plus ou moins fin, plus ou moins dur, suivant le plus ou le moins de profondeur d'où on la tire; elle peut s'employer aux ouvrages de sculpture : on voit à Riom & à Clermont des morceaux qui annoncent qu'elle est propre à ce genre de travail.

Cette carrière, produite par des torrens de lave, ne s'exploite point par couches comme celles de pierre calcaire; les fragmens qu'on en détache n'ont aucun sens, & pour être taillés, n'exigent point les précautions nécessaires aux autres pierres.

On procède depuis quelque temps à cette exploitation, en creusant des puits perpendiculaires dans la masse de la coulée. A une certaine profondeur, la matière est plus dure;

alors on s'étend horizontalement. Les fentes ou retraites de la lave offrent aux ouvriers des facilités pour détacher de grands fragmens que l'on taille ensuite sur les lieux même.

Ce bourg contient trois églises paroissiales, celles *Saint-Julien*, de *Notre-Dame de l'Arc*, & de *S.-Priest*; cette dernière église, où sont conservées les reliques du Saint dont elle porte le nom, attire, au mois de juillet, un grand concours de dévots.

Ce Saint, au nom duquel Dieu opere, dit-on, plusieurs miracles, étoit, sous le règne de Childeric, Evêque de Clermont : il alla dénoncer au Roi, *Hector de Marseille*, qui pilloit les églises ; à son retour, en 670, cet Hector le fit assassiner.

LE CHATEAU DE TOURNOILLE, situé à environ six cents toises, & au nord de Volvic, étoit un ancien & fort château d'Auvergne. Quoique regardé long-temps comme imprenable, lorsque l'armée de *Philippe Auguste*, commandée par *Gui de Dampierre*, s'empara, de l'Auvergne, sur le Comte Gui II, ce château fut pris. En 1590, *Charles d'Apchon*, qui étoit Seigneur de Tournoille, défendoit ce château contre les Ligueurs ; il périt les armes à la main dans une sortie. En 1594, Tournoille fut de nouveau assiégé, pris, & en partie brûlé par les Ligueurs.

MONTFERRAND.

Ville réunie à celle de Clermont, dont elle est éloignée de huit cent quatre-vingts toises, située à deux fortes lieues de Riom, & sur la grande route de cette dernière ville à Clermont.

On ne connoît pas plus l'origine de cette ville que l'étymologie de son nom, qui cependant est commun à plusieurs lieux de France. Il est à présumer qu'elle commença par un château fort, bâti sur le monticule qui lui donna son nom. Au douzième siècle, la seigneurie de Montferrand étoit qualifiée de *Comté*, & faisoit partie de l'ancienne Comté d'Auvergne. Une Comtesse de Montferrand, du nom de laquelle on ne connoît que la première lettre, ayant épousé dans le même siècle, le premier *Dauphin d'Auvergne*, cette seigneurie resta unie au Dauphiné d'Auvergne jusqu'en 1224, que *Catherine*, Dauphine, le porta en dot à *Guischard de Beaujeu*. En 1292, Louis second de Beaujeu vendit au Roi Philippe le Bel la ville de Montferrand, moyennant six cents livres de rente; Montferrand fit dès-lors partie du domaine de la couronne.

Louis XI, malgré les promesses qu'avoient faites ou renouvelées plusieurs Rois de France, de ne jamais aliéner ce Comté, l'engagea, jusqu'au paiement de la somme de dix mille livres, à *Michelle*, Bâtarde d'*Anjou*, le 11 septembre 1496, lors de son mariage avec Louis-Jean, Seigneur de *Bellenave*.

Montferrand avoit un Collège, un Bailliage, une Juridiction consulaire, une cour des aides, qui ont été transférés à Clermont; & par un édit de 1731, les deux villes ont été réunies, & des deux noms *Clermont* & *Montferrand*, on a fait, par une ellipse, le seul nom *Clermont-Ferrand*.

DESCRIPTION. Une belle route en droite ligne & bordée d'arbres, conduit de Clermont à Montferrand; cette route, comme nous l'avons dit, a huit cent quatre-vingts toises. La ville est percée régulièrement & traversée par la grande route. Une petite éminence est au centre, & s'étend dans une direction de l'ouest à l'est; les rues qui se trouvent dans les parties exposées au nord & au sud, sont en pente.

Montferrand étoit autrefois une des plus fortes places de l'Auvergne; on voyoit encore, il y a environ quinze ans, ses murs épais, flanqués de hautes & solides tours, carrées ou rondes, & bordés d'un fossé large & profond; ses fortifications sont aujourd'hui presque entièrement détruites, & les fossés comblés (1).

Dans une partie des fossés, on a fait construire de longs & commodes abreuvoirs, composés de plusieurs bassins remplis d'eau, entretenus par la fontaine publique qui est à l'extrémité; cet abreuvoir est fort utile à la cavalerie qui est continuellement en garnison dans cette ville.

Les casernes sont construites dans l'emplacement des bâtimens de l'ancien bailliage dont dépendoient autrefois la prison & la chapelle qui l'avoisine. On y trouve des écuries com-

---

(1) Suivant un ancien dicton du pays, on dit *Clermont le riche, Riom le beau & Montferrand le fort.*

modes, & une place d'armes vaste & bien exposée, où les troupes manœuvrent, & où se tient aussi tous les vendredis un marché considérable pour la vente bestiaux.

La principale église est qualifiée d'*église royale & collégiale de Notre-Dame de Prospérité*; elle fut fondée vers le dixième siècle par un des Comtes de Montferrand ; c'est à Louis XII que cette collégiale doit le titre d'*église royale*. Ce Roi, par lettres patentes de l'an 1501, se mit sous la protection de la Vierge qu'on y honore, & à laquelle on attribuoit autrefois plusieurs miracles. *Sous la protection*, y est-il dit, *de la benoite dame de Prospérité, avec la Reine sa chère dame & compagne, veut & entend qu'icelle église & iceux Chanoines puissent se dire, porter & nommer pour église royale & de fondation royale ; & qu'ils jouissent des mêmes honneurs, prérogatives, immunités & prééminences que les autres églises de sa fondation, ou de celles de ses prédécesseurs ; ordonne que les armes de France soient apposées ès portaux, verrines & autres lieux, &c.*

Cette église, de construction gothique, est dans une situation fort avantageuse ; elle domine toute la ville ; elle étoit la chapelle du château des anciens Comtes de Montferrand.

L'église paroissiale de *Saint Robert*, qu'on appelle *le Moutier*, est située dans un faubourg de la ville ; c'est un ancien prieuré de l'ordre de Saint-Benoît, depuis long-temps sécularisé ; la construction en est ancienne. Dans le cimetière où l'on passe pour y arriver, on voit plusieurs tombeaux gothiques; le plus remarquable est un sarcophage en pierre, isolé & élevé de sept à huit pieds ; au dessus de sa base, une espèce de comble à arêtes, aussi en pierres, orné de sculptures, est soutenu en l'air & couvre l'endroit où devoit être placé le cercueil.

Ce cimetière renferme un monument plus curieux ; c'est un fanal élevé sur plusieurs rangs de gradins, semblable à celui qu'on voyoit à Paris dans le cimetière des Innocens, & sur l'usage duquel plusieurs Savans ont prodigué une inutile érudition.

J'ai vu en France, & même en Auvergne, plusieurs de ces anciens fanaux ; ils avoient tous à peu près la même forme, & étoient tous placés dans des cimetières (1). On peut présumer que les feux qu'on y allumoit étoient destinés à guider les Pélerins qui marchoient pendant la nuit, & à leur indiquer l'hospice où ils devoient loger.

Le couvent des Cordeliers, situé à l'extrémité septentrionale de la ville, est le second établissement de cet ordre ; il fut fondé du temps du *Séraphique François*, par *Guischard de Beaujeu*, Comte de Montferrand; les habitans de la ville contribuèrent à cette fondation. Une inscription qu'on lit dans le cloître, témoigne que *Jean de la Chaussée* &

---

(1) A *Culhat*, village avec une Commanderie, situé à quatre lieues de Clermont, près des bords de l'Allier, on voit dans le cimetière un semblable fanal.

Alix sa femme en avoient fait construire les bâtimens. L'église fut consacrée le 9 juin 1229, par *Thomas*, Evêque d'Ascalon.

Cette ville contient plusieurs autres couvens; les *Ursulines*, dont les bâtimens sont modernes, vastes & solides, furent établies en 1638, par les soins de *Charles de Graffort*, Supérieur de l'Oratoire de Clermont; c'étoit dans l'emplacement de cette maison que la Cour des Aides tenoit ses séances. *Les Religieuses de la Visitation* furent fondées en 1620, par *Anne-Thérèse*, fille de *Gaspard le Loup*, & par *Charlotte de Beaufort de Canillac*. La maison des *Chanoines Réguliers de Saint-Antoine*, fondée en 1199, vient d'être supprimée depuis que l'ordre a été réuni à celui de Malte.

Les Récollets, dont le couvent est situé sur la grande route de Clermont à Montferrand, furent fondés en 1619. Les Amateurs des Beaux-Arts ne doivent pas oublier de visiter cette église; ils y verront deux tableaux, dont l'un peut être placé avec avantage au rang des plus beaux morceaux de peinture qui soient en province.

Le tableau du maître-autel représente une Adoration des Bergers; la couleur, le ton général, la composition, tout annonce qu'il est d'un bon maître. Il fut endommagé; un Peintre ignorant fut chargé de le rétablir; il osa porter son barbare pinceau sur cette peinture, il en détruisit toute l'harmonie; les pieds de l'enfant Jésus & une partie de la draperie qui l'enveloppe, bleſſent, par leur diſcordance avec le ton général, les yeux les moins exercés.

Dans une chapelle à droite eſt un tableau bien plus précieux. Ce tableau, de huit à neuf pieds de hauteur, repréſente *Saint-Pierre d'Alcantara* recevant l'inſpiration du Saint-Eſprit qui lui apparoît ſous la forme d'une colombe. Cet ouvrage, fait en 1625, eſt *du Guide*. La tête eſt admirable, le ton général eſt vigoureux & plein d'effet, les détails en ſont bien ſoignés; on y reconnoît toutes les qualités du grand maître qui en eſt l'auteur.

La Commanderie de *Saint-Jean de Ségur* eſt de l'ordre de Saint-Jean de Jéruſalem. L'égliſe de cette Commanderie, ſituée au milieu de la campagne, à deux cents toiſes environ & au ſud de la ville, appartenoit, ainſi que les biens qui en dépendent, aux *Templiers*. Elle revint à l'ordre de Malte, & c'étoit là que la langue d'Auvergne tenoit ſes aſſemblées. Le Chevalier de *Sudeil*, qui jouiſſoit de cette Commanderie, étant élevé au grade de grand Maréchal de l'Ordre, penſa que cette égliſe iſolée étoit inutile, & qu'il n'en ſeroit pas de même de la vente des matériaux; il a obtenu la permiſſion de la démolir, & cette égliſe a été détruite en 1785.

ÉVÉNEMENS remarquables. L'an 1126, l'Evêque de Clermont ayant à ſe plaindre des Auvergnats & de la tyrannie du Comte d'Auvergne Guillaume VI, invita le Roi de France, *Louis le Gros*, à venir à ſon ſecours. Ce Roi ayant ſans ſuccès écrit au Comte pour le faire rentrer dans son devoir, partit lui-même à la tête d'une troupe nombreuse, & vint en Auvergne pour assiéger Clermont; il n'assiégea que le Pont-du-château (voyez *Pont-du-chateau*), & ravagea une partie de la Limagne, puis il parvint à rétablir l'Evêque dans ses droits, & la paix entre lui & le Comte.

Cette paix ne fut pas longue, de nouvelles querelles s'élevèrent entre le Comte d'Auvergne & l'Evêque de Clermont. *Louis le Gros*, instruit de ces nouveaux démêlés, impatient, malgré son âge & la pesanteur de son corps, de venger les outrages faits à l'Eglise, s'avança, en 1131, pendant des chaleurs excessives, en Auvergne, avec une armée bien plus formidable que la première, & qui auroit suffi, dit *Suger*, pour conquérir toute l'Espagne.

Le Roi campa devant Montferrand. Les habitans, à la vue des boucliers & des casques, dont l'acier poli réfléchissoit de loin les rayons du soleil, furent saisis d'effroi, & se persuadèrent que cette nombreuse armée alloit porter le fer & le feu dans leurs familles; en conséquence ils se déterminèrent à mettre eux-mêmes le feu dans leur ville, à se réfugier dans la forteresse, & à y transporter ce qu'ils avoient de plus précieux. Cette résolution violente & inconsidérée fut précipitamment exécutée, & toutes les maisons devinrent bientôt la proie des flammes.

Lorsque les habitans virent toute leur ville consumée, & que le dessein de l'armée étoit principalement d'assiéger Clermont, ils parurent fort chagrins, comme le remarque l'Abbé

Suger, qui ajoute que les troupes du Roi de France, au contraire, s'amusèrent beaucoup de cet événement.

Du haut de leur forteresse les habitans de Montferrand ne cessoient, nuit & jour, de lancer des traits sur les tentes les plus voisines du camp royal, & obligeoient les soldats à se couvrir continuellement de leurs boucliers. Le Roi voyant ses troupes ainsi incommodées, chargea *Amauri de Montfort* de surprendre les habitans dans une embuscade.

Amauri s'avança près de la forteresse, & par des paroles insidieuses, exhorta les habitans à venir dans le camp du Roi; ils se laissèrent facilement persuader, & sortirent en grand nombre. Plusieurs soldats, cachés dans un détour, tombèrent sur eux, les prirent, & les conduisirent au Roi.

Ces malheureux prisonniers offrirent, pour racheter leur liberté, des sommes considérables; mais le Roi voulut les punir d'une manière plus cruelle : il leur fit à tous couper une main, & les renvoya à leurs camarades, portant chacun dans l'autre main celle qu'on venoit de leur couper. Après cet exemple terrible, ceux qui étoient resté dans la forteresse de Montferrand, n'osèrent plus inquiéter les troupes du Roi.

Cet exploit sanguinaire fut à peu près le seul de cette redoutable armée. Guillaume, Duc d'Aquitaine, & beau-père du Comte d'Auvergne, étant venu du Poitou à son secours, & ayant aperçu du haut des montagnes combien les forces du Roi étoient supérieures aux siennes, vint se soumettre à ce Monarque, & le Comte d'Auvergne fut obligé de suivre son exemple.

Le jeudi 13 février 1388, le jour même de la foire des *provisions* (1), Montferrand fut pris par un parti de pillards qui tenoient pour les Anglois, commandés par *Perrot le Béarnois*. Ce Capitaine avoit d'abord intention d'assiéger Clermont; mais cette ville lui parut trop forte & trop bien défendue; il préféra attaquer Montferrand, ville riche alors, & facile à prendre; *ville de grand trésor & pillage,* dit Froissard, *riche de soi & bien marchande, où il y avoit de riches vilains à grand foison, la ville où l'on faisoit le plus simple & pauvre guet qui soit au royaume.*

Perrot le Béarnois craignant, s'il s'arrêtoit dans Montferrand, de s'attirer plusieurs Gentilshommes Auvergnats qui se préparoient à le combattre, s'empara de ce que cette ville contenoit de plus précieux, se saisit des sommes considérables, notamment de trente mille francs que le Chancelier de Giat y avoit laissés en dépôt, & le soir il partit, à la faveur de l'obscurité, avec deux cents prisonniers.

Beraud, Dauphin d'Auvergne, étoit alors occupé à négocier avec le chef de ces pillards, nommé *Teste-noire*, qui venoit de s'emparer du château de Ventadour, & auquel les habitans d'Auvergne, du Querci & du Limousin, s'é-

---

(1) Foire considérable de Montferrand, où l'on vend de la marée, des fruits secs, & autres semblables comestibles de Carême.

toient engagés à payer deux cent cinquante mille francs pour avoir leurs biens & leurs personnes en sûreté. Il fut bientôt instruit de la prise de Montferrand, & s'avança promptement pour secourir cette ville; mais *Perrot* & ses compagnons ne l'attendirent pas. *Par ma foi*, dit le Dauphin, *je voudrois bien qu'il m'ait coûté grandement, & que les pillards qui s'en sont partis fussent encore dedans Montferrand enclos ; car s'ils y étoient, ils finiroient mal.*

On cite comme un trait qui caractérise l'ancienne chevalerie, l'aventure suivante, arrivée dans le même temps, & rapportée par Froissard.

Un Chevalier du Bourbonnois, nommé *Bonnelance, vaillant homme aux armes, gracieux & amoureux*, s'étant trouvé à Montferrand *en grand esbattement avec Dames & Demoiselles*, elles le pressèrent de se signaler par quelques exploits contre les Anglois. L'une d'elles, dont il étoit l'amant, ou, comme dit Froissard, *qu'il avoit en sa grace*, lui déclara qu'elle seroit bien aise d'avoir un Anglois pour son prisonnier. La demande de cette Dame sembla animer le courage du Chevalier, il promit de faire des courses sur les Anglois, & d'en amener bientôt quelques-uns à ses pieds.

L'occasion de tenir sa promesse ne tarda pas à s'offrir ; il courut sur un parti d'Anglois, en fit plusieurs prisonniers, & les conduisit à Montferrand.

Les Dames, flattées d'un succès dont elles s'attribuèrent la gloire, fêtèrent beaucoup l'heureux Chevalier ; il dit à celle qui lui avoit demandé un Anglois : *En voici plusieurs, je vous les laisserai en cette ville, tant qu'ils auront trouvé qui leur rançon paiera.* Les Dames se mirent à rire, & tournèrent la chose en plaisanterie, & dirent *grand merci*. *Bonnelance* reçut le prix de sa courtoisie, & *fut dedans Montferrand trois jours entre les Dames & Demoiselles.*

Le moderne Commentateur de la coutume d'Auvergne, en parlant de Montferrand, remarque dans cette ville trois révolutions principales, & presque centenaires. En 1530, elle fut privée du bailliage des Exempts ; en 1630, de la Cour des Aides ; & en 1731, du bailliage ordinaire (1).

La ville de Montferrand, en 1630, a été réunie à celle de Clermont ; en même temps on transféra de cette première ville à la seconde, la Cour des Aides & le collège des Jésuites.

Lors de cette réunion, on accorda aux habitans de Montferrand plusieurs exemptions & privilèges, & une somme annuelle de quatre cents livres pour les réparations nécessaires à la ville. Dans l'édit de réunion, il paroît qu'on

---

(1) Le Commentateur ajoute, *& perdit son nom ;* cela n'est pas exact. Cet Ecrivain dit ailleurs, dans le même esprit, que la ville de Montferrand fut réunie à celle de Clermont, dont elle est *malheureusement peu éloignée*. Il semble, par ce ton lamentable, vouloir faire partager à cette ville l'animosité que les habitans de Riom portent à ceux de Clermont.

avoit résolu de réunir aussi physiquement les deux villes, & de les enclorre dans la même enceinte, « jusqu'à l'entière clôture & union des murailles de l'une & l'autre desdites deux villes, *que voulons être faite au plutôt*, y est-il dit ». Il n'y a pas d'apparence qu'une pareille réunion s'exécute jamais.

Dans le même édit, le Roi déclare vouloir faire, de ces deux villes réunies, *l'une des meilleures villes de ce royaume*. « Cependant, continue-t-il, pour avancer l'effet de nos intentions, nous avons résolu d'unir, non seulement lesdites deux villes en une, mais aussi de *lier les affections* & intérêts des habitans, par la communication des honneurs, authorités & exemptions attribués à chacune d'icelles, départant à toutes deux libéralement nos faveurs, pour aucunement reconnoître les bons & fidèles services que nos prédécesseurs & nous, avons reçeu aux occasions de leur *bonne intelligence* ».

Il est en France peu de villes aussi voisines qui se soient si constamment maintenues en bonne intelligence que celles de Clermont & de Montferrand; dans les guerres contre les Anglois, elles se sont réciproquement porté du secours. Dans les guerres civiles elles ont toujours embrassé le même parti. Pendant la guerre civile appelée *la Praguerie*, les Princes révoltés se campèrent entre Clermont & Montferrand, afin, dit un Historien du temps, d'attirer dans leur parti les sujets de ces deux villes qui *se gouvernèrent grandement & honorablement pour le Roi, comme* vrais & loyaux sujets doivent faire à leur souverain Seigneur ; il faut ajouter que la ville de Riom & la plupart des autres places de la Limagne tenoient pour le parti de la révolte.

Pendant la guerre du *bien public*, Clermont & Monferrand signalèrent leur bonne intelligence & leur fidélité au Roi.

Pendant la Ligue, ces deux villes furent quelque temps presque les seules de toute la province qui eurent le courage de résister aux troupes des Ligueurs & de soutenir le parti du Roi.

Il étoit naturel que deux villes, unies depuis long-temps par l'amour & la confraternité des habitans, fussent réunies sous la même administration & municipalité ; ainsi, par cette réunion, Montferrand a cessé d'être une petite ville, pour faire partie de la capitale de la province.

Montferrand est la patrie de l'Abbé *Girard*, Auteur des *Synonymes François* ; ouvrage plein de goût, de finesse & de précision, & qui sera utile à la langue françoise autant qu'elle subsistera.

Jean Doyac, parvenu, par le métier d'espion, à être Gouverneur d'Auvergne sous le règne de Louis XI, étoit de Montferrand ou peut-être de *Cusset* ; ses exactions & son insolence furent punies l'an 1484 ; il fut fouetté à Paris par la main du Bourreau, eut la langue percée au Pilori, & une oreille coupée ; après ce traitement, il fut envoyé à Montferrand, où il fut de nouveau fouetté, & eut l'autre oreille coupée. Dans ce temps-là on puniſſoit les crimes des hommes en place.

On célèbre des héros, souvent le fléau de l'humanité; célébrons les vertus paisibles de ceux qui en ont été les bienfaiteurs. La veuve de M. *Antoine le Gras*, natif de Montferrand, inſtitua, en 1633, conjointement avec *Vincent de Paul*, la compagnie des *Filles de la Charité*; elle fut de même la fondatrice de la principale Maiſon de l'ordre qui eſt à Paris. Cet établiſſement n'eſt pas le plus riche, ni le plus élevé en dignité; mais il eſt le plus utile, & par conſéquent la plus reſpectable des maiſons de Religieuſes. Certes, des Dames Religieuſes, des Abbeſſes, nobles ou roturières, décorées de tout ce que la vanité eccléſiaſtique a imaginé, ne valent pas, aux yeux de l'homme raiſonnable, l'humble & active *Sœur griſe*, qui cherche les malheureux pour les ſecourir, & fait conſiſter ſon devoir à ſoulager l'humanité ſouffrante.

Montferrand eſt ſitué dans un pays fécond en fruits, en vins, en grains, & ſur-tout en pâturages; les prés y produiſent trois récoltes, & quelquefois au delà; les beſtiaux ſe reſſentent de cette fécondité, les bœufs ſur-tout y ſont d'une ſtature monſtrueuſe. L'abondance du fourrage a déterminé l'Adminiſtration à y mettre continuellement en garniſon un régiment de cavalerie. La ville eſt peuplée de Bourgeois riches; le ſexe y eſt d'un beau ſang,

Lorſque

Lorsque Charles IX, dans son voyage en Auvergne, fit son entrée à Montferrand, on lui offrit le spectacle de plusieurs danses exécutées par les plus belles filles du pays.

Le 2 avril 1566, ce Roi partit de Clermont, dit l'Auteur de la relation de ce voyage, « pour aller faire son entrée, & dîner à Montferrand, qui est une belle & bonne ville dans laquelle ceux d'icelle donnèrent plaisir au Roi à l'issue de son dîner, devant la porte de son logis, *de grand nombre de fort belles filles qui dansèrent triumphamment* ». Le même Auteur ajoute ; *Et près icelle ville de Montferrant, y a une fontaine qui fait la poix aussi naturelle que l'on en peut veoir.*

Cette fontaine fameuse, sur laquelle les Naturalistes ont beaucoup écrit, est située à un petit quart de lieue au sud-est de cette ville, & à peu de distance de la grande route de Clermont au Pont-du-Château. En 1718, l'Abbé de Caldaguès, Chantre de l'église de Montferrand, envoya à l'Académie Royale des Sciences un mémoire détaillé, & bien fait pour le temps, sur cette espèce de fontaine. M. *Guettard*, qui l'a vue, en a parlé dans ses Mémoires, & a dit un peu légèrement, que le bitume qu'elle distille pouvoit être le présage d'une prochaine explosion volcanique.

Un monticule de vingt-quatre à trente pieds de hauteur, appelé *Puy de la Poix*, aujourd'hui miné en partie, offre évidemment ce phénomène. Ce n'est point une fontaine, ce n'est

Partie V. L

point un écoulement réglé de bitume, comme semblent l'annoncer la plupart de ceux qui en ont parlé, mais un simple suintement qui se fait par les différentes retraites de la roche pendant les chaleurs de l'été. Ce suintement n'a pas lieu dans un seul endroit, ni sur ce seul monticule; mais on voit la même matière sur le Puy de Cruelle, qui est voisin, sur la petite butte où est située l'église de Malintrat, à Lussat, au Pont-du-Château, à Gergovia, dans l'enclos de l'abbaye de Saint-Allyre à Clermont, aux environs de Menétréol près de Riom, & dans plusieurs autres endroits de l'Auvergne plus éloignés.

On trouve au bas de ce monticule, du côté du sud, une fontaine d'où en même temps découle de l'eau & suinte du bitume; on n'a que des systèmes sur la formation & le suintement de ce bitume minéral; ainsi je me borne à cet égard à une simple indication. (Voyez *Pont-du-Château*.)

CLERMONT.

Ville ancienne, épiscopale, & capitale de toute la province, avec une Cour des Aides, un Présidial, une Sénéchaussée, &c., située sur une éminence, entre les rivières d'Artières & de Bedat, dans un des plus beaux & des plus fertiles cantons de la *Limagne*, à deux lieues de la rivière d'Allier, à trente lieues de Limoges, à vingt-neuf de Lyon (placée entre ces deux villes à une distance presque égale &

presque sur la même ligne), à vingt lieues de Moulins, & à quatre-vingt-dix lieues de Paris.

ORIGINE. On a beaucoup écrit sur l'origine de cette ville; les uns ont prétendu qu'elle est l'ancien *Gergovia*, assiégé par Jules César, & qui étoit regardé comme une des plus fortes places des Gaules. Quelques autres ont, avec plus de raison, soutenu que *Gergovia* existoit du temps des Gaulois, sur la montagne appelée encore aujourd'hui *Gergovia*, située à deux lieues de Clermont, & dont nous parlerons; que ce lieu étoit une forteresse où, dans des temps de guerre, les habitans de la capitale se retiroient pour s'y défendre avec plus d'avantage, & qu'après s'être soumis aux Romains, les Auvergnats, comptant sur une longue paix, abandonnèrent ce lieu élevé, & vinrent habiter leur capitale, plus propre aux nécessités de la vie. (Voyez ci-après *Gergovia*.)

Cette ville est nommée par les premiers Ecrivains qui en font mention, *Nemossus* ou *Nemetum*, nom commun à quelques villes des Gaules; devenue florissante sous l'empire d'Auguste, à l'exemple de plusieurs autres, elle joignit à son nom celui de cet Empereur, & fut appelée *Augustonemetum*.

HISTOIRE. Sous l'empire Romain elle devint célèbre; elle eut un *Sénat* qui subsistoit encore au septième siècle; elle fut du petit nombre de celles qui jouirent du *droit latin*, droit qui lui donnoit l'avantage de se gouverner par ses propres Magistrats, & en vertu duquel les habitans pouvoient prétendre au titre de citoyens Romains, & aux premières charges de l'Empire (1).

Il paroît que cette capitale fut, sous les Romains, divisée en deux parties, *la ville* & *la cité*.

La ville étoit placée au bas du monticule & s'étendoit de l'est au midi. Plusieurs monumens historiques, & plusieurs débris antiques de colonnes de marbre, de mosaïque & de constructions romaines, qu'on découvre tous les jours dans cet emplacement, fortifient cette opinion.

La cité, construite sur le sommet de l'éminence, dans l'endroit où se trouve la cathédrale & le palais, étoit entourée de murs & fortifiée de belles tours. Ce fut pour le besoin de cette partie élevée de la capitale d'Auvergne qu'il fut construit un aquéduc de plus d'une lieue de longueur, qui partoit des montagnes situées à l'occident de Clermont ; il existe encore des restes de cette antique construction (2). Cette *cité* ou forteresse dominoit toute la ville ; à cause de son élévation, elle fut nommée dans la suite *Clarus Mons*, *Clermont*. Au neuvième

━━━━━━━━━━━━━━━━━━━━━━━━━

(1) Les Romains accordèrent aux villes qu'ils vouloient favoriser, le *droit italique*, & à quelques-unes le *droit latin*, qui étoit bien plus favorable, & par lequel les habitans pouvoient donner leur suffrage dans les assemblées du peuple Romain, & devenoient citoyens Romains, lorsqu'ils avoient exercé les charges municipales dans leur ville.

(2) Voyez ci-après *Fontanat*.

siècle, ce nom devint celui de toute la ville; mais il a resté particulièrement à cette partie élevée où est la cathédrale, qui est encore, par le peuple, appelée *Clermont*; ainsi, pour exprimer les quartiers qui sont devant ou derrière la cathédrale, on dit *devant* ou *derrière Clermont* (1).

Les Auvergnats jouirent de tous les avantages que leur offroit la domination Romaine; ils cultivèrent les Beaux-Arts, établirent des Ecoles publiques, dont celles de *Clermont* & d'*Issoire* étoient les plus fameuses, & embellirent leur ville capitale de plusieurs monumens magnifiques; de ce nombre étoit le temple dédié à *Mercure*, sous le nom de *Vasso-Galate*. Cette antique merveille, comme s'exprime Grégoire de Tours, qui n'en parle que d'après ses ruines, étoit aussi solide que magnifique; le mur qui la formoit étoit double; celui qui paroissoit en dehors offroit de grosses pierres de taille carrées & sculptées. La face intérieure

───────────────

(1) L'enceinte de la *cité* qu'on a nommée dans la suite *Clermont*, étoit marquée d'une manière très-sensible avant qu'on fît abbattre, il y a une douzaine d'années, une partie de ses anciennes portes. Cette enceinte entouroit le sommet du monticule, qui étoit assez escarpé de toutes parts, & qui ne l'est plus aujourd'hui que du côté du nord. A différentes époques, on a adouci la pente du côté de l'est; l'aire de l'église *du Port*, située hors de la *cité* & dans l'emplacement de la *ville*, est très-bas; il faut descendre plusieurs degrés pour y arriver; il en est de même de l'église des Jacobins, ce qui prouve qu'en cet endroit le terrain a été fort élevé, & la pente fort adoucie.

L iij

étoit bâtie de petites pierres bien cimentées. Ces murs avoient ensemble trente pieds d'épaisseur, & ils étoient décorés, par intervalles, de marbres disposés en mosaïque; le pavé étoit entièrement de marbre, & le comble recouvert en plomb.

Pline parle d'une statue colossale représentant *Mercure*, qui, de son temps, étoit regardée comme une des merveilles du monde; elle étoit sans doute placée dans ce magnifique temple (1). Cette statue colossale que ce Naturaliste nomme *Statuam avernorum*, étoit en bronze; elle avoit de hauteur trois cent soixante-six pieds deux pouces du pied de roi; elle couta quatre cent mille sesterces, ce qui peut être évalué à environ cinq millions de notre monnoie.

Zénodore, fameux Sculpteur grec, employa dix années à l'exécution de cette statue qui surpassoit en grandeur tous les colosses de l'antiquité (2). La renommée de cette merveille,

───────────

(1) Gruter rapporte, pag. 53, t. II, cette inscription antique : MERCURIO ARVERNO VICINI. V. V....

(2) M. de *Caïlus* croit, d'après les expressions de Pline, que ce colosse ne fut point jeté en fonte, mais qu'il fut fait de pièces rapportées. Cette entreprise eut lieu sous la présidence de *Vibius Avitus*, Sénateur. Pline ajoute que *Zénodore*, pendant qu'il y travailloit, s'occupa à copier deux vases grecs ornés de bas-reliefs, sculptés par le célèbre *Calamis*, qui avoient appartenu à *Germanicus César*, lequel les avoit donnés, parce qu'il les estimoit beaucoup, à *Cassius*, son Gouverneur, oncle de *Vi-*

ainsi que celle des talens de l'Artiste, se répandit jusqu'à Rome. *Néron*, jaloux de posséder cet habile Sculpteur, l'attira auprès de lui aussitôt que le Mercure d'Auvergne fut achevé, & lui fit faire sa statue en bronze, de la hauteur de cent dix pieds romains (1)

Cet étonnant colosse subsista environ deux cents ans dans la ville de Clermont; on peut douter s'il fut détruit par les peuples du nord, qui, vers la fin du quatrième siècle, ravagèrent les Gaules; je crois que les irruptions de ces brigands étoient trop promptes pour détruire entièrement un monument de cette solidité. Les Ecrivains du pays, tels que *Sidoine Apollinaire* & *Grégoire de Tours*, n'ont point parlé de cette destruction; on est plus fondé à croire que *Stremonius* ou Saint-Austremoine, qui fut un des sept Missionnaires envoyés de Rome dans les Gaules, sous l'empire de Dèce, & qui établit le Christianisme dans la capitale de l'Auvergne, vers l'an 250, détermina, par ses prédications, les habitans qu'il venoit de convertir, à renverser & à détruire entièrement cette idole colossale de Mercure. En effet, l'Ecrivain de la vie de Saint-Austremoine dit :

---

bius. *Zénodore* eut un tel succès dans cette tentative, qu'il n'y avoit point de différence entre l'ouvrage de *Calamis* & le sien.

(1) Cette statue de *Néron* fut dans la suite mutilée. Les crimes de cet Empereur indignèrent le peuple Romain contre sa figure. Vespasien fit ôter la tête de Néron, fit mettre, en sa place, celle d'Apollon, ornée de sept rayons, & la dédia au soleil.

« Que les citoyens ayant embrassé la foi chrétienne, détruisoient les temples & les autels où ils avoient sacrifié aux faux Dieux, & élevoient aussi-tôt, dans le même endroit, des églises magnifiques ». L'idole de Mercure dut alors être comprise dans cette proscription générale.

L'établissement du Christianisme à Clermont occasionna dans cette ville plusieurs changemens qui purent nuire à quelques égards à sa magnificence. Les idoles des faux Dieux furent remplacés par les statues des Saints, & les temples par les églises; mais les monumens que détruisoient les Chrétiens, avoient été élevés à une époque où le goût étoit pur, & les nouvelles constructions étant faites dans un temps où commençoit la décadence des Arts, & les durent porter l'empreinte de l'altération du goût & hâter sa corruption.

Les églises furent alors très-nombreuses à Clermont, & enrichies de plusieurs tombeaux de martyrs, dont la mémoire est conservée dans les écrits de Grégoire de Tours.

Cette ville, célèbre par ses prérogatives, par son Sénat, par les talens ou les vertus de ses Evêques, par le courage de sa Noblesse, enfin par ses édifices magnifiques, perdit dans peu de temps une grande partie de son lustre. Les fréquentes incursions des barbares du nord, qui dévastèrent & se partagèrent l'Empire Romain, causèrent cette fatale révolution. Clermont fut, dit-on, ruiné, ravagé ou pillé quinze fois.

Crocus, à la tête d'une troupe de Vandales, d'Allemands, &c., entra, l'an 408, en Auvergne;

ses soldats étoient de la secte des Ariens, & joignoient, à l'ardeur du butin, toutes les fureurs du fanatisme. *Crocus* étoit de plus excessivement jaloux de la gloire des Romains, & portoit son ambition jusqu'à vouloir les remplacer & anéantir tout ce qui offroit le caractère de leur grandeur ; il assiégea & prit Clermont. « Il renversa de fond en comble tous les édifices antiques qui décoroient cette ville (1), dit Grégoire de Tours ». Ses troupes s'attachèrent sur-tout au temple de *Mercure*, dont la solidité sembloit devoir le garantir de leurs atteintes. Ce temple, appelé *Vasso-Galate*, admirable par sa structure, fut, suivant le même Ecrivain, brûlé, démoli & renversé par ces barbares (2).

Clermont fut encore, quelque temps après, en 412, saccagée par les Capitaines d'*Honorius*, qui y prirent le Lieutenant du tyran *Constantin*. Mais les ravages des Visigoths & des Francs contribuèrent bien davantage à

―――――――――――

(1) *Crocus cunctasque ædes quæ antiquitûs fabricatæ fuerant, à fundamentis subvertit.*

(2) Les murs de ce temple, dont nous avons parlé plus haut, avoient trente pieds romains d'épaisseur, ce qui équivaut à vingt-six pieds de notre pied de roi ; cette épaisseur est prodigieuse, & annonce un édifice dont l'étendue devoit surpasser tout ce que l'architecture antique a eu de plus merveilleux. Le moderne Commentateur de la coutume d'Auvergne dit que ce temple n'étoit point à *Clermont*, mais à *Usson*. Nous renvoyons le Lecteur à cet article, où l'inconséquence de cette assertion est démontrée.

enlever à cette ville ce qu'elle pouvoit encore conserver de magnifique.

Euric, Roi des Visigoths, vint, en 473, mettre le siège devant Clermont, qui étoit défendu par les Bourguignons & par les habitans. Ces peuples, divisés auparavant entre eux, se réunirent, pour agir de concert contre leurs ennemis communs. *Sidoine Apollinaire*, Evêque d'Auvergne, par ses soins, ses conseils & sa vigilance, contribua beaucoup à la conservation de la place. Les Visigoths avoient déjà fait, par le moyen de leurs machines de guerre, des brèches considérables à une partie des murailles, & malgré la vigoureuse défense des assiégés, ils venoient de mettre le feu à une partie de la ville. Les habitans étoient sur le point de se rendre, lorsqu'*Ecdice*, un des plus illustres citoyens de Clermont, fils de l'Empereur *Avitus*, & beau-frère de l'Evêque Sidoine Apollinaire, apprenant le danger qui menaçoit sa patrie, accourut, lui dix-huitième, à son secours. Au bruit de son arrivée, les Visigoths, persuadés qu'il amenoit un secours considérable, abandonnèrent l'attaque, & furent se camper sur une hauteur voisine, pour combattre avec plus d'avantage. *Ecdice*, profitant de l'erreur qui les éloignoit de la ville, se mit à la tête de sa petite troupe, & en plein midi pénétra, à travers le camp des Visigoths, jusques dans Clermont, sans perdre un seul homme; il repoussa même ceux qui essayèrent de s'opposer à son entrée.

La présence d'Ecdice ranima le courage des

habitans; chacun vint avec empressement lui témoigner sa joie & sa reconnoissance; tous le regardoient comme le libérateur de la patrie. Ecdice, par son zèle, son courage & son habileté, se montra digne de la confiance que lui témoignoient ses concitoyens; il parvint à faire lever le siège aux Visigoths, & les força d'abandonner Clermont & l'Auvergne.

Toutes les provinces circonvoisines avoient cédé aux armes des Visigoths; l'Auvergne, quoique foiblement secourue par l'Empire, opposoit seule une généreuse résistance (1). Clermont étoit la place la plus forte de la province, & les habitans craignant de nouvelles attaques de la part d'*Euric*, firent des préparatifs pour les soutenir. Quelques-uns regardant comme certaine la prise de Clermont, résolurent, avec plus de prudence que de courage, d'abandonner cette ville. Pour comble de malheur, la division se mit de nouveau entre les Bourguignons & les Auvergnats qui défendoient la place; mais l'Evêque Sidoine, toujours zélé pour le salut de ses ouailles, parvint, à force de soins, à concilier les esprits & à rétablir le bon ordre. Ce digne Pasteur, après avoir mis la ville en état de résister aux armes des Visigoths, chercha à négocier la paix entre ces peuples & les Romains. Il écrivit à *Avitus* son beau-père, qui avoit beaucoup d'influence dans l'Empire, pour l'engager à solliciter, sinon la

---

(1) Voyez *Tableau général de l'Auvergne*, pages 15, 16, 17, &c.

paix, au moins une trève. *Avitus* obtint une trève, mais elle ne fut pas de longue durée. Les habitans de Clermont, informés des préparatifs que faisoient les Visigoths pour entrer en campagne au commencement du printemps de l'année 474, se disposèrent, de leur côté, à soutenir un second siège. Ce fut alors que Sidoine Apollinaire, pour détourner ce fléau, institua, à l'exemple de Saint-Mamers, Evêque de Vienne, la fête des *Rogations*; mais ce pieux préservatif ne fut d'aucun effet.

Les Visigoths entrèrent dans l'Auvergne, y portèrent par-tout le ravage. *Nepos*, nouvellement élevé à l'Empire, touché de l'état pitoyable où cette province étoit réduite, envoya de Rome le Questeur *Lucinien* pour négocier la paix; il étoit chargé de revêtir en même temps le Général *Ecdice*, beau-frère de Sidoine, de la dignité de *Patrice*, dont Nepos l'honoroit, en récompense des services importans qu'il avoit rendus à l'Empire.

La négociation de Lucinien auprès des Visigoths n'eut point de succès. Sidoine, redoutant de nouvelles incursions de ces peuples, renouvela ses sollicitations auprès de l'Empreur, qui renvoya des Députés à *Euric*. Enfin cette seconde députation n'ayant point réussi, il en envoya une troisième, par laquelle, dans la nécessité pressante où il se trouvoit de conclure la paix, il offroit de céder l'Auvergne aux Visigoths. A la nouvelle de cette cession, *Ecdice* aima mieux abandonner pour toujours sa patrie, que d'y vivre sous leur domination; il partit de Clermont après le traité, & se retira à Rome auprès de l'Empereur. (Voyez *Tableau général de l'Auvergne*, pag. 16, 17 & 18).

Euric, maître de l'Auvergne, irrité de la longue résistance que les habitans lui avoient seuls opposée, ennemi d'ailleurs de ces peuples qui professoient le Christianisme, sandis que lui étoit de la secte des Ariens, & ne voyont en eux que des rebelles & des hérétiques, tourna toute sa colère sur l'Evêque *Sidoine*, qui avoit montré, plus qu'aucun autre, de l'aversion pour la domination des Visigoths, & qui s'étoit donné beaucoup de mouvemens pour empêcher la cession de cette province. Il le fit prendre, contre la foi des traités, & conduire prisonnier dans le château de *Liviane*, entre Narbonne & Carcassonne. Cet illustre Prélat ne parvint à sortir de sa prison que par les sollicitations de *Léon*, Ministre d'*Euric* (1).

Thierry, fils naturel de *Clovis*, après la bataille dite de *Vouglé*, gagnée, en 507, par les Francs sur les Visigoths, prit Clermont, & soumit, pour la première fois, toute l'Auvergne à la domination des Rois françois.

Thierry, en 532, ayant appris que son frère *Childebert*, conjointement avec *Arcade Apollinaire*, Sénateur d'Auvergne, s'étoit emparé de Clermont, vint assiéger cette ville, avec pro-

---

(1) Pour témoigner sa reconnoissance à *Léon*, Sidoine profita des premiers instans de sa liberté pour lui envoyer une copie de la vie du fameux *Apollonius de Tiane*; il accompagna cet envoi d'une lettre, où il compare son libérateur à cet ancien Philosophe.

testation de la raser. Il brûla, détruisit, pilla tout sur son passage, & démolit sur-tout en cette occasion un aquéduc, ouvrage des Romains, qui conduisoit, des montagnes voisines, les eaux dans cette ville ; il s'empara des biens de toute la famille des Apollinaires. *Arcade* se réfugia à Bourges, qui étoit du domaine de Childebert ; *Placidine* sa mère, & *Alcime* sa tante furent exilées à Cahors.

Quelques années après, *Cramne*, fils de Clotaire, fut envoyé à Clermont pour gouverner la province ; il ne se servit de son autorité que pour exercer dans cette ville des excès de tous les genres. Entouré de jeunes libertins, ce Prince François se livroit aux actions les plus violentes, à la débauche la plus honteuse. Il enlevoit les filles des Sénateurs à la face de leurs pères, & après les avoir deshonorées, il les livroit à des brigands ; il destitua le Comte *Firmin*, y substitua *Salluste* fils d'*Evodius*, & enleva les biens de plusieurs particuliers ; mais l'excès du désordre en amena enfin la réforme.

En 761, Pepin, qui depuis long-temps cherchoit à enlever l'Aquitaine au Duc *Waifre*, Souverain légitime de cette partie de la France, vint en Auvergne, qui en dépendoit, porter par-tout la désolation : il ne vouloit pas soumettre, mais ruiner le pays.

Clermont étoit alors divisé en deux parties distinctes ; *la ville*, nommée encore *Urbs arverna*, existoit, comme nous l'avons dit, dans la plaine. Sur le sommet du monticule où jadis étoit *la cité Romaine*, s'élevoit le *château* appelé *Clarus-Mons*, qui par la suite donna son nom à toute la ville. Il fut d'abord assiégé par Pepin, qui, après plusieurs efforts, parvint à le prendre, y fit mettre le feu, & égorger la plupart des habitans, sans distinction d'âge ni de sexe. Après la prise de cette forteresse, il s'empara facilement de la ville, & y commit les mêmes cruautés.

Blandin, Comte d'Auvergne, pour *Waifre*, Duc d'Aquitaine, vint s'opposer, avec une armée de Gascons, aux ravages de Pepin, lui livra bataille proche Clermont; mais il fut défait, & Pepin, ne trouvant plus d'obstacle, brûla, massacra, pilla tout sur son passage, & puis il fut porter son odieux courage en Limosin.

Cette ville fut encore ravagée & détruite en 853 par les Normands, & en 916, par les Danois & les Normands.

Enfin elle fut en proie aux guerres particulières élevées entre l'Evêque de Clermont & les Comtes d'Auvergne.

DESCRIPTION. Cette capitale si souvent ruinée n'a pu conserver de son ancien état ni la forme ni la splendeur.

Il ne reste de ses monumens antiques, que des débris épars ; son vaste & superbe temple, regardé comme une des merveilles du monde, son colosse, le plus grand de tous ceux de l'antiquité, son capitole, &c., n'offrent plus de traces; on ne trouve plus que çà & là des fragmens qui attestent au moins l'ancienne destruction de plusieurs édifices magnifiques. Dans la partie où étoit bâtie la ville Romaine, c'est-à-dire, à l'est, au midi, & au bas du monticule de Clermont, on a découvert des tronçons de marbre, des fragmens en terre de vases antiques, ornés de bas-reliefs ; des pavés en mosaïques, des médailles impériales, & des restes de plusieurs bains antiques, &c.

Une des plus curieuses antiquités de cette ville est un sarcophage en marbre, entouré de bas-reliefs très-précieux, qu'on voit dans l'église cathédrale, & qui sert d'autel à la chapelle du Saint-Esprit ; nous en ferons mention ci-après en parlant de cette église.

A l'extérieur des murs de la même église, proche la porte méridionale, vis-à-vis la fontaine, est un bas-relief antique ; à Saint-Allyre on voit un fragment de colonne ; il existe aussi un chapiteau antique au coin de la rue du Perron, de trois pieds trois pouces de diamètre (1).

Au bas de la place appelée *la Poterne*, dans la rue qui conduit au petit Séminaire, & à l'entrée d'une porte cochère qui communique dans l'enclos de cette maison, on voit une énorme

---

(1) M. *Le Grand d'Aussy*, dans son *Voyage d'Auvergne*, a mesuré ce fragment. « C'est une *ancienne corniche*, dit-il, & je lui ai trouvé trois pieds trois pouces de *diamètre* ». M. *d'Aussy* a écrit ces mots avec beaucoup de précipitation. On ne se sert point du mot *ancien* pour exprimer un monument du temps des Romains. Ce fragment n'est point une *corniche*, puisqu'il en a mesuré le *diamètre* ; les corniches ne se mesurent point par diamètre, puisqu'elles n'ont point la forme ronde.

pierre

pierre carrée, d'une espèce de granit, sur laquelle on distingue la figure d'un homme en bas-relief; ce morceau paroît avoir appartenu à une frise.

A l'hôtel-de-ville on conserve un ancien marbre qui a servi de tombeau à la femme de *Labienus*, Lieutenant de César. *Gabriel Siméon* en a recueilli l'inscription dans sa *Description de la Limagne*, & dans un autre ouvrage intitulé *les Illustres Observations antiques*. Après lui, *Gruter* & *Charles Patin* l'ont rapportée. On y lit ces mots entiers: *Allia, T. Labieni uxor*. M. *Chambort*, dans sa seconde dissertation sur *Titus Labienus*, dit que cet Officier Romain habitoit Clermont ou l'Auvergne, lors de la mort de sa femme, & que cette femme, nommée *Allia*, étoit d'une famille considérable à Rome, quoique Plébéïenne.

Dans la rue des Bohêmes, on voit sur le derrière de la maison de M. Belaigue, un bas-relief qui étoit autrefois placé au dessus de la porte de l'ancien hôpital de cette ville; il représente une tête, vue de face, au sommet de laquelle sont deux aîles déployées; entre ces deux aîles, & au dessus du front sont réunies les queues de deux serpens dont les têtes, en circulant, s'abaissent au bas de la figure principale, & semblent s'en séparer. A la hauteur des joues sont deux formes demi-circulaires, écaillées, & qui représentent à peu près les nageoires d'un poisson.

Cette figure est gravée dans plusieurs ouvrages, *Gabriel Siméon*, dans sa *Description*

Partie V. M

de la Limagne d'Auvergne, eſt le premier, je crois, qui en ait donné la gravure & l'explication. Cet antiquaire penſe que cette figure eſt celle de Méduſe. *Mezerai*, dans ſon *Hiſtoire des Gaules*, en a auſſi donné la gravure; il croit que ce monument offre un abrégé de la Théologie des Druides. La face humaine, ſuivant lui, repréſente le *ſoleil*, les deux aîles ſont les attributs de *Mercure*, les deux parties écaillées adhérentes aux joues, qu'il prend pour deux boucliers, rappellent le Dieu Mars; il ne dit rien des deux ſerpens. Sans chercher à combattre ces deux opinions, je vais haſader la mienne.

Je penſe, comme Mezerai, que ce bas-relief offre l'abrégé de la Théologie celtique; mais je n'explique pas de la même maniere les parties qui le compoſent. L'enſemble me paroît offrir les quatre élémens, qui, après le grand dieu *Teut*, étoient les principales Divinités des Celtes. Ainſi la figure humaine repréſentoit le *feu*, ſous l'emblême du ſoleil; les deux aîles déployées, *l'air*; les deux nageoires de poiſſon, *l'eau*, & les deux ſerpens, *la terre*.

Cette explication me ſemble plus naturelle que les précédentes; quoi qu'il en ſoit, il eſt certain que ce bas-relief eſt du temps de la domination Romaine. Les Gaulois, avant le règne d'Auguſte, ne s'occupoient point des arts d'imitation; ils n'avoient pour ſimulacre de leur Divinité, que des épées, des arbres ou des pierres, &, ſuivant leur dogme, ils auroient cru déshonorer la Divinité, que de lui prêter la figure d'un homme ou de quelque animal.

Clermont, situé sur une éminence dont la pente a été fort adoucie, est mal percé, les rues en sont étroites, tortueuses, & nous présentent le besoin où étoient les anciens habitans de se renfermer dans un petit espace, pour résister avec plus d'avantages aux ravages des conquérans (1). Les maisons sont hautes & resserrées, sur-tout dans la partie la plus élevée de la ville; mais elles sont solidement bâties. Les édifices les plus remarquables qu'on y trouve sont du quinzième ou du seizième siècle; la plupart de ceux qui sont modernes, portent l'empreinte bien marquée du mauvais goût. Cette ville a cependant éprouvé, depuis environ trente ans, des changemens heureux. Plusieurs Intendans de la province se sont occupés à l'embellir, en y faisant construire des édifices publics, des quartiers considérables, & sur-tout plusieurs promenades : on doit ces embellissemens à MM. *de la Michodière*, *de Balainvillier* & *de Chazerat* (2).

---

(1) Le peu de largeur des rues anciennes a introduit l'usage des chaises à porteurs au lieu de voitures; on a donné à ces chaises toute la richesse des carrosses. C'est *Monbrun de Souscarrière*, bâtard de M. de *Bellegarde*, Grand Ecuyer, qui, sous le règne de Louis XIII, apporta d'Angleterre en France l'usage des chaises à porteurs.

(2) Il est à remarquer que la partie la plus salubre de cette ville, & d'où la vue est la plus étendue, est presque entièrement occupée par des monastères : six couvens d'hommes & de filles, & leurs vastes enclos embrassent, dans la même direction, à peu près tout le terrain qui est à l'est de Clermont, & dont l'exposition est magnifique.

La ville est presque entièrement entourée d'un boulevard qui la sépare des faubourgs; il est planté d'arbres en divers endroits, & forme une promenade agréable & variée. On trouve plusieurs autres promenades, dont le principal agrément est celui d'une vue magnifique.

La place d'Espagne, ainsi nommée parce que des Espagnols, prisonniers en Auvergne, furent employés aux travaux de sa construction, domine sur la grande route, & offre plusieurs points de vue superbes.

La Place de la Grandville doit ce nom à l'Intendant, qui la fit construire en 1725; mais elle est vulgairement appelée *Poterne*, nom d'une ancienne fortification qui étoit autrefois dans cet emplacement. Cette promenade très-élevée, dont le terrain est soutenu par un fort mur de terrasse, communique à la place d'Espagne par une avenue nouvellement pratiquée; elle domine sur le faubourg de Saint-Alyre, sur une étendue immense de pays. La célèbre montagne appelée *Puy de Dome*, offre, du côté de l'occident, l'objet le plus intéressant; au dessous paroissent des montagnes inférieures qui semblent former sa base. Au nord sont des côteaux chargés de vignes, & à l'est, paroît un lointain aussi varié qu'étendu (1).

―――――――――――――

(1) On a arraché, depuis quelques années, les arbres qui ombrageoient cette place, & on l'a replantée sous un nouveau dessin, formé de pièces de gazon, de figure contournée, comme dans un petit jardin particulier. Le

La *Place du Taureau*, située dans un quartier presque entièrement nouveau, fut faite sous l'administristration de M. *de Balainvillier*, dont le souvenir est encore cher aux citoyens. Cette place devoit porter son nom ; mais à peine étoit-elle achevée, qu'un taureau furieux, échappé des boucheries voisines, y poursuivit un jeune Abbé, & l'obligea de se précipiter du haut en bas du mur de terrasse, qui a environ quarante pieds de hauteur ; & cette promenade fut, depuis cet événement, nommée *Place du Taureau*. Il semble que le peuple soit plus sensible à un événement singulier qu'à un bienfait.

Cette promenade est parfaitement carrée, & si l'ombre n'y est pas toujours suffisante, la vue du côté de l'est est très-étendue (1).

---

bon goût condamne cette manière recherchée, sur-tout dans un jardin public, où il faut, tant qu'on peut, développer de grandes masses, & n'offrir que des formes simples. L'ancien dessin étoit bien préférable.

(1) Lorsque M. de *Balainvillier* fit planter les arbres de cette place, il trouva un obstacle considérable dans le caractère pétulant & indocile des Ecoliers de la ville, dont le collège est situé dans le voisinage. A mesure que l'on plantoit un arbre, il étoit ébranlé ou arraché par cette jeunesse fougueuse, & on désespéroit de voir jamais prospérer ces plantations. Un homme ordinaire auroit sévi rigoureusement. M. de *Balainvillier* prit un parti plus sage ; il invita les Professeurs du collège à choisir, dans chaque classe, les meilleurs Ecoliers ; ils furent assemblés au nombre d'environ une centaine, & tous vinrent en cérémonie planter de nouveaux arbres dans cette place. On établit, dans l'année, un jour de

La place de Jaude est remarquable par son étendue; il y a peu de villes qui en contienne une aussi vaste; on y voyoit autrefois des allées d'arbres, & au milieu un bassin en pierre de taille d'une grandeur considérable, avec un jet; mais depuis plus de vingt ans, il n'existe plus de traces ni du bassin, ni des allées.

La place de Jaude sert de place d'armes, & plusieurs régimens peuvent y manœuvrer à l'aise; elle sert aussi de marché aux chevaux, & dans des temps de foire elle est remplie de bestiaux & de marchandises.

Les fontaines publiques sont nombreuses à Clermont, & l'eau qu'elles produisent est toujours pure, & ne tarit jamais. La source de ces eaux est à une lieue de cette ville, proche le village de *Royat* (1). Les habitans n'ont rien négligé pour faire parvenir l'eau de cette source dans leur ville : lorsque Thierry, fils de Clovis, eut, comme nous l'avons dit, détruit l'aqué-duc, ouvrage des Romains, qui partoit de *Fontanat*, & avoit plus d'une lieue de longueur, ils y substituerent une conduite en bois, qui, au com-

---

congé, qui s'observe encore, afin de conserver la mémoire de cette plantation solennelle. Depuis cette époque, les Ecoliers, bien loin de nuire à ces arbres, les arrosoient, les soignoient comme leur propre bien; & ils en ont été les défenseurs les plus zélés : si quelques-uns de ces arbres n'ont pas prospéré parfaitement, c'est la faute du terrain transporté, d'où ils tirent leur substance.

(1) Voyez ci-après *Royat*.

mencement du seizième siècle, fut, aux frais de l'Evêque Jacques *d'Amboise*, remplacée par des tuyaux en terre. Ces tuyaux furent bientôt insuffisans; en 1659, on en fit construire de nouveaux, qui, en grande partie, étoient en plomb; & cette construction fut faite sous la conduite d'un Ingénieur célèbre, nommé *Hubaud*; on en substitua ensuite plusieurs en fonte; enfin dans ces derniers temps on s'est déterminé à les faire en pierres de taille; une grande partie est déjà exécutée en cette matière, & la ville y gagne un volume d'eau plus considérable.

La plus belle des fontaines de cette ville est située au milieu de la place qui se trouve entre la cathédrale & le palais épiscopal. C'est un des monumens les plus remarquables qui existent dans ce genre. Le Père *Foderé*, dans sa narration de l'ordre de Saint-François, dit qu'elle est *la plus artificielle & magnifique fontaine de la ville*. Elle fut construite, en 1511, par *Jacques d'Amboise*, Evêque de Clermont, & frère du célèbre Cardinal *George d'Amboise*.

Cette fontaine isolée offre une construction ornée d'une multitude de figures, de jets, de bassins & de bas-reliefs, disposés en forme pyramidale, dont l'ensemble, quoique chargé & confus, présente un spectacle singulier & de riches effets. Les détails sont sur-tout curieux par le choix des dessins & la délicatesse de l'exécution. On y voit en bas-reliefs des arabesques & autres espèces d'ornemens, qui sont du meilleur goût & du dessin le plus pur.

Ce monument est composé d'un bassin octogone de quatorze pieds de diamètre, élevé au dessus de plusieurs gradins dont les huit faces sont chargées de bas-reliefs représentant des arabesques, formées de mascarons & de rinceaux ; aux huit angles de ce bassin s'élèvent huit candélabres alternativement ronds & pentagones, dont les bases sont ioniques, les fûts ornés de feuillages en relief, & surmontés de fleurons ; quatre de ces candélabres doivent produire chacun un jet qui tombe dans le bassin.

Au milieu de ce bassin, s'élève, à la hauteur d'environ vingt-deux pieds, une pile entourée de jets, de petits bassins, & de figures. Quatre piliers butans entourent & soutiennent cette pile ; ils sont chargés d'ornemens, de bas-reliefs, & surmontés chacun par la figure d'un génie représenté assis ; au dessous de ces quatre figures sortent quatre jets dont l'eau tombe dans le grand bassin. Entre ces quatre piliers, & vers la moitié de leur hauteur, sont quatre bassins adossés qui ont une saillie assez considérable, & dont la forme est très-gracieuse ; ils sont chargés des dessins les plus riches. Chacun de ces bassins présente un mascaron qui jette de l'eau dans le grand bassin. Quatre autres jets remplissent ces quatre bassins, & sont lancés au dessus par des figures de génie qui vomissent ou pissent l'eau, suivant l'idée singulière, sinon indécente, de l'Artiste.

Au dessus de cette ordonnance est une lanterne percée de fenêtres gothiques, qui sert de réservoir ; elle est accompagnée de quatre pilastres attiques, chargés de sculptures d'un goût très-pur ; au dessus de chacun de ces pilastres, est un génie qui s'appuie sur un écusson aux armes d'Amboise. Au milieu de ces quatre génies, s'éleve une figure bien plus grande qui sert d'amortissement à toute la fontaine; elle représente un homme sauvage entièrement velu, soutenu par un tronc d'arbre, tenant sur l'épaule un bâton noueux, & s'appuyant d'une main sur un écusson aux armes d'Amboise, dont l'or des émaux est encore bien conservé.

Toute cette fontaine est en pierre de Volvic, la seule en usage dans ce pays.

L'*Hôtel-de-ville* n'a rien qui annonce un édifice public, si ce n'est le portique qui est à l'entrée. Le lieu où se tiennent les assemblées, est décoré d'un portrait de Louis XV.

Les assemblées du corps commun de la ville se tenoient, avant 1480, dans la chapelle de *Saint-Barthelemi*; à cette époque, Louis XI, pour récompenser la fidélité des habitans, leur permit de se choisir une maison commune, & d'élire, tous les deux ans, deux ou trois Consuls; il déclara aussi la ville *jurée*, à l'instar de celle de Paris. Alors les habitans tinrent leurs assemblées à l'hôtel de *Boulogne*, jusqu'en 1484, qu'ils achetèrent la maison de ville qu'on voit aujourd'hui.

Catherine de Médicis s'étant emparée, au préjudice de l'Evêque, du Comté de Clermont, accorda, le 10 juin 1552, aux habitans des lettres de consulat, avec le droit de gouverner toutes les affaires de la ville, & de juger, tant en demandant qu'en défendant, les procès qu'elle pourroit y avoir. Le 18 octobre 1555, elle donna aux Consuls le titre d'Echevins, & leur confirma l'exercice de la police, qu'ils conservèrent jusqu'en 1699, époque où il fut créé des charges particulières de Commissaires de police (1).

Les habitans de Clermont rendirent, en 1590, des services importans à Henri IV, contre le parti de la Ligue; nous en parlerons à la fin de cet article : ce Roi, dont les finances étoient très-épuisées, ne put les récompenser comme il auroit voulu; il accorda aux Echevins l'honneur de porter des robes de damas violet, avec le chaperon de satin rouge cramoisi.

___

(1) L'Evêque de Clermont a souvent voulu entreprendre sur les priviléges des habitans de cette ville. Les Officiers de *Charles de Bourbon*, Cardinal & Evêque de Clermont, ayant, au mépris des droits de la ville, exercé quelques parties de la police, les habitans présentèrent, en 1481, une requête au Gouverneur de la province, dans laquelle ils exposent toute l'étendue de leurs droits. Un article de cette requête témoigne qu'il y avoit, comme dans plusieurs villes de France, un quartier affecté aux femmes débauchées. Les Consuls soutiennent qu'à eux seuls appartient le droit *de faire tenir les Ribaudes publiques aux lieux accoutumés, leur faire porter enseignes pour les faire connoître, & vuider les grandes rues où elles tiennent les maisons à louage, pour la conservation des femmes bonnes & honnêtes, & des jeunes filles pucelles.* Dans le quatorzième & le quinzième siècle il étoit peu de villes en France qui n'eussent un quartier ou une maison particulière destinée aux femmes publiques. Ces lieux de débauche étoient autorisés par le Souverain, & protégés par les Magistrats des villes, qui souvent en retiroient des rétributions. Voyez *Avignon, Toulouse, Niort, &c.*

DE L'AUVERGNE. 187

Les habitans de cette ville jouissoient, depuis 1220, du privilége de se garder eux-mêmes & de s'assembler ; ils furent long-temps exempts de toutes impositions ; mais ces droits, accordés & confirmés par plusieurs Rois, ont enfin cédé aux invasions de l'esprit fiscal (1).

On voit dans une espèce de cellier plusieurs vieilles pièces d'artillerie, dont quelques-unes ont servi au siège d'Issoire ; on remarque surtout le chariot d'arquebuses dont il est parlé dans la Relation manuscrite de ce siège.

___

(1) Le plus ancien privilége que l'on connoisse, en faveur des habitans de Clermont, est celui de 1220, accordé par *Gui II*, Comte d'Auvergne & de Clermont, pendant l'épiscopat de *Robert* son frère, Evêque de cette ville, & sous le règne de Philippe Auguste ; on y remarque les clauses suivantes : « Si quelqu'un est pris en adultère avec une femme, & que le crime soit constaté légalement, l'homme & la femme adultères seront promenés par la ville, ou bien, à leur choix, ils seront tenus de payer soixante sous.

« Mais si une femme mariée, & étrangère vient à Clermont, & qu'elle soit surprise en adultère avec un homme de cette ville, cet homme ne doit en aucune sorte être recherché ni poursuivi, & l'on doit laisser à Dieu le châtiment de ce crime.

« Si au contraire un étranger marié arrivé à Clermont, est surpris avec une femme non mariée, & qu'elle ignore que l'homme avec qui elle est en adultère soit marié ; dans ce cas, comme dans aucun autre, cette femme ne doit être ni recherchée ni punie, & l'on doit laisser à Dieu le châtiment de ce crime ».

Ainsi l'adultère commis de citoyen à citoyen étoit puni ; mais s'il étoit commis avec des étrangers, il étoit toléré.

La *salle de Spectacle* est un bâtiment particulier, qui fait partie de ceux de l'hôtel-de-ville. L'extérieur de ce bâtiment n'annonce point sa destination. L'intérieur offre une salle petite, mais d'une jolie coupe, & sur-tout décorée avec assez de goût. Elle fut construite en 1758, sous les auspices de M. de Balainvillier. Les peintures, quoique ternes aujourd'hui, par conséquent peu séduisantes pour les yeux vulgaires, doivent faire plaisir aux connoisseurs; elles sont de *Berinzago*, Peintre Italien, dont nous avons eu occasion de parler à l'article de Bordeaux. Le dessin du rideau est magnifique, mais il sent un peu le mauvais goût du temps où il a été peint; on y voit des rocailles & des formes contournées, fort à la mode alors; d'ailleurs l'idée est ingénieuse & bien exécutée.

Deux décorations complètes sont de la même main; celle qui représente un vestibule, & au fond une place publique décorée d'une statue équestre, est bien peinte, mais l'architecture est d'un mauvais goût; celle qui représente un paysage est d'un bel effet; les autres décorations ou peintures faites depuis *Berinzago*, ne méritent pas d'être indiquées.

A côté de la salle est un jardin planté d'arbres touffus, égayé & rafraîchi par un bassin d'eau vive, qui produit un jet continuel; cette petite promenade est, entre les deux pièces, le rendez-vous des spectateurs.

Le Palais de la justice est sur l'emplacement de l'ancien palais des Comtes; il fut bâti par *Catherine de Médicis*, Comtesse d'Auvergne & de Clermont. Une partie de ce palais étoit nommé *maison de Boulogne*; sans doute parce qu'elle fut construite par les Comtes d'Auvergne, de la branche *de Boulogne*. Catherine, par lettres patentes du 14 janvier 1578, donna *son palais & maison dite de Boulogne*, pour y exercer la justice.

Le Présidial, la Cour des Aides, & l'Election tiennent leurs séances dans différentes parties de ce palais; les prisons sont aussi dans la même enceinte.

La porte d'entrée paroît aujourd'hui fort exhaussée, & d'une proportion ridicule, parce que, depuis quelques années, on a baissé de plusieurs pieds le pavé : cette porte, quoique peu considérable, est d'un dessin assez pur; elle fut construite en 1581, comme l'atteste l'inscription qu'on y voit. Au dessus est, dans une niche, une Minerve en pierre du pays, qui est belle, mais qui se trouve beaucoup trop éloignée de l'œil.

La même année que Catherine de Médicis se fit adjuger le Comté de Clermont, au préjudice des Evêques, elle détermina le Roi Henri II, son époux, à établir dans cette ville une *Sénéchaussée*; ce ne fut qu'en 1582, que le Présidial y fut établi par édit du mois de mai, à la sollicitation de la même Princesse.

La façade du bâtiment qu'occupe la Cour du Présidial, offre une espèce de fronton d'une grandeur considérable; à chacune de ses trois extrémités est une fleur de lis en pierre; ces fleurs de lis isolées ont environ cinq pieds de hauteur; la salle basse est vaste, & ressemble à presque toutes les pièces de ce genre des anciens palais; les autres pièces de cette Cour n'ont rien de bien remarquable.

La Cour des Aides fut d'abord établie à Montferrand, en 1557, par Henri II; puis elle fut transférée, en 1630, à Clermont.

Cette Cour, dont le ressort est très-étendu, a toujours, autant qu'elle a pu, résisté avec un vertueux courage aux entreprises de la fiscalité; elle fut détruite lors de l'établissement des Conseils *Meaupeou*, & rétablie avec les Parlemens.

Le Conseil Supérieur, quelque temps après sa création, s'empara des salles de la Cour des Aides; on y fit des changemens fort mesquins, qui rendirent l'emplacement plus vaste, mais bien moins beau qu'il n'étoit auparavant. Les tapisseries qu'on y plaça alors, sont les seuls objets qui ont quelque mérite. On y fit peindre dans la salle d'audience, de grands dessus de porte qu'on peut comparer aux enseignes de cabaret de village.

Depuis le rétablissement de la Cour des Aides, on a placé dans la salle d'audience un portrait de Louis XVI très-bien fait.

La salle du Conseil est décorée de deux grands tableaux; l'un représente la tête de Louis XV sur le corps de Louis XIV (1); l'autre est

---

(1) Avant l'établissement du Conseil Meaupeou, ce tableau représentoit Louis XIV; lorsque la Cour des Aides fut détruite & remplacée par la Cour de 1771, on chargea un Peintre de changer la tête du Roi. La

sans doute le plus beau tableau de la province.

Ce tableau, d'environ neuf à dix pieds de hauteur, fut peint, en 1676, par *le Brun*; il représente la conversion de Saint-Paul; la figure de Dieu est la principale du tableau. Ce Peintre semble avoir épuisé tout son talent, afin de rassembler, dans cette figure, tout ce que le beau idéal a de plus majestueux pour représenter la Divinité. Toutes les autres figures ne semblent qu'accessoires, & le Peintre les a toutes sacrifiées à la principale.

Ce superbe tableau, très-bien conservé, & qui semble sortir de l'atelier du Peintre, peut être mis au rang des plus précieux ouvrages de *le Brun*; il n'a point été gravé, au moins on ne le trouve point dans son œuvre (1).

Cour des Aides pourroit aussi, avec la même raison, placer sur la même figure la tête de Louis XVI qui l'a rétablie; en ce cas, ces changemens de têtes deviendroient l'emblême des variations du Gouvernement.

(1) On raconte qu'après l'avoir fait & délivré, *le Brun* voulut le ravoir, & offrit de rembourser le prix qui étoit de mille écus, & d'en donner une copie de sa main. Le célèbre M. *Domat*, Auteur des *Lois Civiles*, avoit été chargé de cette commission; il ne jugea pas à propos d'accepter l'offre de *le Brun*. En 1723, le Duc d'Orléans Régent, grand amateur de tableaux, & qui faisoit continuellement rechercher dans toutes les provinces de France les productions des Arts qu'elles possédoient, pour en enrichir sa précieuse collection, fit demander ce tableau à la Cour des Aides de Clermont. Cette Compagnie n'osa pas le lui refuser. Ce tableau fut, non sans regret, emballé & mis en route. Quelques jours après, arriva la nouvelle de la mort du Duc

On compte à Clermont environ trente-six églises, communautés ou chapelles; nous allons parler des plus remarquables.

La Cathédrale fut, dit-on, bâtie quatre fois; mais il n'est pas certain que ce fut toujours sur le même emplacement; on croit que la première fut construite par *Saint-Martial*; c'étoit celle que Saint-Sidoine Apollinaire & le premier Concile de Clermont appellent *l'église d'Auvergne*.

Les Allemands, commandés par *Crocus*, ayant ravagé presque tous les édifices de cette ville, *Saint-Namace*, Evêque de Clermont, fut obligé de faire bâtir une nouvelle cathédrale; elle fut construite vers le milieu du cinquième siècle, & douze ans s'écoulèrent pendant sa construction. Cette église avoit soixante-dix colonnes, quarante-deux fenêtres; les murs qui formoient le sanctuaire, étoient recouverts en mosaïque: il paroît qu'elle fut ornée des débris de l'ancien & magnifique temple de Mercure, dont nous avons parlé; mais si cette église étoit belle, elle étoit petite, n'ayant que cent cinquante pieds de long sur soixante de large. Lorsqu'en 761, Pepin prit Clermont, il brûla & détruisit la cité, & démolit en même temps cette cathédrale.

---

d'Orléans; on dépêcha aussi-tôt un homme qui atteignit la voiture chargée du tableau, & la fit retourner à Clermont. La même chose arriva à la cathédrale de Marseille. Le Chapitre envoyoit au Régent trois tableaux de *le Puget*; il les fit redemander lorsqu'il apprit la mort de ce Prince. Voyez Partie première, page 78.

Les Normands, qui vinrent un siècle après, ayant ravagé cette ville, & fait presque autant de maux qu'en avoit produit le Roi de France *Pepin*, leurs ravages durent arrêter la réconstruction de la cathédrale, ou détruire celle qu'on auroit pu y avoir fait reconstruire.

Vers le milieu du dixième siècle, l'Evêque *Etienne II*, en faisant rebâtir la cité de Clermont, fit aussi reconstruire la cathédrale ; c'est sur une partie des fondemens de cette troisième église que fut élevée celle qu'on voit aujourd'hui & le portail qui est en face de la rue des Gras, appartient encore à l'ancien édifice.

La cathédrale qui est existante, fut commencée, en 1248, sous l'épiscopat de *Hugues de la Tour*. *Gui de la Tour*, son successeur, qui enrichit le trésor de cette église de plusieurs reliques précieuses que le Roi Saint Louis lui avoit données, contribua, par des sommes considérables, aux frais de cette construction, qui ne fut point achevée. Les guerres des Anglois, les malheurs des temps se sont opposés à sa perfection ; il reste à construire le portail principal, qui devoit être du côté de la rue des Gras, & l'extrémité occidentale de la nef ; plusieurs clochers ne sont point achevés. Ce qu'il manque à cette construction n'étant pas d'une nécessité absolue, on peut croire qu'elle ne sera jamais continuée, & que l'édifice restera imparfait.

Cette basilique, tout imparfaite qu'elle est, peut être comparée avec avantage aux plus beaux monumens gothiques ; elle a trois cents pieds de longueur, cent trente pieds de

Partie V. N

largeur, & cent pieds de hauteur du pavé à la voûte. La voûte en ogive est soutenue par cinquante-six piliers; chacun de ces piliers forme un faisceau carré de colonnes rondes extrêmement déliées. Au dessus de la corniche, & à la naissance de la voûte, ces colonnes se détachent & se courbent pour former les arêtes des voûtes. Cette architecture, malgré le mauvais goût de son genre, est admirable par les proportions heureuses du plan, & par la hardiesse & en même temps la solidité de sa construction. Les piliers du rond-point sont sur-tout remarquables par leur délicatesse. On seroit tenté de croire que cette basilique fut bâtie d'après les dessins de *Pierre de Montreuil*, le plus célèbre Architecte du treizième siècle; on y reconnoît son style (1).

―――――――――――――――――――――――

(1) Pour donner une idée de l'élégance de cette église, il suffit de dire qu'ayant environ un tiers de moins en étendue que celle de *Notre-Dame* de Paris, les voûtes en sont aussi élevées. Cependant M. *Le Grand d'Aussy*, dans son *Voyage d'Auvergne*, hasarde ce jugement : « L'église cathédrale, dont le bâtiment *lourd & gothique* n'a *de frappant* que sa situation ». Ceux qui ont vu cet édifice, & qui liront ce jugement, seront bien persuadés que M. d'Aussy n'est pas fort connoisseur en architecture. Ceux qui, sans avoir vu cette église, feront attention à ces deux mots incohérens *lourd & gothique*, décideront encore que M. d'*Aussy* n'est pas connoisseur en architecture, parce que les monumens *gothiques*, & sur-tout ceux des treizième & quatorzième siècles, ne sont jamais *lourds*, & que le caractère général de ce genre de construction pêche toujours par le défaut contraire, par une élégance, une légereté excessive dans les formes, & par une hardiesse qui constitue son mau-

Cette église est entièrement recouverte en plomb, & l'on doit cette utile réparation à *Jacques d'Amboise*, Evêque de Clermont; on lui doit aussi l'image en vermeil de Notre-Dame, qui est dans le clocher appelé le *Retour*.

On compte dans cette église 22 chapelles, toutes décorées simplement. Le jubé, ainsi que les deux chapelles qui sont aux deux côtés de l'entrée du chœur, fut construit, vers le commencement du quinzième siècle, par *Martin Charpaigne*, Evêque de Clermont, connu dans l'Histoire sous le nom de maître *Martin Gouge*. Cette construction, ornée de plusieurs statues & d'une infinité d'ornemens sculptés, fut autrefois très-admirée. A l'entrée du chœur, & près de ce jubé, est la tombe du Prélat qui l'a fait bâtir; cette tombe est une grande lame d'airain sur laquelle sa figure est représentée. Cet Evêque joua un grand rôle dans les affaires de son temps; il mourut le 26 novembre 1444, au château de Beauregard (1).

---

vais goût. D'ailleurs M. d'*Aussy* nous a prouvé qu'il n'étoit pas plus connoisseur en architecture grecque qu'en celle du moyen âge, puisque, comme nous le remarquons plus haut, il donne à un chapiteau le nom de corniche. Il est dangereux de parler de ce qu'on ne connoît pas, & il faut bien du courage & compter beaucoup sur l'ignorance des Lecteurs, pour en parler avec le ton leste qu'a employé M. d'*Aussy*.

(1) Sous le règne de Charles VI, *Martin Charpaigne* étoit Surintendant de la Maison de *Jean*, Duc de Berri, & fut son exécuteur testamentaire, *où il avoit moult profité*, dit Juvénal des Ursins. Lorsque Paris

Cette église n'a point de tableaux précieux, il en est cependant un qui mérite quelque attention; on le voit dans une chapelle derrière le chœur, près de la sacristie; il fut donné à cette église par un Seigneur de la Maison de *Bordon*.

Le Chœur est orné de sculptures gothiques, d'un travail admirable par sa délicatesse : on doit sur-tout remarquer, dans ce genre, la chaire épiscopale. Toutes ces boiseries furent exécutées, au commencement du seizième siècle, aux frais de l'Evêque *Jacques d'Amboise*, par un Artiste célèbre, nommé *Gilbert Chapard*. Les tapisseries en soie que l'on tend au dessus des stales, tout autour du chœur, sont un présent du même Prélat, qui donna aussi à cette église trois ornemens de chapelle en draps d'or, & les livres à chanter.

Pendant le temps de Pâques on place au milieu du chœur un magnifique candelabre de bronze doré en or moulu, d'environ sept à huit pieds de hauteur; son plan est triangulaire, & la forme est élégante & dans le vrai goût antique; c'est un présent fait par M. *Paul de Ri-*

---

fut pillé par les Bourguignons le 29 mai 1418, il s'échappa de cette ville sous un habit déguisé, & se retira sur les bords de la Loire, où il fut reconnu & arrêté par le sieur de la Trémouille, & renfermé dans le château de *Sully*; comme il étoit le favori du Dauphin qui fut Roi sous le nom de Charles VII, ce Prince vint assiéger ce château; la Trémouille, à son approche, lui rendit l'Evêque de Clermont sans rançon.

heire, ancien Chanoine de cette église, & ci-devant Evêque de Saint-Flour.

Le maître-autel est surmonté d'un rétable fort élevé qui renferme un grand nombre de précieux reliquaires; lors des fêtes solemnelles de l'église, on ouvre les deux battans dorés de ce rétable, & l'on expose, à la vénération des fidèles, les reliques qu'il contient.

Parmi les reliques & joyaux d'église qu'on y conserve, on remarque ceux qui furent donnés à *Gui de la Tour*, Evêque & Comte de Clermont, par *Saint-Louis*, l'an 1266, lorsque ce Roi vint à Clermont pour y traiter du mariage de *Philippe* son fils, avec *Isabeau*, fille de *Jacques*, Roi d'Arragon; ils consistent en une croix d'or enrichie de pierres précieuses, où est enchâssé du *bois de la vraie croix*, un morceau de la *couronne d'épines*, une partie du *saint suaire* & de la *robe de pourpre*, des *drapeaux* dans lesquels la Vierge enveloppoit le Fils de Dieu, un peu du *linceuil* qui le ceignoit le jour de la Cène, & *des ossemens* de Sainte-Marie-Madeleine (1).

───────────────────────────────

(1) Si l'on en croit un mémorial tiré des archives de la cathédrale, & rapporté par *Baluze*, *Saint-Austremoine* apporta, en arrivant dans cette capitale, des reliques bien plus précieuses encore; en voici le détail traduit littéralement d'après la pièce originale : « Le *nombril* du fils de Dieu, avec les *cinq ongles de sa main gauche*; son *prépuce*, avec *deux ongles de la main droite*; *des langes* dans lesquels il fut enveloppé; la *onzième partie du suaire* teint de son sang, & avec lequel on lui avoit couvert les yeux; une partie de la

Au dessus du rétable est une figure de la Vierge, représentée assise, & d'un travail précieux & gothique, mais d'un dessin barbare & incorrect.

Au deux côtés sont deux Anges adorateurs, dorés, & plus grands que nature, supportant au dessus de la Vierge un grand voile blanc en émail. Ces deux figures sont modernes, leur attitude est gracieuse & noble; elles ont été sculptées en 1761 par M. *Simon Challe*, de l'Académie de peinture & sculpture de Paris.

Au côté droit du maître-autel, & dans le

---

tunique, de sa *barbe*, de ses *cheveux* & de sa *ceinture* teinte de son sang; de plus, *trois ongles* coupés de la main droite; une partie de la *couronne d'épines*, & du *pain* sur lequel Jésus donna sa bénédiction; une partie de son *éponge* & du *sépulcre* de Notre Seigneur; des *verges* dont il fut flagellé; des *cheveux* de la Sainte Vierge Marie; son *bracelet*; un morceau de sa *robe*, avec de son *lait* & une partie du *manteau* qu'elle fit de ses mains. *Etienne*, Evêque (de Clermont) renferma ces reliques dans une image de la Mère de Dieu, & dans une image de son fils ».

Nous nous garderons bien d'attaquer ni de défendre l'authenticité de ces reliques. Nous ne pensons pas que le Chapitre de la cathédrale y ait beaucoup de foi. L'Evêque *Etienne*, qui les fit enchâsser, pouvoit bien en avoir lui-même inventé les étiquettes. Il vivoit au dixième siècle, temps où de pareilles inventions étoient fréquentes. Nous savons que les mêmes reliques se trouvent dans une infinité d'églises différentes. Par exemple, nous connoissons *six prétendus prépuces* de Notre Seigneur, sans y comprendre celui-ci; pendant long-temps ces objets-là étoient des marchandises sur lesquelles les Moines gagnoient beaucoup. (Voyez *Charroux*, Partie IV de cet Ouvrage, page 91.)

sanctuaire étoit le mausolée, avec la figure en marbre blanc, d'*Aubert Aycelin*, de l'ancienne Maison de *Montaigu*, près Billom en Auvergne, & Evêque de Clermont; il mourut en 1328.

Au côté gauche étoit un semblable mausolée sous lequel reposoit le corps de *Bernard de la Tour*, Cardinal Diacre, du titre de Saint-Eustache. Le 3 août 1361, il mourut de la peste à Avignon. Son corps, suivant ses dernières volontés, fut transporté en Auvergne, & fut enterré en cet endroit le 6 mars 1363.

Ces deux tombeaux étoient recouverts chacun d'une large voûte en ogive, décorée d'arêtes percées à jour, de pilastres gothiques, & surmontée d'acrotères pyramidales. Ces voûtes ont été détruites, & les tombeaux déplacés & relégués dans le fond de quelques chapelles obscures du chevet de l'église.

Le Chapitre de la cathédrale n'avoit pas le droit d'ôter ces tombeaux du sanctuaire, parce que leur emplacement y avoit été acquis par des fondations. Rien n'obligeoit le Chapitre à les transférer ailleurs; ils occupoient leur place depuis plus de quatre cents ans, & n'ayant point, pendant un si grand nombre d'années, gêné les cérémonies de l'église, ils ne devoient pas les gêner aujourd'hui. La grille en fer, nouvellement posée autour du sanctuaire, n'offroit point un motif suffisant pour autoriser ce déplacement; puisque ces tombeaux subsistoient avec la clôture en pierre, ils pouvoient bien subsister avec la clôture en fer, qui occupe moins. D'ailleurs cette grille en fer n'étoit faire ; elle pêche contre le bon goût, parce que le deſſin en eſt mauvais, meſquin, & n'a aucun caractère ; elle pêche contre les convenances, en ce que ſes formes modernes font un contraſte choquant avec l'architecture gothique de cette égliſe. Les travées en pierre qu'on a détruites pour placer celles-ci, ſculptées & percées à jour, offroient une infinité de figures arabesques d'un fini précieux, & d'un travail admirable par ſa délicateſſe. Cet ouvrage qu'on a détruit étoit cent fois plus curieux & plus eſtimable que la grille de fer qu'on vient d'y ſubſtituer.

Ainſi le Chapitre, en faiſant exécuter ces changemens, a manqué à ſes obligations envers deux de ſes bienfaiteurs, a manqué aux convenances & au bon goût, & au lieu d'une réparation, n'a fait qu'une dégradation réelle.

Les deux chapelles de la croiſée ſont ornées de boiſeries dont la ſculpture n'eſt pas ſans mérite, & paroît être du ſiècle dernier ; celle qui eſt du côté ſeptentrional de l'égliſe, eſt la chapelle du *Saint-Eſprit*.

Au deſſus de l'autel de cette chapelle eſt une horloge remarquable qui offre trois figures coloſſales, dont deux appelées *Jacquemarts*, ſont debout, & repréſentent, l'une, le dieu *Silvain*, l'autre le dieu *Faune* ; chacune eſt armée d'un long marteau dont elle frappe alternativement ſur un timbre placé entre elles. Un ́ ́lard appelé *le Temps*, eſt aſſis au milieu ; ̂t courbée ſous ce timbre, qui ſem- ̀ ̀ de bonnet ; devant lui eſt un ́ ́ ment du limbe & de l'aiguille : afin qu'on ne doutât point que ces figures ne représentent des Dieux du paganisme, on a écrit au dessous de chacune leur nom en lettres d'or.

Ce n'est pas le seul objet qui, dans cette chapelle, retrace la religion des payens. L'autel est un sarcophage antique d'un seul bloc de marbre, orné de tous côtés de bas-reliefs curieux. La face de devant offre seize figures assez bien conservées; une femme paroît prosternée aux pieds d'un homme; ailleurs on voit un temple où est placée une Divinité recouverte de bandelettes depuis le cou jusqu'aux pieds (1).

Les deux faces latérales offrent chacune un bas-relief; l'un représente une femme qui puise de l'eau dans un puits; l'autre trois hommes, dont l'un tient un cheval par la bride, l'autre est à ses genoux, & le troisième est monté sur un arbre.

La quatrième face du sarcophage est contre le mur, & ne peut se voir.

Ce morceau est peut-être une des curieuses antiquités que la France renferme; il intéresse non seulement par sa conservation, par son exécution, & par l'enthousiasme qu'inspire toujours aux Amateurs un monument des anciens Romains. L'explication des sujets qu'il

---

(1) M. Le Grand d'Aussy a décidé, dans son *voyage d'Auvergne*, que cette figure est une *Isis*; je crois qu'il vaudroit mieux en douter, parce qu'*Isis* n'est pas la seule Divinité qui soit représentée ainsi enveloppée de bandelettes, & parce que plusieurs Savans prétendent qu'*Isis* n'a jamais eu de culte dans les Gaules.

représente, peut encore concourir à jeter quelque lumière sur les ténèbres qui nous cachent une partie des mystères de l'antiquité (1).

A propos d'antiquités, les curieux doivent sortir par la porte méridionale de cette église ; ils verront sur le mur, en face de la fontaine, un fragment de bas-relief antique où l'on distingue des boucliers.

Dans la nef de cette église, on voit plusieurs épitaphes, la plupart en vers françois, qui rappellent la mémoire de plusieurs Gentilshommes François ou Italiens, qui furent tués au mois de juin 1577, au siège d'Issoire, où *Monsieur*, frère du Roi, depuis Roi sous le nom d'*Henri III*, assistoit. (Voyez *Issoire*.) Ces épitaphes tiennent à l'Histoire du temps, à celle des familles, & donnent une idée de la poésie du siècle & du pays. A gauche de la nef, sur un pilier, on lit d'abord cette épitaphe du Capitaine *Jean de Ponts*, qui décéda à Clermont le 18 juillet 1577, après avoir été blessé au retour du siège d'Issoire :

Qui voudra de mes ans le nombre supputer,
Trouvera que bien jeune ai franchi cette vie ;
Mais qui de mes trophées & lauriers abuter
Le juste rang voudra, comptera sans envie,

___

(1) M. Le Grand d'Aussy nous apprend que ce précieux morceau a été dessiné par le neveu du célèbre *Maupertuis*, & que ce dessin, ainsi que plusieurs autres de la même main, ont été acquis par le gouvernement, & remis à l'Académie des Inscriptions de Paris, qui doit les faire graver & publier dans ses Mémoires.

DE L'AUVERGNE. 203

Plus de drapeaux que d'ans, plus de perilz que poilz,
Eslevez, enlevez, eschapez, rembarez,
Dont le dernier compter, Issoire, ne te dois,
Duquel les sanglans feux par moi sont renferrés;
Puis de tant de hazards m'a payé quelque main.
Ma mort te servira d'une leçon, Lecteur;
Qui de tout ce que pense ou fait l'effort humain,
Dieu en est le seul juge & loyal protecteur.
     Agé de 25 ans.

Sur un autre pilier on voit l'épitaphe du Capitaine *Pierre de la Machie*, natif de Florence, Lieutenant de deux enseignes de pied françoises, sous la charge du Capitaine *la Routté*, qui fut tué à l'assaut de la ville d'Issoire le 9 juin 1577 :

Le florentin accord, s'il est loyal & preux,
Touche aisément au point de la louange humaine
De faconde & beauté ayant la face pleine,
Il ne manque en savoir ni esprit généreux :
Tel as vécu, *Machie*, en chaque siège heureux,
Noble, sage & vaillant, cher à ton Capitaine,
Préféré as la mort, à la vie incertaine,
Et m'as laissé de cœur & de corps langoureux ;
Bien que l'honneur de Dieu, la défense d'église,
Le service du Roi & le tien t'ai transmise
Ceste hardiesse au sein ; si crois-je toutesfois
Que c'est mon amitié qui fier t'a fait ranger
A la gresle du plomb, quand pour me revanger,
Au péril affrontant, m'as servi de pavois.

Sur un pilier qui est à gauche, au fond de la nef, est un tableau qui offre la figure à genoux, & l'épitaphe de *Jean de la Fresnaie*, Seigneur *de la Sapinière*, Lieutenant de deux corps de gens de pied, sous la charge de M. de *Thevalle*, mort le 27 juin 1577, blessé de deux arquebusades au bras & à la jambe, le 9 dudit mois, à l'assaut de la ville d'Issoire.

Près de là on voit encore l'épitaphe de *Giraud de Goust*, de Gascogne, Capitaine de deux compagnies de gens de pied françois, mort au même assaut de la ville d'Issoire. L'épitaphe est en vers françois, & ne mérite, ni par son ridicule ni par sa beauté, d'être transcrite.

Derrière le chœur on voit dans une chapelle l'épitaphe de *Ferrand de la Baulme*, Seigneur & Baron de *Lers*; Rochefort, second fils de François, Comte de Suze, qui décéda à Clermont le 4 juillet 1577, blessé de deux arquebusades à l'assaut d'Issoire. « Etant, dit l'inscription, des premiers qui donnèrent au pied du retranchement de ladite ville, pour l'envie qu'il avoit d'imiter la valeur & fidélité assez connues & éprouvées de sondit sieur & père, qui étoit aussi au camp de ladite ville, avec Monseigneur frère du Roi, & autres Princes ».

Au dessus d'une des tours de la façade septentrionale de la cathédrale, appelée *Bayette*, est l'horloge de la ville; elle fut faite premièrement en 1407 par un Horloger de Rouen qui demeuroit à *Cusset*, nommé *Michel Ardoing*, aux dépens des habitans qui assignèrent un fonds pour son entretien. En 1606, on fut obligé de replacer un nouveau mécanisme, fait également à frais communs; autour de la cloche sont gravés les vers suivans :

Clam tacitique dies pereunt & multa feruntur
Sœcula, pervigili sed voce silentia rumpunt.

La *Bibliothèque* de la cathédrale est située proche de cette église; elle fut fondée, au seizième siècle, par *Mathieu de la Porte*, Docteur en droit canon, Auditeur de la Rote, Doyen & Diacre de la cathédrale, qui fit don de ses livres à cette église. M. *Massillon*, pendant qu'il illustroit le siège épiscopal de cette ville, détermina les Chanoines de la cathédrale à construire un emplacement plus vaste & plus magnifique pour cette bibliothèque, qu'il augmenta & enrichit de la sienne, à condition qu'elle seroit publique deux jours de la semaine.

Le vaisseau est vaste & élevé; si l'on ne peut le comparer, par sa grandeur, à la bibliothèque du Roi, il lui ressemble au moins par sa décoration en boiserie, & par les galeries hautes. On y voit deux globes, un terrestre, l'autre céleste, par M. *Clédière*, Physicien avantageusement connu dans le pays. M. *Cortigier*, savant très-versé dans l'Histoire, est Bibliothécaire.

Cette bibliothèque est publique les mardis & les vendredis.

Le Chapitre de la cathédrale avoit autrefois le droit de choisir ses Evêques; *Guillaume Duprat* est le dernier Prélat élu par les Chanoines; il jouissoit encore du droit de faire battre monnoie, droit qui lui avoit été cédé en 1030 on en conserve encore les coins dans le Chapitre: d'un côté on voyoit l'image de la Vierge avec cette légende, *Sancta Maria*; de l'autre étoit une croix avec ces mots, *Urbs Arverna*. Près de l'église étoit un ancien bâtiment appelé *la Tour de la monnoie*; cette tour menaçoit ruine, & le 15 septembre 1727, elle s'écroula en partie, écrasa plusieurs maisons, & tua quelques personnes.

ANECDOTE. On raconte que sous le règne de François Ier, époque où la mode de porter de longues barbes commençoit à fleurir en France & en Europe, l'Evêque de Clermont, *Guillaume Duprat*, fils du Chancelier de ce nom, à son retour du Concile de Trente, voulut faire une entrée solennelle dans la cathédrale. Les Chanoines trouvèrent un grand obstacle à cette cérémonie. Le Prélat portoit une fort belle & longue barbe qui leur sembla indécente & contraire à leurs statuts. Lorsque *Guillaume Duprat* s'avança pour entrer dans le chœur, deux Chanoines l'arrêtèrent en lui annonçant qu'il n'y seroit point admis avec sa barbe; en même temps ils lui présentèrent leurs statuts, des ciseaux & un rasoir.

A la vue de cet appareil menaçant, le Prélat, alarmé pour le sort de sa barbe chérie, après quelques contestations, se retira en disant: *Je sauve ma barbe & laisse mon évêché*; il partit sur le champ pour son château de Beauregard, & jura de ne plus habiter Clermont (1).

---

(1) Quoi qu'en ait dit un Chanoine de la cathé-

L'église de *Notre-Dame du Port* est collégiale & paroissiale ; elle fut autrefois nommée *Sainte-Marie principale*. Le nom *du Port* lui vient de l'emplacement près duquel elle est bâtie, que l'on nommoit *le Port* ou *l'Apport*, parce qu'on y tenoit un marché.

Cette église fut d'abord bâtie, vers l'an 580, par *Saint-Avit*, Evêque de Clermont ; elle fut brûlée & pillée par les Normands. Vers l'an 853, six ans après, *S. Sigon*, aussi Evêque de cette ville, la fit rétablir. Cette église est le plus ancien des édifices considérables de cette ville ; il y a tout lieu de croire que plusieurs de ses parties appartiennent à la première construction, on y voit le goût du sixième siècle ; les ornemens & bas-reliefs de la porte méridionale

---

drale nommé *Guillaume Majour*, dans un ouvrage intitulé, *Défense de feu M. Savaron*, cette anecdote paroît très-vraisemblable ; il semble en prouver lui-même la vérité en citant des délibérations capitulaires où l'on permet à cet Evêque d'assister aux synodes ou à quelques autres assemblées avec sa longue barbe. L'Evêque étoit donc obligé de demander la permission de paroître avec sa barbe, & cette obligation humiliante annonce à cet égard une discussion précédente. D'ailleurs la même chose arriva à peu près dans le même temps à sept à huit Prélats de différens diocèses. Chaque Chapitre vouloit alors faire la barbe à son Evêque, c'étoit la manie du temps. On peut voir différens exemples de cette antipathie des Chanoines pour les barbes épiscopales, dans un ouvrage que j'ai publié en 1786, intitulé : *Pogonologie, &c.*, chap. de *la Barbe des Prêtres*, pag. 152 & suivantes.

doivent intéresser les Amateurs des monumens du moyen âge (1).

L'extérieur de cette église est, en divers endroits, décoré de mosaïque composée de pierres noires & blanches, qui forment des rosaces ou autres ornemens. Le clocher qui se termine en flèche, offre dans plusieurs de ses parties des compartimens de cette espèce.

On descend une longue rampe pour entrer dans cette église, parce que, pour rendre le sommet du monticule, où étoit *la cité* ou le château de *Clermont*, plus accessible, on éleva en cet endroit le terrain, afin que la pente fût plus douce.

Le maître-autel est en marbre, & le chœur a été décoré depuis peu avec plus de luxe que de goût.

Les sculptures de la chapelle paroissiale, qui est à droite dans la nef, sont les seuls objets des Beaux-Arts qui peuvent intéresser les Amateurs. Ces sculptures, quoique d'un genre un peu maniéré, sont très-agréables; elles ont été faites par un nommé *Surreau*, artiste Auvergnat, qui a exécuté plusieurs ouvrages semblables dans la province. (Voyez *Beauregard* & *Champeix*.)

Sous le chœur est une crypte ou chapelle souterraine toute garnie de nombreux *ex Voto*,

―――――――――――

(1) Le genre d'architecture de cette église est le même que celui de l'église de Saint-Germain des Prés à Paris, qui fut aussi construite au sixième siècle. Les piliers de ces deux églises sont des espèces de colonnes corinthiennes d'un goût barbare.

où l'on honore une image miraculeuse de la Vierge. Cette figure en bois, peinte en noir, a été, dit-on, trouvée dans un puits, dont on voit l'ouverture au milieu de la chapelle; l'eau qu'on en tire a, suivant l'opinion du peuple & le dire des Chanoines, la propriété de guérir miraculeusement la fièvre; mais il faut de la foi.

Cette statue de la Vierge est un objet de dévotion pour les habitans de la ville & des lieux circonvoisins, qui y viennent en grande affluence le 15 mai & pendant les huit jours suivans, implorer l'intercession de la Sainte, & jeter abondamment de la monnoie dans un tronc placé proche le sanctuaire de cette chapelle; ce tronc, qui est en fer, retentit quand la monnoie y tombe, & ce bruit réveille la ferveur des dévots, & semble les inviter à venir porter leur offrande (1).

L'église de *Saint-Genest* est collégiale, paroissiale & abbatiale; la paroisse est la plus étendue de la ville; la première dignité du Chapitre donne le titre d'Abbé.

___

(1) On trouve dans les archives de cette église un témoignage de cet orgueil stupide & de cette manie de mériter la considération publique en insultant au bon sens & aux bienséances les plus sacrées. Des procès verbaux du quatorzième & du quinzième siècle constatent le droit qu'avoit le Doyen du Chapitre d'officier avec toute la pompe de l'ancienne féodalité: étant à l'autel, il avoit *l'oiseau* sur *la perche gauche*, & l'on portoit devant lui l'hallebarde; on la lui portoit aussi de la même manière pendant qu'on chantoit l'Evangile, & aux processions; alors il avoit lui-même *l'oiseau sur le poing*, & marchoit à la tête de *ses serviteurs, menant ses chiens de chasse*.

L'église fut d'abord bâtie l'an 658 par *Saint-Genest*, vingt-cinquième Evêque de Clermont; il lui donna le titre de *Saint-Symphorien*; en 916, les Normands la détruisirent; en 980, elle fut rétablie, & alors on lui donna le nom de *Saint-Genest*, son fondateur.

Derrière l'autel de la chapelle de ce Saint, on voit, sur un marbre blanc, son épitaphe, où mal à propos il est qualifié de *Pape*; à droite en entrant dans l'église, est la chapelle des fonts, ornée d'architecture & figures en boiserie; ouvrage moderne que les paroissiens trouvent magnifique.

L'église collégiale & paroissiale de Saint-Pierre n'a rien de curieux; on croit qu'elle fut quelque temps église cathédrale; le Chapitre, qui fut érigé en 1242, est regardé comme le plus pauvre du royaume.

Dans les faubourgs de Clermont il y a deux célèbres abbayes d'hommes, celle de *Saint-André* & celle de *Saint-Allyre*.

L'abbaye de Saint-André, située à l'extrémité du faubourg des Gras, est en commende, & a le titre d'*abbaye royale*; elle est occupée par une communauté de Chanoines Réguliers de l'ordre de Prémontré.

Cette maison fut fondée, vers l'an 1149, par *Guillaume VI*, Comte d'Auvergne, & l'église fut en même temps bâtie sur l'emplacement d'une église beaucoup plus ancienne, dont il est fait mention dans Grégoire de Tours, sous le nom de *Saint-André*, & où fut enterré *Saint-Trigide*, frère de *Saint-Allyre*. (Voy. *Gergovia*.)

La construction de l'église est gothique, & le portail est d'un genre moderne : le clocher ne s'élève pas à la moitié de la hauteur qu'il devoit avoir ; le tonnerre l'a, dit-on, abattu à ce point. Cette église a long-temps servi de sépulture aux Dauphins d'Auvergne. On voit dans la nef le tombeau du fondateur, *Guillaume VI* ; sa figure est couchée dessus ; tout autour sont plusieurs petites statues en relief, qui forment le convoi. Les entrailles du Roi de France Louis VIII, mort à Montpensier, furent déposées dans ce tombeau.

L'abbaye de Saint-Allyre, située à l'extrémité du faubourg de ce nom, fut fondée, dit-on, au quatrième siècle, par *Saint-Allyre*, *Sanctus Illidus*, quatrième Evêque de Clermont ; dans son origine elle étoit nommée *Sainte-Marie-entre-Saints* ; Grégoire de Tours en parle beaucoup. En 916, les Normands la ruinèrent. En 937, l'Evêque & le Comte de Clermont se réunirent pour la faire reconstruire. Environ l'an 1103, *Winebrand*, Secrétaire de la ville & du pays, fit rebâtir ce monastère en forme de forteresse. En 1106, le Pape Pascal II consacra la nouvelle église. Cette abbaye a été régulière & triennale jusqu'au mois de septembre 1764, époque où elle fut mise en commende, ainsi que plusieurs autres de la congrégation de Saint-Maur.

L'extérieur des bâtimens de cette abbaye présente l'image d'une forteresse. La plupart des constructions de l'intérieur sont plus modernes, & ont un caractère moins militaire. Dans l'intérieur, ont été inhumés plusieurs Saints dont les plus célèbres sont, *Saint-Allyre*, *Saint-Desiderat*, *Saint-Gal*, *Saint-Injuriosus*, avec *Sainte-Scolastique* son épouse. Ces deux derniers, dont Grégoire parle en grand détail, sont plus connus sous le nom *des Amans de Clermont*. La fille de *Clément Maxime*, Empereur de Trève, délivrée du Démon par Saint-Allyre, repose aussi dans cette église.

L'Histoire des deux *Amans de Clermont* mérite qu'on s'y arrête un peu.

Injuriosus, fils d'un Sénateur de cette ville, aimoit tendrement la jeune, belle & vertueuse *Scolastique*, qui l'aimoit de même. Les parens des deux Amans consentirent à leur mariage. Après les cérémonies de la noce, on conduisit les jeunes époux dans le lit nuptial. *Scolastique* avoit déjà laissé tomber, non sans quelque répugnance, la ceinture virginale; les parens s'étoient retirés. Le jeune *Injuriosus* brûloit de jouir de ses droits; mais la pudeur & les larmes de *Scolastique*, qui s'étoit modestement retirée à l'extrêmité du lit, sembloient y mettre un obstacle. « Son cœur oppressé battoit dans son sein avec violence, dit Grégoire de Tours; elle sanglotoit aussi, mais le plus doucement qu'il lui étoit possible (1).

―――――――――――――――――――

(1) Nous ne pouvons mieux faire que de citer Grégoire de Tours, d'après la traduction aussi élégante que fidèle qu'à donnée M. le Chevalier de *Sauvigny*, des plus intéressans fragmens de cet ancien Historien, dans son Ouvrage intitulé, *Essai historique des mœurs des François*. Ce morceau, plein de grâce & de fraîcheur, sur lequel Grégoire de Tours paroît avoir pris plaisir à

» Voyant Scolastique insensible à ses premières caresses, Injuriosus lui dit : *O vous! qui êtes ma vie, vous qui serez toujours la bien aimée de mon cœur, quand je me crois le plus heureux des hommes, quel est donc le sujet qui vous afflige ? Daignez, chère moitié de moi-même, daignez me le dire, j'ose vous en supplier.* Après un moment de silence, il continua ainsi : *Au nom de tout l'amour que j'ai pour vous, apprenez-moi la cause de vos pleurs ; prouvez-moi que vos yeux peuvent me voir sans dédain & sans colère, & ne refusez pas de me répondre.*

» La jeune épouse, cédant aux premiers mouvemens de son cœur, se retourne vers lui, & en tremblant lui adresse ce discours : *Hélas! quand tous les jours de ma vie seroient consacrés à pleurer, jamais mes yeux ne verseroient assez de larmes pour expier ma faute ; vous saurez donc, mon tendre époux, que je suis une grande pécheresse ; si dans ce moment vous ne fortifiez ma foiblesse, si vous ne m'aidez pas de tout votre courage, c'en est fait de moi, mon ami ; je sens trop qu'auprès de vous je suis toute prête à devenir criminelle.*

» *Et de quoi pouvez-vous l'être*, lui répond l'époux étonné, *vous qui êtes l'innocence & la pureté même ?*

---

s'arrêter, a été traduit avec beaucoup de goût par M. de Sauvigny ; mais l'article étant trop long, nous sommes, quoiqu'à regret, forcé de n'en donner ici qu'un extrait.

O mon bien aimé ! répond-elle en pleurant, il faut donc que je vous confie ce qui fait ma honte & mon chagrin ; mais je tremble de vous le dire. Hélas ! j'ai besoin d'une grande indulgence pour que vous puissiez me pardonner. J'ai commis un crime, mon ami, avant de vous avoir connu, j'étois.... jugez si je suis coupable, j'étois liée par l'engagement le plus sacré. Mon cœur s'étoit donné ; ma bouche avoit promis... Vous m'avez tout fait oublier ; mon amour a été plus fort que mon devoir ; malheureuse que je suis ! pourquoi vous ai-je vu ?

» Ces paroles furent suivies d'une abondance de larmes. L'époux étonné s'écrie : *Votre cœur s'étoit donné ! un autre étoit aimé !* répétoit-il d'une voix presque éteinte. *Un autre a reçu vos premiers sermens ! Vous êtes liée enfin ! Il est vrai,* répond-elle, *je le suis, & rien ne peut rompre mes premiers nœuds. Si vous exigez de moi les devoirs de l'épouse, peut-être n'aurai-je pas la force de m'opposer à vos désirs, tant je sens que je vous aime ; mais je n'aurai pas non plus la force de survivre à mes remords.* A ces mots, l'époux dit, avec une sorte de colère : *Ce rival si redoutable qu'il faut que je déteste, quel est-il donc, grand Dieu ?*

Arrêtez, s'écrie-t-elle, *eh bien, il faut vous l'avouer, c'étoit Dieu seul que j'aimois avant vous ; c'étoit à lui que je m'étois engagée ; c'est Dieu que je voulois, que j'attendois pour époux ; le ciel étoit la dot qu'il m'offroit : malheureuse, j'avois juré de lui* porter, aussi pure qu'au jour de ma naissance, la fleur de ma virginité ! Soyez juge entre vous & lui ; faut-il violer ou remplir mon serment ? Ma vie, mon sort, mon éternité est dans vos mains... L'époux effrayé s'écria : Que tous les fléaux m'accablent ; que je meure mille fois avant que de vous affliger. Non, la vertu la plus pure ne sera point la victime de mes désirs ».

Injuriosus, en protestant de respecter les sermens de sa jeune épouse, chercha à la détourner d'un projet si opposé au vœu de la nature, & lui représenta que le serment de garder sa virginité, fait dans un âge tendre, devant les Ministres de Dieu, pouvoit être délié dans la célébration du mariage par ces mêmes Ministres à qui Dieu en avoit donné le pouvoir. Scolastique, répondit avec plus de zèle que de raison, & convainquit son époux, qui lui jura de respecter sa chasteté ; mais elle étoit femme, & elle exigea d'Injuriosus un autre serment. D'autres femmes, je le sais, dit-elle, sont plus belles que moi ; elles vous paroîtront plus aimables ; ouvrirez-vous sur elles un œil toujours indifférent & chaste ? me le promettez-vous ? L'époux promit tout ; « Ils se serrèrent la main, dit Grégoire de Tours, & plusieurs années s'écoulèrent de la sorte, n'ayant qu'une même volonté, qu'une ame, & qu'un lit ».

L'épouse vierge mourut la première ; l'époux, en l'ensevelissant, s'écria : Je vous remercie, ô mon Dieu, béni soit votre nom à jamais, ce cher trésor dont j'étois dépositaire, je vous je rends tel que vous me l'aviez confié. La vierge aussi-tôt ressuscita, & répondit en souriant à son indiscret époux : *Taisez-vous, homme de Dieu ; taisez-vous, pourquoi dévoilez-vous notre secret, lorsque personne ne vous le demande ?*

Injuriosus ne tarda pas à suivre la chaste Scolastique, & le ciel, après sa mort, fit, dit Grégoire de Tours, un second miracle en leur faveur. « Le tombeau de l'époux fut placé près d'un mur intérieur de l'église ; celui de l'épouse touchoit au mur opposé. Le lendemain, la cloche ayant appelé les fidèles à la prière, on vit que ces deux tombeaux s'étoient rapprochés, & n'en faisoient qu'un. La mort ne devoit point séparer ce que le ciel avoit si chastement uni. Les habitans ont consacré leur mémoire sous le nom *des deux Amans* ».

Le chœur de cette église est décoré d'une manière qui caractérise mieux un salon que l'intérieur d'un temple. L'autel, à la romaine, est isolé ; au dessus, vers la custode, est une glace d'appartement ; le sanctuaire est orné de boiseries réhaussées d'or, & servant de cadres à plusieurs grands tableaux en tapisseries qui représentent les principales actions de la vie de Saint-Allyre.

Le tableau du milieu a pour sujet un événement digne de figurer dans les annales de la sottise humaine, & que les Moines n'ont pas craint, dans ce siècle-ci, de faire revivre dans cette peinture, qu'ils ont encore fait placer au milieu du sanctuaire de leur église.

Maxime, Empereur de Trèves, avoit une fille possédée du Démon, à ce qu'il croyoit ; il manda Saint-Allyre, dont la réputation étoit fort étendue. Le Saint arrive, il exorcise la Princesse ; elle paroît évanouie, & le Diable, aux yeux de toute la Cour, lui sort par la bouche : c'est l'instant du tableau. Le Diable sorti paroît dans les airs chargé de colonnes. Le Saint avoit profité de l'occasion pour obliger le malin esprit à lui fournir des colonnes de marbre qu'il destinoit à la construction de son monastère, & le Diable obéissant s'empresse de fournir ces colonnes exécutées sans doute par des architectes de l'enfer (1).

Ce miracle est peint encore sur le mur, & proche un des angles du cloître ; on y voit également dans les airs le Diable chargé de colonnes de marbre (2).

---

(1) Suivant Grégoire de Tours, l'Empereur, après la guérison de sa fille, voulut récompenser Saint-Allyre par une grande quantité d'or & d'argent ; le Saint refusa constamment ces présens, & se contenta de lui demander de commuer en deniers le tribut de froment & de vin que les habitans de Clermont étoient obligés de faire voiturer à gros frais à la Cour de ce Prince.

(2) Cette fable peut avoir servi d'enveloppe à une vérité. *Allyre*, après avoir guéri la fille de l'Empereur *Maxime*, dont l'Auvergne, ainsi que toutes les Gaules, avoit reconnu la souveraineté, refusa ses présens, & se contenta d'obtenir l'allégement du tribut que lui devoient les habitans de Clermont. On peut conjecturer qu'en même temps il demanda à cet Empereur les matériaux des ruines du temple de *Vasso*, dont nous avons parlé, pour les employer à la construction de son

Pour appuyer cette tradition, on montre les marbres qui, quoique très-rares en Auvergne, abondent dans cette abbaye. On montre aussi les colonnes du cloître, qui sont de formes différentes, & dont la plupart sont en marbre de diverses sortes.

Les colonnes qui décoroient l'ancien cloître, étoient toutes en marbre; celui qui fut construit long-temps après, étant beaucoup plus grand, & les anciennes colonnes devenant insuffisantes, on en a ajouté plusieurs en pierre. Ces colonnes sont accouplées, & on ne s'est guère embarrassé de les assortir; on en trouve plusieurs d'un vert foncé, qu'on appelle *Serpentine*, & qui sont à peu près de la nature des *pierres ollaires*.

On voit dans cette maison un marbre antique qui forme un des pieds droits d'une des arcades de l'escalier qui conduit au salon des Religieux.

A côté de la porte du cloître est une petite chapelle dans laquelle est le mausolée d'*Etienne Aldebrand*, Archevêque de Toulouse, & Camérier du Pape Clément VI; il mourut le 15 mars 1360 (1).

---

nouveau monastère. Les Chrétiens ont toujours regardé les idoles du Paganisme & leurs temples, comme le patrimoine du Diable; c'étoit aussi le Diable, comme le disent encore de bonnes gens, qui rendoit les oracles. Ainsi ces matériaux durent être regardés comme appartenant au Diable; d'après cette opinion, on pourroit dire que c'est de cet esprit malin que proviennent les marbres de cette abbaye.

(1) Clément VI, avant d'être Pape, & pendant qu'il

La plupart des bâtimens sont, comme nous l'avons dit, en forme de fortifications, ce qui donne à plusieurs parties de cette maison un air terrible & sauvage qui a pu concourir à entretenir dans l'imagination du peuple une infinité de contes ridicules que les Moines n'ont pas trop cherché à détruire (1).

L'enclos est vaste ; on y trouve plusieurs promenades agréables, & un monticule appelé *le Calvaire*, sur lequel est construite une terrasse fort élevée.

La petite église de *Saint-Cassi* est attenante à l'enceinte de ce monastère ; elle est regardée comme une des plus anciennes églises de Clermont ; plusieurs martyrs des premiers siècles du Christianisme y ont été enterrés.

étoit Abbé de *la Chaise-Dieu*, en allant de Paris à son abbaye, fut volé & dépouillé dans la forêt de *Randan*. Dans ce triste état, il se réfugia au Prieuré de *Thuret*, situé à trois lieues de la forêt, & fut très-bien reçu par le Prieur, qui etoit *Etienne Aldebrand* ; pour lui en témoigner sa reconnoissance, il lui donna, lorsqu'il fut Pape, l'évêché de Toulouse, & le fit son Camérier.

(1) Le Diable autrefois jouoit un grand rôle dans ce monastère ; outre les deux figures qui le représentent dans le sanctuaire & dans le cloître, j'ai entendu dire que cet esprit infernal avoit une statue placée au dessus d'une porte, que des ivrognes enlevèrent. Dans le chartrier de cette maison on conserve une requête des habitans du faubourg, par laquelle ils demandent aux Religieux le rétablissement d'une ancienne confrérie, & appuient leur demande sur ce que, depuis l'abolition de cette confrérie, le Diable, mécontent de ce relâchement de dévotion, jetoit tous les matins dans l'eau la première personne qui passoit sur le pont : c'étoit peut-être quelque Moine qui faisoit le Diable.

On y voit le tombeau en marbre avec une épitaphe en caractères romains de *Sainte George*, Sainte qui vivoit dans le cinquième siècle. Cette église fut le théâtre d'un affreux événement dont nous parlerons.

C'est dans le faubourg de Saint-Allyre, & assez proche du monastère, qu'on voit un pont naturel appelé *Pont de pierre*, parce qu'il est formé par les dépôts successifs d'une fontaine minérale ; ce pont est beaucoup plus célèbre que curieux, sur-tout depuis les découvertes faites récemment en Histoire Naturelle.

Le Roi de France Charles IX, pendant son séjour à Clermont, au mois de mars 1566, vint voir cette fontaine « de laquelle l'eau d'icelle fait le rocher, dit l'Auteur de la relation de ce Voyage, & en a tant fait, qu'elle a fait un pont, par dessoubs lequel passe une rivière, qui est une chose fort étrange à voir ».

Papire Masson, Substitut du Procureur-Général aux grands jours qui se tinrent à Clermont en 1582, fit une Description latine de Clermont & des lieux circonvoisins ; il n'oublie pas cette fontaine pétrifiante qu'on nommoit alors *miraculeuse* ; « elle se convertit en rocher, dit-il, & a produit un pont d'une longueur considérable ». *Kircher* en parle comme d'un prodige dans son *Mundus Subterraneus*, ainsi que la plupart des Géographes.

La fontaine minérale qui produit ces pétrifications, est fréquentée par des malades qui viennent en boire ; la chaleur moyenne de ses eaux fait monter le thermomètre à vingt degrés ; elle est claire & très-limpide à l'œil ;

cependant elle tient en diſſolution des ſubſtances calcaires, qui, à meſure de l'évaporation de l'eau & du dégagement de l'air fixe, qu'on ſait être l'agent de cette diſſolution, ſe dépoſent avec des parties ferrugineuſes qu'elle contient; ces dépôts s'accumulent ſucceſſivement, & forment enfin des maſſes conſidérables de couleur jaunâtre.

L'eau de cette fontaine, en accumulant ſes dépôts, a progreſſivement élevé ſon canal, & formé une eſpèce de mur aquéduc, qui commençoit à ſa ſource, & ſuivoit une pente régulière juſqu'au ruiſſeau voiſin, dans lequel l'eau minérale ſe jetoit; mais à l'endroit de cette chûte, le rocher minéral croiſſant toujours dans ſa partie ſupérieure, pendant que le courant du ruiſſeau s'oppoſoit à ſes accroiſſemens dans la partie inférieure, il en eſt réſulté une ſaillie conſidérable en forme de demi-cintre irrégulier, qui enfin a atteint la rive oppoſée, & a formé, au deſſus du ruiſſeau, un pont naturel.

La maſſe de ce pont s'étend même au delà, & traverſe une petite île formée par deux branches de ruiſſeau; enfin l'aquéduc croiſſant toujours, & ſe trouvant plus élevé que la ſource, l'eau minérale a ceſſé d'y couler, & a été ſourdre ailleurs.

Cet aquéduc naturel, formé d'un pont & d'un mur d'une ſeule maſſe, eſt en droite ligne; ſa longueur eſt de deux cent quarante pieds, & ſa plus grande hauteur de ſeize; ſi l'on monte au deſſus, on diſtingue le canal formé par l'écoulement de l'eau.

La fontaine minérale qui a produit cet aquéduc, ayant été obstruée par ses propres incrustations, se forma bientôt une autre issue à l'endroit où on la voit aujourd'hui, qui est éloignée de l'ancienne source d'une trentaine de toises, & où on lui a construit une petite enceinte pour la commodité des buveurs (1).

Outre le mur & le pont aquéduc dont nous venons de parler, il existe encore sur le même ruisseau un autre pont moins élevé, placé directement au dessus du moulin; les voitures peuvent y passer, & c'est entre ce pont & le premier, à l'endroit où l'eau de la fontaine se jette aujourd'hui dans la rivière, que l'observateur peut voir les progrès de la formation du rocher minéral. En tombant, l'eau forme des espèces de stalactites roussâtres qui s'amoncelent insensiblement, se durcissent, & forment une masse qui parviendroit bientôt à la rive opposée, si de temps en temps on ne s'occupoit à la détruire.

Dans le même faubourg de Saint-Allyre on trouve encore quelques fontaines minérales qui produisent les mêmes effets, il en est une dans l'enclos de l'abbaye de *Sainte-Claire*, & une autre dans l'enclos de *la Garde*.

L'abbaye de Sainte-Claire, dont nous venons de parler, placée vers l'entrée du faubourg

---

(1) Si l'on place un corps quelconque, même un fruit, au courant de cette eau, au bout d'un certain temps il s'y forme une incrustation, & il semble être converti en pierre.

de Saint-Allyre, est occupée par des Religieuses de l'ordre de Saint-François. Le nom de *Sainte-Claire* lui vient d'une ancienne église qui leur fut donnée en 1280. Cette maison a fourni souvent des colonies de Religieuses qui se sont établies dans différentes villes de France.

Clermont renferme encore une autre abbaye de filles, appelée l'*Eclache*, qui est le nom du monastère situé dans les montagnes de la basse Auvergne, que les Religieuses occupoient avant de s'établir à Clermont; nous n'en parlerons pas autrement, non plus que d'un grand nombre de communautés religieuses des deux sexes, qui n'offrent rien d'intéressant à dire ou à voir. Nous allons nous occuper de quelques autres églises qui méritent à certains égards une mention particulière.

Les Jacobins furent fondés, en 1219, par *Robert* d'Auvergne, Evêque de Clermont. *Gui de la Tour*, Evêque de cette ville, étoit Jacobin de ce couvent, & lui légua de grands biens. L'incendie l'ayant détruit, *Jacques de Comborn*, aussi Evêque de Clermont, le fit réparer l'an 1483.

L'église est vaste; au dessus du chœur est un clocher en forme de flèche très-déliée, & qui menace ruine. Dans l'intérieur, sont les tombeaux des *la Fayette* & des *Aycelins*.

Dans le chœur, à droite du maître-autel, sont deux mausolées de Cardinaux. Celui où l'on voit une figure en marbre, appartient à *Nicolas de Saint-Saturnin*, Religieux & Provincial de l'ordre de Saint-Dominique, Docteur en Théologie, Lecteur du sacré Palais, & Cardinal du titre de M. Saint-Martin des Montagnes.

Ce Cardinal, dont *Savaron*, dans ses *Antiquités de Clermont*, avoue ne connoître ni le titre ni le nom, mourut à Avignon l'an 1381; par son testament, il légua de grands biens aux Jacobins de Clermont, & voulut être transporté & enterré dans leur église (1).

L'autre mausolée, plus magnifique, est celui d'*Hugues Aycelin*, dit *de Billom*, Profès des Jacobins de cette ville, Docteur en Théologie, Archevêque d'Arles, enfin Cardinal-Prêtre du titre de Sainte-Sabine, mort en 1297.

La figure de ce Cardinal est formée de lames de métal doré & émaillé, avec moins de goût que de magnificence; le travail en est précieux & rare. Ce tombeau peut être comparé à celui de *la Chapelle Taillefer*, dans la Marche, dont nous avons parlé. (Voyez *la Chapelle Taille-fer*, Partie IV, pag. 362.)

---

(1) Ce Cardinal étoit de Clermont; dans son testament rapporté par *Duchêne*, il ne donne pas une idée bien avantageuse de la manière avec laquelle on procédoit de son temps à l'élection des Papes. En protestant contre l'élection d'*Urbain VI*, qu'il assure être un faux Pape, & en soutenant que celle de *Clément VII* étoit juste & légale, il dit : « J'étois à Rome à la mort du Pape Grégoire XI, je sais quels moyens les Romains ont employés publiquement pour séduire les Cardinaux avant & après le conclave. Je connois les menaces, les violences dont ils agirent envers eux pour les forcer à nommer Urbain VI ».

Le cloître de ce monastère, en grande partie détruit aujourd'hui, étoit orné de peintures dont on voit encore quelque restes. *Fléchier*, avant d'être Evêque, séjourna à Clermont pendant les grands jours tenus en 1665; il vit le cloître des Jacobins, & en trouva les peintures fort singulières. « On y voyoit, dit-il, des Jacobins, les uns armés de massues, comme des Hercules, les autres avec des lances, comme ceux qui s'apprêtent à courir la bague, & d'autres encore portant à la main des torches ardentes ou des épées teintes de sang... *Ce sont*, dit un Religieux à Fléchier & à sa compagnie, *les premiers martyrs de notre ordre qui ont été assommés à coups de massues, percés de lances, brûlés avec des flambeaux ardens ou tués par le tranchant de l'épée....* Il nous auroit cité quelques pages de Saint-Thomas, continue *Fléchier*, si l'un de nous ne l'eût interrompu pour lui demander l'explication d'un des plus curieux de ces portraits. C'étoit un Jacobin tenant une balance où il y avait d'un côté un panier plein de beaux fruits, & de l'autre ces mots : *Dieu vous le rende*, & ces quatre paroles étoient si pesantes, qu'elles emportoient l'autre bassin de la balance chargé de fruits. *Ah!* s'écria le Père, *voilà un des plus beaux traits de toute l'Histoire de notre ordre; ce miracle que Dieu a opéré par un de nos Religieux, montre évidemment que les aumônes qu'on nous fait en vue de Dieu, sont bien payées par le vœu que nous exprimons pour l'avantage spirituel de nos bienfaiteurs, en disant :* DIEU VOUS LE RENDE. Il seroit

Partie V. P

bon, continue le Moine, *qu'on prêchât souvent cette histoire; les gens du monde en deviendroient plus charitables, & nous ne serions pas réduits à vivre si pauvrement,&c.*»

L'Abbé *Fléchier*, après avoir suffisamment plaisanté le pauvre Jacobin sur l'explication des peintures du cloître, & sur les miracles du *Rosaire*, quitta le Moine qu'une cloche appeloit au chœur. (*Voyage de Fléchier en Auvergne*).

Ces enfans de Saint-Dominique, moins sanguinaires & plus oisifs que leur Patron, jouissent assez tranquillement des biens qu'ils tiennent de leurs bienfaiteurs; & depuis une quinzaine d'années ils ont fait construire plusieurs bâtimens, & notamment un vaste corps de logis pour lequel ils ont détruit une grande partie du cloître; & cette magnificence, peu conforme à l'humilité monastique, peut être mise au rang des miracles opérés par la vertu du rosaire.

Les Cordeliers furent fondés, en 1241, par *Hugues de la Tour*, Evêque de Clermont, qui leur légua une rente de vingt-cinq setiers de froment. Ils furent d'abord établis au lieu de *Beaurepaire*, près du *bois de Cros*; ensuite on leur donna l'emplacement d'un ancien château situé au dessus des murs de la ville; dans leur enclos on voyoit encore, il y a une vingtaine d'années, une tour fort élevée, placée à l'angle d'une muraille de la ville, qui formoit saillie dans les fossés. Le désordre régna long-temps dans cette communauté; enfin, après bien des efforts, des débats, des intrigues, & même des violences, la réforme, en 1515, y fut introduite.

Le réfectoire & le portail de ce couvent furent bâtis en 1473, par *Jacques de Comborn*, Evêque de Clermont.

A côté du maître-autel est le mausolée d'*Eléonore de Baffie*, Comtesse d'Auvergne & de Boulogne, femme du Comte d'Auvergne *Robert V*, & descendant, par sa mère, des Comtes de Forez; on croit qu'elle mourut le 12 janvier 1286 ; elle fut enterrée sous ce tombeau, comme elle l'avoit exigé par son testament ; elle y repose avec deux de ses enfans. La figure en marbre qui est à côté de celle de la Comtesse, doit sans doute représenter le Comte, son mari, qui mourut plusieurs années avant elle; elle voulut par honneur faire placer sur son tombeau la figure de ce Comte, quoiqu'il fût enteré à l'abrbaye du Bouchet.

Dans le sanctuaire ont été enterrés plusieurs Comtes & Comtesses d'Auvergne, de la Maison de la Tour, dont on voit encore les tombes.

A l'entrée du chœur, dans la chapelle de Sainte-Marie de Murol, est le tombeau & la figure en marbre de *Jean de Murol*, Prêtre, Cardinal du titre de Saint-Vital.

Le tableau du maître-autel mérite de fixer l'attention des Amateurs des Beaux-Arts ; il représente l'Adoration des Mages. C'est une grande machine bien composée, remplie de figures; le coloris est un peu terne, mais il y a beaucoup d'harmonie dans les tons, & l'ensemble est d'un bel effet.

Ce tableau est remarquable par des anachronismes; un Roi a sa robe relevée par un Page, vêtu comme du temps d'Henri III ; on y voit aussi des Cordeliers qui assistent à la cérémonie de l'Adoration.

Les Moines de ce couvent ignorent de quel main est ce tableau ; on croit qu'il est une copie du tableau des Cordeliers de Montluçon en Bourbonnois.

Les Carmes de la ville furent établis, en 1316, par l'Evêque *Aubert Aycelin*, dans l'emplacement d'un monastère occupé par des Moines scandaleux, de l'ordre des Frères de la pénitence de Jésus-Christ, que le Pape *Jean XXII* détruisit. *Henri de la Tour*, Evêque de cette ville, consacra, en 1400, le principal autel de la nouvelle église. Il paroît qu'alors cet édifice n'étoit pas entièrement fini, quoiqu'on pût y célébrer l'office; car en 1472, *Jacques de Comborn*, Evêque de Clermont, après avoir fait bâtir le cloître des Carmes, permit à *Jean Gobert*, Evêque d'Avranche, de consacrer l'église.

Cette église est propre ; on doit observer dans une chapelle à gauche, des peintures sur bois, relatives à l'Histoire du pays.

Ces Moines étoient autrefois chargés de prêter gratuitement des secours au Chapitre de S.-Genest, dont la paroisse est fort étendue. Une querelle élevée entre les Carmes & ce Chapitre, changea l'ordre des choses. Les Chanoines de S. Genest vinrent en procession attaquer les Carmes dans leur église, & assommèrent un Moine sur l'autel avec le bâton de la croix. En réparation de ce crime, les Carmes obtinrent du Chapitre le droit de partager le profit des enterremens qui se faisoient dans leur église. Dans la transaction dressée en cette occasion, on lit que la moitié des émolumens est due aux Carmes, *propter Carmen tuatum super altare à bajulo crucis*, « à cause du Carme tué sur l'autel par le porte-croix ».

Les Carmes déchaussés occupent une maison située hors de la ville, qui appartenoit à l'un des plus anciens monastères de l'Auvergne, appelé *Chantoin*. Grégoire de Tours en parle, & dit que *Saint-Urbic*, second Evêque de Clermont, successeur de Saint-Austremoine, fut enterré dans la *crypte de Chantoin*, consacrée à la sépulture des Chrétiens, avec sa femme & sa fille ; il décéda environ l'an 312 (1).

---

(1) *Saint-Urbic*, quoiqu'Evêque, étoit marié ; il avoit, depuis son érection à l'épiscopat, fait vœu de vivre chastement avec son épouse. Ce vœu fut observé pendant quelque temps ; mais le puissant & malin Démon de la chair vint y porter atteinte, & la femme du Prélat fut pour lui une nouvelle *Eve*. Tourmentée par l'aiguillon de l'amour, un soir elle quitte son lit solitaire, se glisse furtivement jusqu'à la chambre de son époux, frappe doucement à la porte, & d'une voix tremblante & étouffée, elle lui dit : *Dormez-vous, Prêtre du Seigneur ; tarderez-vous encore long-temps à m'ouvrir. Pouvez-vous dédaigner celle que votre bouche a juré devant Dieu d'aimer, de garder, de traiter toujours comme votre épouse*. Le saint Evêque prêta l'oreille aux discours dex son épouse, inspiré par le même Démon, il hésita d'abord, puis il ouvrit la porte sans trop s'en apercevoir, reçut sa femme dans son lit, & après un certain intervalle, il la renvoya dans sa chambre. De cette nuit naquit une fille dont la virginité fut consacrée à Dieu. Le Saint expia sa foiblesse par la pénitence.

Ce monastère fut fondé à la place de l'ancienne crypte sépulcrale, par *Saint-Genest*, Evêque de Clermont, qui vivoit au septième siècle, ou par *Aldefred*, Pénitencier de Clermont, suivant son épitaphe placée dans le Chapitre. Cette abbaye fut d'abord occupée par des filles, ensuite par des Chanoines Réguliers de l'ordre de Saint-Augustin, dirigés par un Abbé Commendataire. En l'année 1200, *Robert de la Tour*, Evêque de Clermont, nomme cette maison *principale Fille* de la cathédrale, & permet à quelques Chanoines de cette église de se retirer dans le cloître de *Chantoin*, pour y vivre régulièrement à la façon de leurs devanciers. En 1639, le Père *Dominique* sollicita le Chancelier *Seguier*, dont il étoit le Confesseur, qui, à son tour, sollicita le Roi pour que Sa Majesté se départît de son droit de régale & de nomination, & qu'elle permît aux Carmes Déchaussés de remplacer les Chanoines Réguliers de Chantoin, qui ne vivoient pas alors fort régulièrement, & qui acceptèrent sans peine des pensions & plus de liberté.

Ces Carmes Déchaussés ont fait bâtir une nouvelle église, achevée depuis une quinzaine d'années. Cet édifice forme une espèce de rotonde couronnée d'un dôme en pierre de taille. Je ne connois point de bâtiment qui soit d'un aussi mauvais goût; il offre par-tout le contraste ridicule d'une grande mesquinerie jointe à beaucoup de prétentions.

Les Religieuses Hospitalières, fondées en 1642, ont sur l'autel de la salle des malades, un tableau précieux, qui représente une Adoration des Bergers. Ce tableau, dont on ignore le peintre, est remarquable par les airs de tête & les beaux effets de lumière. Il y a quelques années que le tonnere tomba sur le clocher & sur l'autel, & endommagea ce tableau ; on l'a fait restaurer par un Peintre du pays : par bonheur, les parties endommagées n'étoient pas fort considérables.

La communauté appelée de *la Chasse*, occupée par des Missionnaires, & qui leur sert de maison de retraite, fut bâtie en 1737, & dotée par M. *de Croisat*. Sur le maître-autel on voit un tableau qui représente Saint-Austremoine prêchant l'Evangile aux Auvergnats ; il est peint par *Dumont*.

Les Minimes, dont le monastère est située sur la place de Jaude, furent fondés, en 1630, par deux dévotes ; l'une est *Marguerite Saunier*, fille d'un Receveur des Tailles ; l'autre est *Marguerite Picolet*, veuve du sieur *François le Court*, Président à l'Election.

L'église est vaste ; le maître-autel offre une ordonnance de colonnes entre lesquelles & sur le même stylobate sont placés les quatre Evangélistes, d'une proportion plus grande que nature ; toute cette décoration est en bois, & de couleur de bois : l'ensemble est d'un bel effet ; mais l'exécution est mauvaise & incorrecte. L'Artiste, qui s'est, dit-on, ruiné pour faire ce grand ouvrage, étoit de Clermont ; on voit qu'il avoit plus de génie que de talent.

Clermont contient plusieurs maisons d'instruction : les plus confidérables font, le *petit Séminaire*, le *grand Séminaire*, & le *Collège royal*.

Le petit Séminaire, transféré depuis quelques années dans la maison du grand Séminaire, fut fondé en 1714. Cette maison, située dans un lieu bas & mal-sain, est un pensionnat où l'on enseigne la Philosophie, les Mathématiques, & la Physique expérimentale; elle est dirigée par des Sulpiciens.

Le grand Séminaire a été depuis une quinzaine d'années transféré dans l'emplacement du petit Séminaire : le site est agréable & salubre; le bâtiment est neuf, vaste & bien distribué; des Sulpiciens y enseignent la Théologie, & disposent les Candidats à la prêtrise.

Le Collège royal est la plus belle maison de la ville, & l'on peut dire un des plus beaux collèges de France; sa construction fut commencée en 1729, & achevée en 1740. Les Jésuites, qui la dirigèrent, voulurent lui donner cette magnificence dont ils étoient si jaloux, sur-tout dans le plus beau temps de leur triomphe. Les habitans de Clermont ayant dans l'origine refusé de recevoir ces Pères, ils s'établirent à Montferrand, & y tenoient un collège qui fut transféré à Clermont en 1630, lors de la réunion de ces deux villes. Ils occupèrent d'abord dans cette capitale un collège dirigé depuis long-temps par un Principal ou *Révérend* de l'Université de Paris, aux gages de la ville.

La cour du collège, entourée de beaux bâtimens, est d'une forme régulière & agréable;

elle est divisée en deux parties, la première, plus élevée, toute pavées en pierres de taille, est séparée de l'autre par une balustrade; au milieu est une rampe double par laquelle on descend à la seconde partie de la cour; cette partie plus vaste, & dont le plan forme le miroir, est bordée d'un pavé en pierres de taille, & sablée au milieu ; tout autour sont les neuf classes, qui s'ouvrent sur cette cour.

L'église n'a rien de remarquable; le pensionnat est nombreux; les bâtimens sont avantageusement distribués & en bon air.

Depuis l'expulsion des Jésuites, des Prêtres séculiers y professent sous la direction d'un bureau.

Du temps des Romains, Clermont possédoit une école fameuse, dont plusieurs Historiens font mention. Le célèbre Orateur *Marcus-Cornelius Fronton*, qui eut pour disciples *Lucius Verus* & l'Empereur *Marc Aurèle*, & qui, par la gravité & la noblesse de son éloquence, mérita le titre d'*Emule de Cicéron*, fut long-temps Professeur d'éloquence en cette école. *Bonnet*, Evêque de Clermont, qui fut Saint & Chancelier du Roi *Sigebert*, y fit ses études.

Le collège de Médecine a été fondé en vertu de lettres patentes enregistrées en parlement, de l'an 1681 ; il se régit à l'instar des collèges de Lyon & de Moulins.

Le Jardin des plantes, institué par M. de Chazerat, Intendant de la province, est un établissement fort intéressant dans un pays aussi fécond en richesses botaniques. M. *Delarbre*,

Chanoine & Curé de la cathédrale, y donne des leçons gratuites. On doit beaucoup espérer de cette école de botanique, lorsqu'elle aura acquis un peu plus de consistance.

La Société royale & littéraire fut établie en 1747. Quoique peu encouragés, les Membres ont donné sur l'Histoire de la province plusieurs dissertations curieuses, encore manuscrites, & qui sont citées dans la Bibliothèque de la France du Père le Long.

Il y a plusieurs hôpitaux à Clermont; *l'hôpital des Incurables*, appelé de *Saint-Joseph*, est desservi par des Sœurs de la Charité : la maison est neuve & bien située.

L'hôpital des *Religieuses Hospitalières* fut fondé en 1642 ; nous en avons parlé, p. 230.

L'hôpital de la Charité, fondé en 1696 par *Jean Gaschier*, Lieutenant Criminel de la ville, est situé à côté de la place du Taureau ; il est desservi par des Frères de l'ordre de Saint-Jean-de-Dieu ; la maison est bien construite & dans une situation très-salubre.

L'Hôpital Général ou *Hôpital des Enfans trouvés* fut bâti vers le milieu du dernier siècle. On y reçoit les pauvres de la ville & les enfans trouvés, on y renferme aussi les foux des deux sexes ; les bâtimens sont vastes ; l'on y fabrique des étoffes grossières.

L'Hôtel-Dieu, le plus considérable de ces hôpitaux, fut formé de quelques anciennes *maladreries*, aux revenus desquelles plusieurs Evêques & autres personnes bienfaisantes de Clermont joignirent des legs considérables. *Guillaume Duprat*, Evêque de cette ville, est regardé comme le principal fondateur; plusieurs autres bienfaiteurs, & notamment l'illustre *Massillon*, accrurent de leurs dons les revenus de cet hopital.

L'Hôtel-Dieu, autrefois placé presque au centre de Clermont, dans un lieu peu aéré, devenoit, par cette situation, aussi nuisible aux habitans de la ville qu'aux malades qu'il contenoit. On sentit enfin le besoin de transférer cet hôpital dans un lieu plus convenable; on fit construire à l'extrémité méridionale de la ville, dans une exposition salubre, un nouveau bâtiment plus vaste, mieux distribué, où depuis environ une douzaine d'années les malades ont été transportés.

On a détruit l'ancien bâtiment, dont le portail du côté de la rue des Gras, bâti par Guillaume Duprat, offroit un ordre ionique fort bien exécuté. Clermont n'avoit, & n'a rien eu encore de si joli dans le genre grec.

Sur l'emplacement on a construit un nouveau quartier formé de deux rues qui se coupent à angle droit, & dont les bâtimens sont réguliers.

Le nouveau bâtiment de l'Hôtel-Dieu est très-vaste, & n'a rien de remarquable dans sa construction, si ce n'est que, par une parcimonie mal entendue, la conduite en ayant été confiée à des ignorans, plusieurs voûtes ont poussé, & quelques murs ont perdu leur aplomb.

Il y a plusieurs maisons particulières qui sont remarquables; nous citerons *l'hôtel* de M. de *Chazerat*, dont la construction est à la fois noble & simple.

La maison de *Savaron*, Lieutenant Général de cette ville, célèbre par son savoir & par des ouvrages estimés, est située du côté de l'hôtel de l'Intendance, & presque vis-à-vis la fontaine du Terrail; elle est remarquable par quelques inscriptions grecques & latines; dans le fronton on lit ces deux vers:

Una rosa æternùm gratos spirabit odores ;
Perpetuòque virens, nullis marcescet ab annis.

C'est ici une énigme qui s'explique en faisant observer que ces mots *una rosa* forment l'anagramme de *Savaron*.

La *Halle au blé* & *le poids de ville* sont deux édifices modernes & remarquables.

La *Halle au blé*, située proche le collège, dans un beau quartier, est isolée de toutes parts. Son plan est carré, au milieu est une cour de même forme. Ses quatre faces, toutes bâties en pierres de taille, sont percées de vastes portiques. Il est peu de villes de province qui contiennent une aussi belle halle, & sur-tout si avantageusement placée.

L'intérieur offre quatre parties voûtées qui communiquent librement l'une à l'autre.

C'est ici que se manifeste le mauvais goût & l'impéritie de l'Architecte de cet édifice, & de ceux qui après lui ont travaillé à le réparer. Les voûtes étoient surbaissées comme le plafond d'un appartement. L'Architecte, bien persuadé que cette forme mesquine étoit préférable à la forme à plein cintre, n'a pas eu la prévoyance de calculer la forte poussée que devoit produire une voûte si surbaissée, & d'opposer une résistance proportionnée. Il est arrivé que ces voûtes ridicules se sont écrasées, non pas une seule fois, mais deux, mais trois, mais quatre fois, depuis environ vingt-cinq ans. Chaque fois ces voûtes ont été reconstruites à grands frais; mais ce qui est inconcevable & absurde, c'est que les chûtes réitérées des voûtes n'ont éclairé ni les Architectes ni les Magistrats de la ville, c'est que les leçons de l'expérience, celles qu'offroit chaque écroulement, n'ont rien changé dans leur esprit, &, suivant leur routine incurable, ils ont à chaque fois suivi rigoureusement la forme vicieuse que le premier Architecte avoit donnée à ces voûtes. On peut prédire aux habitans de cette ville, sans craindre de passer pour faux Prophète, qu'autant de fois qu'ils feront reconstruire ces voûtes dans la première forme, autant de fois ils les verront se fendre & s'écrouler.

Maintenant, lassés de reconstruire toujours ces voûtes si peu durables, les habitans ont pris le parti de ne laisser pour couverture que la charpente du comble.

Eaux Minérales. Il y a plusieurs fontaines minérales au bas du monticule sur lequel Clermont est bâtie; celle de *Saint-Allyre*, dont nous avons parlé ci-dessus, page 220, est une des plus curieuses. Celle de *Saint-Pierre*, qui couloit dans l'endroit où est aujourd'hui bâti le *poids de ville*, a été détruite lors de la construction de cet édifice.

La fontaine de *Jaude*, autrefois abandonnée,

est aujourd'hui la plus en vogue ; douze livres de cette eau, suivant l'analyse qu'en a faite M. *Monnet*, ont donné deux gros vingt-cinq grains de terre calcaire, trois grains & demi à peu près de fer, un gros de sel marin blanc, & douze grains d'alkali minéral. La noix de gale colore ces eaux en rouge de vin. Depuis une douzaine d'années, cette fontaine est à la mode ; les vrais Médecins savent combien la mode ajoute de vertu aux eaux minérales.

Evénemens remarquables. Il est peu de provinces en France dont l'Histoire, sous les premiers Rois de la monarchie, soit plus détaillée que celle de l'Auvergne ; *Sidoine Apollinaire*, Evêque de Clermont ; *Grégoire de Tours*, natif d'Auvergne, & long-temps habitant de cette ville, rapportent l'un & l'autre, comme contemporains & souvent comme acteurs, des particularités fort curieuses. L'aventure du Prêtre *Anastase* nous paroît trop remarquable, pour ne pas trouver place ici ; c'est Grégoire de Tours lui-même qui la rapporte comme témoin.

« Toujours attaché, dit il, de corps & d'ame à l'église de Clermont, je souffrois étrangement de voir toutes les choses qui s'y passoient, & n'osois en rien dire. Je ne puis néanmoins dissimuler un événement dont mes yeux ont été témoins ; il est si affreux, que je frissonne en y songeant ».

Après ce début, Grégoire de Tours fait le portrait de l'Evêque de Clermont, appelé *Cautin*, qui étoit abandonné à tous les vices ; il le peint comme un débauché, un ivrogne, un avare, un fripon. « Malheur aux propriétaires, dit-il, qui l'avoient pour voisin ; s'il achetoit, c'étoit toujours sans payer ; s'il empruntoit, jamais il ne vouloit passer d'acte, & certes la chose eût été bien inutile ; il prenoit effrontément les biens du plus foible, & par ruse, ceux des puissans, qu'il ne se donnoit pas même la peine de ménager (1).

» Nous avions à Clermont un Prêtre nommé *Anastase*; il étoit recommandable par sa droiture & par la fermeté de son caractère. *Clotilde*, la vertueuse épouse du Roi Clovis, avoit donné à ce Prêtre un certain bien dont il jouissoit, des lettres de cette grande Reine lui en assuroient la propriété pour lui & pour ses héritiers.

« Notre Evêque *Cautin*, qui trouvoit ce bien à sa convenance, auroit voulu l'obtenir d'*Anastase*. *Cautin* lui faisoit un accueil gracieux, & l'attiroit chez lui le plus souvent qu'il pouvoit ; il lui prodiguoit les promesses les plus belles & les caresses les plus basses, le suppliant de lui donner son bien avec les lettres de la Reine.

» Le Prêtre *Anastase* n'osa pas d'abord résister en face à son Evêque ; il cherchoit dans son esprit quelque honnête défaite, & lui laissoit

---

(1) Grégoire de Tours fait ici de *Cautin* le portrait le plus odieux, ailleurs il dit que cet Evêque avoit été inspiré, & qu'il avoit eu une vision à *Issoire*. (Voyez cet article.)

chaque fois entrevoir un petit rayon d'espérance.

» A la fin, *Cautin*, poussé par son avarice, entre en fureur ; & voilà qu'à la prière il fait succéder la menace : un refus formel est la réponse d'*Anastase* ; *Cautin* s'irrite, le Prêtre n'en est que plus opiniâtre. *Faites de moi ce que vous voudrez*, lui dit-il, *j'aime mieux souffrir pour un temps, que d'exposer mes enfans à périr de misère* (1).

» Alors l'Evêque indigné le livre aux Ministres de ses injustices ; c'étoient de vils satellites, aveugles exécuteurs de ses volontés ; ils s'emparent d'*Anastase*, ils le promènent de rues en rues par toute la ville, l'accablent d'outrages, & l'exposent scandaleusement à la risée du peuple.

» Le Prêtre est ramené aux pieds de l'Evêque qui lui dit en colère : *Malheureux, ma bonté veut bien encore te laisser l'arbitre de ton sort ; donne-moi ta terre & ton titre, où tu vas dans le plus affreux des cachots, mourir de désespoir & de faim.*

» *Je mourrai*, répond le Prêtre.

» Les satellites le saisissent ; l'Evêque les arrêtant, fait à *Anastase* une peinture effroyable des tourmens qui l'attendent.

» *Anastase*, sans lui répondre, le regarde avec mépris, se tourne & marche à la mort.

» Il y avoit dans l'église du saint martyr

---

(1) *Anastase*, quoique Prêtre, étoit marié.

Cassius

Caſſius (1), un caveau profond; c'étoit une crypte très-antique & très-ſecrète : on y fait deſcendre *Anaſtaſe* ; là ſe trouve un vaſte tombeau de marbre blanc, & c'eſt là que les ſatellites de *Cautin* conduiſent le Prêtre infortuné : c'eſt dans ce ſéjour des morts qu'il doit être enfermé vivant.

» Il lui reſte encore la liberté du choix; mais toujours inébranlable, il approche de ſon tombeau, il le meſure des yeux ſans pâlir & ſans rompre le ſilence.

» Le ſépulcre s'ouvre alors devant lui : le cadavre d'un vieillard y avoit été dépoſé ; c'eſt ſur ce cadavre empeſté qu'*Anaſtaſe* eſt étendu.

» Déjà la pierre ſépulcrale retombe & l'y renferme.

» Ce bruit ſourd, au milieu d'un profond ſilence, porte l'épouvante dans le cœur des ſatellites; ils ſe retirent, en friſſonnant, de cette grotte affreuſe; la porte de fer tourne, crie ſur ſes gonds, & va frapper le mur que le bruit des clefs fait retentir; l'on poſe en dehors des ſentinelles pour veiller jour & nuit, afin d'ôter au malheureux tout eſpoir de ſecours.

» Cependant *Anaſtaſe* éprouvoit les horreurs d'une mort anticipée; tout eſpoir eſt

---

(1) Cette égliſe exiſte encore dans ſa conſtruction antique, ſous le nom de *Saint-Caſſi* ; elle eſt dans le fauxbourg de *Saint-Allyre*, & attenante à l'enceinte de l'abbaye de ce nom ; nous en avons parlé ci-devant, pages 219 & 220.

Partie V.

anéanti dans son cœur; le bruit de la pierre qui retombe est encore dans son oreille; cette pierre fatale pèse sur sa tête & sur son corps; ses yeux lui sont devenus inutiles; son imagination n'en est que plus frappée.

» Le tombeau qui le renferme est assez grand pour qu'il puisse retrouver un peu l'usage de ses mains; mais il n'a point la liberté de se tourner, & tous ses membres comprimés portent sur la pourriture du cadavre; l'odeur infecte qui s'en exhale, se glisse jusques dans le fond de ses entrailles; son cœur bondit, & semble lui échapper; tour à tour ses forces s'éteignent & se raniment, & sa longue agonie est d'autant plus épouvantable, qu'elle réveille à tout instant le sentiment de la douleur & d'un désespoir impuissant.

» Quelquefois de son manteau couvrant sa bouche & son nez, il intercepte sa respiration; en cet état si pénible, croiriez-vous qu'au moment d'une contrainte aussi cruelle, il s'efforce de le prolonger ? C'est lui-même qui nous l'a dit; il éprouve un calme qui suspend pour quelques instans le plus effrayant, le plus insupportable des supplices; mais quand il se sent prêt à étouffer, sa main machinalement écarte son manteau de dessus sa bouche; alors, commandé par la nature, il reprend malgré lui son haleine; soudain, comme un trait, la vapeur empoisonnée, frappant ses poumons & son cerveau, forme une épaisse exhalaison qui remplit à la fois sa bouche, son nez, & même ses oreilles.

» A la fin, Dieu daigna jeter sur le plus

malheureux des hommes un regard de miséricorde. *Anastase*, en étendant un bras vers une extrémité de la tombe, sent sous sa main le bout d'un bâton qui lui résiste; c'est un levier laissé là par oubli quand la pierre sépulcrale est retombée. *Anastase* le saisit, le pousse & se débat comme le moribond que les flots engloutissent. Le levier quelque temps immobile, commençant à s'ébranler, soulève tant soit peu le marbre du sépulcre; accablé de ce premier effort, soudain le Prêtre se ranime, il bénit le ciel; ses forces renaissent; il les ramasse toutes, il pousse de nouveau, le levier cède, & le marbre se meut. Bientôt *Anastase* parvient à faire une ouverture, à la faveur de laquelle il passe un bras, puis la tête, les épaules, enfin toute sa personne.

» Hors de cette tombe fatale, dans le premier mouvement de sa joie, le Prêtre se prosterne & rend graces à la bonté divine. Mais comment sortir de ce cachot affreux, les murs en sont épais, une porte de fer en ferme l'entrée, & cette entrée est gardée par les satellites de *Cautin*. *Anastase* fait toutes ces réflexions, il est sans armes, il est seul; que peut-il faire?

» Il n'étoit déjà plus nuit, il n'étoit pourtant pas jour encore; il marche lentement jusqu'au mur, & cherche tout à l'entour en tâtonnant; il veut trouver la porte de cet infernal souterrain; il sent sous sa main une large plaque de fer garnie d'énormes clous; *voici*, dit-il en lui-même, *la porte de mon cachot*.

» Il prête l'oreille, & croit entendre quelque bruit en dehors; est-ce une sentinelle?

est-ce un passant ? Son œil inquiet s'attache au trou de la serrure; il lui semble entrevoir quelqu'un : plus il observe, plus il croit qu'on vient de son côté; il se laisse aller d'abord à un foible sentiment d'espérance que la réflexion détruit soudain : malgré le trouble qui l'agite, il redouble d'attention : voici qu'il distingue un homme marchant dans un sentier voisin de son cachot. Il l'appelle en suppliant, non à voix haute; il craint les gardes qui doivent le surveiller; il ne veut se faire entendre que du passant, & le prie d'un ton si douloureux, que l'homme s'arrête étonné, cherchant d'où part cette voix plaintive. Le Prêtre recommence sa prière. Alors le passant l'interroge, & demeure glacé d'horreur au récit d'un malheur si peu croyable.

» Le ciel avoit permis que les sentinelles, craignant les rigueurs d'une longue nuit d'hiver, & rangés autour d'un feu mourant, fussent plongés dans l'ivresse & dans le sommeil.

» Le passant est un homme des champs; il s'en alloit à la forêt voisine, armé d'une forte hache qu'il a sur l'épaule. Il examine avec soin la porte du cachot; un poteau la retient & touche à la serrure; il frappe à coups redoublés, au risque d'éveiller les sentinelles; enfin il fait des efforts si prompts & si puissans, que le poteau qui tombe rend au Prêtre la vie & la liberté.

» En respirant un nouvel air, *Anastase* crut renaître & mourir de joie : il se précipite dans les bras de son libérateur; il se hâte de le remercier, lui recommande le secret, court à son logis, cherche & emporte les titres qu'il tient de la sainte Reine *Clotilde*; il s'échappe auſſi-tôt de la ville, marche nuit & jour, arrive à la Cour de Clotaire, & découvre à ce Prince l'horrible conduite de l'Evêque *Cautin*.

» Au récit des malheurs d'*Anaſtaſe*, dont la cauſe fut ſi légère, & dont les détails ſont ſi affreux, tous les yeux ſe fixent ſur lui, tous les cœurs frémiſſent d'horreur & de pitié. *Non, diſoit-on, l'enfer n'a rien produit de pareil; il n'y a point d'exemple d'un crime auſſi atroce, ni de ſupplice aſſez grand pour le punir; Hérode & Néron étoient moins barbares que Cautin* ».

L'Evêque *Cautin* ſe rendit auſſi-tôt à la Cour, & fut convaincu de tous ſes crimes; & cependant il n'en fut point puni, & le Prêtre *Anaſtaſe* eut encore beaucoup de peine à obtenir la jouiſſance de ſon bien.

Cet événement ſe paſſa vers le milieu du ſixième ſiècle. L'Evêque *Cautin* mourut de la peſte à Clermont, environ l'an 570.

Les Evêques de Clermont furent long-temps en guerre avec les Comtes d'Auvergne. Le Roi Louis le Gros vint deux fois dans cette province pour y rétablir la paix. (Voyez *le Pont du Château* & *Montferrand*.)

Au douzième ſiècle, Clermont fut encore le théâtre ſcandaleux des guerres qui s'élevèrent entre *Robert*, Evêque de Clermont, & *Gui II*, Comte d'Auvergne, ſon frère; le Prélat ſe mit à la tête d'une troupe de brigands, mit à feu & à ſang les terres de ſon frère, puis il l'excommunia, & releva ſes ſujets du ſerment de fidélité; enfin il ſacrifia l'intérêt de ſa famille à ſa propre vengeance, & à l'exemple d'*Aimeric*, un de ses prédécesseurs, qui attira Louis le Gros en Auvergne, il appela le Roi de France Philippe Auguste à son secours. Ce Roi s'empara de toute l'Auvergne, & ne laissa à la postérité du Comte qu'un petit canton à qui l'on donna, comme par dérision, le nom de *Comté d'Auvergne*. La plupart des Historiens applaudissent à la conduite de l'Evêque de Clermont; mais on doit remarquer que la cause de l'Evêque étant devenue celle du Roi de France, le parti le plus puissant & le plus nombreux avoit intérêt à jeter tout le blâme sur la personne du Comte dépouillé. Le Dauphin d'Auvergne, témoin de ces guerres intestines, parent au même degré de l'Evêque & du Comte, dans une pièce de vers qu'il composa, ne parle pas avantageusement du Prélat; il le menace de l'arrivée prochaine du Légat de Narbonne, que le Pape avoit nommé pour juger les différens entre les deux frères, & pour relever l'excommunication que l'Evêque avoit lancée contre le Comte; le légat doit, dit-il, purger l'Auvergne d'un tel Evêque, qui, quoique Ministre de l'Evangile, fait un dégât affreux dans cette province ». Voici quatre vers de cette pièce, remarquables par leur précision, & par les singuliers reproches que le Dauphin fait au Prélat :

La vestiment son saints, mas fals es la persona,
Cum cel qui rauba e tol e pren, e ren non dona,
Mas va guerra mesclan plus qu'el Turc de Mairone,
E saup meils predicar la Comtesse d'Artonne.

« Les vêtemens (du Prélat) sont saints, mais sa personne est fausse; il vole, enlève, prend, & rien ne donne; mais il va par-tout allumant la guerre, & faisant plus de ravage que le *Turc de Mairone* (1); ce qu'il sait mieux faire, c'est de prêcher la Comtesse d'*Artonne* ».

Un des événemens les plus remarquables dont la ville de Clermont ait été le théâtre, c'est le Concile où fut résolue la première Croisade.

Un Hermite, nommé *Pierre Coucoupêtre*, dans un pélerinage qu'il fit, suivant l'usage du temps, à la Terre sainte, avoit eu une conférence avec *Siméon*, Patriarche de Jérusalem; ils formèrent ensemble le projet de délivrer les saints lieux du joug des Mahométans. L'Hermite se chargea lui seul de déterminer à cette entreprise les Princes de l'Europe. Ce que la justice & la raison n'auroient jamais pu opérer sur les barbares Européens, les sermons de l'Hermite le firent sans peine.

Les Seigneurs François étoient déjà disposés à cette expédition, l'ardeur de combattre dans des pays lointains, l'espoir d'y acquérir de la gloire, du butin, & d'obtenir l'absolution de leurs crimes, durent infiniment flatter ces rustiques guerriers.

---

(1) *Le Turc de Maironne*, c'est le nom de plusieurs Seigneurs de la Maison de *Mayronne*, dont le château ruiné est en Gévaudan, sur les frontière de l'Auvergne. *Beraud de Mayronne*, dit le *Turc de Mayronne*, en étoit Seigneur en 1317: ces Seigneurs, célèbres par leur cruauté, possédoient des terres en Auvergne.

Le Pape Urbain II, plus intéressé que personne à cette entreprise, l'aprouva, & fit tous ses efforts pour en assurer le succès. Le Concile de Plaisance n'ayant pas produit sur l'esprit des Italiens tout l'effet qu'il en attendoit, il crut mieux réussir avec les François. Au mois de juillet 1095, il passa les Alpes, & après avoir parcouru plusieurs villes de France, il arriva à Clermont le 14 novembre.

Le 18 de ce mois étoit le jour marqué pour l'ouverture de ce Concile. Trois cent dix Prélats, dont treize Archevêques, assistés de leurs suffragans, & deux cent cinq Abbés s'y trouvèrent. Le Pape *Urbain II* s'occupa d'abord à calmer les grandes disputes élevées entre plusieurs Prélats; puis il excommunia le Roi de France Philippe Ier, qui, après avoir répudié la Reine, avoit épousé *Bertrade de Montfort*, qui elle-même étoit mariée au Duc d'Anjou, *Foulques Rechin*, dont elle s'étoit séparée. L'excommunication portoit également contre le Roi, contre sa nouvelle épouse, contre ceux qui donneroient à Philippe la qualité de Roi, & lui obéiroient comme Souverain, & même contre ceux qui appelleroient *Reine*, Bertrade de Montfort (1).

---

(1) Ce qu'il y a de surprenant en cette affaire, c'est que ce jugement se rendoit non seulement en France, presque sous les yeux du Roi, & par un Pontife qui étoit venu y chercher un asile contre l'Empereur. On doit aussi remarquer que ni le Roi, ni les peuples, ni même le Clergé, ne déférèrent à la décision du Concile en ce qui regardoit l'obéissance due aux Souverains.

Le Pape s'occupa enfin de l'objet principal du Concile; il assembla, dans une grande place de la ville, le peuple, qui, de toutes les provinces de France, s'y étoit rendu avec empressement. Monté sur un échafaud, il adressa à la multitude un discours vif & pathétique sur les malheurs auxquels les Chrétiens étoient exposés dans la Palestine & dans la Syrie, représenta les lieux saints, devenus des lieux de crimes & de prostitutions les églises changées en écuries, le sanctuaire profané, & le saint Sépulcre violé par les infidèles.

Ce discours produisit l'effet qu'on s'en étoit promis. Les Auditeur émus s'écrièrent, dans un accès d'enthousiasme, & d'une voix unanime, *Diex el volt, Diex el volt*, c'est-à-dire, *Dieu le veut, Dieu le veut*.

Le Pape fit croire au peuple que ces exclamations étoient inspirées par le Saint-Esprit, & il les assigna pour le cri de guerre de l'armée chrétienne qui devoit être formée; il prit, sous la protection du saint Siège plusieurs guerriers qui s'offrirent aussi-tôt pour cette expédition, leur accorda, en échange de leur engagement, le pardon de leurs péchés, & leur ordonna en même temps de porter une croix de drap rouge, cousue sur leurs habits, à l'endroit de l'épaule droite. De là fut donné, pour la première fois, à ces guerriers, le nom de *Croisés*, & à leur expédition, celui de *Croisades*.

Le lendemain, Urbain II assembla tous les Prélats du Concile, afin de nommer un chef à ceux qui avoient déjà pris la croix. *Aymar de Monteil*, Evêque du Puy, guerrier expérimenté avant d'avoir embrassé l'état ecclésiastique, fut élu Général des troupes déjà formées, & le Pape lui donna sa bénédiction ; plusieurs autres Evêques, brûlant de combattre les Mahométans, se croisèrent, à son exemple ; enfin un grand nombre de Princes & de Nobles se déterminèrent à prendre la croix. Le Concile de Clermont fut clos le 28 novembre, & au commencement du mois suivant, le Pape partit de cette ville pour se rendre à Saint-Flour.

Ainsi fut résolue la première des Croisades. L'année suivante, l'Hermite *Pierre Coucoupêtre*, accompagné d'un Chevalier nommé *Gautier sans avoir* ou *sans argent*, partit le premier pour la Terre sainte ; il marchoit en sandales, & ceint d'une corde, à la tête de quatre-vingt mille vagabons, qui, dépourvus d'argent comme de probité & de raison, pillèrent & dévastèrent les pays qui se trouvèrent sur leur passage.

Le premier exploit de ces devots brigands fut d'assiéger une ville chrétienne ; ils la prirent, la pillèrent, & en égorgèrent tous les habitans.

Enfin on sait quels maux innombrables produisirent, sans aucuns succès, ces folles & dévotes expéditions.

Les habitans de Clermont se sont toujours distingués par leur fidélité au Roi de France. Dans les guerres civiles qui ont désolé le royaume, ils ont constamment embrassé le parti le plus juste, & repoussé vivement le parti de la révolte ; c'est ainsi qu'ils se sont montrés pendant les deux guerres civiles appelées, l'une de la *Praguerie*, l'autre *du bien public*. (Voy. ci devant *Riom*, pag. 160.)

Pendant les guerres de la Ligue, ils montrèrent, pour la bonne cause, beaucoup de jugement, d'énergie, & un dévouement vraiment héroïque.

François de la Rochefoucauld, Evêque de Clermont, un des plus passionnés Ligueurs, détermina son frère *Jean de la Rochefoucauld*, Gouverneur de l'Auvergne, à abandonner le parti du Roi, pour embrasser celui de la Ligue (1). Le Comte fit en conséquence révolter toute la province. Les habitans de Clermont soutinrent seuls, avec fermeté, le parti du Roi ; quelques Chanoines de la cathédrale, qui, à l'exemple des Curés de Paris, commençoient à soulever le peuple par des discours ou par des sermons séditieux, furent chassés de la ville.

---

(1) Ce Prélat, environ dix ans après cet événement, se distingua dans la farce ridicule de la prétendue possession de *Marthe Brossier*. Cette fille, qui se croyoit possédée du Diable, fut conduite par des Moines exorcistes, de ville en ville jusqu'à Paris, où après plusieurs débats entre les gens crédules ou intéressés d'une part, & les gens raisonnables d'une autre, un arrêt du Parlement condamna la fille *Brossier* à retourner dans sa famille. L'Evêque *François de la Rochefoucauld*, quelque temps après cet arrêt, détermina son frère *Alexandre*, Abbé de *Saint-Martin en Vallée*, à conduire *Jeanne Brossier* à Rome. Il conduisit en effet cette prétendue démoniaque, une de ses sœurs & son père dans cette capitale, où les Jésuites se proposoient de donner la vogue au Diable qui possédoit cette fille, & de

Jean de la Rochefoucauld, instruit de cette conduite vigoureuse, abandonna le siège des châteaux de Saint-Just & du Mas, revint promptement à Riom qu'il avoit choisi pour sa place d'armes, & de concert avec l'Evêque son frère, il convoqua les Etats de la province à Billom. (Voyez *Billom.*)

Henri III, instruit de la fidélité des habitans de Clermont, leur écrivit le 20 mars 1589, une lettre où il les remercie de leur zèle à son service, & leur remet, pour cette année, le quart de leur taille. Le 22 avril suivant, il leur adressa une seconde lettre, où il renouvelle ses remerciemens; & pour leur témoigner plus particulièrement sa satisfaction, il transfère à Clermont le Bureau des finances qui étoit à Riom, attendu que les habitans de cette dernière ville, *par leur rebellion*, dit-il, *s'en sont rendus indignes*, & nomme pour Capitaine de Clermont le sieur *de Florat*. (Voy. *Riom*, pag. 130.)

Quelque temps après, Henri III fut assassiné par le Moine Clément.

Henri IV alors adressa aux habitans de Clermont une lettre où il leur raconte cet assassinat.

« Chers & bien amez, dit-il, la rage &

―――――――――――――――――――――――

convaincre les incrédules. Le Cardinal d'*Ossat*, représenta au Père *Sirmond*, qui étoit alors à Rome, combien ce manège seroit désavantageux pour la société de Jésus. Ils abandonnèrent ce projet, & l'Abbé *Alexandre de la Rochefoucauld*, *Marthe Brossier*, sa famille son Diable tombèrent dans un grand discrédit.

cruauté des ennemis du Roi & de cet Estat, les a poussez si avant que d'avoir fait entreprendre malheureusement sur sa vie par un *Jacobin* introduit de bonne foi, pour la révérence de son habit, à lui parler dans sa chambre, hier matin, où il lui auroit donné un coup de couteau dans le ventre, qui ne montroit aucune apparence de danger au premier appareil, ni tout le long de la journée; néanmoins il a rendu l'ame cette nuit, laissant à ses bons serviteurs qui sont ici un extrême ennuy & regret; tous bien résolus avec nous d'en poursuivre la justice; à quoi, de notre part, nous n'épargnerons jusqu'à la dernière goutte de notre sang, puisqu'il a plu à Dieu nous appeler en soutien à la succession de cette couronne (1) ». Henri IV loue ensuite la fidélité des habitans de Clermont. « Sachant le bon & grand devoir que vous avez rendu jusques ici à la conservation de votre ville de Clermont, contre les entreprises qui avoient été faites sur icelle par

---

(1) Cette lettre, curieuse par le Prince illustre qui l'a dictée, par la relation qu'il y fait lui-même d'un des plus importans événemens de notre Histoire, si elle eût été connue de M. Godefroy, auroit servi à cet Auteur de pièce de conviction dans son ouvrage intitulé, *La véritable fatalité de Saint-Cloud*, qui tend à réfuter un libelle qui a pour titre, *La fatalité de Saint-Cloud, près Paris*, dans lequel le Moine qui en est Auteur, essaye de prouver que l'assassin d'Henri III n'étoit pas un *Jacobin*. S'il y avoit encore des doutes à cet égard, cette lettre du Roi Henri IV les feroit absolument disparoître.

les ennemis de cette couronne; en quoi nous ne pouvons que beaucoup loüer voſtre ſingulière affection, & vous témoigner le contentement que nous avons reçu, vous exhorter de continuer, & vous aſſurer de recevoir de nous tout le favorable traitement que mérite votre loyauté & fidélité ».

Cette lettre, datée du camp de Saint-Cloud, & du 2 août 1589, ſe termine par ces deux lignes écrites de la main du Roi : *Contenez mon peuple en mon obéiſſance, & vous aſſeurez de la volonté que j'ai à vous ſoulager & gratifier.*

Auſſi-tôt que les habitans de Clermont eurent lu cette lettre d'Henri IV, ils tinrent une aſſemblée extraordinaire, & par un acte ſolennel, ſigné des principaux d'entre eux, ils perſiſtèrent avec un nouveau zèle dans leur ancienne & vertueuſe réſolution.... *Jurons & promettons,* eſt-il dit dans cet acte, *au nom du grand Dieu vivant de vivre & mourir en la religion Catholique, Apoſtolique & Romaine, & nous maintenir ſous l'obéiſſance du Roi de France, & pour ce faire en toute union & concorde, y employer nos forces & moyens juſqu'à la dernière goutte de notre ſang; abjurons & quittons toutes ligues & aſſociations à ce contraires, meſme à celles qui naguères ſe ſont élevées en armes ſous le nom de* L'UNION DE L'ETAT ET COURONNE DE FRANCE, *laquelle nous déteſtons, comme contraire à notre ſerment & profeſſion, &c.* Cet acte eſt du 10 août 1589.

Ce ſerment fut religieuſement obſervé par

les habitans de cette ville ; ils soutinrent, avec leurs seuls moyens, tout le fardeau de la guerre pendant plus d'un an ; ils épuisèrent toutes leurs ressources, empruntèrent même des sommes considérables, pour soutenir le parti du Roi (1). Par leur instigation, les villes de *Montferrand*, de *Vic-le-Comte*, de *Maringues*, de *Saint-Pourcain* & d'*Yssoire*, restèrent dans leur devoir ; ils firent plus, ils versèrent leur propre sang, & plusieurs habitans de Clermont périrent les armes à la main aux différens sièges d'Yssoire (voyez *Yssoire*), ainsi que dans plusieurs autres rencontres.

Charles de Valois, Duc d'*Angoulême*, dans

---

(1) Suivant le mémoire présenté au Roi Henri IV, au mois de mars 1590, par un Député de la ville de Clermont, on voit que cette ville, depuis 1585 jusqu'à cette époque, non seulement épuisa toutes ses facultés pécuniaires pour soutenir la guerre, mais elle fut obligée d'emprunter près de deux cent mille écus pour la solde des gens de guerre qu'elle entretenoit continuellement. Il paroît que l'Auvergne étoit alors désolée par des espèces de Nobles, connus sous le nom de *Capitaines*, qui vivoient de brigandages, & dont on étoit obligé de marchander le courage & le patriotisme. Plusieurs de ces Capitaines profitoient de la circonstance pour faire payer leurs services plus cher que de coutume ; c'est ce qu'exprime le mémoire manuscrit. « Et parce que, pendant les présens troubles, ladite ville a esté contrainte de soldoyer plusieurs gens de guerre, tant de cheval que de pied, qu'il a fallu attirer à cause de la mauvaise volonté & rebellion des sujets de Sa Majesté, à *force d'argent*, joint la chereté des vivres, elle a été contrainte en leur solde d'*excéder* le terme des ordonnances ».

ses mémoires, n'oublie pas de citer Clermont parmi le petit nombre des villes qui restoient fidèles au Roi. « *Tours, Bordeaux, Langres, Châlons, Compiegne & Clermont en Auvergne*, étoient, dit-il, les seules villes qui prononçoient le nom du Roi & suivoient son parti ».

Le Roi Henri III avoit donné le Comté de Clermont & d'Auvergne à ce même *Charles de Valois*, Duc d'Angoulême, fils naturel de Charles IX, & il en fut investi le 3 juin 1589. Dans le mémoire que les habitans de Clermont adressèrent à Henri IV, en 1590, après la bataille d'Yssoire, ils sollicitèrent ce Roi d'envoyer Charles de Valois en Auvergne, afin que sa présence fît cesser plusieurs désordres, & qu'il ordonnât la destruction de certains châteaux dans lesquels plusieurs Nobles s'étoient fortifiés, & commettoient sur les chemins & dans les campagnes des brigandages affreux.

On ne sait pas si Charles de Valois, qui alors étoit qualifié de *Comte d'Auvergne* ou *de grand Prieur de France*, se rendit aux vœux des habitans de cette province; mais il est certain qu'il y étoit en 1604.

La sœur utérine de ce Prince, la Marquise de *Verneuil*, maîtresse d'Henri IV, fut obligée pour satisfaire à la jalousie de la Reine, de s'éloigner de la Cour. Elle choisit sa retraite en Espagne. Le Comte d'Auvergne profita du séjour de sa sœur chez cette puissance ennemie de la France, pour renouveler les complots de trahison qu'il avoit déjà tramés deux ans avant avec les Espagnols; complots qui menèrent le Duc *de Biron* sur l'échafaud,

&

& qui ne furent pardonnés au Comte d'Auvergne que par l'aveu qu'il en fit au Roi.

Ces nouvelles intrigues avec l'Espagne causèrent beaucoup d'inquiétudes à Henri IV. Le Comte d'Auvergne s'étoit retiré à Clermont sans l'en avoir prévenu; le Roi lui manda de revenir auprès de lui, & de se fier en sa clémence, dont il avoit déjà éprouvé les effets; il envoya même, à plusieurs reprises, le sieur *Descures* à Clermont, avec des lettres de grace, s'il vouloit se rendre à la Cour & avouer son crime. Le Comte d'Auvergne éludoit toujours les invitations & les ordres du Roi par des remises ou par des excuses; il refusa aussi de faire un voyage en Grèce & en Asie, qu'Henri IV lui avoit fait proposer, afin de l'éloigner de ses projets criminels & du châtiment qu'ils méritoient.

Enfin le Roi, ne pouvant rien obtenir de ce Prince, donna des ordres secrets pour qu'on s'emparât de sa personne.

Le Vicomte *du Pont du Château*, le Baron de *Canillac*, le sieur d'*Eurre*, Lieutenant de la compagnie de M. de Vendôme; le sieur de *Nerestan*, Mestre de Camp d'un régiment de pied; les deux frères *Murat*, de Riom, l'un Lieutenant Général au siège présidial de cette ville, l'autre Trésorier extraordinaire des guerres, & plusieurs autres, furent instruits des projets du Roi, & chargés de travailler de concert à les faire réussir.

On tenta plusieurs fois cette entreprise difficile; mais sans succès; le Comte avoit des troupes à ses ordres, & étoit fort aimé à Clermont.

Etant un jour à la chasse au Bois de la *Bussière*, un Gentilhomme se chargea de le trahir, en lui donnant à dîner ; on disposa tout pour se saisir de sa personne pendant le repas ; mais l'arrivée subite de M. *de Nerestan*, portant des lettres du Roi, qui contenoient la révocation des premiers ordres, suspendit cette expédition.

Le Comte d'Auvergne avoit tout lieu de redouter la justice du Roi ; pour gagner du temps, il fit savoir à Sa Majesté qu'il venoit de découvrir des secrets importans, & dont la révélation seroit très-salutaire pour l'Etat. Ce fut à cette occasion que le Roi révoqua ses premiers ordres ; mais le temps auquel ces prétendus secrets devoient être révélés étant expiré, on revint aux premiers projets.

Une intrigue amoureuse accéléra l'événement fatal dont le Comte étoit menacé.

Une Dame de qualité, aussi violente que belle, étoit partie de *Saint-Pourcain* pour venir à *Volvic* & à *Blanzat*, se venger de quelques paysans dont elle étoit mécontente. Le Comte promit même de se prêter à ce caprice féodal, & d'y employer la compagnie du Duc de Vendôme, dont il proposa, à cette occasion, de faire la revue (1).

―――――――――――――――――

(1) Cette Dame, aussi emportée dans sa vengeance que dans ses amours, ruina le lieu de *Blanfat* & celui de *Volvic* ; elle traita si mal les habitans, qu'elle ne laissa, dit Mathieu, *des provisions que pour trois jours à tel qui en avoit pour trois ans.*

Le sieur d'*Eurre*, Lieutenant de cette compagnie, & qui étoit dans le complot, pria le Comte d'assister lui-même à cette revue, lui disant qu'il pourroit rendre au Roi un bon compte de cette troupe, & que tous les soldats seroient charmés de manœuvrer devant leur Colonel. *Je partirai demain*, lui dit le Comte d'Auvergne, *pour aller à la chasse à* LEZOUX, *j'en reviendrai lundi au soir; je vous prie de vous rendre ici à souper, & de faire coucher votre compagnie à* NOHANEN, *afin que le lendemain, après avoir bien couru la bague & dîné ensemble, nous la puissions voir.*

Le Comte partit pour *Lezoux*; ce fut dans ce lieu qu'il reçut un avis de ne point se trouver à la revue projetée. Cela n'empêcha point qu'il ne se rendît à Clermont au jour marqué; il y soupa le lundi au soir chez un de ceux qui travailloient à sa perte.

Le lendemain mardi, 9 novembre 1604, le Comte passa la matinée à courir la bague; il reçut encore un nouvel avis de se méfier de la revue. Dans cette circonstance alarmante, il ne voulut témoigner aucune crainte; mais il résolut d'éluder cette cérémonie, & pensa qu'en arrivant de très-bonne heure au lieu où elle devoit se faire, il pourroit n'y trouver rien de préparé, & auroit un prétexte pour s'en absenter, & que d'ailleurs il pourroit couvrir son absence en annonçant un rendez-vous très-pressé.

Pendant le dîné, il montra quelque défiance, & fut tenté, comme il l'a dit depuis, de faire venir en son cabinet les deux frères *Murat*, & de les faire fouiller, parce qu'il étoit averti qu'ils portoient fur eux des ordres particuliers du Roi.

Après le dîner, d'*Eurre* lui demanda s'il étoit difposé à venir affifter à la revue. *Faites diligence*, lui dit-il, *je m'y joindrai bientôt*. Il paffa dans fon cabinet, puis, par un efcalier dérobé, fe rendit à fon écurie, & monta un courfier Ecoffois que M. de Vitry lui avoit donné, lequel, dit Mathieu, *euſt laſſé en courſe tous les chevaux de France, & euſt paſſé ſur des épis ſans plier leurs tuyaux*.

Enfin, fans attendre les Seigneurs qui devoient l'accompagner, il fe rendit en la place d'armes; tout étoit préparé, contre fon attente, & rien ne lui laiffoit de prétexte pour efquiver la fatale revue. Cette grande diligence augmenta fes craintes; & dans l'incertitude cruelle du parti qu'il avoit à prendre, il tira en partie fon épée hors du fourreau; on l'entendit jurer contre ceux qu'il foupçonnoit de trahifon. Le fieur d'*Eurre*, en le voyant arriver, s'avança vers lui au petit trot, & le chapeau à la main. *Vous êtes bien diligent*, lui dit le Prince avec colère. Monfieur, répondit d'*Eurre*, *j'ai fait avancer mes compagnons, pour ne vous donner l'ennui d'attendre*. Le Prince déconcerté répliqua : *Monſieur d'Eurre, vous êtes de mes amis, je ne veux pas faire ici grand ſéjour*. D'*Eurre* expofa au Prince que toute fa troupe n'étoit pas encore arrivée, mais qu'il lui feroit plaifir de voir cette partie, en attendant le refte.

Pendant qu'ils parloient, arrive une petite troupe de gens à cheval. Le Comte d'Auvergne demanda quels étoient ces gens. « C'est M. de *Nereſtan* avec ſa ſuite, lui répondit d'*Eurre*, qui vient de Riom, où il a un procès ». Le Comte le crut, ou feignit de le croire. Cependant la troupe s'avance, & bientôt il ſe voit enveloppé de ſoldats. Alors ſes ſoupçons redoublent. M. de *Nereſtan* met pied à terre pour le ſaluer, & après quelques paroles vagues ſur ſon ſéjour à Riom il remonte à cheval, & fait à ſes gens le ſignal convenu.

Auſſi-tôt trois ſoldats vigoureux, déguiſés en laquais, s'avancent vers le Prince; l'un ſaiſit la bride du cheval; d'*Eurre*, qui étoit paſſé à ſa gauche, s'empare adroitement de ſon épée, en lui diſant qu'il avoit ordre de le prendre; les deux autres ſoldats le démontent ſi rudement, que peu s'en faut qu'il ne ſe frappe la tête contre terre. Dans ce moment de trouble & de violence, un coup de piſtolet eſt lâché par mégarde. Le Prince épouvanté croit qu'on en veut à ſa vie. D'*Eurre* le raſſure, & le fait monter ſur un mauvais cheval du trompette. En ſe voyant ſi mal monté, & ſi lâchement abandonné par ſes plus intimes ſerviteurs; il s'écria: *Ah! par le Diable, je m'en doutois bien.* On le conduiſit tout d'une traite juſqu'à Aiguesperſe.

Avant d'entrer dans cette ville, le Prince, plus occupé de ſon amour que de ſon malheur, pria inſtamment M. d'*Eurre* de lui donner quelqu'un de ſa troupe pour porter à ſa maîtreſſe, avec laquelle il devoit paſſer la nuit, la nouvelle de ſa diſgrace. Cette demande lui fut galamment accordée, & *Delpêche* fut chargé de cette commiſſion. A la nouvelle de la priſe de son amant, cette Dame entre en fureur, nomme M. *d'Eurre* un traître, pleure, se désespère. *Si je pouvois le sauver en me précipitant à travers votre troupe, je le ferois de tout mon cœur*, dit-elle en se lamentant, *& si j'avois dix hommes de mon courage, vous ne le méneriez pas où vous pensez ; mais je ne mourrai jamais que je n'aye donné cent coups de pistolet à d'Eurre, & cent coups d'épée à Murat.*

Après avoir mis ordre à ses affaires, elle partit, & suivit le Prince son amant. On dit qu'elle versa des larmes avec tant d'abondance, qu'elle perdit pour quelque temps l'usage d'un œil.

Le Comte d'Auvergne parut très-sensible à cette passion violente, & dit à ceux qui l'accompagnoient : *Si le Roi me rendoit la liberté à condition de ne plus voir cette Dame, j'aimerois mieux mourir.*

Le Comte marqua beaucoup d'assurance & de gaîté pendant le voyage : arrivé à Paris, il fut conduit à la bastille ; on lui fit son procès, & le Parlement le condamna à avoir la tête tranchée. Henri IV commua la peine en une prison perpétuelle. Il demeura à la Bastille environ douze ans, pendant lesquelles il charma ses ennuis par la lecture, fit renaître son goût pour les Lettres qu'il avoit cultivées dans sa jeunesse, & négligées au milieu des débauches de la cour (1).

---

(1) Le Comte d'Auvergne, qui, après être sorti de la Bastille, fut nommé *Duc d'Angoulême*, écrivit dans

CARACTÈRE & MŒURS. Les habitans de Clermont sont braves, actifs, laborieux & bons citoyens. Sous la domination des Romains, sous celle des Visigoths & des François, ils en ont donné des preuves signalées; toujours dans les guerres intestines qui ont troublé la France, ils ont embrassé le parti le plus raisonnable & le plus juste, & ils ont, jusques dans ces derniers temps, montré leur patriotisme, & fait éclater une vertueuse indignation contre les ennemis titrés du bonheur public.

Ils sont vifs, spirituels, & ont pour les Sciences & les Lettres une aptitude naturelle. *Bonnefons*, *Domat*, *Savaron*, *Pascal*, *Thomas*, & une infinité d'autres illustres de cette ville dont il seroit trop long de parler, le prouvent assez; mais ces heureuses dispositions sont malheureusement étouffées par le préjugé na-

---

sa jeunesse des mémoires particuliers fort curieux, quoiqu'ils ne contiennent que l'Histoire des trois premiers mois du règne d'Henri IV, août, septembre & octobre 1589. Il fut élevé à la Cour d'Henri III, & y puisa de bonne heure tous les vices dont elle étoit le centre; il assista à la mort de ce Roi, qui, pour ainsi dire, expira dans ses bras. Ce Monarque, en mourant, recommanda à Henri IV, son successeur, le jeune Comte d'Auvergne; on croit que c'est à la promesse que fit alors Henri IV de lui servir de père, que le Comte d'Auvergne dut la commutation de la peine de mort en celle d'une prison perpétuelle; enfin ce Prince, après sa prison, parut encore à la Cour de Louis XIII, & ne mourut qu'en 1650, âgé de soixante-dix-sept ans. *Françoise de Nargone*, sa seconde femme, & qu'il avoit épousée deux ans avant sa mort, n'est morte que le 20 août 1713.

tional ; non seulement les Sciences & les Arts ne sont ni cultivés ni encouragés dans ce pays ; mais encore on cherche à jeter du ridicule sur ceux qui sont assez bien inspirés de la nature pour consacrer leur loisir à l'étude. Il en est de même des Beaux-Arts : par un défaut de modèles & de protection, ils y sont méprisés, & presque absolument inconnus. Clermont est la seule capitale, & l'Auvergne est peut-être la seule province de France qui n'ait produit aucun Artiste de nom ; la science de s'enrichir est la seule qu'on croye raisonnable, & qu'on respecte sincèrement.

Les Sciences & les Arts, dans les villes où on les cultive, rapprochent les hommes de tous les états. Ce lien précieux manque à Clermont ; ce n'est que le plaisir, l'intérêt ou le besoin de se désennuyer qui y forment des sociétés. On n'y trouve ni cette politesse aisée, ni ces égards réciproques, ni ce ton naturel & ouvert qui règne parmi les gens instruits. On accuse les habitans de cette ville d'être présomptueux, entêtés & tranchans dans leurs décisions ; ces défauts sont une suite de leur légereté & de leur peu d'instruction ; mais ils ont le cœur excellent, sont amis sincères, & capables de sacrifices héroïques ; on ne peut guère leur reprocher d'être fourbes, artificieux ; leur caractère n'est point caché, car ce qu'ils montrent le premier, c'est leurs défauts ; il faut les fréquenter pour connoître leurs vertus.

COMMERCE. On trouve à Clermont des manufactures de chapeaux, de bas de soie, des tanneries ; à l'hôpital général on fabrique des ratines & autres étoffes de laine qui sont estimées. On y fait un grand débit de confitures, & sur-tout de pâtes d'abricots, qui sont excellentes; on en envoye à Paris, & même hors du royaume; on y fait aussi un commerce considérable de fromages qui se fabriquent dans les montagnes d'Auvergne; il y a dans les environs plusieurs papeteries; enfin cette ville, qui a trois grandes foires, est l'entrepôt des marchandises qui viennent de Lyon, de Limoges, de Bordeaux. La fertilité & la richesse du terroir portent presque toute l'industrie des habitans du côté de l'agriculture (1).

POPULATION. On compte dans cette ville environ vingt-quatre à vingt-cinq mille ames.

ENVIRONS. Le canton le plus curieux pour le Naturaliste se présente à peu près à l'ouest de Clermont. En suivant le faubourg des Gras, on passe devant l'abbaye de *Saint-André*, de

___

(1) Autrefois on faisoit dans cette ville un commerce considérable de vins. Les caves, qui ont la faculté particulière de le conserver jusqu'à sept à huit ans, & où, loin d'y perdre de sa qualité, il devient meilleur, offroient aux habitans des montagnes, des magasins toujours biens fournis de cette denrée. Aujourd'hui ce commerce est presque entièrement détruit. Les droits d'entrée, auxquels on a assujetti les vins, en ont augmenté le prix. Les Marchands qui avoient coutume de les tirer de Clermont, ont préféré l'acheter dans les campagnes à meilleur marché. Ainsi Clermont, par l'inconséquence de sa municipalité, a perdu une des principales branches de son commerce. Ce n'est pas la seule perte qu'ait éprouvée cette ville depuis que les Rois ou les Intendans se sont emparés du droit de nommer les Officiers municipaux.

l'ordre de Prémontré, dont nous avons ci-devant parlé, page 210; de là on arrive au bourg de *Chamalières*.

CHAMALIÈRES situé à un quart de lieue de Clermont, dans une plaine fertile, est très-ancien. *Saint-Genest*, Evêque de Clermont, avoit fondé plusieurs églises dans ce bourg, & sur-tout deux monastères, l'un de l'ordre de Saint-Benoît ; l'autre de celui de Saint-Colomban. L'église du chapitre, qu'on voit encore, étoit celle d'un de ces monastères. Sa construction porte les caractères des premiers temps de la monarchie ; elle est sous la vocable de *Saint-Rameζi*, & on y conserve le corps de *Sainte-Thècle*, qui fut, dit-on, disciple de l'Apôtre Saint-Paul. Le Cardinal de Noailles, Archevêque de Paris, demanda pour la *Communauté de Sainte-Thècle*, établie de son temps dans cette capitale, des reliques de cette Sainte à l'église de Chamalières ; on les lui accorda (1). La caisse qui contenoit le corps saint, fut à cette occasion ouverte en 1699, & l'on y trouva une lame de plomb sur laquelle étoit gravée une inscription latine qui attestoit que le contenu étoit le corps de Sainte-Thècle. Les antiquaires qui virent cette inscription, reconnurent que les caractères avoient pour le moins neuf cents ans d'antiquité.

―――――

(1) La communauté de Sainte-Thècle n'existe plus à Paris. Les biens & la relique appartiennent aujourd'hui à la Maison des *orphelins* de la paroisse de Saint-Sulpice.

Suivant les notes de Savaron, rapportées par Durand, *Ponce*, cinquante-neuvième Evêque de Clermont, qui mourut le 2 avril 1189 ou environ, est enterré dans cette église sous un tombeau relevé avec une épitaphe qui le qualifie de *clarus & insignis*.

Chamalières a long-temps appartenu aux Dauphins d'Auvergne. L'ancien château existoit à l'endroit où l'on voit encore aujourd'hui une haute tour carrée qui porte le nom de *tour des Sarrasins*.

Dans les environs de Chamalières, & surtout à *Montjoly*, on trouve des caves dont le terrain exhale un gaz méphitique qui les rend très-dangereuses pour ceux qui osent y pénétrer dans de certains jours. La lumière s'y éteint, le sirop de violette y change de couleur; plusieurs personnes en ont fait de fatales expériences. La faculté meurtrière de ces caves ne doit plus aujourd'hui être regardée comme une merveille, parce qu'il existe plusieurs autres souterrains en France & ailleurs, qui produisent de semblables effets (1).

―――――――――――――――――――――

(1) En 1765, M. *Monnet* en fit l'expérience: voulant s'assurer par lui-même de la nature de ce phénomène, malgré les avis de ceux qui l'accompagnoient, il pénétra un peu trop avant dans la cave de Montjoli; dans moins d'une minute il perdit connoissance, & on fut obligé de le transporter au grand air. Le Jardinier lui observa ensuite que dans certains jours les effets de cette cave étoient plus meurtriers qu'à l'ordinaire, & que ce jour-là étoit un mauvais jour, car le ciel étoit couvert & l'air pesant. M. *Monnet*, qui lui-

De Chamalières on arrive à *Saint-Mart*; où coule une fontaine minérale autrefois fréquentée, aujourd'hui paffée de mode. On y voit la petite églife de *Saint-Mart*, prieuré appartenant à l'abbaye de Saint-Allyre de Clermont. *Saint-Mart*, Abbé, y eft enterré; ce lieu lui fervoit d'oratoire. Grégoire de Tours dit qu'il vécut fort faintement, & cite plufieurs miracles de fa façon.

Au mois de mai, pendant neuf jours, les habitans des lieux circonvoifins viennent vifiter la chapelle de Saint-Mart, & cette dévotion eft une partie de plaifir pour bien du monde.

Les environs de Saint-Mart offrent les points de vue les plus délicieux, les plus variés, les plus pittorefques. Un peu plus loin, toujours en s'avançant à l'oueft, eft le bourg de *Royat*.

Royat, lieu célèbre dans la Limagne par l'abondance, la pureté & l'utilité de fes eaux, eft fitué à une demi-lieue de Clermont, vers la naiffance des montagnes. L'églife étoit celle d'un ancien monaftère de filles qui exiftoit au commencement de la monarchie; aujourd'hui

---

même raconte cet événement dans fon Voyage minéralogique „ ajoute : « Il eft encore bon de remarquer que cette cave, malgré les pernicieux effets de cet air, étoit remplie de tonneaux de vin, & que ce vin s'y confervoit mieux que dans beaucoup d'autres, & y étoit meilleur; ce qui ne peut être attribué qu'à l'influence de cet air, qui, comme on le fait maintenant, empêche la fermentation, & rétablit jufqu'à un certain point les vins gâtés, qui ne le font que parce qu'ils ont été privés de ce principe ».

c'est une église paroissiale, avec le titre de prieuré, dépendant de l'abbaye de Mozac, près de Riom. Le corps de *Saint-Sacre* y repose ; l'architecture de l'église doit intéresser les antiquaires.

Le site de Royat n'est pas, à beaucoup près, aussi riant que celui de la chapelle de Saint-Mart ; une gorge profonde, creusée par le torrent à travers des laves noires dont les masses s'élèvent presque verticalement, attristent un peu ce séjour.

Les eaux qui sourdent abondamment à Royat, sont l'objet le plus curieux de ce village ; une partie, consacrée à l'entretien des fontaines de Clermont, a son réservoir particulier, & coule dans une conduite en pierres de taille & en fonte jusqu'à Clermont.

L'excédent de cette source est très-considérable, & forme une des plus belles fontaines du royaume. Ceux qui ont admiré la fontaine de *Vaucluse*, celle de la *Touvre* dans l'Angoumois, celle de la *source* près d'Orléans, verront encore la grotte de Royat avec intérêt.

Cette grotte, qui se trouve un peu au dessous du village, du côté de la gorge au fond de laquelle coule le ruisseau qui vient de Fontanat, est formée de lave ; sa largeur est de vingt-six pieds, sa profondeur de vingt-quatre, & la plus grande hauteur de sa voûte naturelle est d'environ quinze pieds. Au fond de cette grotte, sept jets, dont quelques-uns sont aussi gros que le bras, jaillissent vivement des canaux naturels qu'ils se sont formés sous la lave. Le site pittoresque de ce lieu ; ces eaux toujours pures, toujours abondantes, que les feux de l'été ne tariffent jamais, & dont la limpidité n'eft jamais troublée par les orages; le bruit de leur chûte, la douce obfcurité & la fraîcheur qui règnent dans cette grotte, rappellent à l'imagination la moins exaltée, les retraites myftérieufes des antiques naïades, & offrent l'affemblage de ces beautés ruftiques que l'art cherche en vain à imiter dans nos modernes jardins.

La famille des *Cordemoy* eft originaire de Royat. *Giraud de Cordemoy*, Lecteur du Dauphin, de l'Académie françoife, a compofé quelques ouvrages polémiques, & une Hiftoire de France qu'on ne lit plus.

La plupart des femmes de Royat font affligées du goître; incommodité qu'on attribue à la qualité des eaux; ces goîtres n'ont cependant pas le volume de ceux qu'on voit dans les vallées de la Suiffe & des Pyrenées.

Les campagnes qui environnent ce bourg, produifent des fruits excellens, & font prefque toutes couvertes de matières volcaniques qui doivent vivement intéreffer les Naturaliftes.

En s'élevant à gauche du ruiffeau, & au deffus de Royat, on peut aller voir un fuperbe filon de fpath pefant, de couleur laiteufe, qui fort de la montagne en manière de muraille de cinq à fix pieds de hauteur, & d'un pied d'épaiffeur; ce fpath contient quelques grains de mine de plomb.

La montagne de *Graveneire*, qui avoifine & domine *Royat*, offre un cratère très-bien conferyé, d'où il s'eft écoulé des torrens de lave,

& une infinité d'autres productions volcaniques, telles que des scories, des laves cordées, des larmes bataviques, des boules & des pouzzolanes (1).

Le *Puy de Montaudoux* & celui de *Charade*, qui avoisinent le Puy de *Graveneire*, quoique tous deux recouverts par des courans volcaniques, n'ont point été des volcans ; la naissance de ces courans est un problême qu'il faut laisser à résoudre aux observateurs attentifs.

Au dessus de *Royat* est une montagne appelée *Châté* ou *Châtel*, où l'on trouve presque à son sommet plusieurs filons de spath pesant, jaunâtre, transparent, & de forme plus ou moins régulière. Sur cette éminence étoit, au huitième siècle, un château bâti, à ce qu'il paroît, par un Duc d'Aquitaine. On y voit encore des restes de maçonnerie ; mais ce qui est plus singulier, c'est qu'on y trouve une quantité considérable de grains brûlés, dont les formes sont assez bien conservées ; on y distingue quelques légumes, & sur-tout beaucoup de seigle & de froment : ce lieu est vulgairement appelé *Greniers de César*. On raconte que *Jules César* y avoit établi ses greniers lorsqu'il assiégeoit *Gergovia*, & que, forcé de lever le siège de cette ville, il mit le feu à ces magasins, afin que les Gaulois n'en pussent profiter. Cette tradition n'est pas probable, à cause de la

---

(1) On peut, à cet égard, consulter un mémoire curieux sur les basaltes en boule de l'Auvergne, par M. *de Larbre*, Docteur en Médecine, imprimé dans le Journal de Physique du mois d'août 1787.

distance de cette montagne à celle de Gergovia. La dénomination de *Greniers de César* paroît être une erreur de tradition, à moins que dans des temps postérieurs les Empereurs Romains n'aient fait bâtir un grenier public qui a conservé le nom de *Grenier de César*; on sait que le nom de *César* étoit un titre que prirent plusieurs Empereurs.

Ce qui est bien plus certain, c'est qu'il existoit sur cette montagne un bâtiment considérable; les moellons enduits de mortier qu'on y trouve en font une preuve; un aquéduc, dont on voit encore des restes, creusé péniblement dans les montagnes granitiques, conduisoit une partie des eaux de la source de *Fontanat* à ce bâtiment, qui étoit un château fort. Cet aquéduc, d'environ un quart de lieue de longueur, & large à peu près d'un pied, existe encore dans plusieurs parties bien conservées.

Les anciens titres qui font mention de cet emplacement, le nomment *Castrum Waifieri*, château de *Waifre*. Ce Duc malheureux, descendant de Charibert, à qui l'*Aquitaine* ainsi que l'*Auvergne* appartenoient en toute souveraineté, par droit de succession, fut dépouillé de ses Etats par *Pepin*. Cet usurpateur, après l'avoir long-temps poursuivi de châteaux en châteaux dans les montagnes de l'Auvergne & du Querci, le fit assassiner par un de ses propres domestiques, qui, corrompu par le nouveau Roi de France, poignarda son maître dans son lit (1).

---

(1) Nous avons souvent eu lieu de faire mention du

Il est probable que ce château, bâti par le Duc Waifre, fut détruit en 760, lorsque Pepin, piqué de l'arrogance qu'avoient montrée les Ambassadeurs de ce Duc, dont l'un étoit *Blandin*, Comte ou Gouverneur de l'Auvergne, vint, suivant le Continuateur de Frédegaire, porter le fer & le feu dans l'Auvergne; ou que ce fut l'année suivante, en 761, lorsque Pepin, recommençant la guerre contre le Duc Waifre, assiégea & prit la ville & le château de Clermont, comme nous l'avons dit, incendia & ravagea tous les environs de cette ville, assiégea & ruina la plupart des forteresses. Ce Roi de France, qui sembloit n'entrer en Auvergne que pour y tout détruire, prit & brûla sans doute alors *le château de Waifre*, qui contenoit une abondante provision de grains, lesquels furent réduits en charbons.

Si de *Châté* ou de Saint-Mart, on s'avance du côté du nord, & qu'on descende dans le vallon, on aperçoit un chemin pavé ; c'est

---

Duc d'Aquitaine dont les Ecrivains de son temps, par crainte ou par adulation, n'ont osé parler qu'avec désavantage Il fut cependant un des plus vaillans & des plus grands Princes de son siecle ; il soutint avec éclat une longue guerre contre Pepin, & malgré son courage & la légitimité de sa défense, il succomba sous l'ambition démesurée de l'usurpateur, qui par séduction ou par menace, avoit su mettre dans son parti les principaux Seigneurs de l'Aquitaine. Voyez *Querci*, Partie III, à l'article *Cavernes de Waissiers*, page 4 ; *Saintonge*, même partie, pag. 281 ; & *Limoges*, partie IV, pag. 247, 248, &c.

Partie V.   S

une *voie romaine*, qui venoit de Lyon, traverfoit l'Auvergne près de *Vollore*, près de *Billom* & de *Perignat-outre-Allier*, & aboutiffoit à Clermont; de cette ville elle fe continuoit jufqu'à Limoges (1). Cette voie, depuis qu'on a fait la grande route qui conduit à Limoges, a ceffé d'être entretenue; elle conduit à plufieurs villages qui font au deffous du Puy de Dome. En montant de Chamalières par cette route, on voit dans le vallon qui eft à gauche, plufieurs reftes de l'*aquéduc* bâti par les Romains, dont nous avons parlé, qui naiffoit au lieu de Fontanat, fitué fur la hauteur, & conduifoit les eaux à Clermont.

FONTANAT, village fitué à deux lieues, & à l'oueft de Clermont, & prefque à la hauteur de la plaine où s'élève le *Puy de Dome*, doit fon nom à l'abondance de fes fources.

La fontaine jaillit en abondance d'un baffin naturel, placé au milieu du village; à quelque diftance, fes eaux font affez fortes pour faire tourner des moulins, & s'étant accrues de celles qui naiffent de la font-de-l'arbre, elles fe précipitent dans un ravin où, par un frottement fucceffif, elles ont creufé la roche de lave où elles coulent aujourd'hui. Ce ruiffeau, qui reçoit les eaux de la fource de Royat, fe partage proche de Chamalières en deux branches qui entourent en partie la ville de Clermont.

---

(1) Voyez ci-après *Billom*, vers la fin de l'article, & *Vollore*.

Au dessous de Fontanat & du moulin de Chareirat, & au revers de la montagne d'*Autour*, commence l'aquéduc romain; on y voit encore le canal, voûté en quelques endroits, qui, dans un espace de près de six cents pas, est assez bien conservé. Cet aquéduc est d'une maçonnerie semée de scories volcaniques, liées par une chaux de bonne qualité; il passe sous les murs du château de Villar, puis au dessous de *Pradelles*, dans un bois où il est bien conservé, traverse la voie romaine, s'étend dans les vignes qui sont au nord, revient traverser la même voie, & va aboutir à Chamallières.

Le Puy de Dome (1), montagne qui est

---

(1) M. *le Grand d'Auffy*, dans son *Voyage d'Auvergne*, mutile continuellement le nom de cette montagne; il l'appelle *Dome* tout court; certainement il ne l'a pas entendu nommer ainsi dans le pays, & cette dénomination tronquée doit sembler aussi ridicule aux habitans d'Auvergne, que le sembleroit aux Parisiens la dénomination de *Valérien* pour celle de *Mont-Valérien*. Une autre erreur de M. le Grand d'Auffy, qui prouve qu'il ne faut pas toujours généraliser ses définitions, c'est qu'il croit que *Puy* a la même signification que *Pic* ». Au reste, dit-il, avec assurance, ce mot *Puy* est une expression de nos provinces méridionales, qui correspond au mot *Pic* de nos autres provinces ». Puy, en latin *Podium*, est un nom fort commun en France, sur-tout dans les provinces méridionales; il est toujours mis dans la basse latinité pour *Collis, Mons*. Besly, qui a fait une dissertation sur ce mot, dit: « Il n'y a rien plus fréquent en nos vieux romans de prose & de rime que *Puy* au lieu de tertre, costeaux, colline & montagne ». Si le mot *Puy* s'applique à des

célèbre par sa hauteur, son isolement, par les simples qu'elle produit, & par l'expérience sur la pesanteur de l'air qu'y fit faire l'illustre *Pascal*.

Cette montagne, nommée en latin *Podium Dominans* ou *Dumum*, est située à l'ouest & à deux lieues de Clermont; on y arrive par la grande route de cette capitale à Limoges. Quand on a atteint la hauteur des montagnes granitiques, qui semblent de loin former le socle de cette pyramide naturelle, & qu'on est arrivé au lieu de la *baraque*, placé sur le chemin, on trouve une plaine assez vaste, où s'élève le colosse énorme du Puy de Dome, dont la masse voile une grande partie de l'horizon.

Sa forme est un cône à peu près régulier, dont la ligne d'élévation seroit un peu plus grande que le diamètre de sa base. Vers le tiers de sa hauteur, du côté du nord, est une autre montagne qui semble être détachée de la masse

---

éminences quelconques, comme *tertre*, *côteaux*, &c., & si dans la Limagne même le *Puy de la Poix*, qui est un monticule presque insensible, & qui n'a que vingt-quatre pieds d'élévation, porte le nom de *Puy*; ce mot ne peut être synonyme à *Pic*, qui n'a qu'une seule signification, & qui offre toujours à la pensée une montagne presque qu'absolument inaccessible. Dans les provinces méridionales on sait faire la différence de ces deux mots, & l'on y distingue des *Puys* & des *Pics*. Dans les Pyrénées, on trouve des montagnes appelées le *Puigperich*, le *Puigmale*, *Puycerda*, &c., & le *Pic de Bugarach*, le *Pic Moren*, le *Pic d'Anie*, les *Pics du midi*, &c. Ainsi, *Puy* n'est point synonyme de *Pic*.

entière, & forme ce qu'on appelle le *petit Puy de Dome*.

Le Puy de Dome est élevé de huit cent dix-huit toises au dessus du niveau de la mer, & de cinq cent soixante au dessus de la partie inférieure de Clermont. On y monte par deux chemins qui s'élèvent autour en ligne spirale jusqu'à la cîme; on peut y arriver à cheval; mais il est plus prudent d'y monter à pied.

On met ordinairement une grande heure à gravir cette montagne. Les différens objets d'Histoire Naturelle qu'on rencontre dans cette route, ont bien de quoi intéresser les Voyageurs curieux de Botanique ou de minéralogie; enfin on arrive à la cîme. La magnificence & l'étendue du tableau qui se présente, vous ravit jusqu'à l'effroi; l'œil intimidé semble hésiter, & n'ose d'abord parcourir un espace aussi vaste; on ne peut se défendre d'une émotion inconnue, mêlée de crainte & d'admiration; il faut quelque temps pour s'accoutumer à un spectacle si magnifique.

A l'ouest, la vue embrasse une grande partie de la Marche & du Limosin, semée d'une infinité de montagnes peu élevées.

Au sud paroissent, à une distance de six lieues, les *Monts d'or* dont les cîmes âpres & dégradées sont presque en tout temps blanchies de neige.

A l'est & aux deux aspects adjacens, on voit le riche bassin de la Limagne, au milieu duquel serpente l'Allier, qui embellit & fertilise un des plus riches & des plus beaux cantons du royaume.

Des villes, des villages se présentent presque à vue d'oiseau; de grandes routes bordées d'arbres rappellent les allées d'un jardin; tout est riche, tout est brillant. Les montagnes de la basse Auvergne, & celles du Forez, qui bordent, dans la même direction, la plaine de la Limagne, semblent s'éloigner, s'affaisser du côté du Bourbonnois, & ouvrir à l'œil un lointain immense dont les extrémités se confondent avec les vapeurs de l'atmosphère.

Si l'on cesse de considérer le Puy de Dome comme un point de vue magnifique, & qu'on le parcoure en minéralogiste, voici ce qu'on y peut observer.

Quoique cette montagne n'offre point de cratère à son sommet, la roche qui paroît constituer sa masse entière, est une lave qu'on peut qualifier de *lave ponceuse*. En supposant qu'un cratère a existé à la cîme du Puy de Dome, & que le temps en ait fait disparoître toutes les traces, il est difficile de se persuader que la lave a coulé autour de la montagne avec assez d'uniformité pour former un cône presque parfait, comme l'est le Puy de Dome; il est aussi difficile de concevoir qu'un volcan aussi considérable n'ait pas laissé des traces de son cratère, tandis qu'une infinité d'autres montagnes voisines, bien plus petites, en conservent encore de très caractérisés.

« Tout y paroît nouveau, dit M. *le Grand d'Auffy* dans son Voyage d'Auvergne; en beaucoup d'endroits on voit encore des tubérosités, des boursoufflures, & les jets qu'a formés sa lave; mais il paroît *n'avoir été chauffé* qu'en dehors. Par un *prodige inconcevable*, le feu fut assez violent pour calciner sa masse entière ; mais par *un autre prodige plus incroyable encore*, cette masse ne coula point, ou au moins sa lave s'est fort peu étendue ».

Je pense que les deux *prodiges* dont parle M. *d'Aussy*, sont *inconcevables* & *incroyables*, & par conséquent qu'ils ne doivent point ici être supposés ; on ne peut jamais raisonnablement expliquer les phénomènes de la nature, par des prodiges, & sur-tout des *prodiges incroyables & inconcevables* : ce ne seroit plus une explication.

Une théorie plus grande, plus satisfaisante, & plus *concevable*, est celle du savant Commandeur *Dolomieu*.

Ce Naturaliste, qui a parcouru & décrit plusieurs volcans éteints & en activité, & surtout le *Mont-Ethna*, étant consulté sur la formation du Puy de Dome, a pensé que cette montagne est le reste d'un volcan plus élevé, plus formidable, qui pouvoit avoir été aussi considérable que l'*Ethna*, & que les vagues de l'Océan, dans le temps que ses eaux couvroient cette partie de la terre, ayant détruit la montagne volcanique supérieure, le Puy de Dome, qui en étoit une portion, étant formé de lave ponceuse, a résisté à l'action de ces vagues, qui, l'attaquant en tous sens, lui ont laissé la forme conique & presque régulière que cette montagne conserve aujourd'hui.

On pourra objecter à ce système, que des montagnes moins élevées, attenantes à la base du Puy de Dome, ou placées dans les environs, ont des cratères bien conservés, & que ces cratères de montagnes inférieures auroient dû avoir subi une dégradation au moins aussi prompte que le volcan supérieur dont on suppose que le Puy de Dôme est un reste.

C'est encore M. *Dolomieu* qui répond à cette objection. Des cratères de deux cents toises d'élévation peuvent avoir été formés très-long-temps après l'extinction & la destruction du volcan supérieur, & après la retraite des eaux de l'Océan ; il en est autour de l'Ethna qui, lors des éruptions, ont été l'ouvrage de quelques jours. Ainsi les montagnes à cratère qui environnent le Puy de Dôme, ou qui tiennent à sa base, sont les derniers soupiraux des feux souterrains qui alimentoient, avant la retraite de la mer, le colosse volcanique dont le Puy de Dôme est un reste.

On trouve en France quelques autres montagnes volcaniques qui sont le produit de l'écoulement de cratères autrefois beaucoup plus élevés que ces mêmes montagnes, & qui n'existent plus ; tel est sur-tout la montagne de *Rochemaure* en Languedoc, sur le sommet de laquelle s'élève, à une hauteur considérable, une butte basaltique qui ne peut avoir été produite que par un cratère bien plus élevé, dont il n'existe plus de traces (1).

Presque au sommet de la montagne, & dans les retraites de la lave ponceuse, se trouvent des sublimations de fer en cristaux, appelé communément *fer spéculaire*.

---

(1) Voyez la seconde Partie de cet Ouvrage, pages 61 & 63.

C'est le feu qui, par la voie de la sublimation, a produit, dans les veines des roches volcaniques, ces groupes de cristaux de fer, figurés en segmens plus ou moins épais d'octaëdre aluminiforme. Plusieurs des groupes de ces cristaux, placés sur leur point d'appui, lorsqu'on les soumet à l'épreuve du barreau aimanté, manifestent leur propriété magnétique polaire; on peut, à cet égard, consulter le mémoire de M. *de Larbre*, Docteur en médecine, inséré dans le Journal de Physique du mois d'août 1786 (1).

Sur la cîme du Puy de Dome étoit autrefois une chapelle dont on découvre encore quelques restes des fondations. Cette chapelle étoit entière en 1648, lorsque M. Perrier fit pour M. *Pascal* la célèbre expérience sur la pesanteur de l'air, dont nous allons parler.

Suivant l'opinion vulgaire, cet édifice étoit le rendez-vous des sorciers. Si l'on s'en rapporte au crédule & fanatique *Florimond de Rémond*, Conseiller au Parlement de Bordeaux, c'étoit au Puy de Dome que se tenoit le chapitre général des sorciers : cet Ecrivain donne dans son *Anti-Christ*, chapitre VII, l'histoire d'une sorcière qui fut brûlée en 1594,

___

(1) Dans le Journal de Physique du mois de juin 1787, le même Auteur a donné un mémoire qui contient le résultat des expériences chimiques par lesquelles on a obtenu des sublimations de fer absolument semblables à celles des volcans. L'Auteur y parle aussi de sublimations analogues qui se trouvent dans les laves de Volvic & des Monts-d'or.

par arrêt du Parlement de Bordeaux. Cette femme, nommée *Jeanne Bofdeau*, lui avoua « que tous les mercredis & vendredis de chaque mois le chapitre général fe tenoit au Puy de Dome, où elle s'étoit trouvée une infinité de fois, avec plus de foixante autres perfonnes, tous lefquels portoient une chandelle noire qu'ils allumoient à celle que le bouc avoit entre fes cornes, à laquelle il avoit donné le feu, le tirant au deffous de fa queue; après cela, tous fe mettoient en danfe en rond, le dos tourné l'un à l'autre. En cette affemblée on difoit la meffe à leur mode, tournant le dos à l'autel. Celui qui faifoit l'office étoit revêtu d'une chappe noire, fans croix, élevant une tranche de rave teinte en noir, au lieu de l'hoftie, criant tous, lors de l'élévation, *maître, aide-nous* ».

» On mettoit de l'eau dans le calice, au lieu de vin; & pour faire de l'eau bénite, le bouc piffoit dans un trou à terre; & celui qui faifoit l'office en arrofoit les affiftans avec un afpergès noir. En cette affemblée, on diftribuoit les métiers de forcellerie, & chacun rendoit compte de ce qu'il avoit fait. Les états étoient pour empoifonner, enforceller, guérir les maladies avec charmes, faire perdre les fruits de la terre, & telles autres méchancetés ».

Les Ouvrages du Confeiller *Florimond de Rémond*, & les bonnes femmes du pays d'Auvergne rapportent plufieurs autres vérités de cette nature.

Le Puy de Dome eft, à plus jufte titre, célèbre par l'importante expérience dont l'illuftre

Pascal chargea M. *Perrier*, Conseiller en la Cour des Aides de Clermont.

M. Perrier, accompagné de plusieurs particuliers instruits de Clermont, après avoir rempli deux tubes parfaitement égaux, d'une égale quantité de mercure, en fixa un dans la maison des Minimes, lieu le plus bas de cette ville, & emporta l'autre au sommet du Puy de Dome. Le vif argent, qui dans le jardin des Minimes étoit à la hauteur de vingt-six pouces trois lignes & demie, ne se trouva plus sur la montagne qu'à vingt-trois pouces deux lignes, c'est-à-dire, que le mercure baissa de trois pouces une ligne & demie, pour une hauteur d'environ cinq cent soixante toises, qui est celle du Puy de Dome, à compter du sol du jardin des Minimes.

Cette fameuse expérience, à laquelle Pascal fut déterminé par celles de *Toricelli*, par ses doutes sur le système des Anciens, devint la source d'une infinité de découvertes intéressantes en physique, & apprit que l'air avoit de la pesanteur, & que l'horreur du vuide, attribuée à la nature, n'étoit qu'une vieille chimère.

Au bas du Puy de Dome on voit un grand nombre de montagnes beaucoup moins élevées, toutes volcanisées, & offrant des traces évidentes & particulières des anciens feux qui ont embrasé ce canton.

Le cratère appelé le *Nid de la poule*, situé à la base du Puy de Dome, est un des mieux conservés, le *Puy Parioux*, le *Puy de Côme*, le *Puy de Mouchie*, & enfin depuis *Volvic* jusqu'aux *Monts-d'or*, & même au delà, la chaîne est remplie de montagnes volcanisées où l'on trouve une infinité de productions curieuses & analogues aux volcans aujourd'hui en activité ; on remarque sur-tout des énormes coulées de lave qu'on nomme dans le pays *Cheyre*.

« Des vallées faites, par leur position, pour être fécondes & superbes, dit M. l'Abbé *Ordinaire*, dans ses *Recherches sur l'ancien état de la Limagne*, ne présentent que la surface aride de la lave ; ses lits, qui descendent à des profondeurs inconnues, s'élèvent quelquefois à vingt-cinq pieds au dessus du sol voisin. Tel courant a plusieurs lieues d'étendue sur douze ou quinze cents pas de largeur. J'employai vingt-huit minutes à cheval, la montre à la main, pour en traverser un qu'on trouve sur le chemin de *Clermont* à *Murols* ; cependant j'étois alors à plus de six mille cinq cents toises des montagnes d'où il sort ».

Ce courant est regardé par M. *Monnet* comme un des plus grands amas de lave qu'il y ait en Auvergne. « Cette lave, dit-il, est boursoufflée, cendrée, & si épaisse, qu'elle hausse le terrain considérablement dans l'étendue de plus de deux cents toises, tant en largeur qu'en longueur ; on ne connoît pas l'origine de ce courant, & on est obligé de supposer que la montagne ou les montagnes qui l'ont produit, n'existent plus ; tout ce terrain, couvert d'excellentes vignes, laisse voir de ces masses ou rochers volcaniques entassées les unes sur les autres, & qui semblent s'être refroidies avant d'avoir eu le temps de s'affaisser & de couler plus loin ; ce qui fait supposer que cette partie étoit sous les eaux quand ces laves y ont été lancées ».

Tout excite ici la curiosité des Amateurs d'Histoire Naturelle, tout y offre les témoignages énergiques & variés d'un des plus étonnans phénomènes du globe.

PONTGIBAUD.

Bourg, avec titre de *Baronnie*, situé sur la grande route de Clermont à Limoges, & sur les bords de la rivière de Sioule, à quatre lieues & à l'ouest de Clermont.

Ce lieu, nommé en latin *Pons-Gibaldus*, *Pons-Givoldi*, *Castrum Pontis-Gibaudi*, étoit dominé par un ancien château qui appartenoit aux Dauphins d'Auvergne. Philippe-Auguste, en s'emparant des terres du Comte d'Auvergne Guy II, le prit, & au mois de février 1229, *Archambaud de Bourbon* le rendit au Dauphin par ordre du Roi Saint-Louis.

Cette seignerie a long-temps appartenu à la Maison de *la Fayette*. Le célèbre *Michel de Montagne*, à son retour d'Italie, passa à Pontgibaud, & fut visiter Madame la Fayette. « Je fus, dit-il, une demi heure en sa salle. Cette maison n'a pas tant de beauté que de nom ; l'assiette en est laide plutôt qu'autrement ; le jardin petit, carré, où les allées sont relevées de bien quatre ou cinq pieds ».

Les environs offrent plusieurs curiosités aux minéralogistes ; on distingue sur-tout les mines de *Roure* & de *Barbaçaut*.

Ce sont deux mines de plomb riches en argent, qui avoient été exploitées en 1737; mais les Préposés à l'exploitation, craignant de rendre des comptes, abandonnèrent les mines, y laissèrent plusieurs instrumens, & même du minérai tout boccardé. Depuis quelques années, l'exploitation en a été reprise, & l'on espère que les frais n'excéderont pas le produit de l'extraction.

Les environs offrent fréquemment des rochers de granit, sur la surface desquels on trouve souvent du schorl vert & noir. Le schorl noir est beaucoup plus abondant, & s'y présente cristalisé en aiguilles contigües & serrées les unes contre les autres.

Au lieu de *Javel*, situé à une demi-lieue, & au nord de Pontgibaud, est une source d'eau minérale qui jouit de quelque réputation dans ce pays; elle contient, comme toutes les eaux thermales d'Auvergne, de la terre absorbante, de l'alkali minéral en abondance, & de l'air fixe.

Au sud, & à la même distance de Pontgibaud, proche *Saint-Pierre le Châtel*, & près de la rive à gauche d'un petit ruisseau, est une autre source dont la température de l'eau change à l'inverse de celle des saisons; elle est très-froide pendant les grandes chaleurs, & très-chaude en hiver.

Auprès de *Saint-Pierre le Châtel*, M. Monnet a observé du très-beau minérai de plomb blanc, sur une gangue quartzeuse & ferrugineuse.

La Chartreuse de *Port Sainte Marie* est située à deux lieues de Pontgibaud, & sur les bords de la même rivière.

Ce monastère fut fondé au commencement du douzième siècle par un Seigneur nommé *Beaufort Saint-Quentin*; on raconte qu'étant à la chasse, *Saint-Bruno* lui apparut, & lui commanda de fonder un monastère de son ordre dans le lieu même où il se trouvoit. Peu de temps après cette vision, le même chasseur rencontra des Religieux vêtus comme l'étoit Saint-Bruno lorsqu'il lui avoit apparu; alors le visionnaire se détermina à leur donner le terrein indiqué par le fantôme pour y construire un monastère. A cette donation il ajouta cette condition singulière : Que si l'un des aînés de sa famille vient à tomber dans la pauvreté, le monastère sera tenu de le loger, le nourrir, l'habiller, & de lui entretenir *un cheval & deux levriers*.

Quelques Evêques de Clermont & autres particuliers concoururent à enrichir ce monastère. *Mandonnet Badafel* ou *Badafol*, Capitaine Anglois, qui s'étoit emparé de plusieurs places en Auvergne, étant mort à Riom en 1374, voulut être enterré à la Chartreuse, & légua à ce couvent deux cents livres & un drap d'or.

Ce monastère, placé au milieu des bois, dans une vallée profonde où coule la rivière de Sioule, & où se trouvent, comme à Pontgibaud, des roches granitiques, présente une solitude à la fois lugubre & pittoresque.

Ces bons Religieux ont acheté avant l'édit de 1749, plusieurs terres considérables des environs, sur-tout la terre d'*Amburs* & celle de la *Rochebriant*.

Cette dernière terre a donné son nom à une ancienne maison d'Auvergne qui possédoit en même temps la seigneurie d'*Amburs*. Les châteaux de ces deux terres étoient, au quatorzième siècle, des forteresses considérables occupées par les Anglois. *Louis*, Duc de Bourbon, Lieutenant du Roi Charles V en Auvergne, vint, en 1375 dans cette province; il assiégea, prit la forteresse d'Amburs, & mit en fuite les Anglois qui avoient causé beaucoup de maux dans ce canton; il prit ensuite, *par fort assaut*, la forteresse de *Châteaubriant*, *qui moult est forte place*, dit *Christine de Pisan* dans la vie de Charles V; elle ajoute que le même Duc prit aussi sur les Anglois la forteresse de *Tracot*, *& tant fit par engins & force, qu'ils se rendirent*.

ROCHEFORT.

Bourg avec le titre de Comté, situé à cinq fortes lieues de Clermont, & sur la route de cette capitale à Bort & à Aurillac.

Cette seigneurie appartenoit autrefois aux Dauphins d'Auvergne; au quinzième siècle, elle passa à la Maison de *Chabanne*, dont les successeurs de ce nom la possèdent encore. Gilbert de Chabannes, Marquis de Curton, Gouverneur du Limosin, grand Sénéchal de Guienne, épousa en secondes noces, le 20 août 1484,

Catherine

Catherine de Bourbon Vendôme, fille de Jean de Bourbon, second du nom, Comte de Vendôme. Dans le contrat de mariage, on trouve cette clause singulière qui spécifie que le fils né de son premier mariage ne pourroit être plus avantagé que les mâles à naître de cette seconde alliance, *à moins qu'ils ne fussent insensés, difformes & mutilés*; pourquoi convient de les faire de religion, ou autrement les pourvoir de leur vie.

La matière est tout chez ceux qui ne sont point civilisés. Les Romains avoient à peu près les mêmes principes; tous les peuples barbares se ressemblent du côté de l'opinion.

Nous aurons occasion de parler ailleurs des crimes & des vertus qui ont fait distinguer quelques personnes de la Maison de Chabannes (1).

Le bourg est situé dans un fond creusé par la petite rivière de Sioule. Les ruines de l'ancien château paroissent sur une éminence volcanique; on y voit encore une citerne; près de là sont deux grottes formées dans la lave.

Le terrain des environs de Rochefort offre des produits volcaniques & plusieurs bancs de granit; on en remarque sur-tout sur le penchant de la colline au bas de laquelle est situé le bourg; on distingue quelquefois des variétés dans cette roche, & des terres ocrassées entre ses couches.

---

(1) Voyez ci-après *Montaigu le blanc* en Auvergne, *la Palice* en Bourbonnois, & *Châlons-sur Saône* en Bourgogne.

Part. V.   T

ORCIVAL est à une demi-lieue & à l'est de Rochefort. C'est un bourg célèbre dans les environs, par l'ancienne dévotion à une image de la Vierge, qui est, dit-on, fort miraculeuse.

Orcival, nommé dans les anciens titres, *Urcivalh*, *Orcivalhe*, est une seigneurie qui a appartenu aux Dauphins d'Auvergne; elle passa, vers le milieu du seizième siècle, à la Maison de Chabannes; Jeanne de Chabannes la vendit, en 1582, à la Maison d'Allègre.

Le chapitre de *Notre-Dame* y fut, dit-on, fondé, en 1242, par un Gilbert de Chabannes, & Françoise de Boulogne son épouse. Cet établissement détermina la pieuse libéralité de plusieurs Seigneurs & Prélats qui concoururent à enrichir cette église. La dévotion que les peuples avoient, au douzième siècle, à l'image de la Vierge qu'on y conserve, s'étant soutenue jusques dans ces derniers temps, les dons des zélés croyans ont encore accru les richesses de ce chapitre.

L'image de la Vierge, qu'on y révere, est petite; on tient par tradition qu'elle fut sculptée par l'Apôtre *Saint-Luc*, & c'est encore l'opinion de quelques Chanoines du pays. On promène, une fois l'an, cette image avec beaucoup de vénération, & sur-tout dans les temps de calamités.

On conserve aussi, dans la même église, un reliquaire de cristal qui contient un morceau du *suaire*, des *cheveux* & du *lait* de la Vierge, même un peu de sa *chemise*.

On y conserve auſſi pluſieurs autres reliques, & un grand nombre d'*Ex-voto*. La ville de Clermont a fait un vœu à cette égliſe, que les Echevins vont accomplir chaque année. Le jour de la fête y attire un grand concours de dévots qui y viennent de cinq ou ſix lieues à la ronde.

Le chapitre étoit autrefois compoſé de vingt Chanoines & d'un Doyen; les Chanoines furent réduits au nombre de douze par une Bulle du Pape Sixte IV, du mois de janvier 1483. Guillaume d'Auvergne, & Dauphin ſon fils, donnèrent beaucoup de biens à ce chapitre, à condition que les Chanoines iroient chaque année en proceſſion au monaſtère de *la Chaiſe-Dieu*, le jour de l'anniverſaire de Robert, père de Guillaume. On compte environ dix-huit lieues d'Orcival à la Chaiſe-Dieu; la promenade eſt longue, & il eſt plus facile de jouir des biens donnés pour cette proceſſion, que de la faire; c'eſt pourquoi l'un ſe fait beaucoup mieux que l'autre.

MONTS-D'OR.

On comprend ſous ce nom un groupe de montagnes très-élevées, au bas duquel ſont les célèbres fontaines d'eau thermale. Le lieu des ſources, appelé *les bains*, eſt ſitué à huit lieues & au ſud-oueſt de Clermont.

Ce lieu, ſi précieux par ſes ſources ſalutaires, étoit autrefois d'un très-difficile accès; les malades ne pouvoient, par un chemin pénible & dangereux, s'y faire tranſporter qu'en litière;

enfin un nouveau chemin, si nécessaire, & dont l'exécution a trop long-temps été retardée, vient d'être achevé en 1786. La route est sûre & commode, & toute espèce de voitures peut s'y rendre sans danger.

Ce chemin offre à droite & à gauche plusieurs curiosités naturelles ; à mesure qu'on s'éloigne des fertiles & rians côteaux qui bordent la Limagne, la scène change : aux paysages agréables ou magnifiques, succèdent insensiblement des vues tristes ou horribles, mais pittoresques ; on respire un air plus vif & plus frais qui accroît les forces, donne de l'appétit, & semble vous rendre plus léger. Les sinuosités du chemin, qui, pratiqué avec des travaux immenses, suit les contours des vallons, & s'élève en serpentant au dessus des précipices affreux ; des masses énormes de rochers, des aspérités sans nombre, le bruit des torrens se précipitant dans les gorges qu'ils ont profondément creusées, la structure des hautes chaînes de montagnes ; enfin tout ce qu'offre de plus hideux & de plus imposant la nature sauvage, se présente successivement sur cette route, & produit une sensation d'autant plus forte que celle que faisoit éprouver le spectacle enchanteur de la Limagne étoit plus différente.

DESCRIPTION. Les connoissances de M. de *Brieude*, & un séjour de quatorze années qu'il a fait aux bains des Monts-d'or pendant la saison des eaux, donnent à la description de ces bains qu'il vient de publier dans ses *Observations sur les eaux thermales*, &c., un avantage bien prépondérant sur les relations passagères des Voyageurs. Voici ce qu'il dit du lieu appelé *les Bains*, où coulent les sources thermales, situées au bas de la montagne de l'angle : « Le séjour du Mont-d'or est désagréable sous tous les rapports ; les maisons y sont mal bâties, mal distribuées, &, qui pis est, mal-propres. Les malades n'y trouvent que très peu des commodités nécessaires à leur état ; on est très à plaindre, si l'on n'y porte du linge de toute espèce, & son coucher. En vain a-t-on représenté aux habitans, qui sont riches & aisés qu'il étoit de leur intérêt de se bien loger, afin d'attirer un plus grand nombre de malades ; que leur revenu croîtroit en raison de leur dépense : on n'a jamais pu vaincre leur indolence ».

On s'occupe maintenant de la construction d'un bâtiment commode & salubre, pour renfermer la source la plus chaude, appelée *Bains de César* ; ce bâtiment & plusieurs autres qui manquoient aux besoins des malades, contribueront à attirer le numéraire dans une province où il est si rare, & à enrichir le pays stérile qui environne ces montagnes. L'exemple des deux *Bagnières* & de *Barège* prouve combien il importe, pour la richesse d'une province, de favoriser, par des établissemens utiles & même agréables, le concours des Etrangers.

Les Romains ont autrefois connu ces eaux minérales, & en ont fait usage ; la dénomination de *bains de César*, conservée à une de ces sources, des inscriptions romaines, & les restes d'un monument antique appelé *Panthéon*, en sont des preuves incontestables.

Le *Panthéon* subsistoit encore en partie, il y a une cinquantaine d'année ; à cette époque, on acheva de le détruire, il n'en existe plus que quelques fragmens épars, comme des tronçons de colonnes, & l'emplacement qui en porte encore le nom, sur lequel on a bâti une maison qui sert de *café*. Suivant les nouveaux projets, on doit réunir les différens tronçons de colonnes, en ajouter de nouveaux, & avec une base attique qui existe encore, en former un obélisque surmonté d'une renommée qui semblera publier les merveilles de ces eaux thermales.

L'hôtellerie, à la construction de laquelle on s'occupe, aura au rez de chaussée douze appartemens de maîtres, chacun pourvu d'une baignoire remplie par les eaux des *bains de César*, dont la chaleur, supérieure aux autres sources, doit plus long-temps se conserver dans la température nécessaire. Tous ces travaux s'exécutent d'après les dessins de M. Seganzin, Ingénieur des ponts & chaussées.

Les bains de César, dont la source est la plus abondante & la plus chaude, se trouvent sur le penchant de la montagne, à environ quarante pieds d'élévation; cette source jaillit dans une grotte taillée dans le roc, dont la hauteur est de onze à douze pieds, la largeur de neuf, & la profondeur de onze.

Au milieu de cette grotte est un bassin au rez de terre, creusé dans une pierre ronde qui représente assez bien l'ouverture d'un puits; il a environ trois pieds & demi de profondeur sur trois de diamètre : par un trou qui est au bas, la source jaillit en bouillonnant. Ce bassin, par son peu d'étendue, ne peut recevoir qu'une seule personne, & encore dans une posture gênante. La vapeur de cette source remplissant la grotte, oblige, pendant les douches & les bains, qu'on en tienne la porte ouverte. L'expérience a prouvé que les différens gaz qui s'exhalent en abondance de cette fontaine, sont nuisibles à certains jours. Lorsque le ciel est couvert de nuages électriques, ou dans des temps de brouillards, il est dangereux de se baigner dans le bassin, même d'entrer dans la grotte, & lorsqu'on y reste quelques minutes, on éprouve de la difficulté à respirer & une oppression. M. de Brieude y a vu périr un soldat Espagnol qui s'étoit obstiné à prendre un bain dans cette grotte, dans un temps pernicieux, quoiqu'on l'eût averti du danger qu'il couroit.

L'eau de cette fontaine fait monter le thermomètre de Réaumur à trente-six degrés. Douze livres de cette eau ont donné cinquante-quatre grains de terre absorbante, soixante grains de sel alkali minéral jaunâtre, trois grains à peu près de fer, & quatre grains de sel marin.

Les grands bains se trouvent à vingt pas au dessous des *bains de César*; ils offrent deux sources qui jaillissent l'une à côté de l'autre, chacune dans un bassin dont l'ouverture est d'une toise en carré. Ces bassins sont séparés par un mur de trois pieds de hauteur. Le bâtiment qui les renferme est large de quinze pieds, profond de vingt-six, & haut d'environ quinze à seize pieds. La porte d'entrée est large & spacieuse, & elle reste ouverte pendant les bains & les douches. Le jet de chaque source est considérable. La chaleur des eaux y est moindre que celle des bains de César; le thermomètre de Réaumur n'y monte qu'à trente-cinq degrés. Elles sont autant gazeuzes que celles des *bains de César*, & cependant, dans des temps critiques, leurs évaporations ne produisent point les mêmes effets, & les malades y respirent sans danger; c'est un avantage qu'il faut attribuer à la plus grande étendue du local, & à l'ouverture plus vaste de la porte, qui y laisse pénétrer une plus grande quantité d'air athmosphérique.

Les eaux des grands bains, sur douze livres, ont donné un gros de terre calcaire, & cinquante-quatre grains de sel alkali minéral très-lixiviel.

La fontaine de la Madeleine, la plus voisine de la rivière, est à deux cents pas au dessous des grands bains; elle n'est enfermée dans aucun édifice, jaillit en plein air, & n'a pas même un bassin pour recevoir ses eaux qui sont les plus tempérées, & les seules dont il est permis aux malades de boire; on n'en envoie pas d'autre dans les provinces, à moins qu'on ne demande expressément de l'eau des bains de César ou des grands bains.

Douze livres de l'eau de cette fontaine ont produit quarante-huit grains de terre calcaire, trente-six grains de sel alkali jaunâtre, & trois grains de fer; cette eau n'est point sulfureuse, comme l'ont cru quelques Médecins.

Outre ces sources thermales, on voit encore au dessus des bains de César, une fontaine d'eau froide, qui, sans aucun gaz, contient un peu de fer en diſſolution ; il s'en trouve une pareille ſur le grand chemin, à quelque pas au deſſous de l'égliſe.

La ſaiſon propre à faire uſage des eaux des Monts-d'or, eſt fixée, dans les plus grandes chaleurs de l'été, depuis le 15 juillet ſeulement juſque vers la fin d'août.

Ces eaux, que l'on regarde comme les plus gazeuſes de l'Europe, ſont ſouveraines pour les phthiſies pulmonaires. « Avant que M. Bordeu eût fait connoître les eaux de Bonnes, & qu'il eût rétabli la réputation de celles de Cauterez, les ſuccès des eaux du Mont-d'or, dans cette maladie, dit M. de Sieudes, attiroient depuis long-temps un grand concours de malades de toutes les provinces voiſines. Je penſe que c'eſt la meilleure preuve que je puiſſe donner de leur vertus ; car on n'a jamais recours à un remède qui ne guérit point, &c. ». Ces eaux ſont encore ſalutaires aux aſthmatiques, aux paralytiques, &c., elles guériſſent pluſieurs ſortes de rhumatiſmes, la gale, les dartres, & ſont utiles dans preſque toutes les eſpèces de ſuppreſſion de règles ; elles ont de plus l'avantage de ſupporter le tranſport.

MONTAGNES des Monts-d'or. La montagne au pied de laquelle ſont les ſources thermales, eſt appelée la montagne de l'*Angle* ; & malgré la dénomination ordinaire des eaux, le groupe des Monts-d'or, ſitué au ſud, en eſt éloigné d'une grande lieue ; le *vallon des bains*, formé par la *Dore*, qui, jointe à la *Dogne*, forment une ſeule rivière connue ſous le nom de *Dordogne*, préſente des points de vue pittoresques : en remontant le cours de cette rivière naissante, on trouve la montagne de l'*Ecorchade*, écroulée en partie, & dont les ruines paroissent dans le vallon ; ses aspérités, ses ravins profonds lui ont donné son nom. On y trouve du fer disposé en mamelons, qui paroissent être le résultat de la décomposition des laves.

De l'autre côté du vallon, à droite en montant, & en face de l'Ecorchade, est une autre montagne dont la cîme arrondie & couverte de verdure & de bois, est élevée de deux cent trente toises au dessus du village des *Bains* ; elle est formée de roches volcaniques, & tout autour s'élèvent des colonnes basaltiques irrégulières, dont un des groupes plus décharné porte le nom de *Capucin*, parce que de loin il présente assez bien le buste d'un Moine de cet ordre, avec son manteau sur les épaules, & son capuce sur la tête.

A l'extrémité du vallon, le Puy de *Sanci* qui paroît, termine majestueusement la scène. Cette montagne est la plus elevée de celles qui forment le groupe du Mont-d'or. Sa distance du village des Bains est de deux mille neuf cent quatre-vingt-quatre toises, & du Puy de Dome, de quinze mille toises. Sa hauteur au dessus du village des Bains, est de cinq cent douze toises ; prise du couvent des Minimes de Clermont, elle est de sept cent quatre-vingt-huit toises, & au dessus du niveau de la mer, de mille quarante-huit toises.

Du sommet hérissé de cette montagne, on découvre de tout côté une étendue immense de pays, on domine sur plusieurs provinces; la vue embrasse un horison dont les extrémités semblent se confondre avec les vapeurs de l'atmosphère. Du côté de l'est, on croit distinguer jusqu'aux Alpes, dont la grande chaîne est éloignée d'environ quatre-vingts lieues. L'œil intimidé n'ose mesurer un si vaste lointain, il craint, pour ainsi dire, de se plonger & se perdre dans cet abîme horizontal. Dans le trouble que produit cette situation extraordinaire, l'Observateur porte ses regards, comme pour les rassurer, sur des objets plus rapprochés, & considere, s'il en a long-temps le courage, les aspérités nombreuses qui hérissent cette montagne, les déchirures, les crevasses, les ravins profonds dont elle est sillonnée; tout est triste : la nature semble y être en deuil. L'aspect effrayant de deux gorges de ces montagnes, leur a fait donner les noms sinistres *des enfers* & de *la cheminée du Diable* (1). Peut-être ces noms sont-ils aussi les seuls témoi-

---

(1) M. *Faujas de Saint-Fond* a observé dans ses *Volcans éteints du Vivarais*, que plusieurs montagnes à cratère de ce pays portent des noms relatifs à leur ancien embrasement. Les noms *des enfers* & de *cheminée du Diable*, donnés à ces gorges volcaniques, ne sont pas les seuls noms en Auvergne qui rappellent l'ancienne activité des volcans de cette province. Environ à moitié chemin des Monts-d'or à Clermont, étoit un ancien cratère d'un quart de lieue de largeur, aujourd'hui comblé, qu'on appelle encore le *trou d'enfer*; en descendant de la montagne volcanique de *Graveneire*, pour aller à Royat, est un chemin qui porte encore le nom de *chemin des enfers*.

moignages, transmis par les hommes, de l'exiſtence des volcans dont les feux ont, dans des temps bien reculés, ravagé cette partie du royaume.

Ce qui eſt étonnant, c'eſt que les points les plus élevés de cette montagne offrent des roches nues que les Naturaliſtes croient volcaniques & tenant à l'eſpèce des laves; ce qui ſuppoſe que ces roches étoient autrefois dominées par des parties encore plus élevées, où étoit le cratère d'un volcan ſupérieur (1).

Les objets curieux que contiennent les environs de ce groupe de montagnes ſont en grand nombre, nous nous bornerons à indiquer les principaux.

La caſcade du Mont d'or eſt la plus belle de toutes celles qu'on trouve dans les montagnes de la baſſe Auvergne; on la rencontre au

---

(1) J'ai lu avec le plus vif intérêt l'*Eſſai ſur la théorie des volcans d'Auvergne*, par M. le Chevalier de *Reynaud de Montloſier*; cet ouvrage profondément penſé, écrit avec beaucoup de méthode, de clarté, doit être le livre manuel de tous ceux qui viendront étudier en Auvergne les monumens expreſſifs & multipliés de l'Hiſtoire des volcans. On n'y trouve rien de haſardé, le ton n'eſt ni tranchant ni affecté, & en cela il diffère entièrement du *Voyage d'Auvergne*, de M. le Grand d'Auſſy, qui renferme preſque autant de traits maniérés, extatiques, empoulés, qu'il renferme d'erreurs de pluſieurs genres. Mon article *Puy de Dome* étoit imprimé lorſque l'ouvrage de M. de Montloſier a paru; je n'ai pu rapporter l'opinion de cet Auteur ſur la formation de cette montagne; mais j'ai vu avec ſatisfaction que ſon ſyſtème étoit ſemblable à celui que j'ai adopté.

dessus du village des bains, à gauche du vallon. Elle est formée par un ruisseau assez considérable qui se jette dans un ravin profond qu'il a creusé; ce ravin est bordé de masses énormes de laves dont il se détache fréquemment des parties très-étendues. On ne peut, sans frissonner, voir ces blocs colossaux, minés vers leur base, & prêts à s'écrouler; les débris de plusieurs rochers semblables, tombés à différentes époques dans le fond de la gorge, semblent confirmer ces craintes; mais on est dédommagé de cette inquiétude par le spectacle magnifique de la cascade. Ses eaux reçoivent un nouvel éclat par les rayons du soleil, dont l'action produit ordinairement l'effet d'un arc-en-ciel vivement coloré.

Cette cascade a plus de soixante pieds de hauteur; sa chaussée est formée par une énorme coulée de lave, & par la chûte successive de plusieurs masses basaltiques dont l'eau ruine les fondemens; elle est composée d'une seule nappe qui offre, sur-tout lors de la fonte des neiges, les plus brillans effets.

Dans l'une des déchirures de la partie supérieure des roches volcaniques, d'où se précipite la cascade, on a découvert des cristallisations connues sous le nom de *fer spéculaire* (1).

La Bourboule est un hameau placé sur les bords de la Dordogne, à une forte lieue & au

---

(1) Voyez la description qu'en a faite M. Delarbre, dans le Journal de Physique du mois d'août 1786.

dessous du village des *Bains* : il dépend de *Murat-le-Quaire*, paroisse située au dessus. Ce lieu produit plusieurs sources thermales auxquelles on attribue même plus de vertus qu'à celles du Mont-d'or ; on y a construit un bâtiment pour les bains. M. Monnet dit que le degré de chaleur de cette source fait monter le thermomètre de Réaumur à vingt huit degrés. Douze livres de cette eau ont fourni demi-gros de terre absorbante, deux gros & demi de sel marin jaunâtre, & sentant la lessive, & demi-gros de sel alkali minéral, aussi lixiviel.

A l'est, & à environ deux lieues au dessous du groupe des Monts-d'or, & à peu près à la même distance de *Bourboule*, est la ville de *la Tour*.

La Tour est une petite ville célèbre, parce qu'elle a donné son nom à la branche de l'ancienne Maison d'Auvergne, appelée *la Tour d'Auvergne*, d'où sont issus M. le Duc de Bouillon, Grand Chambellan, & M. le Duc de la Tour, Lieutenant Général des armées du Roi. On sait que cette ancienne Maison est alliée aux premieres du royaume & de l'Europe; cette seigneurie suivit le sort de la Comté d'Auvergne. (Voyez le tableau général, page 28.)

Dans ce lieu est un superbe assemblage de colonnes basaltiques dont on voit, en arrivant, la coupé verticale. Elles présentent un rang de colonnes en prismes hexaèdres de même hauteur, dont la superficie forme un plan uni & assez vaste, qui sert de place où se tiennent les marchés aux bestiaux. Cette superficie offre un pavé, qui, quoiqu'irrégulier, rappelle assez bien le carrelage des appartemens (1).

A peu de distance de là, on voit une semblable disposition de prismes basaltiques, qui étoit sans doute continuée avec celle du marché, & sur laquelle s'élèvent les ruines de l'ancien château.

BESSE.

Petite ville située à l'est & à une lieue & demie des Monts-d'or.

Cette ville, & la seigneurie qui en dépend, faisoient partie de l'ancien patrimoine de la Maison de la Tour d'Auvergne. Au commencement du douzième siècle, *Giraud de la Tour* en étoit Seigneur. En 1270, *Bernard & Bertrand de la Tour*, frères, accordèrent à cette ville des priviléges & coutumes, à l'exemple de plusieurs Seigneurs de ce temps-là, qui, toujours accablés de besoins, vendoient aux Bourgeois le droit de disposer de leurs biens à de certaines conditions (2).

---

(1) On trouve dans l'Encyclopédie, tom. VI des planches, la gravure de cette chaussée.

(2) On lit dans ces privilèges, cet article, « *E si femna molherada cuminal venia à Bessa per putatge, e omque non auria molher, jasia am l'hois, non es tingut ves en Bernar de la Tor. Si hom s'en fuich am l'altrui molher, ni femna am l'altrui marit, non deu Tornar à Bessa, tro que sancta Gleisa los y Torn* »; c'est-à-dire, » Et si une femme mariée, d'un pays de commune, vient à Besse pour se prostituer, & qu'elle couche avec un homme qui n'a point de femme, il n'est tenu

L'église *collégiale* & paroissiale de Besse est sous l'invocation de *Saint-André*. Le Clergé y est fort nombreux, on y a vu jusqu'à soixante Prêtres. Ce nombre extraordinaire d'Ecclésiastiques dans une aussi petite ville, vient de la grande dévotion qu'avoient autrefois les habitans des pays voisins à une image de la Vierge, qui faisoit, à ce qu'on dit, beaucoup de miracles. Un Religieux Bénédictin a composé sur cette dévotion un ouvrage fort pieux, qu'il a dédié aux Communalistes de Besse (1).

Cette image miraculeuse est une petite statue noire qui tient entre ses bras un enfant. Ce petit groupe étoit autrefois placé dans quelques vieilles masures sur la montagne de *Vassivière*; tout à coup on reconnut qu'il opéroit des miracles, & le Clergé, accompagné du Corps municipal de la ville, vint en procession sur la montagne de Vassivière, qui est à une lieue de distance, porta dévotement la petite figure noire de la *Madone*, & la plaça à Besse dans l'église de *Saint-André*.

On reconnut bientôt que ce n'étoit pas sans raison que le peuple attribuoit des miracles à cette image de la Vierge : malgré la joie, la dévotion, & l'accueil empressé du peuple, elle

de ne rien payer à *Bernard de la Tour*. Si un homme s'enfuit avec la femme d'un autre, ou une femme avec le mari d'une autre ; ils ne doivent point retourner à Besse, à moins que la sainte église les y ramene ».

(1) Il est intitulé l'*Histoire de la Sainte-Chapelle de Vassivière*, imprimé à Clermont en 1688.

ne put s'accoutumer dans l'église de Besse; la nuit suivante elle en partit, & fut se rendre sur la montagne de Vassivière. Les habitans vinrent ensuite la rechercher à plusieurs reprises; mais elle ne pouvoit abandonner le séjour chéri des montagnes, & chaque fois, invisiblement, elle se transportoit dans sa rustique demeure. On raconte plusieurs autres exemples de semblables statues qui, se déplaisant dans une église, en partoient sans façon, pour se retirer dans celles qui leur plaisoient davantage.

Cette résistance de la part de cette petite image augmenta chez les habitans de Besse le désir de la posséder. Ils se déterminèrent enfin à fonder à perpétuité une messe pour tous les mercredis de l'année. Aussi-tôt que le Clergé fut assuré de la fondation de cette messe, l'image céda aux sollicitations des habitans; cependant elle leur fit connoître, par plusieurs miracles, qu'elle seroit bien aise de ne pas abandonner entièrement son ancien manoir de Vassivière. En conséquence, en 1550, on y fit bâtir une nouvelle chapelle sur les ruines de l'ancienne. Cette chapelle rurale a cinquante pieds de long sur vingt-six de large; en 1555, elle fut achevée, & bénite par Antoine de Senectère, Evêque de Clermont.

Depuis ce temps, cette image reste l'hiver dans la ville de Besse, & l'été dans sa chapelle de Vassivière. On assure que si on ne la transportoit pas sur cette montagne à l'époque fixée, elle s'y rendroit elle-même.

Piganiol nous affirme « qu'il s'est fait à Besse

& à Vaffivière un grand nombre de miracles fi éclatans & fi avérés, que le Pyrrhonnien le plus outré feroit forcé d'y ajouter foi ». La dévotion à cette image est pourtant aujourd'hui beaucoup refroidie.

Besse est curieux, parce que les maisons sont entièrement bâties de laves basaltiques. La couleur sombre de cette pierre rend un peu triste l'aspect de cette ville, qui est elle-même fondée sur une masse énorme de lave.

La chapelle de Vaffivière, située sur la montagne de ce nom, est à peu près à l'ouest, & à une lieue de Besse, & au bas du groupe des Monts-d'or; on y trouve quelques Auberges. La montagne est fameuse pour la bonté de ses pâturages; les moutons qu'on y nourrit sont excellens.

A quelque distance de la montagne de Vaffivière, en allant du côté de Besse, on trouve *le lac Pavin*.

Ce lac, fameux par les prodiges qu'on lui attribue, se trouve à droite du chemin, & à environ quatre-vingts pieds au dessus; cette élévation au dessus de la plaine n'est pas son unique singularité; sa forme est à peu près ronde sa circonférence est d'environ une demi lieue (1);

---

(1) M. *Le Grand d'Auffy*, en suivant les calculs d'un Mr *Godivel*, a évalué la circonférence de ce lac au double de ce qu'elle est effectivement. « En diamètre, dit-il, Pavin a plus d'un tiers de lieue, & plus d'une lieue de circonférence ». Nous sommes géométriquement fondés à soutenir que dans cette évaluation il y

ses bords élevés forment une enceinte dont l'extérieur, fort escarpé, a depuis soixante jusqu'à cent vingt pieds de hauteur ; la face intérieure de cette espèce d'enceinte, également escarpée, est couverte de verdure ; les bords de ce lac s'abaissent, & laissent une ouverture pour l'issue des eaux qui vont couler dans la vallée de Besse près de cette ville, & se jeter dans l'Allier au dessous d'Yssoire.

Les eaux de ce lac sont claires, & à travers on voit fort bien le fond qui va toujours baissant vers son milieu, & qui a la forme d'un entonnoir. On ne doute point que l'emplacement occupé par ces eaux ne soit la bouche d'un des plus terribles volcans de l'Auvergne ; ces bords élevés & formés de scories rangées à peu près comme elles ont été lancées par les explosions, prouvent que dans cette vaste excavation les eaux ont été précédées par des torrens de feux.

On ne voit point entrer d'eau dans ce lac ; elle s'y introduit sans doute par des canaux souterrains ; c'est ainsi que sont nourris continuellement plusieurs autres amas d'eau plus ou moins étendus qui se trouvent au sud du lac Pavin.

Suivant l'ancienne tradition, lorsqu'on jetoit une pierre dans ce lac, aussi-tôt il s'élevoit un nuage épais qui produisoit le tonnerre

---

a erreur d'outre moitié; ceci diminue un peu le sel de la plaisanterie de M. *d'Auffy*, qui ajoute : « C'est pour un *lac de province* une assez belle proportion ».

& l'orage (1). Sans doute le souvenir de quelques explosions volcaniques a donné lieu à cette croyance. L'étymologie assez naturelle qu'on pourroit donner au nom de ce lac, serviroit à appuyer cette conjecture; Pavin peut dériver de *Pavens*, qui cause de l'effroi.

Ces eaux ne nourrissent aucun poisson, & c'est à leur grande froideur qu'on en attribue la cause.

On a cru long-temps que ce lac étoit sans fond, comme on le croyoit de plusieurs autres qui sont en France; on disoit même qu'avec cent brasses de corde on n'avoit jamais pu l'atteindre; mais ces erreurs viennent toujours du défaut des expériences (2). En 1770, M. Che-

---

(1) Plusieurs Ecrivains parlent de ce prétendu phénomène. *Abel Jouan*, dans la relation du voyage que Charles IX fit en Auvergne après l'assemblée de Moulins, parle *d'un grand gouffre duquel sort ordinairement une grande foudre de grêle & tonnerre qui gâte les blés des vallées*. Le Père *Foderé*, dans sa *Narration de l'ordre de Saint-François*, dit, en parlant de la Limagne, que ce lac est admirable & épouvantable; « admirable, dit-il, parce qu'il est sans fond, au moins il n'y a personne qui l'ait encore pu trouver, & d'ailleurs on ne sait d'où l'eau peut venir d'un lieu si haut; car on n'y en voit point tomber d'aucune part; épouvantable, d'autant que si vous y jetez une pierre, vous êtes assuré d'avoir bientôt du tonnerre, des éclairs, de la pluie & de la grêle «.

(2) Depuis long-temps on soutenoit que la source thermale de la ville de *Dax* étoit un abîme sans fond; on sonda même, en 1700, cette source devant le Duc d'Anjou, lorsqu'il passa pour aller prendre possession du trône d'Espagne; on ne put en trouver le fond.

valier, Ingénieur des ponts & chaussées, avec une espèce de radeau, s'est transporté au milieu, & après avoir sondé le lac en divers endroits, il a trouvé que sa plus grande profondeur étoit de deux cent quatre-vingt huit pieds.

Au dessus du lac Pavin, du côté du sud, & à environ un quart de lieue de distance, est une profonde excavation appelée le *Creux de Souci*. Ce creux a neuf toises de profondeur dont il n'y a guère qu'une toise d'eau. Le niveau de cette eau est élevé de cent quatre-vingt-six toises au dessus de la surface du lac de Pavin, on croit même qu'elle y communique, & l'on dit dans le pays, que si l'on jette quelque chose dans le *Creux-Souci*, on la voit reparoître au bout de quelque temps sur le lac de Pavin.

A une lieue & demie, au nord de Besse, en suivant la route qui conduit de cette ville à Clermont, on trouve Murols.

MUROLS. On croit que c'est le *Meroliacense Castrum*, que nomme Grégoire de Tours en racontant le siège que fit, en 532, Thierry d'un château de ce nom. Notre ancien Historien en fait une description qui semble tenir du prodige, & qui ne peut guère aujourd'hui convenir à ce local, où il a éprouvé bien des change-

---

M. de *Secondat*, fils de l'illustre *Montesquieu*, refit cette expérience, en 1741, avec beaucoup de précautions; il trouva que ce prétendu gouffre sans fond n'avoit que quatre toises de profondeur. (Voyez tome III, page 181 & 182, à la Note.)

mens. Quoi qu'il en soit, voici cette description vraiment romanesque : « La nature semble avoir pris soin de fortifier ce château; car outre l'elévation des murs, il est défendu par un rocher taillé à pic, qui a plus de cent pieds de hauteur. Au milieu est un vaste étang dont les eaux sont très-agréables; d'un autre côté sont des sources abondantes, formant un ruisseau d'eau vive qui coule devant la porte du château; son enceinte, formée de sept murailles, contient un espace si considérable, que l'on y trouve des terres cultivées, & que ceux qui y demeurent, y recueillent des fruits en abondance ».

Cette forteresse eût été imprenable, & ceux qui la défendoient ne se seroient jamais rendus; mais, en étant imprudemment sortis au nombre de cinquante, dans le dessein de faire quelques prises dans la campagne, & de rentrer aussitôt, ils furent surpris par les ennemis, qui les menèrent les mains liées derrière le dos, devant le château, & menacèrent de les égorger. Aussi-tôt les assiégés, voyant l'épée levée sur les cinquante prisonniers leurs parens, consentirent, pour leur sauver la vie, à se soumettre au Roi & à lui payer une rançon.

Murols est curieux par des produits volcaniques qui abondent dans ses environs; on y trouve des colonnes de basalte de plusieurs formes, des scories, des pouzzolanes, &c.

Le lieu de Murols a donné le nom à une ancienne Maison qui s'est éteinte dans celle d'*Estaing*.

Le lac de Chambon est à un quart de lieue au dessus de Murols. Ce lac est un des plus grands & le plus poissonneux de l'Auvergne ; un courant de lave, produit par l'éruption d'un volcan placé sur le ruisseau de Murols, en a intercepté le cours, & a contraint les eaux de s'élever à la hauteur de vingt-cinq à trente pieds, & de remplir la capacité du vallon.

Ce lac a environ cinq cents toises dans sa plus grande longueur, c'est-à dire, depuis le point où la rivière s'y verse, jusqu'à celui où elle en sort, & environ trois cent vingt-cinq toises dans sa plus grande largeur.

L'action de l'eau usant continuellement la masse de lave qui sert de chaussée à ce lac, il diminue visiblement en étendue; les sables & le limon que le ruisseau charrie des montagnes, contribuent encore à le combler. On pourroit hâter son dessèchement, si l'on parvenoit à percer la roche volcanique qui retient ses eaux; on en a eu le projet; mais les dépenses considérables qu'il exigeoit en ont arrêté l'exécution.

Au dessus du lac est le village de Chambon, baigné presque toute l'année par les eaux.

Si l'on remonte la vallée de Chambon, dont la naissance est au bas du groupe des Monts-d'or, on trouve une des plus horribles gorges qui soient connues. «C'est dit M. Monnet, l'égout le plus grand & le plus creux qu'il y ait au dessous du Mont-d'or, où les eaux se précipitent presque perpendiculairement, & y entraînent avec force les terres & les pierres qu'elles détachent des montagnes». C'est-là la source de la rivière de Couse, qui passe à Montaigu-le-Blanc, à Champeix, & se jette dans l'Allier au dessous de Néchers.

A une petite lieue, & au sud-est de Murols, est *Senecterre*.

SENECTERRE, autrefois nommé *Saint-Nectaire*, a donné son nom à une ancienne Maison qui a produit deux Maréchaux de France, quatre Chevaliers des ordres du Roi, & des Ducs & Pairs. Louis de Saint-Nectaire étoit, en 1231, Connétable de France. Plusieurs Seigneurs de cette famille ont été surnommés *Tripiers*, sans doute à cause de leur grosseur.

Madeleine de Senecterre, mariée, en 1548, avec Guy de Miremont, eut les vertus d'un grenadier, qui lui valurent le nom, autrefois glorieux, aujourd'hui ridicule, d'*Amazonne de son temps.* » Elle étoit, dit *Mezerai*, toujours suivie de soixante Gentilshommes des plus braves, qui faisoient des efforts de valeur pour mériter ses bonnes graces «; ainsi la gloire des armes, le fanatisme & la coquetterie se réunissoient pour donner du courage à cette femme qui, en 1574, dans un combat en Auvergne, battit & tua le sieur de *Montal*, Protestant.

La terre de Senecterre a passé dans la Maison de Crussol, & a été vendue à M. de la Garlaye, dernier Evêque de Clermont, dont les héritiers l'ont revendue à un particulier.

Ce lieu est célèbre par les bons fromages qui se fabriquent dans plusieurs villages des environs, sous la même forme & sous le même nom.

Le village de Senecterre est placé dans un fond au dessus d'une espèce d'amphithéâtre formé par une masse de granit. L'église est bâtie sur la partie la plus avancée de cette masse granitique, dans un endroit coupé à pic, ce qui donne à ce lieu un air à la fois pittoresque & sauvage.

Saint-Nectaire, compagnon de Saint-Austremoine, est enterré dans cette église; son tombeau est enfermé dans une crypte au dessous du maître-autel. La châsse où sont déposés ses os est entourée d'une grille de fer; le cœur, le bras, & la tête sont enchâssés séparément; au dessus du reliquaire en cristal, où est enfermé le cœur, on lit cette inscription: *c'est le cœur de Saint-Nectaire*; au bas du reliquaire d'argent qui contient la tête du Saint, sont ces mots:

L'an 1494, le 5 septembre, fut relevé le corps de Saint-Nectaire, au lieu de Senecterre, à la poursuite de Frère GUILLAUME MAS, *Prieur dudit lieu, & fut fait le présent chef ledit an, à l'honneur dudit Saint, par Monseigneur* ANTOINE DE SENECTERRE, *Seigneur dudit lieu, & par ledit Prieur.*

On conserve aussi dans cette église les tombeaux des Saints *Beaudeme* & *Auditeur*, disciples de Saint-Nectaire.

Senecterre est remarquable par les eaux minérales & gazeuses qui sortent de son rocher; la source la plus en réputation est à un grand quart de lieue du bourg, sur le chemin de Saillans. Cette source très-abondante sort en bouillonnant du fond d'une petite cuve, enfermée dans une grotte; sa chaleur est de quinze à seize degrés, la noix de gale la colore légèrement;

elle contient une grande quantité de terre calcaire qu'elle dépose visiblement dans les vaisseaux où on la laisse reposer ; quelques gouttes d'acide versées dessus y excitent un frémissement remarquable. M. *Monnet*, qui en a fait l'analyse, dit que douze livres de ces eaux lui ont fourni trois gros & demi de terre calcaire, quarante-huit grains de sel alkali minéral assez blanc ; il ajoute qu'il n'est guère possible de trouver de l'eau minérale plus chargée que celle-ci.

Les Amateurs d'Histoire Naturelle doivent suivre les bords de la rivière de Couse, qui offrent une infinité de curiosités minéralogiques ; on doit y remarquer le *saut de saillant*, où une digue de lave produit une chûte d'environ vingt pieds de hauteur. En général, tous les cantons qui environnent le groupe du Mont-d'or offrent une infinité d'objets intéressans pour les Naturalistes.

A I D A T.

Village situé à trois lieues & demie de Besse, à quatre lieues des Monts-d'or, à cinq lieues d'Issoire, & à trois fortes lieues de Clermont.

M. Cortigier a démontré que ce lieu est l'ancien *Avitacum* dont le célèbre Sidoine Apollinaire fait mention dans ses lettres. Sirmond, dans son commentaire sur Sidoine, a placé ce lieu à *Murols* ; Savaron, dans le commentaire du même ouvrage, l'a placé à *Aubière*. Dans le Dictionnaire de l'Encyclopédie on a suivi cette dernière opinion qui n'étoit fondée que sur des conjectures. On a prétendu aussi, avec moins de fondement, que ce lieu étoit *Ayat*. Sa position à Aidat ne laisse plus aucun doute ; du mot *Avitacum* on a fait *Aïtac*, puis *Aidat*, & le local d'ailleurs répond parfaitement à la description qu'en donne Sidoine.

Ce lieu tiroit son nom d'*Avitus*, Auvergnat, qui devint Empereur ; il le donna en dot à *Papianilla*, sa fille, lorsqu'elle épousa Sidoine Apollinaire, qui ensuite fut élu Evêque de Clermont (1).

Sidoine, dans sa lettre à Domicius, fait de ce lieu la plus magnifique description ; il parle avec enthousiasme de la superbe vue dont on y jouit, sur-tout de la beauté des eaux & du lac voisin ; en effet, il est peu de paysage aussi pittoresque & aussi riant.

On y voit encore quelques restes de la maison de Sidoine & d'un aquéduc.

Le lac qui est à l'est, & au dessous du village, offre une magnifique pièce d'eau qui a près de huit cents toises dans sa plus grande longueur ; il est nourri par la rivière de Veyre ; une énorme coulée de lave, provenue des Puys de *la Vache* & de *Las-Solas*, retient ses eaux, & lui sert de chaussée ; ce lac est semé d'îles, & il abonde en poissons excellens.

---

(1) Voyez sur cet illustre Evêque, le Tableau général de l'Auvergne, pag. 17, & l'article Clermont, pag. 170, 171, &c.

GERGOVIA.

Montagne sur laquelle étoit bâtie une ancienne & célèbre forteresse des Gaules, située à une lieue & demie, & au sud de Clermont, & à droite de la grande route qui conduit de cette capitale à Yssoire.

M. *Lancelot*, dans une dissertation imprimée au sixième tome des Mémoires de l'Académie des Inscriptions, s'est proposé de prouver que l'ancien Gergovia n'étoit point sur la montagne qui en porte aujourd'hui le nom. Il soutient en conséquence que l'application de ce nom est moderne ; qu'on la doit à *Gabriel Siméon*, qui, sous le règne de François Ier, a composé une *Description de la Limagne* ; il s'inscrit en faux contre une charte de 1149, qui donne le nom de *Gergovia* à la montagne dont il est question.

Dans cette charte, Guillaume VI, Comte d'Auvergne, confirme & augmente les donations qu'il avoit déjà faites à l'abbaye de *Saint-André*, & spécifie *les vieilles mazures de l'antique Gergovia : Comprehendo*, y est-il dit, *veterem mazuram antiquæ Gergobiæ*. *Baluze*, autorité bien respectable dans cette discussion, a vu, en 1705, le prétendu titre original que les Religieux de Saint-André, après quelques difficultés, lui ont fait passer à Paris ; ce Savant étoit sans intérêt ; il a reconnu que ce titre étoit faux. « Je n'ay voulu néanmoins, dit-il, m'en rapporter à moi seul ; il a été montré à gens bien capables d'en juger, lesquels en ont porté le même jugement que moi ».

Cependant Baluze croit que le fond de ce titre est vrai, « & que ceux, ajoute-t-il, qui l'ont fabriqué, il y a environ cent ans, n'ont fait que l'étendre en quelques endroits, un peu plus qu'il n'étoit dans l'original dont on s'est servi pour former celui-ci, afin de rendre plus claires quelques clauses, *lesquelles je ne puis coter*, qui faisoient apparemment de la peine aux Religieux de ce temps là ; car le *fond de l'acte est bon*, ainsi *je crois qu'il est vrai* (1).

D'après l'aveu de Baluze, on peut conclure que si le titre a été altéré en quelques endroits dans cette copie, ce n'a dû être que dans ce qui concerne les intérêts des Moines ; ils ont

---

(1) Baluse étoit assez habile, & connoissoit assez les formes & le style des titres de chaque siècle, pour désigner dans celui-ci les additions modernes que les Moines y ont faites ; il semble même annoncer qu'il connoît ces additions, *lesquelles je ne puis coter*, dit-il, sans doute pour ne pas déplaire aux Religieux de cette abbaye, qui lui avoient accordé, avec quelques difficultés, la communication de ce titre, & pour ne pas abuser de leur confiance ; d'ailleurs son objet n'étoit pas de discuter les droits de ces Religieux sur tels ou tels biens, mais seulement de constater la donation faite par Guillaume VI. Ainsi, d'après l'aveu de Baluze & le sentiment de plusieurs autres Savans, il est démontré que ce titre a été altéré, que les Moines de Saint-André avoient, comme plusieurs couvens de Bénédictins, un Père *Titrier*, chargé d'altérer, d'inventer des titres, suivant que les intérêts du monastère l'exigeoient : on sait combien ces fraudes monacales ont été fréquentes.

dû y donner de l'extension à leur droit ou à leur possession, mais non pas changer les anciennes dénominations ; d'ailleurs le Savant Abbé le Beuf, en convenant de la fausseté du titre dont il s'agit, assure avoir vu & lu dans l'abbaye de Saint-André une Bulle du Pape, de l'an 1170, qui porte tous les caractères de vérité, & qui contient un détail des biens de cette abbaye, au rang desquels se trouve le territoire de *Gergovia*. M. le Comte *de Caylus*, dans le tome V de ses *antiquités*, donne une dissertation fort détaillée de *Gergovia*, accompagnée de quatre dessins des lieux, & dans laquelle il cite plusieurs autres titres postérieurs, où le nom de *Gergovia* est toujours conservé à la même montagne. M. *Pazumot*, dans ses *Mémoires historiques*, a ajouté un nouveau degré d'évidence à cette vérité.

Deux transactions des années 1190 & 1191, passées entre les Religieux de Saint-André & le Chapitre de Clermont & autres Seigneurs d'Auvergne, désignent sous le nom de *Gergovia*, la montagne ainsi nommée aujourd'hui ; elles portent expressément, que les justices de *Jussat* & de *Gergovia* appartiennent auxdits Religieux. Dans un acte de l'an 1391, le Seigneur de Mardogne reconnoît que la justice de *Gergovia* appartient à l'abbaye de Saint-André. Plusieurs autres titres prouvent contre l'assertion de M. Lancelot, que de tout temps cette montagne a été nommée *Gergovia*, & que ce nom n'est point une nouveauté introduite dans le pays, comme il le soutient, par *Gabriel Siméon*, dans sa *Description de la Limagne* d'*Auvergne*; d'ailleurs il est absurde de présumer qu'un ouvrage savant, écrit en italien, traduit en françois, & imprimé à Lyon; ouvrage rare & peu connu en Auvergne, ait déterminé, au seizième siècle, les villageois de ce pays qui ne savoient pas lire, à donner une dénomination à cette montagne. Lorsqu'il s'agit de changer le nom de quelque lieu, on sait combien la routine est forte, & les lois même sont impuissantes (1).

___

(1) Plusieurs mémoires manuscrits, lus à la Société Royale de Clermont, & cités dans la *Bibliothèque de la France*, du Père *le Long*; un mémoire du savant Abbé *le Beuf*; un article très-détaillé, accompagné de cartes, par M. le Comte *de Caylus*, dans ses *Antiquités*; plusieurs mémoires de M. *d'Anville*; enfin un mémoire particulier de M. *Pazumot*, accompagné de cartes, s'accordent à détruire entièrement l'opinion de M. *Lancelot*, sur la situation de l'ancien Gergovia. Cependant le dernier Commentateur de la coutume d'Auvergne, qui habite ce pays, & qui par conséquent pouvoit facilement se procurer les pièces nécessaires à son instruction, dans l'article qu'il a donné sur Gergovia, paroît ignorer tout ce qui a été écrit à ce sujet depuis l'ancien mémoire de M. Lancelot. Il adopte, avec ce ton assuré qui en impose aux foibles, les vieilles erreurs de cet Académicien, & les reproduit dans son moderne Ouvrage. Il croit aussi, d'après M. Lancelot, que le nom de *Gergovia*, donné à l'emplacement de cette antique forteresse, est dû à l'ouvrage de *Gabriel Siméon*, qui, suivant lui, *étoit un rêveur ou un Ecrivain de mauvaise foi*; & il soutient avec beaucoup d'assurance, qu'après le titre de 1149, accusé de fausseté, il n'existe *aucun autre titre qui donne à cette montagne le nom de Gergovia* : cependant M. l'Abbé le Beuf & M. le Comte de Caylus en citent cinq ou six.

Au surplus, pour ne laisser aucun doute sur la position de Gergovia, nous ajouterons que MM. *Pazumot*, *de Caylus*, *d'Anville*, l'Abbé *le Beuf* & *Lancelot* lui-même conviennent que la montagne qui en porte le nom, est conforme à la description qu'en donne César.

Suivant les commentaires du général Romain, la forteresse de *Gergovia* (1) étoit située sur une très-haute montagne d'un accès difficile ; *in altissimo monte, omnes aditus difficiles habebat* ; sa hauteur est en effet d'environ cent quatre-vingts toises au dessus de la plaine. Son étendue du levant au couchant est de huit à neuf cents toises, & sa largeur du midi au nord, de trois cents toises. La ville devoit être placée dans la partie occidentale de ce plateau, où l'on voit encore quelques décombres, & même des traces de rues.

Vercingentorix, Seigneur Auvergnat, chef des Gaulois ligués contre les Romains, assembla dans ce lieu quarante mille hommes dont il garnit la plaine & les montagnes voisines. A peu près à la moitié de la hauteur, *in medio colle*, & le long de la montagne, *in longitudinem*, c'est-à-dire, vers la hauteur des lieux de *Mardogne* & de *Prat*, les Gaulois avoient élevé une muraille formée de gros quartiers de pierre, *ex grandibus saxis*, & de six pieds

---

(1) En Allemand *Ger-gau* ou *Wehr-gau*, signifie canton des gens de guerre ; ces mots dérivent de la langue des Celtes. *Gergovia*, qui a évidemment la même origine, doit signifier ville de guerre.

de hauteur, pour leur servir de retranchement; car ils étoient campés dans cette enceinte.

On présume que César attaqua cette montagne du côté du midi, qui est le plus accessible, & qu'il établit son camp dans le vallon, auprès d'un ruisseau qui coule entre *Juſſac* & *Mardogne*.

Au pied de la montagne, & vis-à-vis de la ville, étoit une colline très-bien fortifiée & escarpée de tous côtés; *erat è regione oppidi, collis sub ipsis radicibus montis egregiè munitus, atque ex omni parte circumcisus*. On a cru que cette colline étoit *Monrognon*, montagne voisine, surmontée d'une tour & de quelques ruines; on a aussi cru qu'elle étoit la montagne sur laquelle est bâti le bourg du *Crest*, ou bien celle de *Monton*; mais ces trois éminences ne se rapportent point à la description de César, elles sont trop éloignées de la montagne de Gergovia, & l'on ne peut dire d'elles qu'elles soient aux pieds de cette montagne, *sub ipsis radicibus montis*.

La colline qui seule convient à cette description, est celle qui s'élève entre le village d'*Omme* & *Gergovia*, en face, & au sud-ouest de l'endroit où étoit bâtie la ville, & au pied même de la montagne; cette colline, escarpée de tous côtés, n'en est éloignée que de huit cents toises.

César, campé dans le grand vallon qui est au midi de la montagne, s'aperçut que cette colline élevée étoit mal défendue par les Gaulois; il s'en empara pendant une nuit, y plaça deux légions, nomma ce lieu le *Petit-Camp*.

Partie V.

& le joignit au camp principal par deux grands retranchemens de douze pieds chacun, afin que ſes troupes puſſent, ſans danger, communiquer de l'un à l'autre.

Pendant que Céſar étoit occupé devant Gergovia, les habitans d'Autun, qui ſeuls avoient tenu juſqu'alors pour les Romains, abandonnèrent leur parti, pour embraſſer celui des Auvergnats, & *Litavique*; qui avoit cauſé cette révolution, s'étoit déjà avancé à ſept à huit lieues de *Gergovia*, à la tête d'une troupe de dix mille hommes d'infanterie. Céſar alarmé confie le commandement du ſiège *à Fabius*, marche promptement contre les Autunois. Pendant qu'il s'occupe à faire rentrer ces peuples ſous la domination romaine, les Auvergnats font des ſorties ſur le camp romain. Fabius, ne pouvant plus tenir la place, avertit Céſar de la détreſſe où il ſe trouve. Céſar, après avoir diſſipé les troubles, arrive à ſon ſecours; mais craignant une révolte générale, il penſe à lever le ſiège de *Gergovia* de la manière la moins honteuſe. C'eſt à cette époque, & à l'occaſion d'un mouvement des troupes Gauloiſes, que ce Général parle d'une autre colline couverte de bois, & ſituée au nord de Gergovia. C'eſt la hauteur qui eſt entre Prat & Bezance, par laquelle on pouvoit arriver à la partie de la ville oppoſée au camp des Romains, *quâ eſſet aditus ad alteram partem oppidi*. Vercingentorix, craignant de voir encore les Romains occuper cette hauteur, y envoya une grande partie de ſes troupes.

Céſar, du haut de la colline, qu'il appeloit

son *petit camp*, ayant reconnu cette manœuvre, fit faire du côté où les Gaulois venoient de se porter, une fausse attaque, puis il fit marcher les troupes du grand camp vers le midi de la ville, qui se trouvoit dégarni.

Les soldats Romains montent rapidement la montagne jusqu'aux premiers retranchemens en pierres dont nous avons parlé, franchissent cette muraille, & se rendent maîtres de trois quartiers avec tant de promptitude, que *Theutomale*, Roi des Nitiobriges, peuples de l'Agenois, se voyant sur le point d'être pris, se sauve en laissant une partie de ses vêtemens, & il a un cheval tué sous lui.

César, dans la crainte de succomber sous les efforts des Gaulois, fait sonner la retraite, & s'arrête avec la dixième légion, qu'il commandoit ; mais les autres légions, trop éloignées pour entendre le signal, ou entraînées par le feu de l'action, après avoir franchi les premiers retranchemens, pénètrent, malgré les ordres de leur chef, jusqu'au pied des murs de la ville. Les habitans alarmés poussent alors des cris affreux ; ceux qui étoient dans la partie opposée de Gergovia, croient, à ce bruit, que déjà les Romains sont entrés dans la ville. Dans ce moment de trouble & de terreur, quelques-uns sautent en bas des murs ; les femmes y jettent leurs hardes & leur argent, & , les bras tendus, le sein découvert, elles implorent la miséricorde des Romains ; quelques-unes même, à l'aide de leurs compagnes, descendent au bas des murailles, & vont se jeter dans les bras des soldats ennemis.

Lucius Fabius, Centurion de la huitième légion, flatté par l'espoir du butin, voulut le premier entrer dans la ville; soulevé par trois de ses soldats, il se guinde contre le mur, & étant monté, il leur donne la main pour les aider à faire de même.

Cependant les soldats Gaulois arrivent en foule de l'autre partie de la ville vers le lieu de l'attaque. Les femmes qui avoient tenté, par des pleurs, d'exciter la commisération des troupes Romaines, reconnoissant que l'alarme étoit fausse, changent tout à coup d'action; elles commencent à encourager les Gaulois à la défense, & on les vit, suivant leur coutume, courir toutes échevelées, tenant leurs enfans sur leurs bras, & ranimer, par leur cris, l'ardeur des combattans.

Les Romains, fatigués & en petit nombre, ne purent long-temps résister aux troupes fraîches des Gaulois, qui à chaque instant augmentoient pour les repousser. César, craignant l'issue de cet assaut, ordonna à *Sextius*, un de ses Lieutenans, de se porter en diligence au bas de la montagne, afin d'arrêter les Gaulois, s'ils parvenoient à mettre les troupes romaines en fuite.

Fabius, & ceux qui avoient avec lui escaladé la muraille, sont bientôt investis par la foule, & précipités en bas des murs. *Petreius*, autre Capitaine de la même légion, comme il s'efforçoit de rompre une porte, est accablé par la multitude, & tout percé de coups, il crie à ses soldats; *Puisque je ne puis me sauver avec vous, mes amis, je vais du moins em-*

ployer les forces qui me restent à vous tirer du danger où mon avidité pour la gloire vous a conduits. Aussi-tôt il se précipite au milieu des ennemis, en tue deux de sa main, facilite les moyens de se sauver à ses compagnons ; & comme ceux-ci cherchoient à le secourir, il leur dit : *Vos efforts pour me sauver la vie sont inutiles ; sauvez-vous tandis que vous le pouvez, & regagnez votre légion.* Bientôt, en combattant pour sauver ses soldats, il tomba sous les coups de ses ennemis.

Les Romains, accablés de toutes parts, lâchent le pied ; les Gaulois les poursuivent ; mais ils sont arrêtés au bas de la montagne par la légion que César avoit postée pour favoriser la retraite des siens.

Dans cette journée, César perdit quarante-six centurions & sept cents soldats. Le lendemain il rassembla les restes de son armée, reprocha à ses soldats leur témérité, & leur dit qu'autant il admiroit la valeur qui leur avoit fait forcer les retranchemens & franchir les murs de Gergovia, autant il condamnoit la désobéissance qui leur avoit été si funeste ; cependant il chercha à relever leur courage, en leur disant qu'ils ne devoient point s'étonner de cette perte, ni attribuer à la valeur des ennemis ce qui devoit l'être à la situation avantageuse de la forteresse. Enfin il présenta deux fois, à ce qu'il dit, la bataille à Vercingentorix qui refusa prudemment de l'accepter ; & après quelque avantage en un combat de cavalerie, il décampa, fit rétablir les ponts de la rivière d'Allier, &, sans être poursuivi, il marcha vers Autun.

Strabon, qui écrivoit sous le règne de Tibere, attribue toute la gloire de cette affaire au courage des Auvergnats.

On ne sait à quelle époque Gergovia fut détruit. Sidoine Apollinaire, qui habitoit l'Auvergne, & qui écrivoit au cinquième siècle, n'en parle point ; on peut conjecturer que les Romains, enfin maîtres des Gaules, firent ruiner une ville où leur courage avoit échoué, & qui devenoit un monument de honte pour eux, & de gloire pour les Auvergnats. Les habitans de Gergovia, sous la paisible domination d'Auguste, abandonnèrent ce lieu escarpé, peu propre aux nécessités de la vie, & se transportèrent à *Nemetum* ou *Nemosus*, lieu plus commode, qui fut embelli par les bienfaits de cet Empereur. Pour en conserver le témoignage, on joignit à son nom celui d'Auguste, & cette ville fut appelée *Augusto-Nemetum*; elle devint alors la capitale des Auvergnats, & dans la suite elle reçut le nom du château qui la dominoit. (Voyez *Clermont*, pag. 163.)

On a fait, en 1765, différentes fouilles sur cette montagne; on y a découvert un escalier à vis, un grand nombre de chevilles de fer, de quinze pouces de longueur, des fragmens de cuivre, des carreaux de terre cuite, & une infinité de morceaux de poterie de cette terre rougeâtre, appelée par les Romains *Terra campana*; enfin on y trouve fréquemment des médailles impériales, & plusieurs autres antiquités précieuses, que l'ignorance des habitans disperse ou détruit chaque jour.

Cette montagne, ci devant en pâturage, est aujourd'hui en partie défrichée; elle offre de tous côtés des matières volcaniques, on y trouve des basaltes en prismes, & une roche au travers de laquelle suinte de la poix, comme celle du *Pont du Château* & du Puy de la Poix.

MONROGNON, au nord-ouest, & à une demi-lieue de Gergovia, présente une montagne en pain de sucre, très-escarpée, couverte de pierres volcaniques & de débris de constructions dont plusieurs parties sont conservées. Sur le sommet aigu de cette montagne s'élèvent quelques ruines, & une tour entière, couverte par une voûte en calote sphérique. A peu près aux deux tiers de la hauteur, on voit encore les fondations d'une enceinte considérable.

Ce ne fut point par César, comme on le raconte vulgairement dans le pays, que cette forteresse fut construite, mais par le premier *Dauphin* d'Auvergne, vers les commencemens du treizième siècle.

Cette montagne est un ancien volcan, & il est à présumer que le château a été construit sur le cratère même. A l'ouest, on voit des basaltes qui ont des formes prismatiques, & du côté du nord, est un courant de lave.

La Roche blanche, anciennement nommée *la Roche d'Onzat* ou *d'Onezat*, étoit autrefois un lieu beaucoup plus considérable, très-bien fortifié, bâti sur la hauteur qui domine aujourd'hui le village, & où l'on voit encore quelques ruines. Cette place, ainsi que plusieurs autres du voisinage, fut, en 1380, prise par les Anglois. Les Etats de la province, tenus à Clermont au mois de septembre de la même année, pourvurent vainement à la défense des villes & forteresses de la frontière ; les Anglois entrèrent en Auvergne, s'emparèrent de la Roche d'Onezat & de plusieurs autres places de la Limagne. Les Etats s'assemblèrent de nouveau au mois de juillet 1382, & accordèrent vingt-six mille livres à *Louis de Sancere*, Maréchal de France, pour qu'il chassât les Anglois des forteresses qu'ils tenoient dans la province, dont la Roche d'Onezat est citée comme la principale.

Ces dépenses & ces efforts furent inutiles ; les Anglois gardèrent encore ces places pendant dix ans.

Au mois d'octobre 1392, le Roi envoya Jean *le Maingre*, dit *Boucicaut*, Maréchal de France, en Auvergne, pour délivrer cette province des ennemis ; il se présenta devant la Roche d'Onezat, & les Anglois, qui défendoient cette place, lui promirent de la rendre s'ils ne recevoient du secours avant le 2 novembre suivant. Pour ne pas attendre ce terme incertain, le jeune *Boucicaut* fit assembler les Etats de la province ; leur demanda des secours d'hommes & d'argent pour cette expédition, & après les avoir obtenus, il vint mettre le siège devant la forteresse de la Roche d'Onezat, qui, suivant l'Auteur des mémoires de ce Maréchal, étoit un *très-bel & fort chastel*. Il donna pendant plusieurs jours divers assauts très-vifs. « Si fift livrer durs affauts au Chaftel par plufieurs jours, eft-il dit dans les mêmes mémoires, car moult étoit forte la place; & il fut fait de moult belles armes, & au dernier ne peut tenir le chaftel, fi fe rendirent ceux qui étoient dedans au Maréchal, & fut cette prife moult honorable, car grande défenfe y trouvèrent ».

Après s'être emparé de cette fortereffe, Boucicaut, comme il en étoit convenu avec les Etats de la province, la fit rafer entièrement. Cet exploit ne chaffa pas les Anglois de l'Auvergne; car l'année fuivante, en 1393, ils prirent, malgré les trèves, le château d'*Omme* qui eft à une demi-lieue, & à l'occident de la Roche. Le Roi y envoya auffi-tôt *Philippe d'Artois*, Comte d'Eu, nouveau Connétable de France, accompagné du Maréchal de *Boucicaut*, avec mille hommes d'armes; mais comme ils étoient fur le point d'entrer en Auvergne, ils apprirent que le Maréchal de Sancerre avoit traité avec les Anglois, & avoit délivré le lieu d'Omme.

Le village de la Roche eft fitué au bas d'une roche calcaire blanche qui lui a donné fon nom. Cette roche, prefque coupée à pic, offre le fingulier & affligeant fpectacle de la mifère de quelques habitans, & de leur indifférence pour un danger qui les menace continuellement. Sa face verticale eft prefque criblée d'excavations artificielles qui forment la demeure habituelle de plufieurs particuliers peu fortunés. Cette roche, excavée dans fa bafe, a éprouvé des fentes & des crevaffes confidérables; plusieurs parties se sont déjà détachées, & ont causé par leur chûte des accidens funestes; enfin la décrépitude de cette masse calcaire s'accroît chaque jour, & semble présager, si l'administration n'y pourvoit bientôt, un désastre bien redoutable pour les habitans de ces antres, & pour les maisons du voisinage. Ce rocher menaçant a près de quatre-vingts pieds de hauteur.

Les environs de *Gergovia* & de la *Roche blanche* offrent plusieurs bourgs, villages, maisons de campagne & châteaux ruinés, dont l'ensemble forme des tableaux rians & pittoresques; ce terrein, par-tout soigneusement cultivé, est fertile en blé, en vins & en fruits excellens.

Si l'on suit la grande route de Clermont à Yssoire, on rencontre un sol toujours varié, toujours riche, & une infinité de charmans paysages.

Coude, situé sur cette route, & sur la rive gauche de l'Allier, est à deux lieues & demie de la Roche blanche, & à quatre lieues de Clermont.

Ce lieu est bâti au bas d'une montagne volcanique dont le sommet est terminé par les ruines d'un vieux château nommé, ainsi que le village qui est au dessous, *Montpeiroux*.

On a trouvé dans ce lieu plusieurs inscriptions antiques & sépulcrales, qui semblent annoncer que c'étoit là un cimetière des premiers Chrétiens. M. l'Abbé *le Beuf* a recueilli cinq épitaphes d'un beau style. De ces cinq épitaphes, quatre sont gravées sur du marbre blanc, sans doute apporté d'ailleurs; car l'Auvergne ne produit point de marbre; la cinquième est gravée sur de la pierre commune.

La première est conçue en ces termes :

In hoc tomolo quiescit bone memoriæ Palladius (1). *Vixit annus XVII. Transiet klendas septembris, indictio quinta Regis Teudorici*

---

(1) Grégoire de Tours parle d'un Palade, Comte ou Gouverneur du Gévaudan, originaire d'Auvergne, fils du Comte *Brittanus*, & de *Césarée*; il fut nommé Comte ou Gouverneur du Gévaudan par *Sigebert*, Roi d'Austrasie. Ce Gouverneur étoit un brigand qui pilloit les biens des églises & ceux de ses vassaux. *Parthénius*, Evêque du Gévaudan, voulut s'opposer à ses dépradations; mais le Comte accusa à son tour l'Evêque des plus grands crimes, & le peuple, partagé entre ces deux hommes puissans, ne savoit lequel des deux étoit le plus scélérat. *Sigebert*, instruit de ces démêlés, manda à sa Cour le Comte & l'Evêque; *Palade* en présence du Roi & de toute sa Cour, chargea son adversaire des crimes les plus infâmes; on ne sait pas si l'Evêque se justifia, ni quel fut le jugement du Roi; il paroît que l'un & l'autre furent renvoyés dans le Gévaudan. L'année suivante, en 571, *Romain*, natif d'Auvergne, parvint, par ses intrigues, à faire destituer Palade du gouvernement du Gévaudan; il ne fut cependant pas mis à sa place. Ces deux Seigneurs s'étant depuis rencontrés à Clermont, se querellèrent vivement. *Romain*, pour chagriner Palade, fit malicieusement courir le bruit que le Roi Sigebert méditoit de le faire mourir; ce Comte ajouta foi à ce faux bruit, & résolut de se donner la mort. Sa mère, & le Comte *Firmin* son beau-frère, tâchèrent de le détourner d'un projet si funeste. Palade se déroba à leur vigilance, & retiré à

La date de cette épitaphe est de l'indiction cinquième, du règne de Thierri I, Roi d'Austrasie, dont l'Auvergne faisoit partie (1).

La seconde épitaphe est celle d'un nommé *Candedus*; elle est datée de la quinzième année du règne du même *Thierri*, c'est-à-dire, de l'an 526.

La troisième est celle d'*Erena*, morte à vingt ans, dans la quatrième année du règne de *Théodebert*, fils de Thierri, c'est-à-dire, l'an 538 de notre ère.

La quatrième est d'un nommé *Pioni*, elle est datée de la vingtième année du règne de *Théodebert*. Si c'est Théodebert, fils de Thierri, il n'a régné que quatorze ans; si c'est Théodebert II, fils de Childebert II, Roi d'Austrasie, il s'en faut quatre ou cinq ans qu'il n'ait régné vingt ans; ainsi cette date est évidemment fausse : mais de pareilles méprises sont assez communes, sur-tout dans les bas siècles.

La cinquième n'est pas entière.

On remarque que les noms de ces épitaphes ne sont ni barbares ni teutoniques, qu'ils sont des noms usités dans ces temps-là parmi les Romains. Les croix qu'on y voit gravées, le monograme de Christ qui se trouve sur la quatrième, ainsi que quelques autres marques, dési-

---

l'écart, il se plongea deux fois son épée dans le sein. On le jugea indigne de la sépulture & des prières de l'église, & il fut enterré sans cérémonie auprès du monastère de Cournon.

(1) L'indiction cinquième se compta deux fois sous le règne de ce Prince, en 512 & en 527.

gnent des sépultures de chrétiens. Les caractères romains n'étoient pas encore alors fort altérés, puisque dans ces inscriptions les lettres G & L sont presque les seules qui en diffèrent.

YSSOIRE.

Ville ancienne, chef-lieu d'une élection, située à sept lieues & au sud de Clermont, à une demi-lieue des bords de l'Allier, sur la grande route de Clermont à Saint-Flour, & sur la petite rivière de *Couze*.

Quelques Auteurs prétendent que *Bituitus*, Roi des Auvergnats, érigea ce bourg en ville à la prière de son fils *Dorus*, & que le nom de ce Prince & de celui de la Déesse *Isis*, adorée dans ce lieu, ont formé le nom latin *Isiodorus*, duquel on a fait Yssoire; mais on sait que le fils de *Bituitus* est appelé *Cogentiac*, & non pas *Dorus*, & que la Déesse *Isis* n'a pas eu de culte en Auvergne; ainsi cette étymolopie est fabuleuse: mais il est certain que cette ville est fort ancienne (1); son nom est purement celtique, & Grégoire de Tours & de vieilles chartres la nomment *Ysiodorum* ou *Vicus Ycyodorensis*.

Yssoire florissoit sous les Romains, sur-tout par une école alors fort célèbre. *Saint-Austremoine*, un des sept Missionnaires envoyés

---

(1) Il y a quelques années qu'on a découvert dans le faubourg du Pont plusieurs urnes antiques, chargées de caractères romains.

de Rome dans les Gaules, vers l'an 250, pour prêcher le Christianisme, après avoir établi cette religion en Auvergne, se retira dans un hermitage près d'Yssoire, y bâtit une église qu'il dédia à Saint-Pierre; & après avoir vécu six ans dans la retraite, il mourut au commencement du quatrième siècle, & fut enterré dans l'église qu'il avoit fondée.

La ville d'Yssoire fut, au cinquième siècle, détruite par les Vandales.

En 1199, suivant un manuscrit rapporté par Baluze, le Roi de France enleva Yssoire au Dauphin d'Auvergne; on croit que les Dauphins, dont les terres avoisinoient cette ville, y possédoient quelques biens, mais qu'ils n'en ont jamais été Seigneurs.

DESCRIPTION. Cette ville est située dans une plaine aussi agréable que fertile; les eaux vives de la rivière de Couse s'y partagent en plusieurs branches qui traversent ou bordent la ville, pour y multiplier leurs bienfaits (1).

Yssoire, pendant les troubles du seizième siècle, ayant soutenu plusieurs assauts, étoit regardé comme une des plus fortes places de l'Auvergne; son enceinte, presque ronde, conserve encore une grande partie de ses fortifications. M. de *Monthion*, pendant le petit nombre

---

(1) Voltaire, dans son Conte de *Jeannot & Colin*, dit que cette ville est *fameuse dans tout l'Univers par son collège & ses chaudrons*. Ce rapprochement lui a sans doute paru fort piquant; mais il n'y a point de collège à Yssoire, ni de fabriques de chaudrons.

d'années qu'il fut Intendant d'Auvergne, procura quelques embellissemens à cette ville, qui la rendirent moins forte, mais plus agréable & plus saine; on y voit une petite place plantée d'arbres, qui porte le nom de cet Intendant.

Au centre de la ville est une place très-vaste où se tiennent les foires & marchés.

On y trouve deux églises paroissiales, celle de *Saint-Paul* & celle de *Saint-Avit*. Il y a deux couvens de Religieuses, celui des *Bénédictines* & celui de *Notre-Dame*; ce dernier a été fondé en 1678.

Les Capucins ont leur maison hors la ville, à l'extrémité du fauxbourg du Pont; ils ont été fondés en 1608. Le tableau du maître-autel représente l'ensevelissement de Jésus; la composition en est belle, le coloris est vigoureux, & les têtes ont de l'expression; on y remarque un de ces anachrnoïsmes si communs chez les Peintres du seizième & du dix-septième siècle; dans un coin du tableau, un Capucin est représenté à genoux, semblant prier Dieu dans une extase vraiment séraphique.

L'église de *Saint-Austremoine* est la plus considérable de la ville; elle appartient à une ancienne abbaye de l'ordre de Saint-Benoît, de la congrégation de Saint Maur, & qui est en commende; l'église n'a rien de remarquable; le monastère étoit autrefois fortifié.

Cette abbaye doit son origine à une ancienne chapelle où fut long-temps le tombeau de Saint-Austremoine, Apôtre de l'Auvergne, & premier Evêque de Clermont; les habitans, gens ignorans & groffiers, fuivant Grégoire de Tours, ne refpectoient guère le tombeau de ce Saint; mais *Cautin*, qui fut Evêque de Clermont, & que le même Hiftorien accufe des plus grands forfaits, eut, en 571, une vifion pendant qu'il étoit Diacre de cette églife (1). En rêvant, il vit un grand nombre d'hommes vêtus de robes blanches, qui pfalmodioient & fe promenoient autour du tombeau de Saint-Auftremoine. Lorfqu'il eut publié cette apparition, la dévotion des peuples fe ranima ; on orna ce tombeau d'une riche draperie, on l'entoura d'une grille, & l'on eut pour lui beaucoup plus de vénération.

Yffoire ayant été ruiné par les Vandales, Saint-Avit II, Evêque de Clermont, transféra les reliques de Saint-Auftremoine à *Volvic*; elles le furent enfuite, en 670, à l'abbaye de Mozac. (Voyez *Mozac*, pag. 141.)

Ce monaftère eft un de ceux qui devoient le droit de gîte au Roi. Saint-Louis, en 1254, y vint loger à fon retour de la Terre-Sainte, & la dépenfe qu'il y fit fut évaluée à cent-vingt livres.

Charles de Bourbon, qui avoit été Evêque de Clermont, qui étoit Cardinal, Archevêque de Lyon, & Adminiftrateur de cette abbaye, réduifit, en 1462, le nombre des Religieux à vingt, & cette réduction fut confirmée, en 1469, par une Bulle du Pape Paul II.

---

(1) Voyez, fur le caractère de cet Evêque l'article *Clermont*, page 238 & fuivantes.

ANECDOTE.

Anecdote. Il s'est passé dans ce monastère une aventure regardée comme merveilleuse par les Historiens qui l'ont rapportée, & qui n'est aujourd'hui qu'une preuve de la dépravation du Clergé dans le quinzième siècle : voici le fait raconté par le continuateur de Monstrelet.

« En ladite année (1478), au mois d'octobre, advint au pays d'Auvergne, qu'en une religion de Moines noirs, appartenant à M. le Cardinal de Bourbon, il y eut un des Religieux dudit lieu qui avoit les deux sexes d'homme & de femme, & de chacun d'eux s'aida tellement qu'il devint gros d'enfant, pourquoi fut prins & saisi, & mis en justice, & gardé jusqu'à ce qu'il fût délivré de son apostume, pour après icelui venu, être fait dudit Religieux ce que justice verroit être à faire ».

L'Auteur de *la Mer des histoires*, raconte ce fait de la même manière ; mais il ajoute qu'il est advenu *au pays d'Auvergne en une religion de Saint-Benoist*.

Robert Gaguin, dans son Histoire de France, dit positivement que cet événement a eu lieu en Auvergne, & dans le monastère d'Yssoire, *apud Advernos, in cœnobio Issoriensi*. La chronique scandaleuse de Louis XI, & plusieurs autres histoires racontent aussi ce prétendu prodige, qui, dans le temps, fit beaucoup de bruit. Un Littérateur, pour en éterniser la mémoire, composa ce vers latin :

Mas, mulier, Monachus, mundi mirabile monstrum.

Qu'on a traduit ainsi :

Mâle, femelle, Moine & monstre merveilleux.

Partie V.

Dans la chronique en vers, intitulée *Recollection des choses merveilleuses advenues en notre temps*, commencée par *George Chastellain*, & continuée par *Jean Molinet*; on trouve la même aventure racontée dans cette strophe :

> J'ai vu vif sans fantosme,
> Ung jeune Moysne avoir
> Membre de femme & d'homme,
> Et enfant concepvoir,
> Par lui seul en luy-miesme
> Engendrer, enfanter,
> Comme font aultres femmes
> Sans outilz emprunter.

Quelques Auteurs ont cru expliquer ce fait, en disant que ce Moine étoit simplement une fille qu'un zèle outré avoit attirée dans ce monastère, & qui, à la faveur d'un déguisement avoit prononcé ses vœux; mais que la nature, toujours plus forte que les vœux, avoit à la fin repris ses droits (1).

Il y a tout lieu de croire que cette fille portant l'apparence des deux sexes, comme il

---

(1) Grégoire de Tours rapporte l'exemple d'une jeune fille plus sage, nommée *Pappula*, qui, après s'être déguisée en garçon, vint aussi faire des vœux dans un monastère d'hommes; enfin son zèle s'étant constamment soutenu, elle devint Abbé du couvent, & après avoir, pendant trente années, gardé son secret, elle ne le découvrit que trois jours avant sa mort, afin d'être rangée parmi les vierges saintes.

y en a beaucoup d'exemples, fut trompée elle-même en entrant dans le monastère, & que l'âge ayant enfin développé des indices jusqu'alors incertains, elle sentit qu'elle étoit parfaitement du sexe féminin. Ne pouvant long-temps garder un secret qui, sans doute, étoit pour elle un fardeau insupportable, elle le découvrit à quelques Moines ses confrères. Cette indiscrétion en produisit d'autres. Les Religieux alors comptèrent assez sur la crédulité du peuple, pour répandre que cette fille étoit seule l'Auteur de sa grossesse, & ce mensonge parut trop merveilleux pour qu'on osât en douter.

ÉVÉNEMENS remarquables. Yssoire est la ville d'Auvergne qui a le plus participé aux événemens malheureux par lesquels, au seizième siècle, la France a été désolée. Après les massacres de la Saint-Barthelemi, le parti des Protestans chercha à s'en emparer. Le Capitaine *Mathieu Merle* vint, en 1573, reconnoître cette ville; quoiqu'elle lui parût très-bien fortifiée, il jugea qu'elle pouvoit être prise par escalade. Après avoir assemblé une troupe de trois cents hommes, l'année suivante il se rendit, pendant la nuit, devant la ville d'Yssoire. Comme il étoit sur le point de descendre dans un fossé, il entendit deux Voyageurs qui crioient aux sentinelles de la ville, que le Capitaine *Merle* étoit en campagne; il aperçut aussi, près des châteaux voisins, plusieurs feux allumés, qui sembloient des signaux faits pour déceler son arrivée.

Alors Merle jugeant l'instant peu favorable, prit le parti de se retirer. Quelque temps après l'alarme étant calmée, il se rapproche de la ville, entre dans le fossé, fait dresser une échelle, & monte le premier. A peine a-t-il atteint le haut du mur, qu'il rencontre un soldat armé d'un bâton ferré à deux bouts, qui s'oppose de toute sa force à l'escalade, & tâche à renverser l'échelle.

Merle s'arme de deux pistolets qu'il s'est fait apporter, les tire sur la sentinelle qu'il renverse de la muraille en bas, puis, ne trouvant plus d'obstacle, il entre avec ses troupes dans la ville.

Le Capitaine *Merle*, étant maître d'Yssoire, faisoit des courses dans les environs; le sieur de *la Guiche*, accompagné de plusieurs Gentilshommes d'Auvergne, en 1575, lui livra combat. Merle parvint à l'envelopper, à le prendre & à le conduire prisonnier à Yssoire. Au bout de quelque temps, il le relâcha sans rançon, par ordre du Roi de Navarre.

En 1576, conformément à l'édit de pacification, la ville d'Yssoire fut cédée aux Protestans comme place de sûreté, & le Roi de Navarre ordonna à Merle de se retirer, & d'en laisser le commandement au sieur de *Chavagnac*.

Bientôt les traités violés par le parti de la Cour de France produisirent de nouveaux troubles, & la paix étant rompue en 1577, Merle rentra dans Yssoire, y établit une garnison, & de là faisoit plusieurs courses dans les environs; mais voyant cette place menacée d'un siège prochain par une puissante armée qui arrivoit en Auvergne, il abandonna la ville d'*Au-*

bert qu'il avoit prife, & qui n'étoit pas affez fortifiée, transporta une partie des poudres & munitions qui s'y trouvoient, à *Yffoire*, y laiffa quelques troupes, & fe retira au château de *Malezieu*.

Monfieur, frère du Roi, après la prife de *la Charité*, envoya fes Lieutenans en Auvergne, afin qu'ils commençaffent le fiège d'Yffoire (1). Le 20 mai 1577, le Capitaine *Champagne* inveftit la place; la garnifon, après avoir été fommée, refufa de fe rendre, & répondit à cette fommation par une fortie vigoureufe, où il y eut de part & d'autre cent hommes de tués. A cette nouvelle, *Monfieur* partit de Blois, & arriva lui-même le 28 mai fuivant fous les murs d'Yffoire. Après un confeil de guerre, il fut réfolu d'attaquer la place par trois endroits; ces trois attaques furent commandées par le Duc *de Guife*, par Philippe Emmanuel *de Lorraine*, Duc de Mercœur, & par le Duc *de Nevers*.

Le fiège fe pouffoit avec vigueur, lorfque, le 3 juin fuivant, il s'éleva un orage affreux,

---

(1) Monfieur, Frère du Roi, ne vint point de *la Charité* en Auvergne, comme plufieurs l'ont écrit; glorieux de fon fuccès, il voulut en avoir la récompenfe. Il fut joindre le Roi au Pleffis-lèz-Tours, qui lui donna un feftin dans lequel les Dames parurent vêtues, ainfi que tous les hommes, d'étoffes de foie verte, les cheveux épars, & à moitié nues. La Reine Catherine de Médicis lui donna à fon tour un fecond feftin à *Chenonceau*, où le même fcandale fut renouvelé. C'eft ainfi que Monfieur fe difpofoit à la défenfe prétendue de la religion catholique.

mêlé de grêle, qui dura pendant une heure avec tant de violence, que les assiégés furent obligés d'abandonner leurs murailles, & les assiégeans leurs tranchées; le tonnerre tomba sur le clocher de l'abbaye, & le renversa.

Le lendemain, le Duc de Nevers recommença à battre la porte de Barbigeau, il y fit une brèche considérable; les assiégés la réparèrent avec beaucoup d'activité, & le jour suivant firent une sortie où ils perdirent beaucoup de monde: il y eut aussi plusieurs blessés dans le camp des Royalistes.

Monsieur tint un autre conseil de guerre où il fut résolu de sommer de nouveau les assiégés de se rendre sans conditions; mais ils refusèrent une proposition aussi désavantageuse, dans l'espérance de recevoir bientôt un secours que le Capitaine *Merle* leur avoit promis.

D'après ce refus, le 9 juin, on attaqua la ville par trois endroits différens. Le Duc de Guise, en pourpoint, monta le premier à la brèche, presque toute la Noblesse de l'armée, enflammée par son exemple, le suivit, & le seconda avec ardeur.

Cette attaque ne fut pas heureuse; le Duc de Guise & les Nobles qui l'accompagnoient, furent vivement repoussés par les assiégés qui en tuèrent un grand nombre; le jeune *Bussy*, le Capitaine *la Mothe* & *Montmorin* y perdirent la vie; *Yves d'Alègre*, Jean de *Thevalles*, Jacques de *Harlai de Chanvallon* (1),

---

(1) *Harlai de Chanvallon* fut l'amant de la Reine *Marguerite*, femme d'Henri IV. Voyez ci-après l'article *Usson*, où nous parlons de cette Reine.

& presque tous les autres en revinrent dangereusement blessés; plus de cinq cents assiégeans moururent en cette occasion. (Voyez *Clermont*, page 202, &c.)

Le Duc de Nevers, plus prudent, avoit retenu l'ardeur de ses troupes, & s'étoit contenté d'applanir la brèche qu'il avoit faite à la porte de Barbigeau. Le feu continuel de ses batteries fit plus de peur aux assiégés que le dernier assaut. Ils demandèrent le lendemain à parlementer. On s'envoya réciproquement des ôtages. Les assiégés promirent de rendre la place si on leur accordoit vies & bagues sauves. Monsieur eut la cruauté de rejeter ces propositions, & d'exiger qu'ils se rendissent sans aucune condition ; alors les ôtages furent rendus, & rien ne fut terminé.

Le 12 juin, le Duc de Guise fit tirer à revers un coup de coulevrine dans le retranchement que les assiégés avoient élevé derrière la muraille, & plus de vingt hommes furent tués sur le coup. Cet accident imprévu jeta l'épouvante parmi les assiégés ; ils perdirent aussi-tôt l'espoir de résister plus long-temps, & ils demandèrent à se rendre aux conditions les moins rigoureuses.

Cette ville, après avoir, pendant vingt-deux jours, soutenu courageusement les efforts redoublés d'une armée considérable où se trouvoient les plus vaillans Capitaines de la Cour, fut forcée de se soumettre au parti Catholique.

L'Etoile, dans son Journal d'Henri III, dit que cette ville fut prise *en parlementant*, c'est-à-dire, par une de ces trahisons si communes aux guerriers de ce temps là ; il ajoute, « que les soldats ne purent être empêchés qu'ils ne pillassent & brûlassent la ville, & tuassent sans discrétion tout ce qui se trouva devant eux ».

M. *de Thou* rapporte, d'une manière un peu différente, la reddition de cette place ; il dit que les habitans s'étant remis à la miséricorde du Prince, il leur ordonna de s'assembler tous dans la grande église, & que l'après-midi les troupes entrèrent dans la ville par la brèche. « Rien ne put les retenir, ajoute M. *de Thou* ; il n'y a point de violences & d'excès qu'elles n'exerçassent envers ces malheureux ; il n'y eut que le sieur de *Chavagnac*, qui commandoit dans la place avec les Capitaines *Rudon* & *la Pierre*, qu'on épargna par ordre du Prince, qui les relâcha, à condition qu'ils promettroient de ne plus porter les armes contre Sa Majesté. La place fut ensuite livrée en proie à l'avidité du soldat ; mais au milieu du pillage, le feu s'étant pris à quelques maisons, soit qu'on l'y eût mis à dessein, soit que ce ne fût que l'effet d'une querelle que l'ardeur de piller eût fait naître entre les troupes ; le vent qui souffloit alors avec violence, rendit l'embrâsement si universel, que nul secours humain ne put l'arrêter. L'incendie termina le différent auquel l'avidité du soldat avoit donné lieu en réduisant en cendres la plus grande partie de la ville avec toutes ses richesses.

» Pour surcroît de malheur, une pluie terrible qui tomba pendant plusieurs heures, au lieu d'appaiser la fureur des flammes, ne servit qu'à augmenter l'horreur d'un si triste spectacle, en achevant de ruiner ce qu'elles avoient épargné.

» Ainsi, continue le même Historien, attaquée par deux forces contraires, la ville d'Yssoire devint presque en même temps la proie du feu & des eaux. Fortune toujours bizarre, s'écrie-t-il, voilà quels sont tes jeux au milieu même des plus grands malheurs (1).

L'Etoile, en parlant de quelques Gentilshommes blessés au siège dans l'armée du Roi, cite *Yves*, Baron d'*Alégre*, « qui en avoit été quitte pour une arquebusade ; il fut tué de nuit, dit-il, en son château d'*Alégre*, à l'occasion d'une Dame qu'il aimoit ».

Après cette expédition, l'armée Royale marcha vers *Ambert*, qui, à son approche, se rendit sans résistance.

Douze ans après ce malheureux siège, la ville d'Yssoire en eut encore un autre à soutenir. Les affaires avoient alors changé de face ; Henri III étoit mort victime de la Ligue qu'il avoit protégée. La cause du parti Protestant, étant celle d'Henri IV, devenoit légitime. Les Ligueurs, d'abord Royalistes en apparence, n'étoient plus que des révoltés.

Les cabales de *Jean de la Rochefoucauld*, Comte de *Randan*, Gouverneur d'Auvergne,

---

(1) Le Roi étoit au château de Chenonceau lorsqu'il reçut la nouvelle de la prise d'Yssoire ; à cette occasion il l'appela le *château de Bonnes-Nouvelles*. Les Huguenots nommèrent l'année 1577, *l'année des mauvaises nouvelles*.

& de *François de la Rochefoucauld* son frère, Evêque de Clermont, tous deux ligueurs zélés, n'empêchèrent point quelques villes d'Auvergne, comme *Clermont*, *Maringues*, *Saint-Pourcain*, *Yssoire*, d'embrasser le parti d'Henri IV. Les habitans de cette dernière ville appelèrent *Yves d'Alègre*, jeune Gentilhomme, neveu d'Yves d'Alègre, dont nous avons parlé, qui fut tué le lendemain de la dernière prise d'Yssoire; ils favorisèrent son entrée, &, sans éprouver aucune résistance, il se rendit maître de cette ville. (1). Les sieurs d'*Anterac*, de *Senughol*, s'y logèrent avec de l'infanterie, & d'*Alègre*, après y avoir laissé deux cents arquebusiers & quelques cavaleries sous la charge du sieur de *Fredeville* le jeune, se retira de cette ville pour quelques autres entreprises.

Le Comte de Randan fit tous les préparatifs pour assiéger promptement Yssoire; il manda à M. de *Saint-Herem*, au Vicomte de *Rochebaron*, au Vicomte de *Châteauclou*, de se rendre à *Aulnat* pendant la nuit, avec leurs compagnies; il s'y rendit lui-même après avoir rassemblé ses troupes, & le 11 mai 1589, à six heures du soir, il partit de ce lieu, suivit les bords de la rivière d'Allier; mais les chemins étant difficiles & les gens de pieds ne pouvant aller aussi vîte que la cavalerie, il ne

---

(1) Un habitant, Consul de la ville, nommé *Chauveron*, Ligueur zélé, voulut s'opposer seul à cette entrée; il fut bientôt chassé de la ville.

put arriver devant Yſſoire avant le jour. On crut l'entreprise manquée : cependant le Comte de *Randan* ne perdit pas courage ; s'étant approché de la ville juſqu'à une portée de fuſil, il fit camper ſa troupe, & envoya *de Chalus & de Saint-Marc*, avec leurs compagnies, pour accompagner le Capitaine *la Croix*, qui devoit faire jouer les pétards (1). Le Comte de *Randan*, à la tête de cent cinquante Gentilshommes, tous armés, le caſque en tête, ſuivoit cette première troupe.

Cependant on s'approcha de la première barrière de la ville ; cette barrière couvroit la porte d'un ravelin, puis entre cette porte & la porte principale, il y avoit une autre barrière ; de ſorte qu'avant d'arriver à la ville, il falloit rompre deux barrières & deux portes à pont-levis.

Le pétard fut mis à la première barrière, & quoiqu'il fût déjà jour, la ſentinelle poſtée au deſſus de la muraille ne s'en aperçut pas ;

___

(1) Ce fut en 1580, au ſiège de *Cahors* par le Roi de Navarre, qu'on ſe ſervit pour la première fois de *pétards* ; c'étoient des eſpèces de mortiers qui pouvoient contenir quinze à vingt livres de poudre, dont l'embouchure étoit fermée par des barres de fer croiſées. Cette machine étant appliquée à une porte, on y mettoit le feu ; auſſi-tôt, avec un fracas épouvantable, elle briſoit, renverſoit tout ce qui étoit autour, faiſoit ſauter de toutes parts de gros morceaux de pierre & de bois, qui ſouvent mettoient en pièces les Canonniers mêmes.

mais l'explosion de ce pétard fit un tel bruit, que l'alarme se répandit dans la ville, & bientôt on vit les remparts bordés de défenseurs qui tirèrent plusieurs coups d'arquebusades sur le Capitaine *la Croix*. Celui-ci se voyant secouru par les compagnies de MM. de *Saint-Herem* & de *Châteauclou*, posa promptement un second pétard à la porte du ravelin qui fut emportée, puis arriva à la seconde barrière, & voyant qu'il pouvoit l'enlever par pièces, il n'employa point le pétard.

La porte de la ville, couverte d'un fort pont-levis, offroit de plus grands obstacles. Le Capitaine *la Croix*, malgré les arquebusades qui pleuvoient autour de lui, vint poser le troisième pétard sous cette porte; mais il perdit la fusée en chemin, il fut contraint d'en faire une sur le champ.

Les habitans profitèrent de cet instant pour fortifier, en dedans, la porte avec des pierres & des pièces de bois. Ils ne cessèrent ensuite, avec une extrême activité, de lancer des pierres & de tirer des coups d'arquebusades sur les assaillans. Deux fois le Capitaine *la Croix* fut renversé à terre par les cailloux qu'on lui lançoit du haut des murs; par un autre coup il fut grièvement blessé, & son casque tomba de sa tête. Cependant, sans se troubler, il posa le pétard, y mit le feu; l'explosion brisa la porte & le pont-levis, & fit une assez grande ouverture. Pendant cette expédition, le Comte de Randan & la Noblesse qui l'accompagnoit étoient couchés le ventre à terre, à l'abri des

coups d'arquebusades. Aussi-tôt que l'ouverture
fut faite, ils se lèvent ; le Comte de Randan
paroît, dit-on, le premier à cette brèche, &
malgré les pierres énormes & les coups d'arquebusades qui pleuvoient du haut des murs,
armé d'un fort épieux, il se fait jour à travers les
soldats de la ville ; il est bientôt suivi de ses
Gentilshommes, qui, tous couverts de cuirasses à l'épreuve, tomboient sous les coups
sans être blessés. Le Comte de Randan sort
de la mêlée, s'avance jusques dans la place
qui est au centre de la ville, & là, il reçoit
un coup de hallebarde sur la tête, qui lui décloue la visière de son casque.

La troupe des Ligueurs se répand dans la
ville pêle-mêle ; les habitans & les soldats se
voyant forcés, abandonnent les rues, prennent
la fuite ; quelques-uns se jettent du haut des
murailles, d'autres se défendent avec un courage opiniâtre. Le Capitaine *Buffi* se fit surtout remarquer en combattant avec une ardeur
incroyable, dans une rue où il mourut accablé
de blessures. Enfin la place & ses avenues étant
gagnées, le sieur de Randan voyant toutes ses
troupes dans la ville, les rangea en bataille,
& puis, suivant l'Auteur de la relation de ce
siège, « il fit donner logis par fourriers, fit
crier défense, sur la vie, de ne faire aucun ravage ni cruauté sur les personnes des habitans ;
mais sur-tout il recommanda de garder l'honneur des Dames, pour la conservation desquelles
il alla en personne, armé comme il étoit, de
logis en logis, priant les Gentilshommes &

commandant aux soldats de n'user d'aucune violence (1) ».

Le sieur de *Fredeville* qui commandoit la garnison, lorsqu'il vit les Ligueurs dans la ville, se réfugia, avec quelques soldats, dans une tour assez forte; mais il fut bientôt forcé de se rendre; le sieur de Randan lui sauva la vie, & lui promit la liberté, à condition qu'il viendroit le trouver, après un certain temps, pendant lequel il ne feroit point la guerre.

Yssoire resta entre les mains des Ligueurs jusqu'au mois de février de l'année suivante. Les habitans de Clermont, de Montferrand, de Saint-Pourcain, &c., les seules villes de la province qui tenoient pour le parti d'Henri IV, réunirent leurs moyens pour chasser les Ligueurs d'Yssoire. Les habitans de Clermont firent seuls les frais de cette guerre, & soudoyèrent pendant long-temps les Capitaines des environs, pour les déterminer à cette louable entreprise.

---

(1) Cette relation de la prise d'Yssoire, qui se trouve imprimée dans les *Mémoires de la Ligue*, est écrite par un Ligueur qui parle de son parti avec une apparente hypocrisie & un ton flatteur qui rendroient très-suspects les éloges qu'il donne à M. de Randan; cependant comme ce Seigneur a été reconnu pour brave & humain, quoique combattant pour la mauvaise cause, on peut croire que ces éloges sont mérités, & qu'il préserva la ville d'Yssoire du pillage, & les Dames du lieu, des violences pour lesquelles les Gentilshommes & les soldats étoient alors fort zélés, & cette modération est d'autant plus louable, qu'elle étoit plus rare alors.

Les habitans de Clermont ayant tout disposé pour assiéger Yssoire, les Capitaines *Basset* & *la Salle*, assistés du sieur de *Bobière*, frère du sieur de *Barmontel*, & de plusieurs autres gens de guerre, partirent de Clermont le samedi soir 10 février 1590, & se rendirent devant Yssoire une heure avant le jour. Résolus d'escalader les murs, ils dressent, à la faveur des ténèbres, des échelles, montent sur les remparts; à peine en est il entré quelques-uns, qu'ils crient: *Ville gagnée ! vive le Roi !* Cependant une sentinelle qui les avoit aperçus, venoit de répandre l'alarme; les soldats du corps-de-garde de *Saint-Paul* font une vigoureuse résistance, & périssent tous les armes à la main; cette entrée imprévue répand par-tout l'épouvante, chacun fuit & tâche de se retirer dans la citadelle.

Le Capitaine *Basset* essaye de faire jouer trois pétards contre trois portes de cette citadelle, mais il ne peut y réussir. Alors il envoye demander aux Echevins de Clermont un secours d'hommes, d'artillerie & de munitions. Ce secours, commandé par le sieur *de Florat* & autres, arrive le lendemain sans obstacle & l'on s'occupe à faire le siège de la citadelle. Bientôt ce secours paroît insuffisant; les habitans de Clermont en envoyent le 12 dudit mois un second, composé de deux cents hommes de pied, munis d'une grande quantité de poudre, pétards, grenades, &c.; alors les Ligueurs, avertis du départ de ce secours, viennent, au nombre de cent soixante cuirassiers, l'arrêter en chemin, & ils le mirent en déroute.

Les Ligueurs s'assemblent en plus grand

nombre, & arrivent devant Yssoire. Leur troupe, composée de quatre cents chevaux & de trois cents arquebusiers, est commandée par plusieurs Gentilshommes, dont les noms sont connus; tels étoient MM. de *Randan*, Gouverneur de la province, de *Saint-Herem*, d'*Estaing*, *Chailus*, *Espinchal* (1), &c., ils avoient amené trois pièces de canon; ils investissent la ville, ils s'emparent du faubourg qui étoit du côté de la citadelle, parvienent à donner du secours à ceux qui la défendoient, & à y faire entrer leurs canons, avec lesquels on commença à battre la ville.

Par cet exploit des Ligueurs, les troupes Royales qui étoient dans Yssoire, se trouvoient attaquées de deux côtés; elles étoient assiégées par l'armée de la Ligue, & battues par l'artillerie de la citadelle. Dans cette situation alarmante, M. de *Florat*, qui commandoit dans la ville, ne perdit point courage, & fit demander de nouvelles forces aux habitans de Clermont.

Les Magistrats de cette ville, conjointement avec le sieur d'*Estiat*, qui tenoit dans la province

---

(1) Ce pouvoit être *François d'Espinchal*; ce nom est en horreur dans la Limagne. *Gaspard*, Marquis d'*Espinchal*, étoit un de ces scélérats titrés dont le nom rappelle une infinités de cruautés excessives, de plaisanteries atroces, & d'autant plus lâches, qu'elles avoient toujours pour objet des personnes sans armes & foibles par leur état. Louis XIV eut l'injustice de lui accorder, en 1678, des lettres de rémission pour différens homicides qu'il avoit commis en Auvergne.

le

le parti du Roi, envoyèrent, afin d'avoir promptement les forces demandées, des messagers auprès des Gouverneurs des provinces voisines, pour les inviter à venir au secours de la ville d'Yssoire. En attendant l'arrivée de ces troupes étrangères, ils mandèrent à différens Capitaines du pays, qui commandoient à Maringues, à Saint-Pourcain & ailleurs, de venir avec leurs troupes; tels étoient les sieurs de *Curton*, de *Rivoire*, *Chappes*, *de la Grise*, &c.

Les secours attendus ne venant pas assez promptement à Clermont, on se détermina d'envoyer à Yssoire un petit renfort & quelques munitions; le sieur de *la Grise* fut à la tête de l'expédition; il parvint, à la faveur de la nuit, & malgré les ennemis qui assiégeoient la ville, d'y faire entrer dix-huit cuirassiers, & vingt-cinq arquebusiers, ainsi que plusieurs provisions d'armes & de poudre.

Les Ligueurs ne cessoient cependant de battre la place avec leur artillerie; ils tentèrent plusieurs assauts où ils furent repoussés, les troupes de la ville montrèrent aussi beaucoup de courage; elles firent plusieurs sorties toujours avantageuses; mais il leur manquoit beaucoup de choses nécessaires; les chevaux n'avoient plus de fourrages, on étoit obligé de les nourrir avec du grain. L'eau de la rivière ayant été détournée, les moulins de la ville ne pouvoient plus moudre le blé; la disette commençoit à se faire sentir.

Enfin les sieurs de *Messilhat*, de *Chaseron*, de *Rastignat* étant arrivés à Clermont avec leurs compagnies, lesquelles, réunies aux troupes qui étoient déjà dans cette ville, formoient un corps d'environ huit cents hommes, on disposa tout pour le départ; on prépara quatre pièces d'artillerie, deux chariots d'arquebuses, & une grande quantité de munitions de guerre. Le lendemain de l'arrivée de M. de *Chaferon*, le 13 du mois de mars, la petite armée partit le soir de Clermont, & fut coucher à *Coude*, village situé à deux lieues d'Yssoire.

Cependant les habitans des bourgs & villages situés sur la route, étant tous zélés Ligueurs, s'avertissoient les uns les autres par le son des cloches, du secours qui marchoit vers Yssoire. L'armée de la Ligue en fut bientôt informée, & fit alors de nouveaux efforts pour prendre cette ville. Le même jour cent coups de canon furent tirés contre un endroit de la muraille; la brèche étoit de quinze à vingt pas d'ouverture. On donna deux assauts vigoureux; les sieurs de *Blot* & *Barmontel* les soutinrent avec plus de vigueur encore, & les Ligueurs furent toujours repoussés avec perte.

Cependant ceux qui défendoient Yssoire étoient dans une situation très-pénible; chaudement pressés par les Ligueurs de la citadelle & par les Ligueurs qui tenoient la ville assiégée, ils se voyoient encore sur le point de manquer entièrement de vivres & de munitions, & leur muraille avoit une brèche très-considérable; dans cette extrémité, ils n'étoient soutenus que par leur courage & par l'espoir d'un prochain secours.

Enfin ce secours, attendu depuis un mois, arriva. Le matin du 14 mars, on vit paroître, sur les côteaux voisins, la petite armée des Royalistes, qui, après deux lieues de marche, s'avança vers les villages de Sauvagnat & de Perriers.

Les assiégeans abandonnent aussi-tôt le siége, pour venir au devant de cette armée; & pendant-qu'ils s'éloignoient d'Yssoire, le sieur *de Florat*, instruit de l'arrivée du secours, se dispose à venir le joindre, afin de favoriser son entrée. Il sort de la ville sans obstacle, à la tête d'une troupe choisie, composée de soixante cuirassiers à cheval, & bien armés; & pendant que les Ligueurs cherchent à gagner les hauteurs, il part au grand galop, & parvient jusqu'à la troupe des nouveaux venus.

Les Ligueurs divisent leur armée en trois escadrons, & tâchent d'envelopper celle des Royalistes qui préviennent leur dessein. L'action s'engage avec chaleur de part & d'autre; mais dans peu de temps on vit les Ligueurs plier, de toutes parts; leurs escadrons furent vivement chargés, enfoncés & mis en déroute.

Les troupes du Roi ne perdirent environ que cinq ou six hommes, tandis que les Ligueurs eurent plus de cent vingt hommes de tués, dont soixante Gentilshommes; le sieur *de Randan* fut de ce nombre (1).

---

(1) Il ne fut point tué sur le champ de bataille, comme le rapportent quelques Historiens; mais, étant grièvement blessé, il fut fait prisonnier par le sieur de le *Motte-Arnaut*. Suivant la relation manuscrite d'après

L'armée de la Ligue étant mise en fuite, & la victoire restée aux Royalistes, ils marchèrent vers Yssoire, & bloquerent la citadelle. Ceux qui la défendoient demandèrent à parlementer. Le sieur *de Florat* se présenta accompagné du sieur *de Châteauclou*, son prisonnier, qui leur confirma la défaite de ceux de leur parti; alors ils capitulèrent, & sortirent de la citadelle, bagues sauves, la mêche éteinte, y laissant les pièces d'artillerie & les munitions de guerre qui s'y trouvoient.

La joie & les actions de graces succédèrent bientôt à des travaux pénibles, à des dangers sans nombre, & à une disette effrayante. Depuis quinze jours on ne nourrissoit les chevaux qu'avec la paille des lits, ou celle qui servoit de couverture aux maisons. La farine commençoit à manquer. Les soldats, pendant plus d'un mois que dura ce siège, ne se dépouillèrent point de leurs habits, & ne couchèrent que dans leurs retranchemens, ou dans leurs corps-de-garde.

Cette victoire fut d'une grande importance pour le parti d'Henri IV. Ce Roi étoit à Cor-

---

laquelle j'ai raconté ce combat, *la Motte-Arnaut* avoit beaucoup à se plaindre du Comte de Randan, qui avoit, quelque temps avant, assiégé, pris, saccagé & rasé sa maison. « Ledit de la Motte l'ayant mis en croupe sur son cheval, & conduit environ deux cents pas, le sieur de Randan ne put plus aller à cheval; ce que voyant ledit de la Motte, le mit sur une charrette, & le conduisit dans son logis à Yssoire, où il décéda environ une heure après, lui fesant, durant sa vie, tout le service & secours qu'il put ».

beil lorsqu'il en apprit la nouvelle ; il en témoigna beaucoup de joie : on doit remarquer aussi qu'elle fut remportée le même jour que Henri IV gagna la fameuse bataille d'Ivri.

« Le succès de cette journée, dit M. de Thou, qui affermit le parti du Roi en Auvergne & dans les provinces voisines, & qui concouroit si parfaitement avec celle d'Ivri, fut un présage certain de la fortune toujours victorieuse qui accompagna depuis, dans toutes ses entreprises, ce Prince né pour le bonheur de la France ».

Après cette victoire, le sieur *de Barmontel* & le Capitaine *Basset* se disputèrent le commandement de cette ville, que le sieur de Florat avoit refusé. Henri IV, informé de ce différent, afin de le terminer, ne nomma aucun de ces deux prétendans, mais *Yves d'Alègre*, dont il a été parlé ci-dessus.

Ce Seigneur se retira à Yssoire. *Françoise Babou de la Bourdaisière*, Marquise *d'Estrées*, célèbre dans son temps par sa vie licencieuse, abandonna son mari, le Marquis *d'Estrées*, pour vivre librement dans cette ville avec le Marquis d'Alègre, dont elle se montra ouvertement la maîtresse. Les vexations de ce Gouverneur, la vie dissolue & les excès de la Marquise d'Estrées indisposèrent tellement les habitans d'Yssoire, que le dernier décembre 1592, ils se soulevèrent contre la garnison & contre ceux qui la commandoient. L'émeute fut vive ; le peuple, depuis longtemps accoutumé aux combats, & animé par la résistance, se porta aux dernières extrémités contre les auteurs de ses maux ; le Marquis d'*Alègre* fut massacré, & la Marquise d'Estrées, sa maîtresse, éprouva le même sort.

On raconte, à l'occasion de cet événement, une anecdote singulière. Sur le corps mort de cette Marquise on vit la marque d'un raffinement de coquetterie, qui, dans un siècle où règne le bon goût, ne doit point trouver d'exemple.

Cette dame, pour plaire à son amant, ne se bornoit pas à orner & à tresser sa chevelure, on aperçut dans un lieu plus secret, des tresses symétriquement arrangées avec des rubans de soie de diverses couleurs (1).

---

(1) Sa mort & celle de son amant firent alors beaucoup de bruit. Dans la pièce satirique intitulée, *Bibliothèque de Madame de Montpensier*, on fait allusion à cet événement par ce titre : « Les *réformidables regrets des amoureux*, par Madame D'ESTRÉES, revus & augmentés par le sieur D'ALEGRE ». Ceux qui connoissent l'Histoire de la famille de la *Bourdaisière*, ne seront point surpris du moyen bizarre employé par cette vieille coquette; on rapporte que son mari, le Marquis d'Estrées, disoit quelque temps après son mariage : *Voyez-vous cette femme ? elle me fera un clapier de Putains de ma maison*. On a remarqué que la prophétie s'étoit accomplie; en effet, sa fille, *Gabrielle d'Estrées*, après avoir été maîtresse de plusieurs Seigneurs, devint celle d'Henri IV, Prince aussi malheureux en femme qu'en maîtresses. *Isabelle Babou* de la Bourdaisière, femme de François *d'Escoubleau*, marquis de Sourdis, & tante de *Gabrielle d'Estrées*, fut la maîtresse publique du Chancelier de Chiverni. Une cousine de Gabrielle d'Estrées, nommée *Marie de Beauvilliers*, quoique Religieuse à l'abbaye de Montmartre, fut maî-

ENVIRONS. Les campagnes qui environnent la ville d'Yssoire, sont aussi fertiles qu'intéressantes à parcourir; elles offrent une belle partie de la Limagne; l'œil se promène agréablement sur des côteaux enrichis de vignobles, sur une plaine arrosée par l'Allier, & par plusieurs autres rivières moins considérables qui s'y versent. De nombreuses curiosités minéralogiques, des accidens singuliers du sol, des éminences couronnées de ruines d'anciens châteaux, procurent à ce canton des vues magnifiques & pittoresques.

On ne doit pas oublier de voir le rocher de *Saint-Yvoine*, situé sur les bords de l'Allier, curieux par sa forme & par sa matière. L'ancien château qui le dominoit, étoit autrefois nommé, à cause de sa situation escarpée, *Pierre Encise*, *Petra-Incisa*. On doit aussi voir *Perriers*, *Pradines*, *Nonette*, *Usson*, &c.

PERRIERS, village assez considérable, situé à l'ouest, & à une demi lieue d'Yssoire, est remarquable par un obélisque naturel, terminé par les ruines d'une tour appelée la tour de *Maurifolet*. Le rocher qui compose cet obélisque, est creusé en différens endroits, & ces excavations ont toutes été habitées. La cîme,

---

tresse du Roi Henri IV. Dans l'épitaphe satirique, faite à la mort de Gabrielle d'Estrées, on trouve ces vers :

Toutes ces sœurs putains putantes,
Sa grand'mère & toutes ses tantes, &c.

presque inaccessible est couverte de scories & d'autres matières volcaniques, dont la dureté conserve le reste de cet édifice naturel ; il dépendoit autrefois du côteau voisin, qui est composé de couches pareilles & correspondantes, & son isolement est dû à l'écoulement des eaux ou à quelques autres accidens.

Ce village offre les effets de plusieurs éboulemens, & il existe un grand nombre d'excavations dans le rocher, dont quelques-unes sont encore habitées.

A une petite lieue, & au dessus de Perriers, on trouve le village de Pradines.

PRADINES est un village célèbre par un éboulement terrible, qui, du haut de la montagne, transporta une grande partie du village jusqu'au bas du vallon.

Depuis long-temps ce village étoit menacé de ce désastre ; la fontaine avoit cessé de couler, on s'étoit aperçu que le terrain perdoit son aplomb, & que les murs des maisons se fendoient.

Le 22 juin 1737, un orage considérable avoit détrempé le terrain ; le lendemain 23, à neuf heures du soir, pendant que les habitans s'étoient portés à une extrémité du village, pour jouir du spectacle du feu de la Saint-Jean, l'éboulement commença, & l'absence des habitans leur sauva la vie, aucun ne périt : cet éboulement se fit par parties, & continua les jours suivans jusqu'au 25 juin.

Des rochers, des arbres, des maisons, détachés de la montagne entraînèrent dans leur chûte, avec un fracas horrible, tout ce qu'ils rencontroient, & se précipitèrent dans le vallon. Le dernier jour de cet accident, un énorme rocher de basalte, épais de vingt-six pieds, haut de cinquante-sept, & large de quatre-vingt-dix, placé sur le haut de la colline, dépourvu du terrain qui le soutenoit, tomba tout à plat, & resta sur la place où on le voit encore.

Cette chûte produisit une secousse si violente que les habitans de la partie du village qui avoit été épargnée, crurent que la montagne entière s'écrouloit, & qu'ils alloient être ensevelis dans les entrailles de la terre. Ils prirent la fuite, en poussant des cris affreux, & se répandirent dans la campagne en désespérés. Le Curé disoit alors la messe; l'émotion qu'il éprouva suspendit la célébration, il quitta l'autel, on l'emporta chez lui, où, quelque temps après, les suites de sa frayeur lui causèrent la mort.

Quand le terrain eut repris son assiette, l'éboulement cessa; on vit soixante bâtimens renversés, & un espace long de quatre cents toises sur trois cents de largeur, couvert de débris de constructions, d'arbres, de rochers & de terrain écroulé. On remarque que plusieurs parties du côteau ne firent que changer de place sans changer de forme; ils glissèrent doucement jusqu'au bas du vallon, avec les arbres & les vignes qui s'y trouvoient plantés, & la surface n'en fut point altérée; il y eut même une grange qui coula du haut en bas avec le sol sur lequel elle étoit fondée, sans en recevoir d'autre accident qu'une crevasse dans ses murs : elle existe encore.

Le changement considérable qu'éprouva une grande partie du sol de cette paroisse, détruisit toutes les divisions du terrain, couvrit la surface d'un grand nombre d'héritages, & quelques-uns même furent transportés entièrement sur d'autres. Ces accidens donnèrent lieu à plusieurs procès, où l'on agita la singulière question de savoir si les parties de vignes éboulées devoient appartenir à leurs anciens propriétaires, ou aux propriétaires des fonds dont elles avoient recouvert les surfaces.

CHAMPEIX, petite ville, chef-lieu du *Marquisat de Tourzel*, située à cinq lieues de Clermont, à deux fortes lieues d'Yssoire, & à une lieue de Pradines, sur la rivière de Couse.

Le Marquisat de Tourzel, qui comprenoit les seigneuries de *Saint-Cirgues*, *Cidrac*, *Saint-Floret*, *Saint-Vincent*, *Meillaud*, *Tourzel*, *Perriers* & *Pradines*, fut érigé en faveur de la fameuse Marquise de Rupelmonde, fille du Maréchal d'Alègre; le Marquis de Sourche, Grand-Prevôt de France, lui succéda. Ce Seigneur mourut au commencent de novembre 1786, des suites d'un accident arrivé dans la forêt de Fontainebleau, à la chasse du Roi (1).

---

(1) Il étoit monté sur un cheval fougueux & indompté qui le jeta à terre; son pied s'arrêta dans l'étrier, & il fut ainsi traîné, pendant un long espace, parmi les pierres & les broussailles.

Champeix faisoit partie du Dauphiné d'Auvergne. Charles de Bourbon, Duc de Montpentier, aliéna cette terre en faveur de *Thomas Boyer*, Général des Finances, sous la réserve de l'hommage; elle passa ensuite à la maison de *Canillac*.

Cette petite ville est bâtie aux pieds des montagnes dépendantes du groupe du Mont-d'or, dans une vallée très-profonde, creusée par le cours précipité de la rivière de Couse, qui descend de ces montagnes, & traverse le lac de Chambon, dont nous avons parlé.

La rivière, sur laquelle est un pont, divise la ville en deux parties; on y remarque une place très-vaste, appelée *le Pré*, dans laquelle un régiment pourroit facilement manœuvrer. Sur une montagne isolée, en granit, de près de trois cents pieds de hauteur, s'élevoit jadis l'ancien château des Seigneurs de Champeix, dont on voit des restes considérables; il étoit très-fort, comme l'annoncent assez les glacis & les murs très-épais & très-hauts qui existent encore.

Ce château fut assiégé sous le règne de Louis XIII, & ne put être pris que par famine; le Cardinal de Richelieu le fit démolir (1). C'est sur cette montagne, & à l'extré-

---

(1) L'ancienne Maison de Canillac, qui étoit alors en possession de ce château, n'a pas laissé dans ce pays une mémoire bien avantageuse; entre plusieurs traits de tyrannie de ces Seigneurs, on rapporte celui-ci, qui est du siècle dernier. Le Seigneur ordonna au

mité de l'enceinte de ce château, qu'on a bâti l'église paroissiale de *Saint-Jean*.

Sainte-Croix est une autre église paroissiale située dans le bas Champeix, c'est-à-dire, dans la ville. L'église étoit celle du couvent des *Camaldules* qui existoient à Champeix, & dont l'ordre a été supprimé. Le maître-autel est remarquable par plusieurs ouvrages de sculptures en bois de noyer, & ce qui rend ces ouvrages plus précieux, c'est qu'ils ont été exécutés par un nommé *Sureau*, natif des environs, qui n'étoit point sorti de l'Auvergne, & qui n'avoit, dit-on, reçu d'autres instructions que celles de la nature.

C'est lui qui a sculpté à *Clermont* l'autel de l'église paroissiale du Port, & à *Beauregard-l'Evêque*, il a fait les sculptures de la chapelle du château & celles du sanctuaire de l'église de ce bourg. Cet Artiste avoit reçu un beau génie de la nature ; ses formes sont pleines d'élégance & de grace ; il a donné un peu trop dans la manière : il vivoit au commencement de ce siècle, & méritoit d'être plus connu.

Sur le portail de cette église, on voit une figure dont la matière est en lave basaltique ; le Sculpteur étoit aussi, dit-on, un autre villa-

---

Bailli de Champeix de contraindre les habitans de nourrir ses chiens de chasse. Cet Officier eut assez de vertu & de courage pour refuser de prêter son ministère à cette vexation, & il renvoya ses lettres de Bailli au Seigneur, qui, tout plein d'une colère féodale, fut aussi-tôt mettre noblement le feu à la maison de ce particulier.

geois qui ne devoit son talent qu'à lui-même.

Derrière le château est un village bâti sur des rochers, où se tient tous les ans, le jour de Saint-Brice, une foire assez considérable. Il y a plusieurs autres foires qui se tiennent dans le bas Champeix, ainsi que des marchés qui ont lieu chaque semaine, où il se fait un grand débit de blé que les habitans des montagnes y viennent acheter.

Cette ville est la patrie de M. *Monnet*, Inspecteur royal des mines de France, & Membre de presque toutes les sociétés savantes de l'Europe; la Chimie lui doit des découvertes précieuses; il a publié plusieurs ouvrages estimés sur cette science & sur la minéralogie.

Saint-Cirgue est situé à une petite lieue & au sud de Champeix, & à une demi-lieue au dessus de Pradines. C'est un des plus beaux villages de l'Auvergne; on y voit un ancien château entouré de fossés, flanqué de plusieurs tours, & illustré par le séjour de la Marquise de *Rupelmonde*, célèbre amie de Voltaire, qui lui adressa sa fameuse *Epître à Uranie*.

Cette Dame passoit alternativement un été à sa terre de Rupelmonde, & un autre à celle de Saint-Cirgue.

Montaigu le Blanc est un village situé à une demi-lieue au dessous de Champeix, remarquable par sa situation singulière & pittoresque. Cette terre a donné son nom à une ancienne Maison d'Auvergne. *Guérin de Montaigu* fut, en 1709, Grand-Maître de l'ordre de St. Jean de

Jérusalem; il étoit fils de *Pierre de Montaigu*, frère d'un autre *Pierre*, tué à la bataille de Mafoure, où Saint-Louis fut fait prisonnier. *Pierre III* de Montaigu étoit, en 1219, Grand-Maître de l'ordre des Templiers.

Cette terre passa à la Maison de *Chabanne*. Antoine de Chabanne, Comte de Dammartin, qui étoit un des plus cruels brigands de son temps, voloit, pilloit & défoloit tous les pays du voisinage de Montaigu; c'étoit son habitude; & plusieurs Historiens s'accordent à dire qu'il étoit un des chefs de ces pillards appelés *Compagnies* ou *Ecorcheurs*. Après avoir ravagé une partie de la France, il vint commettre les mêmes excès en Auvergne. Il dépouilla notamment plusieurs châteaux qui appartenoient au sieur *de Pesmes*. Montaigu le Blanc passa ensuite à Jacques de Chabanne, Seigneur de la Palice, qui étoit le frère du brigand *Antoine*. Le Seigneur de Pesme, voulant recouvrer les biens que lui avoit volés Antoine de Chabanne, dont la plupart étoient conservés au château de *Montaigu le Blanc*, en fit le siège, le prit par escalade, en emporta presque tous les meubles, & fit prisonnier le fils de Jacques de Chabanne, qui n'avoit pas dix ans, ainsi que plusieurs jeunes Gentilshommes qui étoient avec lui dans le château.

Jacques de Chabanne ajourna le Seigneur de Pesme devant le Duc de Bourbon à Châlons sur Saône, en 1438; l'affaire fut plaidée de part & d'autre avec chaleur, & fut remise à une autre séance. *Isabeau* de Portugal, Duchesse de Bourgogne, concilia les deux parties, & le fils de Jacques de Chabanne fut rendu à son père, ainsi que les autres enfans qui furent pris avec lui.

Néchers, situé à une demi-lieue & au dessous de Champeix, est un bourg dont la seigneurie a été possédée long-temps par la maison d'*Estaing*; il offre une des plus énormes coulées de lave qu'il y ait en Auvergne, sur laquelle les maisons sont bâties.

Saint-Sandoux, situé au nord, à une lieue & demie de Champeix, est un village remarquable par sa chaussée de basalte; les colonnes prismatiques, loin d'être verticales comme elles le sont le plus ordinairement, divergent comme les rayons d'une gloire. M. Desmarets a donné dans l'Encyclopédie la gravure de cette roche singulière; mais il l'a présentée avec plus de regularité qu'elle n'est dans la nature.

Nonette, ville située à deux petites lieues & au sud d'Yssoire, est bâtie sur une montagne dont le pied est baigné par les eaux de la rivière d'Allier, qui l'entourent en partie, & forment, en cet endroit, une espèce de péninsule.

Sur la cîme de la montagne sont les ruines d'un ancien château qui passoit pour une des plus fortes places de l'Auvergne. Il fut assiégé vers l'an 1171, par *Armand*, Vicomte de Polignac, qui exerça long-temps plusieurs brigandages en Auvergne. L'armée que Philippe Auguste envoya dans cette province, sous la conduite de *Gui Dampierre*, assiégea encore, en 1213, cette forteresse, & la prit.

En 1288, Philippe le Bel donna des coutumes à la ville de Nonette; elles furent confirmées, en 1365, par *Jean*, Duc de Berri & d'Auvergne, qui fit reconstruire le château, lequel fut démoli au mois d'octobre 1658.

Le château étoit bâti sur la cîme d'un rocher de basalte, où l'on remarque des colonnes assez distinctes.

Au bas de la montagne, on exploite une pierre marneuse, grisâtre, contenant beaucoup de vis. Cette pierre est susceptible de recevoir un assez beau poli, ce qui l'a fait, dans le pays, nommer *marbre*; mais elle ne mérite point cette dénomination. Les marbres, proprement dits, doivent être considérés comme les produits d'une cristallisation confuse de matières calcaires, & la pierre de Nonette n'est qu'un dépôt terreux, aglutiné, plus ou moins solidement, par des infiltrations de spath calcaire qui remplissent l'intérieur des vis, & tapissent les retraites de cette pierre, de cristaux denticulaires.

On doit remarquer que le ban inférieur ne contient point les mêmes accidens de fossiles, il est coloré en jaune par des infiltrations ferrugineuses. Ce sont là les deux variétés du prétendu marbre de Nonette.

Cette pierre peut être employée avec avantage dans l'intérieur des bâtimens; on en a beaucoup mis en œuvre dans le lieu de Nonette, & au château de *Parentignac*, situé dans le voisinage; mais il ne seroit pas convenable de l'exposer à l'air, qui la décompose facilement.

VODABLE.

DE L'AUVERGNE.

VODABLE.

Petite ville, chef-lieu du *Dauphiné d'Auvergne*, située au sud-ouest, & à deux petites lieues d'Yssoire, à deux lieues de Nonette, à la même distance d'Ardes, & à huit lieues de Clermont.

On croit que le nom de cette ville vient de *vallis Diaboli, vallée du Diable* ou *Vau Diable*; quoi qu'il en soit de cette étymologie, ce lieu est nommé dans les anciens titres *Vodabulum* ou *Villa Vodabulæ*.

Cette ville, bâtie sur une hauteur, domine un vallon vaste & profond qui s'étend de l'est au sud; elle étoit le séjour ordinaire des anciens Princes qualifiés de *Dauphins d'Auvergne*; ils y avoient un palais magnifique dont on voit encore quelques restes. Vodable, quoique chef-lieu d'une principauté considérable, ne contient point d'église paroissiale; les habitans, pour le spirituel, dépendent de la paroisse de *Ronsières*, distante d'un quart de lieue, & à laquelle la Sainte-Chapelle de Vodable fut réunie par une Bulle de 1380.

Nous avons parlé dans le *Tableau général de l'Auvergne*, pages 31, 32, &c., de l'origine & des révolutions du Dauphiné d'Auvergne (1). Nous ferons ici mention de quelques

---

(1) Nous ajouterons que feu Monseigneur le Duc d'Orléans a vendu, par bail emphithéotique, la terre de *Vodable*, à la Maison de Fougère. En 1789,

traits qui peignent les anciennes mœurs, & qui se rapportent au premier Prince de la Maison d'Auvergne, qui porta le nom de Dauphin.

Ce Prince, que Baluze nomme *Dauphin* tout court, étoit fils de *Guillaume VII*, sur lequel, pendant son séjour dans la Palestine, la province d'Auvergne fut usurpée par son oncle. Il avoit pour aïeul maternel *Guigues III*, Comte d'Albon & *Dauphin du Viennois*; ce fut à l'imitation de cet aïeul qu'il prit, à ce qu'on croit, le nom de *Dauphin*.

Quoique ce Prince vécût dans un temps où l'Auvergne fut le théâtre de plusieurs grandes révolutions fatales à lui-même & au Comte d'Auvergne son cousin, il ne cessa de protéger & de cultiver les lettres. Sa Cour devint l'asile des Poètes de son temps; il y attira *Hugues Brunet*, natif de Rodez, qui jouissoit alors de la réputation d'habile *Troubadour*; il fit aussi beaucoup de bien au Poète *Perdigon*, Jongleur, qui, suivant un ancien manuscrit de la bibliothèque du Roi, savoit *ben trobar ben chantar & ben violar*, c'est-à-dire, bien versifier, bien chanter & bien jouer de la vielle; le Dauphin lui fournissoit des habits, & lui fit des pensions considérables.

Le Comte *Dauphin* eut aussi long-temps à

---

le Prince actuel a également 'emphithéosé les deux autres châtellenies qui composoient le Dauphiné d'Auvergne, qui sont *Leotoing* & *Vieille Brioude*.

la Cour un habile Poëte Auvergnat nommé *Perols*, pauvre Chevalier, natif d'un château de ce nom, situé dans les terres du Dauphin, & dans la seigneurie de Rochefort. Ce Poëte, suivant le manuscrit déjà cité, étoit courtois & avenant de sa personne ; le Dauphin le prit à son service, lui fournissoit des habits, des chevaux & des armes.

Perols étoit si bien dans les bonnes graces du Dauphin, qu'il ne craignit pas d'avouer à ce Prince l'amour qu'il avoit conçu pour la Princesse sa sœur ; elle étoit nommée *Assalide d'Auvergne*, & avoit épousé *Beraud I*, Sire de *Mercœur*.

Ce qui est à remarquer dans cette intrigue amoureuse, c'est que le Dauphin, loin de s'élever contre l'audace de Perols, fit tous ses efforts pour favoriser sa passion. Il fut jusqu'à solliciter sa sœur à couronner l'amour du Poëte. Voici la traduction littérale du fragment manuscrit où ce fait est rapporté.

« Le *Dauphin* avoit une sœur qui avoit nom *Saillide*, belle & avenante ; elle étoit femme de *Beraud de Mercœur*, un des plus grands Barons d'Auvergne. *Perols* en devint amoureux. Le *Dauphin* la prioit pour lui, & prenoit grand plaisir aux chansons que ce Poëte composoit à son honneur. Le *Dauphin* fit tant que la Dame le voulut bien, & le Poëte, à la connoissance du frère, faisoit plaisir d'amour à la sœur (1). La passion des deux amans alla

---

(1) Baluze, en parlant des amours de *Perols* & de la sœur du Dauphin, dit que c'étoit *des amours sans*

si loin que le Dauphin conçut de la jalousie contre sa sœur. Il renvoya *Perols*, qui, depuis, n'ayant plus d'armes, & ne pouvant plus se maintenir comme un Chevalier, se fit Jongleur; il se présenta à la Cour de plusieurs Seigneurs, & y fit maintes bonnes chansons, ensuite il prit femme à Montpellier, & y mourut ».

Ce Prince ne se contenta pas d'être le protecteur & le complaisant des Poètes, il fit lui-même des vers. Le *sirvente* sur son cousin *Robert*, Evêque de Clermont, dans une langue aujourd'hui presque inintelligible, renferme quelques idées qui semblent supérieures à la barbarie de son siècle. Nous en avons cité quelques vers à l'article *Clermont*, pag. 246 ; nous en rapporterons encore ceux-ci, où ce Prince après avoir accusé l'Evêque de Clermont son cousin, de trahison envers le Roi d'Angleterre,

---

vilainie ; il paroît cependant, par les expressions du manuscrit, que le courtois *Perols* avoit obtenu de la belle dame de *Mercœur*, ce qu'on appelle les *dernières faveurs*, ce que nos preux Chevaliers nommoient *amoureux merci*, & ce que l'érudit Baluze appelle *vilainie*. Voici les expressions originales : *El Delfis si la* (sa sœur) *preguava per lui* (pour Perols) *& s'alegrava molt de-las chansos que Perols fazia d'ella, e tan que la Dompna li volia ben, e il fazia plazer d'amor, à suubuda del Dalfis.*

L'original exprime assez bien que le Dauphin ne renvoya Pérols de son palais que parce qu'il devint jaloux des soins que ce Poëte rendoit à la dame de Mercœur. *L'amor de lor*, dit-il, *montet tan, si quel Dalfis s'en gelozit dela.*

& ensuite envers son propre frère le Comte d'Auvergne, termine ainsi :

L'Evesques me dis mal segon sa seonia,
Et ieu i port à deshonor e cortesia.
Mais seu dir en volguès se qu'eu dir en sabria,
Il perdra son vesquat & eu ma cortesia.

C'est-à-dire :

« L'Evêque, suivant sa méchanceté, dit du mal de moi ; & moi, je supporte ce déshonneur par courtoisie ; car si je voulois dire tout ce que je sais de lui, nous perdrions tous les deux, lui son évêché, & moi ma courtoisie ».

Le Dauphin a composé plusieurs autres poésies. On trouve dans un ancien manuscrit de la Bibliothèque du Roi, un dialogue en vers entre ce Prince & le Poète *Perdigon*, dont nous avons parlé ci-dessus : les vers que lui adressa le Roi d'Angleterre *Richard Cœur-de-Lion*, & ceux faits en réponse par le Dauphin, sont plus connus.

Philippe Auguste étant convenu, en 1198, avec le Roi Richard, d'une trève, l'Auvergne resta soumise à la domination françoise. Le Comte d'Auvergne & le Dauphin en furent fâchés, parce que le Roi de France leur étoit trop voisin, & d'ailleurs ils redoutoient la suzeraineté d'un Monarque qui passoit pour avare & méchant. Quelque temps après, la guerre se ralluma entre *Philippe Auguste* & *Richard Cœur-de-Lion* ; celui-ci sollita le Comte d'Auvergne & le Dauphin de prendre parti contre le Roi de France, leur remontrant les torts que ce Monarque leur avoit faits, & leur promettant que, dans un pareil cas, il les soutiendroit de toutes ses forces. Les deux Princes Auvergnats se rendirent volontiers aux invitations du Roi d'Angleterre, & tournèrent leurs armes contre le Roi de France.

Aussi-tôt que Richard eut connoissance de leurs premières hostilités, il fit trève avec le Roi de France, & lui abandonna le Comte d'Auvergne & le Dauphin. Philippe Auguste profita de cette occasion, vint en Auvergne à main armée, mit tout à feu & à sang; les deux Princes Auvergnats lui demandèrent quartier, & obtinrent une trève de cinq mois.

Pendant cette trève, le Comte d'Auvergne partit pour l'Angleterre, accompagné de dix Chevaliers, pour réclamer la promesse du Roi Richard, & en obtenir du secours. Ce Roi reçut fort mal le Comte, qui, après un voyage pénible & dispendieux, revint en Auvergne, & convint avec le Dauphin de reconnoître le Roi de France.

Philippe Auguste, tranquille sur la fidélité du Comte & du Dauphin d'Auvergne, se mit à la tête d'une puissante armée, & vint fondre sur les terres du Roi Richard. Ce Prince, étonné de cette subite irruption, revint en France, s'adressa au Comte & au Dauphin d'Auvergne; mais l'un & l'autre refusèrent à ce Roi d'Angleterre un secours que lui-même, dans un cas semblable, venoit de leur refuser.

DE L'AUVERGNE. 375

Ce fut alors que le Roi *Richard* composa, contre le Comte & le Dauphin d'Auvergne, une *sirvente* de quatre couplets. Le Dauphin y répondit par une pièce de vers de même rithme & de six couplets. Ces deux pièces, qu'il seroit trop long de rapporter ici, sont des espèces de manifestes rimés, où ces Princes discutent leurs droits. On doit y remarquer que les vers du Roi Richard sont dans l'idiome françois, tandis que ceux du Dauphin sont en langue romance.

Enfin le même manuscrit qui contient ces pièces, renferme une note sur le Dauphin, dont voici la traduction littérale.

« Le Comte Dauphin d'Auvergne, fut un des plus savans & des plus courtois Chevaliers du monde, le meilleur homme d'armes, le plus habile en amour & auprès des Dames, ainsi que dans l'art de la guerre, & en tout point il étoit le plus connoisseur & le plus entendu. Aucun ne composa mieux que lui des sirventes, des couplets, des tensons; il étoit beau parleur, soit en raisonnant, soit en plaisantant; par sa libéralité il perdit plus de la moitié de son bien, & par son économie & son jugement il sut recouvrer le tout, & même gagner plus qu'il n'avoit perdu ».

ARDES.

Petite ville, chef-lieu du Duché de *Mercœur*, située à quatre lieues & au sud-ouest d'Yssoire, & à dix lieues de Clermont.

Le Duché de Mercœur, dont cette ville est la capitale, a donné son nom à une des plus célèbres Maisons du royaume. En 1421, cette maison s'éteignit en la personne de *Beraud de Mercœur*, Connétable de Champagne. Cette terre, qualifiée alors de *Baronnie*, étoit possédée en toute souveraineté par ce Seigneur; c'est ce qu'il reconnut par son testament; puis, voulant, à la fin de sa vie, se mettre bien avec l'église, il déclara, par un codicille, qu'il avoit oui dire que son duché relevoit du Pape, qu'il en étoit fermement persuadé, & se rétractoit de ce qu'il avoit avancé dans son testament.

Cette terre passa dans la Maison de Joigny, ensuite, en 1539, dans celle des Dauphins d'Auvergne, & successivement dans celles de Bourbon, de Lorraine, & enfin dans la Maison de Bourbon Conti. Le Prince de Conti y rentra en 1720, & la fit ériger en 1723, en Duché-Pairie; elle l'avoit déjà été, en 1576, par Henri III. Le Prince de Conti, mort en 1776, la vendit au Roi, qui la revendit à M. le Comte de Lastic; mais en 1778, le Roi la reprit, & aujourd'hui elle fait partie du domaine.

DESCRIPTION. Cette petite ville est bâtie sur les bords de la rivière appelée *la grande Couse*, & sur une masse de granit.

Le *château* d'Ardes fut détruit en 1634; il étoit magnifique, & c'étoit la résidence ordinaire des Seigneurs de Mercœur : on en voit encore quelques tours.

L'église de *Saint-Disain* est desservie par une communauté de Prêtres; sa construction est d'un fort beau gothique, & semble être du douzième siècle.

La communauté des Prêtres formoit autrefois un Chapitre; en 1421, *Béraud* de Mercœur y fonda huit Chanoines; mais en 1484, *Louis* son fils, qui avoit augmenté ce nombre jusqu'à vingt-quatre, supprima le chapitre, & le réduisit en communauté. Le Pape Innocent VIII confirma cette suppression. M. de Vendôme, Duc de Mercœur, voulut rétablir l'ancien chapitre; les Prêtres communalistes s'y opposèrent, & par arrêt des grands jours de Clermont, du 5 octobre 1665, ils furent maintenus dans leur même état.

Les corps de *Saint-Disain* & de *Saint-Adrien*, son compagnon, qui vivoient du temps du Roi Pepin, reposent dans cette église.

Saint-Disain faisoit autrefois beaucoup de miracles: si l'on en croit les gens du pays, il ressuscitoit des enfans en les plongeant dans une fontaine qui porte encore son nom, & qui est près de la ville; à l'imitation du Saint, on plonge encore aujourd'hui, dans l'eau de cette fontaine, les enfans pour les fortifier.

Sur la montagne qui domine la ville, s'élèvent les ruines du vieux château de Mercœur. Ce château fut surpris par *Aymerigot de Marcel*, Capitaine Anglois; la femme du Dauphin, qui résidoit à Ardes, le racheta moyennant la somme de cinq mille livres.

MINÉRALOGIE. Les environs d'Ardes offrent plusieurs curiosités naturelles. Si l'on suit la vallée, formée par le ruisseau qui est au bas de la ville, on se trouve entre deux montagnes fort considérables & fort élevées; l'une, qui est à droite, est la montagne de *Rantières*;

l'autre, qui est à gauche, est celle de *Mercœur*. C'est là qu'on voit une des plus belles & des plus grandes colonnades basaltiques qu'il y ait en France; elle est rangée tout au long de la montagne de Rantières, & s'étend, comme elle, dans l'espace d'une grande lieue. Cette énorme chaussée, coupée à pic sur les bords du ruisseau, est haute d'environ soixante-dix à quatre-vingts pieds.

Le long de cette belle chaussée, on trouve un grand nombre d'accidens singuliers & remarquables. C'est à l'extrémité de cette vallée, & au de là de la colonnade volcanique, qu'est le lieu de la scène d'un désastre aussi terrible qu'imprévu.

Le 9 mars 1783, à neuf heures du matin, il se détacha de la montagne de Rantières une masse de roche granitique, haute d'environ quatre cents pieds, & large à peu près d'autant, qui se précipita en se brisant dans le fond de la vallée; cet éboulement fut si considérable, qu'il suspendit pendant long-temps le cours de la rivière, & forma une digue que les eaux ne purent surmonter que le lendemain matin; de sorte que, pendant un jour & une nuit, on ne vit à Ardes aucune goutte d'eau couler dans le lit de cette rivière.

Les eaux ainsi arrêtées ont formé, à l'endroit de l'éboulement, un lac de quatre cents toises environ de longueur, sur cent pieds de profondeur. La chaussée nouvelle a cent cinquante toises de longueur sur quatre-vingts de largeur.

Un moulin, composé de deux bâtimens, a été englouti, ainsi que les personnes qui se trouvoient dedans; & il n'en reste aujourd'hui aucune trace Un Domestique de ce moulin, se trouvant sur le rocher qui s'écrouloit, a eu le temps de fuir avant sa chûte. M. Monnet, qui a vu les lieux un an après ce désastre, dit: «Ce qu'il y a de remarquable en cela, c'est qu'un noyer fort haut, qui étoit devant la porte du moulin, s'est conservé, quoique les roches de granit l'aient comblé jusqu'au haut de ses branches. Je me suis assis sur une de ces branches, ajoute ce Savant, & mes pieds portoient, m'a-t-on dit, sur le toît de la maison, ou du moins sur la place où il étoit». Ce noyer fut sans doute garanti par les bâtimens du moulin, qui, placés en avant, reçurent le premier choc de l'éboulement.

Si l'on remonte la rivière, on passe à Rantières, & on trouve près d'un petit ruisseau qui coule dans un ravin effrayant par sa profondeur & ses bords escarpés, des coulées de lave basaltique fort intéressantes.

Enfin tous ces environs offrent une infinité d'objets curieux pour les Naturalistes; l'énumération en seroit trop longue, & passeroit les bornes que nous nous sommes proposées dans cet ouvrage; il nous suffira d'indiquer, dans cet article, la *roche de Mercœur*, située au sud-ouest & à deux lieues d'Ardes; c'est un monument précieux des anciennes révolutions qu'a éprouvées le sol de cette partie de la province.

USSON.

Bourg, avec un ancien château, situé à une lieue & demie & à l'ouest d'Yssoire, & à une demi-lieue de la rive droite de l'Allier.

Le château d'Usson étoit, dans les temps de la féodalité, une des plus renommées forteresses qu'il y eût en France; sa situation avantageuse, sa triple enceinte l'ont fait regarder, pendant plusieurs siècles, comme une place imprenable.

Nous n'adopterons pas sur Usson l'opinion du moderne Commentateur de la coutume d'Auvergne; il prétend que sur la cîme de ce rocher presque inaccessible étoit le vaste & célèbre temple que les Auvergnats consacrèrent à Mercure, & dont nous avons parlé à l'article Clermont, pag. 169. Cette opinion hasardée mérite à peine d'être réfutée (1), il suffit de voir

---

(1) Nous nous contenterons d'observer ici au Commentateur de la coutume, qu'il auroit dû s'apercevoir que le passage de *Fauchet* qu'il cite comme son garant, est une mauvaise traduction de *Grégoire de Tours*, & qu'il renferme un grossier contre-sens. *Paries* y est traduit par *Parvis*, & au lieu de dire *un double mur de trente pieds d'épaisseur*, il dit *deux parvis de trente pieds d'épaisseur*. Ce qui ne laisse aucun doute sur l'existence de ce temple dans la capitale d'Auvergne, aujourd'hui *Clermont*, c'est que Grégoire de Tours, après avoir fait la description de cet édifice, dit : « Proche de cette ville reposent les Martyrs *Liminius*, *Antolianus*; au même endroit sont *Saint-Cassi* & *Saint-Victorin*; &

le roc aigu & escarpé d'Usson, pour décider que jamais on n'a pu y construire un temple qui, suivant les proportions de ses murailles, devoit être un des plus vastes qu'il y eût au monde.

Guillaume VIII, Comte d'Auvergne, donna ce château, vers l'an 1165, au Pape *Alexandre III*, sans doute pour détourner, par ce présent, les foudres spirituels dont il méritoit les coups par son avarice & sa mauvaise foi. On sait que ce fut ce Seigneur qui, pendant le voyage de son neveu en la Terre-Sainte, lui enleva le Comté d'Auvergne, & le garda, ainsi que sa postérité.

Gui II, Comte d'Auvergne, dans le commencement des vives & longues querelles qu'il eut avec son frère *Robert*, Evêque de Clermont, afin de se concilier aussi la protection du Pape, reconnut que ce château appartenoit au Saint Siège ; il déclare dans ses lettres qu'il ne veut pas être moins généreux envers l'Eglise, que les aïeux qui avoient donné auparavant le château d'Usson *à Dieu, aux saints Apôtres & à la sainte Eglise romaine*. A la faveur de cette donation, le Comte demande au Pape sa protection contre son frère l'Evêque de Clermont, qui, non content de porter le fer & le feu dans ses terres, l'avoit encore excommunié. Ces lettres sont de l'an 1198.

---

il est démontré que ces Saints reposoient dans les fauxbourgs de Clermont ; il parloit donc de Clermont en parlant de ce temple, donc ce temple existoit dans cette ville.

Les Comtes d'Auvergne, dans la suite, gardèrent le château d'Usson; quelques-uns même ajoutèrent à la qualité de Comte d'Auvergne, celle de *Seigneur d'Usson*. Les fils de ces Comtes ont quelquefois pris aussi la qualité de *Seigneurs de Châtel-Usson*.

En 1362, *Armand VI*, Vicomte de *Polignac*, ayant épousé *Marguerite*, fille unique & héritière de *Lieutaud*, Baron de *Solignac* en Velai, eut de grandes disputes avec *Arnaud*, Seigneur de *la Roue*, oncle de la Vicomtesse son épouse. Le Seigneur de la Roue attira dans son parti *Robert*, Dauphin d'Auvergne, troisième du nom, Seigneur de Saint-Ilpise & de Combronde. Il fit la guerre au Vicomte de Polignac, qui, aidé du neveu du Cardinal d'Ostie, prit plusieurs places en Auvergne, & principalement le château d'Usson, alors appartenant au Seigneur *de la Roue*. Le Sénéchal de Beaucaire défendit aux deux parties de continuer leurs hostilités. Ces défenses étant inutiles, il envoya son Lieutenant, nommé *Robert de Massigni*, de la part de *Jean*, fils du Roi de France, Duc de Berri & d'Auvergne, pour faire cesser les brigandages que commettoient dans le pays les troupes des deux parties. Ce Lieutenant, muni de ce pouvoir, vint devant Usson; les gens du Vicomte de Polignac, qui défendoient ce château, lui refusèrent l'entrée, & le reçurent à coups de pierres. Enfin ils lui ouvrirent les portes, & cet Officier y mit une garnison au nom du Roi. Le Seigneur de la Roue vint aussi-tôt demander au Duc de Berri & d'Auvergne la permission de rentrer dans son château; le Duc la lui accorda; & la paix fut rétablie.

Le Vicomte de Polignac, pendant cette guerre, avoit brûlé des châteaux, des villages, massacré des Laboureurs, violé des femmes, & commis de si grands crimes, qu'il fut obligé d'obtenir des lettres de grace.

Quelque temps après, le château d'Usson fut pris par les Anglois. Le Connétable *du Guesclin* vint en Auvergne, en 1371, pour assiéger cette forteresse; il fit, pour la prendre, d'inutiles tentatives; & il ne parvint à s'en rendre maître que par composition.

Ce qui prouve que la seigneurie d'Usson étoit d'une grande importance, c'est que le 13 octobre 1387, Jean II, Comte d'Auvergne & de Boulogne, surnommé *le mauvais Ménagier*, la vendit au Duc de Berri, son beau-père, à un prix qui semble excessif. Ce Duc lui donna, pour ce château, la ville de *Lunel*, qui avoit titre de Baronnie, le château de Galliardon dans la sénéchaussée de Beaucaire, & cinquante mille francs en argent. Aussi est-il marqué dans un ancien factum, présenté au Parlement en 1483, que le château d'*Usson estoit le principal lieu, place & seigneurie de la Comté d'Auvergne, & est l'une des plus fortes & seigneureuses places de ce royaume, comme il est assez notoire.* (Voyez ci-après *Ambert.*)

Jean, Duc de Berri, jouit de ce château, & après sa mort sans enfant, il passa au Roi Charles VI, qui le posséda ainsi que ses successeurs. Louis XI le fit rétablir & fortifier, dans le dessein d'en faire une forteresse pour y renfermer les prisonniers d'Etat. Brantome dit « que ce château est une bien forte place, voire imprenable, que le *bon & fin renard*, le Roi Louis XI, avoit rendue en partie telle, pour y loger ses prisonniers, les tenant là plus en seureté cent fois qu'à Loches, Bois de Vincennes & Lusignan ». Jean de Troyes, dans sa chronique, dit que ce Roi donna, en 1466, le château d'Usson à *Louis*, bâtard de *Bourbon*, Amiral de France ; il ajoute que cette place passoit pour une des plus fortes du royaume.

Charles de Melun (1), homme d'armes de la compagnie de cet Amiral, étoit Capitaine du château d'Usson, lorsque ce Roi y fit constituer prisonnier *Antoine de Châteauneuf*, Seigneur *du Lau*, grand Bouteiller de France, Sénéchal de Guienne, & Grand-Chambellan du Roi, dont il étoit, dit Jean de Troyes dans sa Chronique, « De lui plus aimé que oncques n'avoit été austre, & à qui le Roi fist de moult grands biens, tant qu'il fut autour de luy & en son service ; car en moins de cinq ans, il amenda des biens du Roi trois ou quatre cent mille écus d'or ».

---

(1) Il ne faut pas le confondre avec un autre *Charles de Melun*, qui vivoit dans le même temps, & qui termina comme lui sa vie sur un échafaud. Ce *Charles de Melun* étoit fort ami de Louis XI, s'il est possible de donner des amis à ce Roi ; il le faisoit coucher avec lui, & ils vivoient ensemble dans la plus grande familiarité. Le bon Roi eut des soupçons contre lui, on ne sait lesquels, il lui fit trancher la tête le 22 août 1468, au Château-Gaillard, près du petit Andely.

Le Seigneur *du Lau*, tant aimé par Louis XI, fut saisi par ordre de ce Roi, & renfermé au château de Sully sur Loire; puis, dans la crainte de son évasion, il fut transféré, au mois d'octobre 1468, de cette forteresse dans celle d'Usson, où Louis XI avoit ordonné qu'il fût renfermé dans une cage de fer. Ce dernier vœu du Monarque ne fut point exécuté, & le prisonnier eut le bonheur de s'évader. Le Roi, furieux d'apprendre que cette victime avoit échappé à sa vengeance, au lieu d'une, en immola trois. *Charles de Melun*, Capitaine d'Usson, & à qui la garde du Seigneur *du Lau* avoit été confiée, fut pris & conduit au château de Loches, où il fut décapité. Un nommé *Remonnet*, fils de la femme de ce Capitaine, fut aussi décapité à Tours dans le même temps: on trancha aussi la tête, pour la même cause, dans la ville de Meaux, au Procureur du Roi d'Usson.

Le château, dont la seigneurie avoit depuis long-temps le titre de Prévôté, passa de Louis, Bâtard de Bourbon, à son fils Charles de Bourbon, après la mort duquel cette terre rentra dans le domaine du Roi.

Le Roi Charles IX donna, en 1572, ce château à *Marguerite* de Valois, lors de son mariage avec Henri, Roi de Navarre, qui devint depuis Henri IV. Cette donation fut confirmée, en 1582, par Henri III. C'est en vertu de cette propriété que cette Reine, d'abord prisonnière, puis maîtresse de ce château, y séjourna pendant vingt ans consécutifs, & donna une grande célébrité à ce lieu.

On a beaucoup écrit sur la conduite qu'a

menée cette Princesse pendant son long séjour au château d'Usson. *Bayle*, dans la troisième édition de son Dictionnaire, a rassemblé tout ce que les Historiens du temps ont dit à cet égard de plus singulier & de plus remarquable. Je vais à mon tour extraire de ces différens Ecrivains ce qui peut davantage piquer la curiosité des Lecteurs, & ajouter, aux autorités citées par Bayle, plusieurs autres dont ce célèbre critique n'a pas fait usage (1).

Marguerite de Valois, méprisée de son époux, détestée de son frère *Henri III*, Roi de France, n'ayant plus le soutien du Duc d'Alençon son autre frère, qu'elle chérissoit plus que fraternellement, & qui venoit de mourir, devenue odieuse aux habitans d'Agen par ses débauches & ses vexations, pour sauver sa liberté, fut forcée de quitter brusquement cette ville. Montée en trousse derrière un Gentilhomme nommé *Lignerac*, elle fit vingt-quatre lieues en deux jours, accompagnée des personnes de sa Cour qui la suivoient en désor-

---

(1) *Bayle*, dans son Dictionnaire, à l'article *Usson*, en répondant aux injures que le Maréchal *de Bassompierre* a vomies contre *Dupleix*, & en excusant cet Historien d'avoir écrit des vérités peu avantageuses à la mémoire de la Reine *Marguerite*, dont il avoit été le pensionnaire, disserte sur les considérations particulières auxquelles certains Historiens prétendent devoir être assujettis, & établit, à cet égard, de la manière la plus judicieuse, des principes dont ceux qui écrivent l'Histoire ou qui jugent du caractère des Historiens, devroient être bien pénétrés.

dre; elle arriva d'abord au château du *Carlat*, dans la haute Auvergne. (Voyez *Carlat*.)

Menacée d'être livrée, par les habitans de ce lieu, au Roi de France son frère, elle en partit après un séjour de dix-huit mois, & arriva avec le même désordre dans la Limagne d'Auvergne. Elle se réfugia d'abord au château d'*Ybois*, situé proche du village d'Orbeil, & à une lieue d'Yssoire. Ce château appartenoit à la Reine Catherine de Médicis sa mère. Le Roi son frère, apprenant le nouveau lieu de sa retraite, ordonna au Marquis de *Canillac* de l'y assiéger, & de la conduire prisonnière au château d'Usson. On lit dans le *Divorce satirique*, attribué à d'*Aubigné*, que cette Reine fut surprise dans le château d'Ybois, « avec son amant ; lequel on trouva vilainement caché sous quelques ordures, sans barbe ni sans poil, l'ayant sa maîtresse ainsi déguisé, avec ses ciseaux mêmes, pour le sauver (1) ».

Marguerite fut conduite & gardée au château d'Usson par le Marquis de Canillac. Ne pouvant, dans cette forteresse, employer la force, elle mit en œuvre les ressources de la coquetterie pour charmer son gardien qui n'y fut pas insensible; quoiqu'âgée de trente-cinq ans,

---

(1) Cet amant étoit *Aubiac*, attaché à la Maison de la Reine ; nous en parlons à l'article de *Carlat*. Aubiac, duquel on dit que la Reine avoit eu un enfant, fut dans la suite sacrifié par le Marquis de *Canillac*, comme nous le dirons ci-après.

cette Princesse conservoit encore sa beauté. Ce ne sont point ses critiques seulement qui rapportent cette circonstance. Le Père *Hilarion de Coste*, Minime, un des plus dévoués panégyristes de cette Reine, dit dans son éloge des Dames Illustres : « Le Marquis de Canillac la mena & enferma à Usson ; mais 'tost après ce Seigneur, d'une Maison très-illustre, se vit le captif de sa prisonnière : il pensoit avoir triomphé d'elle, & la seule vue de l'ivoire de son bras triompha de lui, & dès-lors il ne vécut que de la faveur des yeux victorieux de sa belle captive ». D'Aubigné dit la même chose d'une autre manière : « Ce Marquis... préférant, à la foy qu'il devoit à son maître, un chétif plaisir, se laissa piper aux artifices de sa prisonnière, oubliant son devoir, & quittant tout ce qu'il pouvoit prétendre de sa fortune, pour se rendre amoureux de cette amoureuse ».

Il ajoute, que ce Marquis, mécontent de la faveur dont *Aubiac* jouissoit auprès de cette Reine, le sacrifia à sa jalousie, « lui faisant faire son procès par *Lugoly*, & puis pendre & étrangler à Aiguesperse ».

Le Moine panégyriste parle de cette mort, & l'attribue à la persécution du Roi Henri III. « La foudre du courroux du Roi, dit-il, la menaçant par-tout, respecta les lys sacrés qui environnoient sa tête, & accabla un de ses serviteurs à Aiguesperse, par une fin très-funeste ». D'Aubigné rapporte qu'avant son exécution, le malheureux *Aubiac*, au lieu de penser au salut de son ame, baisoit un manchon de velours raz bleu, le seul gage qui lui restoit de l'amour de la Reine (1).

Marguerite parvint, de prisonnière, à se rendre maîtresse absolue de la forteresse d'Usson. Voici comment, à cet égard, d'*Aubigné*, dans son *Divorce satirique*, fait parler Henri IV : « *Canillac*, pour ce criminel (d'*Aubiac*), sur qui il exerça plutôt sa jalousie que ma vengeance, ne laissa pas de faire les doux yeux, & de soigner sa petite taille outre l'ordinaire, devenant en peu de temps, d'aussi mal-propre que je pourrois être, coint & joli comme un beau petit amoureux de village : mais de quoi lui servit à la longue sa bienséance ?

» L'histoire est plaisante des ruses & artifices desquels cette Reine s'avisa pour éloigner de ce château ledit Marquis de *Canillac* qui l'importunoit fort, c'est qu'elle lui faisoit croire qu'elle l'aimoit, qu'elle lui vouloit faire du bien ; enfin elle lui donnoit sa maison de *Paris*, l'hôtel de *Navarre* & une terre de deux mille livres de rente, située en son duché de *Valois*, proche *Senlis* ; & pour joindre les effets aux paroles, elle lui fit expédier une donation en bonne forme de ces deux pièces, & fut envoyée à M. *Hennequin*, Président en la cour de Parlement, & un des chefs de son conseil ; & en même temps fit expédier une contre-lettre

──────────

(1) On rapporte qu'Aubiac avoit lui-même prophétisé son genre de mort, en disant, lorsqu'il vit pour la première fois cette Princesse : *Je voudrois avoir couché avec elle, à peine d'être pendu quelque temps après.*

audit sieur, lui mandant qu'il n'en fît rien, & que, tirant l'affaire en longueur, il le tînt toujours en haleine & espérance d'obtenir d'elle tout ce qu'il voudroit.

» Il y a plus; continuant ses artifices, elle feignit d'aimer grandement sa femme, & elle se fit un jour apporter ses bagues; elle voulut qu'elle s'en parât quelque temps dans le château même; elle lui aidoit à s'en enjoliver, puis lui disoit: *Ah! que cela vous sied bien! ah! que vous êtes belle, madame la Marquise!* Et le bon du jeu fut qu'aussi-tôt que son mari eut le dos tourné pour aller à Paris, elle la dépouilla de ses beaux joyaux, se moqua d'elle, la renvoya comme une péteuse avec tous ses gardes, & se rendit dame & maîtresse de la place. Le Marquis se trouva bêté, & servit de risée au Roi de Navarre, qui l'avoit commis, & au Roi son frère, & à toute la cour (1) ».

Marguerite, se voyant libre, fit venir d'Orléans une troupe de gens de guerre qu'elle mit en garnison dans son château, & qui, suivant l'Écrivain ci-dessus cité, « faillirent tôt après à la traiter en fille de bonne maison. Elle se résolut de n'obéir plus qu'à ses volontés, & d'établir dans ce roc l'empire de ses délices, où, close de trois enceintes, & tous les grands portaux murés, Dieu sait, & toute la France, les beaux jeux qui, en vingt ans, se sont joués

---

(1) Ces deux *alinea* sont retranchés dans plusieurs éditions du *Divorce satirique*. Bayle ne les a point cités.

& mis en usage; la *Nanna* de l'*Arétin*, ni sa *Sainte* ne sont rien auprès ».

Le même Ecrivain ajoute, que cette Princesse fut réduite, « à faute de mieux, à ses Domestiques, Secrétaires, Chantres & Métifs de Noblesse qu'à force de dons elle attiroit ». Il place sur-tout au rang de ses amans un certain *Pominy*, fils d'un Chaudronnier d'Auvergne, qui du grade d'enfant de chœur de la cathédrale de Clermont, parvint, à cause de sa belle voix, à la musique de cette Reine, « s'introduisant ensuite de la chapelle à la chambre, & de la chambre au cabinet pour Secrétaire, où longuement il a tenu diverses parties, & fait diverses dépêches. C'est pour lui que ses folies se sont si fort augmentées, qu'on n'en pourroit fournir de justes volumes; c'est de lui qu'elle dit : *Qu'il change de voix, de visage & de poil, comme il lui semble; & qu'il entre à huis clos où il lui plaît* (1) : c'est pour lui

---

(1) Toutes les folies qu'on reproche ici à cette Reine étoient l'effet de sa croyance à la magie; elle tenoit ces principes de la Reine Catherine de Médicis sa mère, qui faisoit elle-même profession de cette science mystérieuse & absurde; ce qui fait dire à l'Auteur du *Divorce satirique* : « Mais peut-être vous ignorez que l'énorme laideur & le peu de mérite, & la qualité de *Pominy* a fait croire à plusieurs *qu'il y a du charme*,... s'arrêtant sur ce qu'à *Usson* on lui voyoit ordinairement pendu au cou, entre la chemise & la chair, une bourse de soie bleue, en laquelle ses plus privés avoient découvert une boîte d'argent, dont la superficie gravée représentoit naïvement, outre plusieurs différens & inconnus caractères, d'un côté son portrait, & de l'autre son Chaudronnier

qu'elle fit faire les lits de ses Dames d'Usson, si hauts qu'on y voyoit dessous sans se courber, afin de ne s'écorcher plus, comme elle souloit, les épaules ni le fessier, en s'y fourrant à quatre pieds, toute nue pour le chercher; c'est pour lui qu'on l'a vue souvent tâtonner la tapisserie, pensant l'y trouver; & c'est pour lui que bien souvent en le cherchant de trop d'affection, elle s'est marquée le visage contre les portes & les parois; c'est pour lui que vous avez tant oui chanter à nos belles voix de la cour, ces vers faits par elle-même » :

 A ces bois, ces prez & ces antres,
 Offrons les vœux, les pleurs, les sons,
 La plume, les yeux, les chansons
 D'un Poëte, d'un amant, d'un chantre.

On compte encore parmi les amans d'un rang subalterne, que cette princesse eut à Usson, *Julien Date*, qu'elle anoblit, dit-on, *avec six aunes d'étoffes*, & qui prit le nom de *Saint-Julien*; il étoit fils d'un Charpentier d'Ardes, & musicien. Ce fut lui que le jeune *Vermond* tua d'un coup de pistolet, deux mois après que cette Princesse fut de retour à Paris.

Plusieurs Ecrivains, même ceux qui lui étoient

---

qui l'avoit, par un si solennel serment, obligée à ne l'ouvrir de certains temps, ni à s'en dessaisir, qu'elle confessoit, la larme à l'œil, ni l'oser ni le pouvoir faire ».

dévoués, ne peuvent disconvenir que cette Princesse ne vécût à Usson comme elle avoit fait à la Cour de France & à celle de Navarre, c'est-à-dire, qu'elle n'eût une conduite mêlée de libertinage & de superstitions, fruit de l'éducation vicieuse qu'elle avoit reçue à la Cour, où tous principes de justice, de raison & d'honneur, étoient alors absolument méconnus ou violés. Pendant son séjour en Auvergne, elle eut deux enfans. L'Historien *Dupleix*, qui connoissoit très-particulièrement les mœurs de cette Reine, à laquelle il avoit été attaché, dit, en parlant d'Henri IV : « Il n'eut point d'enfant d'elle ; mais elle, durant son éloignement, eut deux fils, l'un du sieur de *Chanvalon*, & celui-ci vit encore, & est Prestre Capucin, nommé Père *Ange* ; l'autre, qui est décédé, du sieur d'*Aubiac*, & je les ai connus tous deux ; la vérité trop manifeste m'oblige, malgré moi, à remarquer ceci ».

Enfin cet Historien, malgré les considérations particulières qui le contraignoient à adoucir des vérités hideuses, convient, en accordant de grandes qualités à cette Princesse, qu'elle avoit long-temps mené une vie très-licencieuse.

A ces autorités joignons les expressions des Panégyristes de *Marguerite*. Le Minime *Hilarion de Coste*, dont nous avons déjà parlé, compare le château d'Usson, souillé par les impuretés de cette Princesse, à la montagne où Jésus-Christ fut transfiguré. « Afin que sa consolation fût parfaite, dit-il, elle désira voir la Cour de Henri le Grand,... & quitter son cher Usson qui l'avoit gardée vingt ans, durant lesquels *ce fort château de l'Auvergne fut un Tabor pour sa dévotion*, un *Liban* pour sa solitude, un *Olympe* pour ses exercices, un *Parnasse* pour ses Muses & un *Caucase* pour ses afflictions.

» Il y auroit moins de médisance, dit le célèbre Bayle, à comparer ce lieu avec l'île de Caprée, qui fut la retraite de Tibère, qu'il y a de la flatterie à le comparer à un lieu de dévotion, & à *un sacré temple de Dieu*, comme a fait un autre Panégyriste ».

Cet autre Panégyriste, nommé *Jean Darnalt*, Procureur du Roi au Présidial d'Agen, dit : « C'est une chose très-vraie, que Sa Majesté garde très-estroitement là-dedans (dans Usson) une coustume fort louable. Après s'être récréée modérément à l'exercice des Muses, elle demeure la plupart du temps retirée en sa chapelle, faisant prières à Dieu pleines d'ardeur & de véhémence, se communiant une fois ou deux la semaine (1) »... Le même Panégyriste

___

(1) Ceux qui connoissent un peu les mœurs de ce temps-là, ne seront point surpris de voir cette Princesse être tour à tour dévote & libertine. Suivant l'opinion qui dominoit alors, on faisoit accorder facilement ces deux extrémités dans sa conduite. L'Auteur du *Divorce satirique* convient aussi que Marguerite faisoit de fréquentes communions, & cette dévotion mal entendue est pour lui un nouveau motif de reproche. Voici ses expressions : « O sang impudemment souillé ! Depuis plusieurs années, trois fois la semaine faire la Pâque dans une bouche aussi fardée que le cœur, la face plâ-

continue par ces ridicules exclamations: « Phénix; qui, ouvrant les eſles, eſlevez les yeux de voſtre entendement au grand aſtre céleſte!... Phénix, qui renaiſſez journellement de vos cendres, bruſlant & vous conſommant en amour divin! grande Princeſſe & Reine qui n'avez mouvement, vie, ne lumière que celle que vous recevez de cette première lumière! vous vivez d'une autre vie qu'on ne vit au monde... Auſſi ceſte très-noble ame royale s'eſt retirée dans le château élyſien d'Huſſon, avant qu'entrer en la gloire des cieux, s'eſt voulu avoiſiner d'yceux, commençant d'y prendre ſa volée »... L'Auteur apoſtrophe enſuite le château d'Uſſon: « Rocher d'Huſſon, [l'h]onneur & la merveille de l'Auvergne, la neige duquel ſe fond aux yeux, ou à mieux dire aux ſoleils de *ceſte Déité preſque adorable* en terre (1). Rocher ſur lequel la

---

trée & couverte de rouge, avec une grande gorge découverte, qui reſſemble mieux & plus proprement à un c..l que non pas à un ſein ».

(1) On avoit dit ſi ſouvent à cette Princeſſe qu'elle étoit une *Divinité*, qu'elle commençoit à le croire; elle-même dit dans ſes Mémoires qu'elle avoit des preſſentimens certains ſur l'avenir, & qu'elle étoit inſpirée. « J'avouerai, dit-elle, n'avoir jamais été proche de quelques ſignalés accidens, ou ſiniſtres ou heureux, que je n'en aye eu quelque advertiſſement ou en ſonge ou autrement; & puis bien dire ce vers:

De mon bien ou mon mal mon eſprit eſt oracle.

L'Hiſtorien *Dupleix*, qui avoit vécu avec cette Reine, dit poſitivement: « Tout le monde la publiant pour *Déeſſe*, elle s'imaginoit aucunement de l'être, & de là

clarté esclaire perpétuellement, d'où le jour ne se retire jamais, les rayons de la face royale y luisant toujours, & de ce lieu en hors, illuminant toute la région !... Bel astre de l'Europe qui résidez & ne bougez d'*Husson* ! *Husson*, royale demeure de la race dernière... de Valois ! *Sainte & religieuse habitation ! sacré temple de Dieu !...* Je ne puis me despartir d'Husson, montagne couronnée de ce château royal, *hermitage saint ! monastère dévot !* où Sa Majesté s'étudie du tout à la méditation... Rocher témoin de la volontaire solitude, très-louable & religieuse, de ceste Princesse, où il semble, par la douceur de la musique & par le chant harmonieux des plus belles voix de la France, que le *Paradis* en terre ne puisse être ailleurs ! &c...

Toutes ces exclamations louangeuses sont bien foibles à côté du témoignage de d'*Aubigné*, qui non seulement dans sa satire, mais encore dans son Histoire Universelle, parle d'une manière si opposée de cette Princesse ; à côté de celui de *Scipion Dupleix*, de *Davila*, de l'Ambassadeur *Busbec*, cité par Bayle, & de plusieurs autres Ecrivains qui tous s'accordent à dire que le château d'Usson étoit plutôt un théâtre scandaleux des déportemens de Marguerite, qu'*une religieuse habitation*, qu'*un sacré temple de Dieu*, qu'*un monastère dévot*. Cette Princesse avoit

---

prit plaisir toute sa vie d'être nommée *Vénus Uranie*, c'est-à-dire, *Céleste*; tant pour montrer qu'elle participoit à la divinité, que pour faire distinguer son amour de celui du vulgaire ».

sans doute quelques bonnes qualités : il lui en
falloit pour couvrir un peu ses mauvaises : on
convient qu'elle aimoit la musique, qu'elle
protégeoit les gens de Lettres. « Elle étoit,
dit Mezerai, le refuge des gens de Lettres, &
en avoit toujours quelques-uns à sa table, &
apprit tant en leur conversation, qu'elle parloit
& écrivoit mieux que femme de son temps » ;
c'est sans doute pour cela que plusieurs gens
de Lettres l'ont tant louée.

Elle faisoit des aumônes aux pauvres, se
montroit toujours libérale & magnifique envers
les subalternes ; c'est pourquoi sa mémoire est
encore en quelque sorte respectée à *Usson*;
c'est ce qui a fait dire à *Scaliger*, qui l'a vue
dans ce château, & qui étoit son vassal : *Elle
est libérale, docte, & a beaucoup de vertus
royales, plus que le Roi* (1).

Elle fit beaucoup de bien aux Moines, fonda
des *Jésuites* à Agen, les *Augustins* du faubourg Saint-Germain à Paris, donna à tous les
ordres mendians, & sur-tout aux *Minimes* de

---

(1) Scaliger, en avançant que Marguerite de Valois
étoit douée de plus de *vertus royales* que n'en possédoit son époux *Henri IV*, manifeste sa partialité. On
sait qu'il n'aimoit pas ce Roi, qui, un jour piqué de
son arrogance, le mortifia publiquement. Cette assertion prouve que Scaliger, ce savant si vanté par ses
contemporains & par lui même, avoit plus d'érudition
que de jugement, & que sa manière de penser ne s'élevoit pas au dessus du vulgaire. Il fait consister les *vertus
royales* dans la libéralité, qualité sans doute estimable,
mais souvent funeste, & qui doit être la dernière qualité d'un Roi sage.

Chaillot; c'est pourquoi le Père *Hilarion de Coste*, *Minime*, dans son *Eloge des Dames Illustres*, en dit tant de bien. Mais cette libéralité que des plumes vénales ont tant exaltée, étoit-elle chez cette Princesse une vertu ? Les dons qu'elle prodiguoit inconsidérément, elle les faisoit aux dépens d'autrui. « Elle donne, je le sais bien, fait-on dire à *Henri IV* dans le *Divorce satirique*, & à mes dépens, la dixme de toutes ses rentes & pensions, aux couvens & monastères, tous les quartiers : mais aussi elle retient, dont j'ai grand pitié, le salaire de ses Domestiques, & de ceux qui, le long de l'année, luy ont fourny leurs deniers & leur labeur »... M. *de Perefix*, qui ne doit pas être suspect, dit dans son *Histoire d'Henri IV*, que cette Princesse étoit *pompeuse & magnifique, libérale jusqu'à la prodigalité*; *mais elle ne savoit ce que c'étoit que de payer ses dettes.* Après sa mort, le palais qu'elle avoit fait bâtir au faubourg Saint-Germain fut vendu pour satisfaire ses créanciers ; voilà ce qu'on appeloit de son temps *vertus royales*.

Scaliger, qui semble avoir été visiter cette Reine à Usson, en parle de cette manière........ « Depuis qu'elle y arriva elle n'en est point sortie... Elle est libre, fait ce qu'elle veut ; *a des hommes tant qu'elle veut, & les choisit*; elle ne mange rien que toutes ses demoiselles n'en goustent, tant elle a peur d'être empoisonnée. Elle est trop grasse... Elle est la dernière des Valois ; fille, petite-fille, sœur & femme de Roi. Elle tient de son grand-père, aime les beaux esprits & les hommes doctes »... Il dit ensuite qu'elle méprisoit son mari, & qu'elle avoit cinquante mille écus par an. Elle s'est plainte, ajoute-t-il, qu'elle n'en avoit pas assez; le Roi lui en a ajouté cinquante mille autres, tellement qu'elle a cent mille écus ».

Tant que le parti du Roi, son mari, ne fut pas le plus fort, cette Princesse favorisa ses ennemis, en protégeant, suivant son pouvoir, le parti de la Ligue en Auvergne; elle eut le chagrin de voir ce parti succomber. « Du haut de la terrasse de ce château-là, dit le Père Hilarion de Coste, elle vit ses amis taillés en pièces, & le Comte de *Randan*, leur chef, Seigneur de la Maison de *la Rochefoucauld*, tué au mesme jour que le Roi son mari triompha de ses ennemis à Ivry (1); & bien que cette place ne craigne que le ciel, que rien que le soleil n'y puisse y entrer par force, & que sa triple enceinte méprise les efforts des assaillans, comme un roc élevé, les flots & les vagues; la nécessité toutefois y entra, & l'obligea, pour en éviter les outrages, d'engager ses pierreries à Venise, fondre sa vaisselle d'argent, & n'avoir rien de libre que l'air, espérant peu, craignant tout; car tout étoit en désordre autour d'elle ».

Marguerite, voyant le Roi son époux parfaitement affermi sur le trône de France, n'espérant plus rien des Ligueurs, changea de principe, & tâcha de recouvrer, sinon l'estime, au moins la bienveillance de ce grand Roi. Après

---

(1) Voyez ci-dessus l'article *Yssoire*, pages 342 & 355.

la mort de *Gabriele d'Estrées*, que cette Reine détestoit, après s'être opposée au mariage projeté du Roi avec cette favorite (1), elle consentit à la dissolution de son mariage, & fut la première à en demander la permission au Pape. Ce mariage fut déclaré nul au mois d'octobre 1599. Jean Berthier, Archevêque de Toulouse, présentant le consentement de Marguerite à Henri IV, ce Roi, presque la larme à l'œil, ne put s'empêcher de dire : *Ah ! la malheureuse ! elle sait bien que je l'ai toujours aimée & honorée ; & elle point moi ; & que ses mauvais déportemens nous ont fait séparer il y a long-temps l'un de l'autre.*

Marguerite resta encore long temps à Usson, & écrivit au Roi une lettre fort soumise & fort respectueuse, qu'elle termine par cette souscription : *Votre très-fidèle affectionnée & obéissante sœur, servante & sujette,* MARGUERITE.

Le Comte d'Auvergne, fils de la belle *Touchet* & de Charles IX, tramoit en Auvergne une conspiration contre Henri IV. Mar-

---

(1) Lorsqu'en 1598 on voulut l'engager à consentir à la cassation de son mariage, elle s'y refusa tant que vécut *Gabriele d'Estrées* : lorsque cette favorite fut morte, elle écrivit ainsi le 29 juillet 1599, à M. de Sully : « Si j'ai ci-devant usé de longueurs, vous en savez aussi bien les causes que nul autre, ne voulant voir en ma place une telle *décriée bagasse*, que j'estime indigne de la posséder ». Son mariage fut déclaré nul, non par les véritables motifs qui eussent pu l'annuller, & qu'il auroit été scandaleux de faire valoir, mais par son défaut de consentement à cette union qu'elle allégua contre ce qu'elle avoit dit elle-même dans ses Mémoires.

guerite

guerite qui n'aimoit pas ce Comte, & contre lequel elle eut dans la suite un procès considérable qu'elle gagna, chercha à découvrir ses plus secrètes menées (1); elle y parvint, & e avertit fort à propos le Roi, qui lui en sut gré, & lui permit enfin de revenir à Paris. Elle quitta en effet Usson au mois de juillet 1605, séjourna d'abord six semaines au château de Madrid, dans le Bois de Boulogne, & vint, vers la fin du mois d'août, se loger à Paris, dans l'hôtel de l'Archevêque de Sens.

Peu de temps après son arrivée, on écrivit sur sa porte ce quatrain, qui prouve que sa conduite à Usson n'avoit pas servi à rétablir sa réputation dans le public :

> Comme Reine tu devrois être
> En ta royale maison,
> Comme P... c'est bien raison
> Que tu loges au logis d'un Prêtre.

L'Etoile, dans son *Journal d'Henri IV*, dit que l'arrivée précipitée de cette Princesse à Paris surprit beaucoup de monde; ce qu'il en rapporte concourt à prouver qu'elle ne jouissoit pas à Paris de la meilleure réputation : « On disoit qu'à son arrivée, dit-il, le Roi l'avoit requise de deux choses; l'une que pour mieux pourvoir à sa santé, elle ne fît plus, comme elle

---

(1) Sur cette conspiration du Comte d'Auvergne, & sur sa prise, voyez ci-dessus *Clermont*, pages 256, 257, &c.

avoit de coutume, la nuit du jour, & le jour de la nuit; l'autre, qu'elle restreignit ses libéralités, & devînt un peu ménagère. Du premier, elle promit au Roi d'y apporter ce qu'elle pourroit pour contenter Sa Majesté; encore qu'il lui fût fort mal aisé, par la longue habitude & nourriture qu'elle en avoit prise; mais qu'au regard de l'autre il lui étoit du tout impossible, ne pouvant jamais vivre autrement, & tenant cette libéralité de race; comme à la vérité, du côté de sa mère, les *Médicis* ont été tous notés de prodigalités démesurées; & si pour cela n'en ont pas été estimés plus gens de bien».

DESCRIPTION. Mais revenons à *Usson*. Ce château étoit beaucoup plus considérable que le local ne semble l'annoncer aujourd'hui. Scaliger en parle comme l'ayant vu pendant que la Princesse y faisoit son séjour. C'est un roc autour duquel sont, dit-il, « trois villes l'une sur l'autre en forme de bonnet de Pape... & au haut il y a le château avec une petite villette à l'entour ». Pour peindre l'escarpement de ce roc, il dit avec beaucoup plus de naïveté que de décence, en parlant de la Reine, elle peut pisser sur ceux des deux villes de dessous. Ce château n'est plus ce qu'il étoit : en 1634, le Cardinal de Richelieu le fit démolir; on dit même que ce ministre assista à cette démolition. Usson offre une butte considérable & volcanique, dont la partie supérieure est couverte des ruines de la forteresse, qui étoit élevée sur des colonnes basaltiques. La couleur noire de cette roche & des murailles qui existent encore, le délabrement universel de ce produit des feux souterrains, & de ce monument de la tyrannie féodale, offrent un aspect terrible & imposant. Au bas est le bourg d'Usson, dont la prévôté a été réunie, en 1770, à celle d'Yssoire; il y avoit un couvent de Minimes, fondé par la Reine Marguerite, qui n'existe plus.

On voit encore, aux environs du château, des restes de quelques chapelles que cette Reine avoit fait construire pour se désennuyer, ou pour donner plus de jeu à sa dévotion. Sur cette butte volcanique il n'y a point de source. Les paysannes de la plaine étoient en usage de monter l'eau nécessaire à la maison de cette Princesse dans des pots de terre qu'elles portoient sur leur tête.

Les colonnes basaltiques que présente la butte d'Usson sont assez régulières; le Père Coulon, dans sa *Description des rivières de France*, est peut-être le seul de son temps qui ait indiqué ces formes volcaniques; il dit que le château d'Usson est très-fort, « à cause de son assiette sur un rocher *taillé naturellement en piliers ronds*.

Au sud-ouest, & au dessous des dernières roches basaltiques, on trouve du vert de montagne; cette matière s'y présente sous des formes & avec des qualités diverses, & paroît n'être qu'en cristaux isolés. M. *Monnet*, qui l'a observée, dit: « Il y en a qui ressemblent à de la malachyte véritable, & d'autres à cette espèce de mine de cuivre, connue sous le nom de *bleu de montagne*, formée de petites aiguilles qui divergent du centre à la circonférence. L'acide nitreux faisant effervescence très-vive sur ces petits morceaux, me fit connoître qu'ils avoient de la terre calcaire, dans d'autres je découvris en même temps du quartz. Ayant pris une demi-once de cette matière, & l'ayant mêlée avec une once & demie de flux noir, je la fondis dans un creuset, & j'en obtins un beau bouton de cuivre rouge qui pesoit trente-cinq grains, ce qui est le produit ordinaire de ces sortes de minérais, lorsqu'ils sont mélangés avec des matières étrangères. Ce bouton de cuivre étoit fort malléable, ce qui prouve que ce métal n'est nullement minéralisé dans cette espèce de minérai, comme en effet il y est toujours, c'est-à-dire, purement & simplement sous la forme de chaux cristallisée par l'air fixe.

Les environs d'Usson, presque tous couverts de matières volcaniques, sont très-fertiles.

Le Vernet est un village situé à deux lieues & au sud-est d'Usson, près de Saint-Germain-l'Herme. Ce lieu est remarquable par des filons qui contiennent des cristallisations quarzeuses & violettes; on y voit de ces espèces d'améthystes qui sont assez transparentes; mais elles sont trop tendres pour donner des pierres d'une taille fine & vive.

Dans un de ces filons on a trouvé quelque peu de minérai de plomb; cette découverte donna lieu, l'an 1754, à l'entreprise d'une exploitation en règle; mais le produit ne répondant pas aux espérances, la mine fut abandonnée.

Les améthystes du Vernet ont été long-temps cueillies par des Espagnols qui venoient tous les ans avec des mules en faire une ample provision. Une année ils furent arrêtés & dépouillés en chemin; ils arrivèrent au Vernet sans argent. Les habitans, contens de ces étrangers qui les payoient toujours exactement, s'offrirent de travailler gratuitement à l'exploitation de la mine; ils les nourrirent, & leur avancèrent ensuite l'argent nécessaire à leur voyage en Espagne. Tant de générosité de la part de gens qui n'avoient pour vivre que leurs travaux journaliers, ne fut pas méconnue par les Espagnols; arrivés dans leur pays, ils s'empressèrent de faire passer en Auvergne les sommes qu'ils devoient à leurs bienfaiteurs.

Ces Étrangers sont revenus encore, mais ils ont cessé, depuis quelques années, de continuer cette branche de commerce.

L'ancien château de *la Fayette*, est situé dans la paroisse d'Aix, à une lieue & demie du Vernet, à peu près à la même distance & au nord de la petite ville de Saint-Germain-l'Herme; c'est de cet ancien château que la Maison de la Fayette tire son nom. Cette Maison, une des plus illustres d'Auvergne, a fourni à la France une longue suite de guerriers célèbres dans l'Histoire, & elle a produit M. le *Marquis de la Fayette*, le héros de l'Amérique & de la France; guerrier philosophe, qui ne combattit que pour la défense de la liberté. Dire qu'il est un des grands Hommes de son siècle, ce n'est point parler en faiseur d'éloges, c'est parler en Historien, c'est dire la vérité.

VIC-LE-COMTE.

Ville capitale du petit pays appelé *le Comté d'Auvergne* (1); située à quatre lieues de Clermont, à deux fortes lieues d'Yssoire, & à une demi-lieue de la rive droite de l'Allier.

Cette ville n'est pas fort ancienne; elle n'étoit qu'un bourg, lorsque Gui II, Comte d'Auvergne, fut, au commencement du treizième siècle, dépouillé de l'Auvergne par le Roi Philippe Auguste. Saint-Louis, écoutant plus sa conscience que ses intérêts, restitua à *Guillaume*, fils du malheureux Gui II, cette petite partie de la province, appelée depuis *Comté d'Auvergne*, qui comprend environ trois lieues de long sur deux de large. *Vic* devint alors la capitale de ce Comté, & reçu de là le nom de *Vic-le-Comte*.

Cette ville fut entourée de murs; les Comtes y firent bâtir un palais qui fut depuis reconstruit, avec plus de magnificence par *Jean Stuart*, Duc d'Albanie (2).

On voit encore des restes de ce palais, & quelques portes de villes au dessus desquelles sont les armes d'Auvergne.

Cette ville étoit du petit nombre de celles de la province qui, du temps de la Ligue,

---

(1) Sur l'origine de ce comté, voyez ci-devant le Tableau général de l'Auvergne, pag. 28.

(2) Les Comtes firent aussi bâtir d'autres palais dans quelques autres lieux de leur comté; les plus remarquables étoient ceux de *Saint-Saturnin* & de *Mirefleur*.

tenoient pour le parti du Roi. Le Comte de la Rochefoucaud-Randan, très-zélé Ligueur, & Gouverneur de la province, vint l'assiéger en 1589, & le 7 octobre de la même année, il parvint, après un siège de vingt jours, à s'en rendre maître.

La Sainte-Chapelle dépendoit autrefois du palais des Comtes; c'est une collégiale sous le titre de la *Sainte-Couronne*, composée d'un Doyen, de huit Chanoines, & de huit semi-Prébendés. Elle a été bâtie, & le chapitre a été fondé, au commencement du seizième siècle, par *Jean Stuart*, Duc d'Albanie, Comte d'Auvergne, & par *Anne de la Tour* sa femme.

L'église de cette collégiale rappelle la magnificence des Princes qui l'ont fait construire.

Le maître-autel est d'un tuf ou espèce de marbre d'un très-beau grain; les sculptures en sont regardées comme des chefs-d'œuvres. Au dessus on voit trois statues qui représentent Adam & Eve nus, & la Sainte Vierge. Plus bas sont trois autres statues qui offrent trois Vertus Théologales; au dessous sont encore les quatre Vertus Cardinales.

Mais ce que la sculpture présente de plus curieux dans cette chapelle, ce sont les douze Apôtres, plus grands que nature, & exécutés en terre cuite; cet ouvrage est d'une main très-habile.

Les vitraux de la chapelle offrent encore des peintures magnifiques. Ceux du côté droit représentent tous les mystères de la passion, & ceux du côté gauche, toutes les figures de l'Ancien Testament qui y ont rapport; ainsi la manne du défert correfpond au myſtère de l'Eucharistie, &c.

Un des principaux vitraux repréſente, dans fa partie la plus élevée, David avec fes defcendans jufqu'à la Vierge; au deſſous font les portraits de *Jean Stuart* & d'*Anne de la Tour d'Auvergne* fa femme, fondateurs du chapitre; ils font l'un & l'autre repréſentés à genoux devant un prié-Dieu chargé de leur blafon. *Jean Stuart* a fur fes épaules un camail fur lequel eſt le collier de l'ordre de Saint-Michel, & fon épouſe porte au bras un aumuſſe. Ces figures font ainſi décorées, parce que les fondateurs qu'elles repréſentent fe font réfervé, par le titre de fondation, les premières places de Chanoines (1).

Jean Stuart mourut en fon château de Mirefleur le 2 juin 1536, & fut enterré, fuivant Baluze, dans la Sainte-Chapelle, où l'on célèbre encore, à pareil jour, fon anniverſaire. *Anne de la Tour* mourut en fon château de Saint-Saturnin vers la fin de juin 1524. Les enfans qu'elle avoit eus de fon mariage avec Jean Stuart étant morts en bas âge, elle inſtitua fon héritiere univerſelle, fa nièce *Catherine de Médicis*, fille de Laurent de Médicis, Duc d'Urbin, & de Madeleine de la Tour d'Auvergne, qui devint Reine de France, fameuſe par fes fuperſtitions, par un efprit artificieux & perfide, & par les maux innombrables qu'elle cauſa au royaume.

_____

(1) Ces deux figures font gravées dans l'Hiſtoire de la Maiſon d'Auvergne, par Baluze.

On montre dans cette église une ancienne armure qu'on dit avoir appartenu à un Comte d'Auvergne.

Dans le tréfor on conferve un beau reliquaire de forme exagone, dont les faces portent le blafon de la Tour d'Auvergne; il eft fupporté par deux Anges vêtus: c'eft un préfent que fit à cette églife Bertrand VI, Seigneur de la Tour, Comte d'Auvergne; il contient, à ce qu'on affure, parmi plufieurs reliques, *une dent de la Sainte Vierge*; le même Comte enrichit cette églife de quatre magnifiques ornemens complets.

Ces ornemens font curieux par leur richeffe, leur travail immenfe, & leur ancienneté; on n'oublie jamais de les montrer aux Etrangers qui vifitent cette ville. Ayant été endommagés par un long ufage, M. le Cardinal de Bouillon, à fon retour de Rome, les fit tranfporter à Lyon en 1703, & les y fit réparer, avec recommandation expreffe de n'altérer aucunement, dans cette reftauration, ni le deffin, ni les formes de leur premier état.

Le couvent des Cordeliers fut fondé au mois de février 1473, par *Bertrand de la Tour*, feptième du nom, & par Louife de la Tremouille fa femme. Après qu'ils eurent fourni tous les frais de la conftruction, ils donnèrent à l'églife des ornemens magnifiques; deux beaux calices, un ciboire, une croix enrichie de pierres précieufes, & beaucoup de reliques.

Catherine de Médicis fit plufieurs aumônes à ce couvent, & lui donna le fpacieux jardin que les Comtes d'Auvergne, ses ancêtres, avoient à Vic-le-Comte.

Dans l'église du couvent, & dans une chapelle à droite du sanctuaire, est le tombeau magnifique de *Jeanne de Bourbon*, femme de *Jean III*, Seigneur de la Tour, Comte d'Auvergne & de Boulogne, Princesse du sang royal, & veuve de Jean de Bourbon, deuxième du nom. Ce tombeau est d'une pierre semblable à celle de l'autel de la Sainte-Chapelle; il est chargé de sculptures d'assez bon goût, & de la figure couchée de la défunte. Tout autour de cette figure on lit cette épitaphe en lettres gothiques :

Cy gist Jehanne de Bourbon, yssue de Vendosme, doyrée (douairière) de Bourbon, Comtesse de Boulogne & d'Auvergne; laquelle trespassa le vingt-deuxième jour de moys de janvier, l'an 1511, laquelle donna de beaux vestemens d'eglise en ce bon couvent. Priez Dieu pour son ame (1).

Au pied de la figure couchée de cette Princesse, en est une autre debout, de grandeur naturelle, absolument nue, décharnée, & à moitié rongée par les vers. Cette figure hideuse paroît avoir été sculptée par un Artiste

---

(1) Dans cette épitaphe, on ne dit pas que cette Comtesse fit un mariage très-disproportionné quant à la naissance, en épousant, en troisièmes noces, *François de la Pause*, fils de son Maître d'Hôtel.

habile; elle représente encore la même *Jeanne de Bourbon*.

Cette Comtesse ne fut point, d'abord après sa mort, enterrée dans le tombeau dont nous venons de parler, & que pendant sa vie elle avoit fait ériger pour elle-même. Son corps resta long-temps inhumé dans une chapelle de la nef. La cause de cette exclusion est peut-être le dernier mariage de cette Princesse, qui, après deux ans de viduité, épousa en troisièmes noces, au mois de mars 1503, *François de la Pause*, fils de son Maître-d'Hôtel; & qui, par cette alliance disproportionnée, indisposa contre elle tous ses parens. François de la Pause, quelque temps après la mort de sa veuve, parvint à faire transférer son corps dans le tombeau qui lui étoit destiné. On croit que ce fut à l'occasion de cette translation, & d'après son corps qui parut alors à moitié détruit & dévoré par les insectes, qu'il fit sculpter l'image effrayante dont nous venons de parler (1).

ENVIRONS. La montagne d'*Ecouya*, celle de *Saint-Romain* & celle de *Saint-Hypolite* méritent bien la visite des Naturalistes; elles offrent toutes les trois des productions volcaniques singulières.

La montagne de *Buron*, éloignée d'une petite lieue de Vic-le-Comte, n'est pas moins

___

(1) Il existe un grand nombre de monumens où se voient des figures semblables; elles étoient pour nos Anciens des moralités frappantes qui leur rappeloient le néant de leur existence & la pensée de la mort.

curieuſe; on voit de cette ville ſon noir ſommet, couronné par les maſures d'une ancienne fortereſſe; ſa forme circulaire ſe termine en pointe comme toutes les montagnes volcaniques; celle-ci étoit en effet autrefois un volcan conſidérable.

Le château, bâti par les anciens Comtes d'Auvergne, eſt fondé ſur le cratère même du volcan; ainſi les hommes habitoient avec confiance ſur l'ancienne ouverture d'un gouffre de feu.

Du côté du village de Buron, la montagne eſt coupée à pic; on voit de toutes parts des coulées de lave très-diſtinctes, & ſur-tout à l'eſt, où il exiſte des colonnes baſaltiques très-régulières, dont les tronçons ſont emboîtés les uns dans les autres, & forment, dans l'étendue d'environ deux cents pieds, une ſuperbe chauſſée très-élevée; pluſieurs colonnes ont cependant éprouvé des écartemens qui leur ont fait perdre l'aplomb.

A une demi-lieue de Vic-le-Comte, ſur les bords de l'Allier, au deſſous de la montagne de *Saint-Romain*, ſourdent, par pluſieurs iſſues, des eaux minérales. M. *Monnet*, qui en a fait l'analyſe, dit que douze livres de ces eaux lui ont fourni deux gros & demi de terre calcaire blanche, ſix grains de ſel marin, & à peu près autant d'alkali minéral; elles ne contiennent que très-peu de fer, car la noix de galle ne les colore que très-légerement.

A une lieue & à l'oueſt de Vic-le-Comte, au delà de l'Allier, eſt la montagne de *Coran*. Cette montagne, très-élevée, eſt couverte de vignobles dont les vins ſont les plus estimés de la Limagne ; elle est entourée d'un des cantons les plus riches, les plus féconds, & les plus agréables de la basse Auvergne, & offre plusieurs curiosités minéralogiques.

Au bas de cette montagne sont deux fontaines minérales; la première, qui s'échappe par plusieurs issues, décèle sa nature par ses dépôts ocreux & calcaires ; la seconde, plus considérable, sourde au dessous d'une surface plane, par plusieurs issues qu'elle s'est pratiquées à travers son propre dépôt, qui forme aujourd'hui un monticule d'environ une toise & demie de diamètre. En marchant sur ce monticule, on sent la chaleur sous ses pieds, & le gaz qui s'en évapore, est si abondant, que le nez en est affecté.

La cîme de la montagne de Coran offre un vaste plateau hérissé de monticules volcaniques, & qui a près d'une demi-lieue de circonférence. Au midi de ce plateau, & presque sur son bord, est un cratère si bien conservé, qu'il semble que les feux qu'il vomissoit viennent de s'éteindre. La bouche, suivant M. *Monnet* qui l'a mesurée, a vingt-sept pieds environ de largeur, sur à peu près le double de longueur; elle est à peu près circulaire, & se resserre au milieu en forme d'entonnoir. Ses parois présentent une lave rouge, boursoufflée, semblable à une matière en fusion qui s'est figée avant de tomber. La dernière déjection de ce petit volcan se remarque sur un des côtés, au midi; on y trouve du schorl luisant d'un beau noir & en cristaux réguliers.

M. Monnet pense que ce volcan n'est que secondaire, qu'il dépendoit d'un autre plus élevé & plus considérable, & qu'il est très-postérieur en date au volcan principal qui a formé le sommet de la montagne.

Le Bouchet est une ancienne abbaye située à une lieue & au sud de Vic-le-Comte, dans un vallon, à peu de distance de la rivière d'Allier, & au dessous de la montagne de *Buron*.

Cette abbaye fut fondée, vers l'an 1190, par *Robert IV*, Comte d'Auvergne. Elle porta d'abord le nom d'abbaye de *Vauluisant*, ensuite elle prit celui du *Bouchet*; les Religieux qui l'habitoient étoient de l'ordre de Cîteaux.

L'église de cette abbaye renferme plusieurs tombeaux des Comtes & Comtesses d'Auvergne. Le tombeau de *Robert IV*, fondateur, est proche le maître-autel, du côté de l'évangile; on y voit sa figure mutilée, dit-on, par les Huguenots. Sous le même tombeau, & dans un caveau à double étage, repose le corps de *Mahault de Bourgogne* sa femme, ainsi que ceux de *Gui II*, Comte d'Auvergne, & de *Pernelle du Chambon* son épouse.

Un mausolée plus magnifique est celui de *Godefroi de Boulogne*, Seigneur de Montgâcon, mort environ l'an 1404, & de *Marguerite* Dauphine sa femme, fille de *Jean*, Comte de Clermont, Dauphin d'Auvergne, morte en 1374; ce mausolée, placé sous une voûte gothique fort décorée, offre les deux figures couchées de Godefroi & de son épouse.

Le tombeau de *Gui* d'Auvergne, connu sous le nom de *Cardinal de Boulogne*, n'est pas moins remarquable ; il est à gauche dans une chapelle ; on y voit la figure en marbre du Prélat, représentée couchée ; le tout est accompagné de plusieurs figures & ornemens gothiques.

Ce Cardinal eut une grande part aux affaires de son temps. Il mourut à l'âge de soixante ans, au mois de novembre 1375, à Lérida en Catalogne, & fut transporté dans cette église, comme il l'avoit désiré par son testament ; on accusa le Roi de Navarre de l'avoir empoisonné, & cela paroît assez fondé.

Il donna à cette église, conjointement avec le Cardinal de Murat, un reliquaire qui contient le chef entier de *Sainte Eubibie* ; ce reliquaire, qui représente un buste, est chargé des armes de ces deux Cardinaux.

Dans le chœur de l'église de cette abbaye est le mausolée, avec les figures couchées de *Bertrand*, Seigneur de la Tour, septième du nom, Comte de Boulogne & d'Auvergne, mort en son château de Saint-Saturnin le 26 septembre 1494, & de *Louise de la Trémouille* sa femme, morte le 5 avril 1474.

Ce monastère, qui ne jouit pas en Auvergne d'une réputation bien édifiante, est occupé par deux Moines & un Prieur claustral ; l'Abbé est commendataire.

MANGLIEU, situé à deux lieues & au sud-est de Vic-le-Comte, est une des plus anciennes abbayes de France ; elle fut fondée & bâtie, vers l'an 657, par *Saint Genest*, natif & Evêque de Clermont, sur un emplacement qui lui appartenoit; il y plaça pour premier Abbé *Evode* ou *Vofi*, qui, quelque temps après, fut élu Évêque du Vélai. Cette abbaye, ruinée par les Normands, fut, en 806, rebâtie & redotée par Charlemagne. Les donations & les privilèges que lui accorda ce Prince, furent confirmés par Louis le Débonnaire, & par son fils Pepin, Roi d'Aquitaine.

Ce monaftère, dont l'églife est fous le titre de *Saint-Sébaftien*, étoit chef-d'ordre, & fut agrégé à Cluni en 1716. Les Moines, dont la conduite étoit depuis long-temps fort fcandaleufe, comme dans prefque tous les monaftères éloignés des villes, après avoir été réduits, en 1663, au nombre de huit, ont été fupprimés depuis quelques années, & les biens de la maifon ont été réunis à l'Hôtel-Dieu de Clermont.

Ce que rapporte le Moine Odillon prouve que même autrefois les Moines de ce monaftère n'étoient pas fans reproches. « Au neuvième fiècle, dit-il, deux Moines libertins de Manglieu, au diocèfe de Clermont, achetèrent à Rome le corps d'un fcélérat, pour celui de Saint-Sébaftien, & l'apportèrent dans leur monaftère, où ils furent reçus avec grande magnificence par l'Abbé & les Moines; mais on reconnut bientôt que c'étoit une fourberie, & Dieu le fit voir évidemment par la vengeance qu'il exerça contre ce faux corps faint, & contre les deux Moines qui l'avoient apporté de Rome (1).

---

(1) Voyez *Differtation fur la Sainte-Larme de Vendôme*, pag. 170, édition de 1751.

BILLOM.

Ville située à deux lieues du Pont-Château, & à quatre de Clermont.

Cette ville, nommée en latin *Billiomagus*, est ancienne; mais l'on ne peut précisément marquer l'époque de son origine; il est vraisemblable que sa collégiale de *Saint-Cerneuf* étoit un ancien monastère qui fut sécularisé, & que la foi que les peuples portèrent aux mérites de ce Saint, ou aux prières des Moines, y attirèrent plusieurs habitans qui ont formé ou accru ce lieu.

DESCRIPTION. Billom, depuis long-temps le chef-lieu des *terres de l'Evêque*, est situé à l'extrémité & au sud d'une plaine très-fertile, sur la grande route de Clermont à Ambert; un ruisseau, grossi par plusieurs autres, traverse cette ville: elle contient trois paroisses, celle de *Saint-Cerneuf*, de *Saint-Loup* & de *Saint-Saturnin*, & plusieurs Communautés religieuses; elle est aussi décorée d'un collège riche & considérable.

L'église de *Saint-Cerneuf*, à la fois collégiale & paroissiale, est très-ancienne; on prétend qu'elle existoit avant Charlemagne, & qu'elle fut enrichie des bienfaits de cet Empereur; enfin elle est réputée de fondation royale.

La construction de cette église paroît être du neuvième siècle. Dans une chapelle qui est à droite du chœur, on voit deux mausolées en marbre blanc sans inscription, & sur lesquels

Partie V. Dd

sont les figures de ceux dont les cendres y reposent. L'un est le tombeau de *Gilles Aycelin de Montaigu*, qui fut Archevêque de Narbonne & de Rouen, & Chancelier de *Philippe le Bel*, en 1309. Il fonda, en 1314, le *collège de Montaigu* à Paris, fut souvent employé dans des négociations, & eut l'honneur d'être le parrain du Roi de France Charles IV, dit le Bel. Il mourut en 1318; son corps fut transporté à Billom, & ses funérailles furent faites avec beaucoup de solennité.

L'autre tombeau est celui de *Gilles II*, ou *Guillaume Aycelin* de Montaigu, Évêque de Lavaur, ensuite de Térouane; il fut Chancelier de France en 1356. Le Roi Jean ayant été pris à la bataille de Poitiers, il le suivit en Angleterre; en 1357, il reçut ordre de repasser en France, & de se retirer dans ses terres d'Auvergne. Froissard dit que c'étoit par son conseil qu'on *besoignoit en France* : il ajoute, que *son conseil étoit bon & valable*.

On conserve dans cette église une relique célèbre sous le nom de *Précieux sang*. Un Jésuite nommé *Raymond Martin* en publia l'Histoire, en 1646, sous ce titre : *La divine relique du sang adorable de J. C. dans la ville de Billom en Auvergne*. « Le monde est si mal fait, dit le Jésuite dans son chapitre premier, qu'il semble que la moitié des hommes est trop crédule, & toute l'autre moitié est incrédule, ou peu s'en faut ». C'est aux hommes incrédules que l'Auteur s'attache principalement dans son ouvrage; ce qui feroit croire que de son temps plusieurs personnes doutoient déjà de l'authenticité de cette relique. Son ouvrage n'est guère propre à persuader ceux qui ne croient pas facilement. « *Il est bien vrai*, dit-il, *qu'on ignore les circonstances, & du lieu où ce trésor a été pris, & du temps auquel il fut apporté en ce pays* ». Ce défaut de preuves essentielles est une bagatelle pour notre judicieux Historien. « *Mais quelle merveille !* s'écrie-t-il, *n'est-ce pas-là le sort de toutes les choses les plus anciennes* » ? Certes, nous n'entreprendrons pas de répondre à des raisons aussi concluantes, nous nous bornerons simplement à raconter ce que la tradition a conservé sur cette fameuse relique.

Durand d'Albanelli, Chanoine de Billom, à son retour de la Terre-Sainte, apporta, dit-on, cette relique avec un petit morceau de *bois de la vraie croix*, enchâssé dans une croix d'argent doré, sur le pied de laquelle est gravé le nom de ce Chanoine. Par un événement peu vraisemblable, le bois de la vraie croix fut conservé, & le précieux sang resta perdu pendant long-temps ; il fut déterré, on ne dit point par qui, ni à quelle époque, sous le maître-autel. On découvrit d'abord un coffre revêtu de peaux, dans lequel étoit le vase de cristal qui contient cette relique enchâssée, comme elle l'est aujourd'hui, dans une garniture en argent, avec cette inscription en lettres gothiques :

Hoc in vase manet sanguis, quo vincitur anguis.

Tous les ans, le 3 mai, le jour de l'Invention

de Sainte-Croix, on célèbre à Billom la fête du Précieux Sang : c'est un jour de triomphe, de réjouissance ou de profit pour les différens habitans. La principale cérémonie est la procession où le Précieux Sang est montré au public. Elle ne se célèbre plus avec un appareil aussi recherché qu'autrefois. Voici ce que l'Historien de la relique nous a conservé de cette procession. « Elle est précédée, dit-il, de jeunes garçons choisis, *& vestus en Anges, & portant les mystères de la Passion en peinture*, qui sont suivis d'une douzaine d'hommes *représentans les douze Apôtres avec les instrumens de leur martyre* : puis viennent les Capucins, ensuite des Pélerins, revêtus de leurs livrées ». Parmi ces Capucins, ces Apôtres, & ces Pélerins, étoient plusieurs femmes, dont la plupart, tenant la *chandelle à la main*, marchoient pieds nus & en chemise.

De pareilles indécences ne sont pas nouvelles ; c'étoit autrefois un acte de piété bien méritoire de faire la procession en chemise ; on a vu des personnes qui ont poussé la dévotion jusqu'à s'y présenter tout à fait nues (1). Notre

---

(1) L'Histoire nous a conservé un grand nombre d'exemples où nos anciens, par dévotion, alloient dans les églises ou suivoient les processions *tout nus*. Guillaume *Guiart* dit que lorsque Louis X fut à la Rochelle, en 1224, pour en chasser les Anglois, la Reine *Isembourge*, la Reine *Blanche*, & la Reine *Marguerite* firent à Paris une belle procession pour obtenir la protection de Dieu. Ces trois Reines étoient accompagnées de plusieurs personnes du pays ou étrangères, qui marchoient

Historien, qui a senti l'inconvénient de ces dévotes nudités, semble désirer que les femmes montrent, à cette cérémonie, moins de dévotion, & plus de décence. *Estant si peu couvertes*, dit-il, *il me semble qu'elles paroîtroient avec plus de bienséance si elles monstroient moins de nudités aux yeux du monde.*

Le Prêtre qui porte la relique à cette procession, se tourne à chaque instant de tous côtés, pour la montrer aux Etrangers, & renverse successivement le vase de cristal, pour faire remarquer que la liqueur rouge qu'il contient conserve encore sa fluidité. L'Historien ajoute que de son temps, lorsque la procession étoit arrivée à la place, & que la relique étoit po-

---

nu-pieds & en chemise; plusieurs même n'avoient pas de chemise :

<blockquote>
De gens privés & d'étranges,
Par Paris nuds pieds & en langes,
Que nul des trois n'ot chemise.
</blockquote>

Du temps de la Ligue il y eut à Paris plusieurs processions de gens nus. Le 14 février 1589, il se fit une belle procession dans la paroisse de Saint-Nicolas-des-Champs. « Il y avoit plus de mille personnes, dit un Ecrivain du temps, tant fils, filles, hommes que femmes *tous nus*..... Les Prestres de ladite église de Saint-Nicolas aussi pieds nus, & quelques uns *tout nus*, comme étoit le Curé nommé *François Pigenat* ». A ce sujet, le même Ecrivain ajoute, avec une naïveté remarquable, *tellement qu'on ne vit jamais si belle chose, Dieu merci*. Voyez *Singularités historiques, pour servir de suite aux Descriptions de Paris & des Environs*. A Paris, chez Lejay, pag. 58, 59, &c.

sée sur un autel qu'on y dresse ordinairement, la plupart des gens du peuple regardoient au ciel, & prétendoient, en plein midi, y voir une étoile qui apparoissoit alors miraculeusement. Le temps des miracles a passé: on ne voit plus d'étoiles en plein midi.

Aujourd'hui la foi à l'authenticité de cette relique est beaucoup affoiblie; les plus crédules, pour accorder les miracles qu'on en raconte avec leur doute, croient que ce précieux sang est du vin consacré au saint sacrifice de la messe.

Le Collège fut fondé, en 1556, par *Guillaume Duprat*, Évêque de Clermont, fils du fameux Cardinal & Chancelier *Duprat*; il y plaça des Jésuites pour y professer, & leur donna de grands biens; de sorte que cette maison de Jésuites étoit une des plus riches de France. Lors de l'expulsion de cette société, on trouva dans l'église ce fameux tableau dont il est fait mention dans *le compte rendu*, qui fut ensuite gravé, & qui représente la religion sous l'emblême d'un vaisseau conduit par des pères de la société de Jésus.

ÉVÉNEMENT remarquable. Le parti jésuitique étant devenu, sous le règne d'Henri III, le parti de la Ligue, & le collège de Billom étant le foyer des intrigues séditieuses de la province, il fut choisi pour théâtre des prétendus Etats qui furent convoqués & présidés par *François de la Rochefoucauld-Randan*, Évêque de Clermont, & son frère *Jean de la Rochefoucauld*, Gouverneur d'Auvergne. Ils préférèrent cette maison, dans la persuasion où

Ils étoient que les discours & les intrigues des Jésuites contribueroient beaucoup au succès de leurs projets séditieux.

Le 20 avril 1589, les Députés de ces prétendus Etats, tous dévoués au parti de la Ligue, se rendirent à Billom. L'Evêque de Clermont ouvrit la séance par un discours très-vif, où il accusa le Roi Henri III d'être d'intelligence avec les Protestans. « Il concluoit, dit M. de Thou, par quelques raisonnemens faux, puisés dans les écrits empoisonnés de nos nouveaux Docteurs (1), qu'ils étoient très-obligés d'embrasser *la sainte union* (2), & d'abandonner le parti du Roi, à qui, lui en particulier, & toute son illustre famille en général, avoient de si grandes obligations.

« En même temps, continue le même Historien, entrèrent sur la scène, comme s'ils fussent sortis d'une machine, l'Evêque de *Castres* & deux Conseillers du Parlement de Toulouse, encore teints du sang de leur premier Président qui venoit d'être si lâchement assassiné (3). Le Prélat & les deux Magistrats, après avoir fait un long & magnifique éloge du parti, exhortèrent les Etats à s'unir à eux, afin de conti-

―――――――――――――――

(1) Les Jésuites.
(2) La Ligue, ainsi nommée par ses partisans.
(3) Le Premier Président dont parle M. de Thou, est le malheureux *Duranti*, assassiné de la manière la plus tragique par une populace aveugle, qu'excitoient les chefs de la Ligue. Voyez la deuxieme Partie de cet ouvrage, article *Toulouse*, page 282, où cet événement est rapporté en détail.

nuer une guerre entreprise pour la défense de la religion Catholique, Apostolique & Romaine.

« L'Evêque de Clermont remercia ces Députés au nom des Etats; après quoi, tous, à son exemple, s'enrôlèrent dans la sainte union. On délibéra en même-temps sur ce que ceux de *Clermont*, de *Montferrand*, de *Saint-Pourcain*, d'*Yssoire* & d'*Usson*, n'avoient point envoyé des Députés aux Etats. On excusa aisément quelques-unes de ces villes. A l'égard de ceux de *Clermont* & de *Montferrand*, on regarda leur absence comme un aveu tacite du peu d'inclination qu'ils avoient pour le parti, & sur le champ, sans vouloir se donner la peine d'entendre leurs raisons, les Etats condamnèrent les habitans de ces deux villes, comme des rebelles & des ennemis du repos public. Deux jours après, les Députés s'assemblèrent tous dans l'église des Jésuites, où la *sainte union* fut jurée solennellement; ensuite on procéda à quelques reglemens pour la levée des deniers nécessaires à l'entretien de la guerre projetée. (Voyez *Clermont* & *Yssoire*.)

ENVIRONS. C'étoit à Billom que passoit la voie romaine qui conduisoit de Lyon à Clermont. Cette voie se dirigeoit à Pérignat sur Allier, situé à une lieue & demie de Billom, où l'on a découvert une colonne milliaire que *Gabriel Siméon* a fait graver avec l'inscription, & que *Berger* a rapportée dans son Histoire des grands chemins romains. La hauteur de cette colonne étoit de dix pieds, & son diamètre de deux; elle avoit été érigée sous l'Empereur Adrien, & elle portoit cette inscription qui le constate :

IMP. CAES. DIVI TRAJANI PART. FIL.
DIVI NERVAE NEP. TRAJANUS HADRIANUS.

Il paroît que cette inscription n'est pas entière, & que le nombre des lieues ou des milles a été effacé.

Les environs de Billom offrent plusieurs châteaux dont on voit de loin les ruines élevées sur la cîme de plusieurs montagnes ; tel est le château de *Turluron* ; celui de *Montaigu Listenois*, possédé autrefois par l'ancienne maison des *Aycelin de Montaigu*, qui a donné à la France des Chanceliers, à l'Eglise des Cardinaux & des Prélats, qui a fondé à Paris le *collège de Montaigu*, & qui maintenant est éteinte.

Le château de *Mozun*, forteresse considérable autrefois ; sa situation élevée, sa forme carrée & sa triple enceinte l'ont fait long-temps regarder comme une des plus fortes places de l'Auvergne. *Robert*, Evêque de Clermont, autorisé par son frère *Gui II*, Comte d'Auvergne, en fit l'aquisition en 1207. En 1254, ce château & ceux de Lezoux & de Vertaison furent le théâtre des guerres intestines, élevées entre Robert V, Comte d'Auvergne & de Boulogne, & *Gui de la Tour*, Evêque de Clermont. Le Prélat, qui étoit Jacobin, se battoit comme un grenadier, & lui & son ennemi causèrent une infinité de maux sur les terres qui faisoient l'objet de leurs contestations. Lorsque le Clergé & la Nobleſſe étoient en guerre, le peuple, quoiqu'en paix, en devenoit toujours la victime.

Le château de Ravel, situé au nord-est de Billom, entre cette ville & celle de Lezoux, à une lieue & demie de la première, & à une lieue de la seconde, appartient à M. le Comte d'*Eſtaing*, Vice-Amiral de France.

Ce château, autrefois nommé *Revel*, a donné son nom à une Maison d'Auvergne; il passa à la Maison de *Flotte*, Maison puissante dans les treizième & quatorzième siècles (1).

Au commencement du dix-septième siècle, la terre de Ravel passa dans la Maison d'*Eſtaing*, par le mariage de Jean d'Eſtaing de Saillant avec Claudine de Combourſier, fille unique de Louis de Combourſier, Seigneur du Terrail, décapité à Genève, d'où est descendu M. le Comte d'Eſtaing, Vice-Amiral de France.

Ce château, flanqué de tours rondes, fut, il y a environ vingt-huit ans, magnifiquement orné par M. le Comte d'Eſtaing; il ſubſtitua la terre de Ravel à une dame de la Cour. Depuis cette époque, on a cessé d'y faire des réparations; les jardins & tous les lieux d'agrémens ſont abandonnés (2). Le château même, qui fut long-

---

(1) Un Guillaume Flotte fut Amiral de France, & ſon petit fils, nommé auſſi Guillaume, fit empoiſonner Marguerite de Beaumont ſa femme, à cauſe de ſa mauvaiſe conduite.

(2) Au milieu du parterre de fleurs, ſoutenu par un mur de terraſſe, & bordé de baluſtrades, étoit un baſſin où l'on voyoit la ſtatue coloſſale, & en marbre,

temps regardé comme le plus magnifique de l'Auvergne, se ressent de cet abandon général ; néanmoins il renferme encore des objets assez intéressans pour mériter d'être vus & décrits.

Bâti sur la croupe d'une montagne, ce château domine une des plus brillantes parties de la Limagne ; la façade, qui est opposée au midi, présente la principale entrée. La porte de la cour d'honneur est ornée des armes de la Maison d'Estaing, qui sont les mêmes que les armes de France. Du vestibule, qui est au rez de chaussée, on monte par un bel escalier au vestibule du premier étage. Le principal objet qu'on y remarque est un grand tableau d'Histoire, représentant un trait fort honorable pour la Maison d'Estaing ; on y voit Philippe-Auguste, après la bataille de Bouvine, récompensant un Baron d'*Estaing*, qui venoit de lui sauver la vie, & lui accordant le droit de porter sur son écu les armes de France. Dans un arrière-plan du tableau, on voit le combat & l'action du Baron d'Estaing, qui, d'une main, présente un cheval au Roi, tandis que de l'autre armée d'une épée, il écarte les ennemis. Dans un angle du tableau on lit cette inscription :

« *Déodat*, dit *Tristan*, Baron d'*Estaing*,
» à la bataille de Bouvine, l'an 1214, sauva

---

d'une Naïade à demi nue. Les Villageois des environs alloient souvent faire des prières devant cette statue, croyant qu'elle représentoit quelque Sainte ; on a été obligé, pour la dérober à l'adoration du peuple, de la renfermer sous le vestibule du rez de chaussée, où elle est encore.

» la vie, & donna son cheval à Philippe-Au-
» guste. Le Roi, en mémoire de cette action,
» changea ses armes en celles de France; le
» chef-d'or ayant été conservé comme un reste
» de la couverture d'or, dont *Déodat Tristan*
» cachoit les anciennes armes de sa famille;
» la concession a été non interrompue jusqu'à
» ce jour ».

Dans le même vestibule, & en face de ce tableau, on en voit un autre plus petit, dont le sujet est un Arracheur de dents, entouré de malades & de curieux; les têtes sont pleines d'expression; la touche est ferme & vigoureuse, & en général cette peinture est d'un bon effet.

Dans la salle de la Bibliothèque, on doit remarquer un Saint-Sébastien très-bien peint; on y voit aussi plusieurs tableaux de même grandeur & de la même main, qui représentent des combats, des massacres, & sur-tout des incendies pendant la nuit; on dit que ces scènes affreuses offrent les exploits de M. le Comte d'Estaing dans l'Inde (1).

---

(1) Elles rappellent ces vers de la sublime ode à la Fortune.

      Quels traits me présentent vos fastes,
      Impitoyables conquérans, &c.

Et ceux-ci de la strophe suivante :

      Juges insensés que nous sommes,
      Nous admirons de tels exploits

La Galerie est la pièce la plus vaste & la plus curieuse du château. Le mur qui est en face des croisées, est orné d'une grande quantité de portraits de jolies femmes, peintes au pastel; on remarque trois de ces portraits qui sont peints à l'huile; on y voit aussi un grand nombre de dessins à la plume, mis sous verre, qui représentent des vues & des plans de villes, de côtes & de ports de mer; ils sont précieusement dessinés; les noms des lieux qu'ils représentent ont été recouverts. Les trumeaux des fenêtres sont décorés de consoles de marbre, sur lesquelles sont des bronzes.

Un de ces trumeaux, qui est au milieu de la galerie, offre un monument précieux de la valeur de M. le Comte d'Estaing, & de la reconnoissance de Louis XV. C'est une espèce d'obélisque en marbre, orné de trophées d'armes en bronze & en différens métaux; il a environ trois pieds de hauteur. Sur le piédestal on a gravé le détail des combats & des conquêtes qui lui ont valu cette récompense; à la cîme on lit sur une feuille de métal le nom de *Louis XV*, & les dates 1759 & 1760, en caractères formés de diamans.

La pièce appelée *la Niche*, est un réduit entièrement entouré de glaces; aussi-tôt qu'une personne s'y présente son image y est répétée onze fois.

Le cabinet de compagnie est dans la plus grosse tour du château; il est décoré de pilastres de marbre feint, & de guirlandes dorées.

Dans la salle du billard, on voit sur la cheminée une figure à cheval, peinte fur marbre, avec ces mots au-deſſous.

Bayard imitando.

On voit dans cette ſalle un grand nombre de tableaux de famille, parmi leſquels on remarque celui du célèbre *Pierre du Terrail*, plus connu ſous le nom de *Bayard*, & ſurnommé *le Chevalier ſans peur & ſans reproche*; mais un tableau bien plus admirable, eſt celui qui s'offre lorſqu'on s'avance ſur la terraſſe circulaire qui communique à cette ſalle; la vue eſt ſuperbe par ſon étendue, par ſa richeſſe.

LE PONT DU CHATEAU.

Petite ville, avec titre de marquiſat, ſituée ſur la rive gauche de l'Allier, & ſur la grande route de Bordeaux, de Limoges, de Clermont à Lyon; à deux lieues & demie de Clermont, à trois de Riom, & à deux de Lezoux.

Un ancien pont ſur l'Allier, & un château bâti tout auprès ont donné l'origine & le nom à cette ville.

Au commencement du douzième ſiècle, le Pont du Château étoit une des plus fortes places de la Limagne, comme le témoignent *Suger* & *Aimoin*, lorſqu'ils parlent du premier voyage que le Roi Louis le Gros fit en Auvergne pour ſecourir l'Evêque de Clermont, contre la tyrannie du Comte Guillaume VII. Ce Roi aſſiégea & prit cette place, comme je le dirai ensuite. Philippe-Auguste ayant conquis toute la province sur le Comte Gui II, remit, en 1212, le Pont du Château à l'Evêque de Clermont, pour le garder jusqu'à ce qu'il plairoit au Roi de le demander. Cette seigneurie fit ensuite partie de l'apanage d'Alphonse, frère de Saint-Louis, & après sa mort, elle revint à la couronne.

Louis, dit le *Hutin*, voulant s'attacher particulierement *Jean II*, Dauphin du Viennois, le gratifia d'une rente annuelle de deux mille livres; mais ce Roi n'ayant point, pendant sa vie, satisfait à cette rente, *Philippe le Long*, son successeur, nomma des Commissaires pour l'asseoir sur des terres d'Auvergne. L'opération se fit avec une lenteur affectée, & même au préjudice du Dauphin; il se prétendit lézé de cent quarante livres de revenu; le Roi, pour le dédommager complètement, lui céda, en 1317, un nouveau fonds de *trois cents livres de rente*. Ce fonds consistoit dans les terres d'*Auzon* & *du Pont du Château*, avec tous leurs droits seigneuriaux, sans en excepter l'hommage des Vassaux.

Humbert II, fils & successeur de *Jean II*, Dauphin du Viennois, en se rendant à la Cour de France, passa, en 1335, par l'Auvergne, pour recevoir l'hommage des Vassaux relevant des seigneuries qu'il possédoit dans cette province. Il vint au Pont du Château, & ce fut là que *Robert*, Dauphin d'Auvergne, deuxième du nom, Seigneur de Saint-Ilpise & de Combronde, lui fit hommage des terres qu'il tenoit de sa femme ou autrement. Cet hommage d'un

Dauphin d'Auvergne à un Dauphin du Viennois, deux Princes qui seuls portoient alors en France le titre de *Dauphin*, se fit, suivant les expressions de l'acte, le 22 mai 1335, *au delà du pont, & sous l'ormeau; ultrà pontem, subtus ulmo* (1).

Lorsqu'en 1343, le même Dauphin Humbert II céda à Philippe le Long la province du Dauphiné en faveur de *Philippe*, Duc d'Orléans, second fils de ce Roi, il se réserva, par le traité fait en cette occasion, toutes les terres qu'il possédoit en Auvergne; ainsi le Pont du Château ne fut point compris dans cette cession. Six mois après, le 25 septembre de la même année, *Humbert II* vendit, pour la somme de cinquante mille florins, le Pont du Château avec ses autres terres d'Auvergne, à *Guillaume Roger*, Seigneur de Chambon, frère du Pape Clément VI; *Guillaume Roger* prit, quelques temps après, le nom de *Beaufort* (2).

---

(1) Voyez l'*Histoire du Dauphiné*, au Livre des Preuves, page 298, édition de Genève, 1722.

(2) *Guillaume Roger* porta, le premier de sa Maison, le nom de *Beaufort*, & ce fut en 1346, lorsque la terre de *Beaufort* en Anjou eut été, en sa faveur, érigée en vicomté. Le nouveau Commentateur de la coutume d'Auvergne a été très-mal instruit lorsqu'à l'article de *Montboissier*, il a dit que la Maison de Beaufort Canillac possédoit les terres du Pont du Château & autres, « par la *donation* qu'Humbert, Dauphin du Viennois, en avoit faite à *Guillaume de Rosière de Beaufort du Chambon*, le 25 septembre 1363, & qu'elles avoient été *délaissées* à Humbert, par le Roi Philippe de Valois, au mois d'avril 1343, en paiement

La

DE L'AUVERGNE.

La terre du Pont du Château resta dans la même Maison jusqu'en 1517, époque ou *Jacques de Beaufort*, Comte d'Alez, Marquis de Canillac, en fit donation, ainsi que de tous ses autres biens, à son neveu *Jacques de Montboissier*, fils de Jean de Montboissier & de Catherine de Beaufort, à la charge de porter le nom & les armes de Beaufort. M. le Comte de Montboissier, qui possède à présent la terre du Pont du Château, l'a substituée à son neveu M. le Baron de Montboissier, & à ses descendans mâles.

Le Pont du Château, autrefois chef-lieu d'une Prévôté royale fort étendue, a aujourd'hui le titre insignifiant de *Marquisat*. C'est

---

des rentes qu'il devoit asseoir à ce Prince *pour la cession du Dauphiné* ». Voilà bien des fautes accumulées. Les terres du Pont du Château, & autres d'Auvergne, ne furent point *données* à la Maison de Beaufort, mais elle lui furent *vendues*. Le Commentateur le dit lui-même à l'article du Pont du Château; ce ne fut pas à *Guillaume de Rosière de Beaufort*, mais à *Guillaume Roger*, qui ne portoit pas encore le nom de Beaufort; la vente ne fut point faite le 15 septembre 1363, mais le 15 septembre 1343. Les terres du Pont du Château ne furent point *délaissées* au Dauphin du Viennois en 1343, mais en 1313; ce ne fut point à *Humbert*, mais à *Jean II*; & ces terres ne lui furent point données par le Roi pour *la cession du Dauphiné*, puisque les Dauphins du Viennois les possédoient trente-six ans avant cette cession, & que par cet acte, loin de recevoir ces terres du Roi, le Dauphin stipule qu'il les excepte, & qu'il n'entend point les délaisser au Roi. Le Commentateur Historien a un bel errata à joindre à son Ouvrage.

Partie V. E e

une des petites villes de la Limagne les plus avantageusement situées. La route de Bordeaux à Lyon, & le cours de la rivière d'Allier l'embellissent, la rendent vivante, & y entretiennent un commerce assez étendu. Sa position au milieu de cinq ou six villes voisines, la pêche abondante qu'on y fait, son pont curieux, parce qu'il est le seul considérable en Auvergne, son site riant & pittoresque attirent, à certains jours de l'année, plusieurs étrangers qui y viennent en partie de plaisir (1).

---

(1) M. *Le Grand d'Aussy*, dans son *Voyage d'Auvergne*, dit, pag. 189 : « *A Pont du Château, joli bourg* sur l'Allier ». Il continue, page suivante : « Pont du Château mérite les regards du Voyageur par sa situation élevée sur l'Allier; par son *beau pont aussi plat que celui de Neuilly*; par sa *pélière pour prendre les saumons qui remontent ou qui descendent* la rivière. Il y a ici presque autant d'inexactitudes que de mots. On ne dit point *à Pont du Château*, mais *au Pont du Château*, tout comme on dit *au Pont Saint-Maxence*, *au Pont Saint-Esprit*, &c.; d'ailleurs c'est l'usage : cette faute est répétée souvent dans l'Ouvrage de M. *d'Aussy*. Le Pont du Château n'est point un *bourg*, mais une ville. Le pont n'est point *aussi plat* que celui de Neuilly; cette manière de parler est peu significative, en outre, elle n'est pas exacte. Le pont du Pont du Château est bombé au milieu, & la pente est, de part & d'autre, assez sensible pour qu'on ne s'y méprenne pas. La *pélière* n'a pas été faite *pour prendre des saumons*, mais pour procurer aux moulins qui sont à l'extrémité, une chûte d'eau suffisante. Les saumons remontent toujours la rivière, mais ne la *descendent* jamais. L'agrément que M. d'Aussy a voulu

On voit encore des restes de ses anciennes fortifications. Les fossés, aujourd'hui convertis en promenades, sont plantés d'arbres déjà touffus.

On trouve dans cette ville deux paroisses, & une collégiale fondée par les Seigneurs, dont l'église est la chapelle du château.

Le Château est bâti au dessus de l'Allier, sur une rive très-élevée, & coupée presque verticalement; il est précédé par une grande place plantée d'arbres, autrefois occupée par des fossés & d'anciennes fortifications. Au milieu de la façade est un escalier en fer à cheval qui rappelle celui de Fontainebleau; la forme en est plus simple, & la construction aussi hardie. De ce château, qui domine sur une grande partie du bassin de l'Allier, on jouit de la perspective la plus brillante.

Ce château fut brûlé en 1581. La peste, qui ravageoit alors l'Auvergne, causa beaucoup de maux dans cette petite ville. Le Seigneur voulant purifier sa maison avec du feu, la brûla. C'est ce que témoigne le célèbre *Michel de Montaigne*, dans la Relation de son voyage à Rome. A son retour d'Italie, il passa, le 18 novembre 1581, au Pont du Château. « *La peste a fort persécuté ce lieu-là*, dit-il; *& en ouïs plusieurs histoires notables. La maison du Seigneur, qui est le manoir paternel du*

---

répandre dans son Ouvrage, peut bien donner du crédit aux erreurs qui s'y trouvent; c'est pourquoi j'ai cru devoir relever celles que je suis à la portée de connoître.

Vicomte de Canillac, fut brûlée, ainsi qu'on la vouloit purifier à tout (avec) du feu, &c.

Le Pont, situé à l'extrémité orientale de la ville, & les constructions qui l'accompagnent, fixent l'attention des Voyageurs. Ce pont fut commencé en 1765, & achevé en 1773. Les deux parties de la route qui y aboutissent sont bordées de quatre rangs d'arbres. Sa longueur est de cent dix toises, & sa largeur est seulement de cinq toises hors d'œuvre, ce qui n'offre à la route que quatre toises & demie : largeur disproportionnée, & fort insuffisante ! Il est composé de sept arcades de forme demi-elliptique. A quelques toises au dessous du pont est la *pélière*, autrefois en bois, & placée beaucoup plus haut. Cette pélière, en pierres de taille, a été commencée, ainsi que les écluses & le moulin, en 1772, & achevée l'année suivante, sur les dessins de M. *de Régemorte* (1). C'est une digue pratiquée sur toute la largeur de la rivière, qui produit une chûte d'eau d'environ six à sept pieds. Cette digue fut d'abord bâtie sur une ligne droite, & la chûte formoit une nappe d'eau uniforme. Quelques mois après son entière construction, un débordement extraordinaire, y porta des arbres déracinés, qui, par leur résistance, augmentèrent la force de l'eau ; tout à coup, avec un bruit semblable à celui du tonnerre, cette digue, large de six pieds, formée d'énormes pierres de taille unies ensemble par des liens de fer, se

---

(1) Cet Ingénieur, avantageusement connu, est surtout célèbre par la construction du pont de Moulins.

rompit, & les lourdes masses qui la composoient furent détachées & portées, par la violence des eaux, à une distance de plus de deux cents pas ; chose incroyable, si cet événement n'en avoit laissé de nombreux témoignages !

Cette rupture avoit environ vingt-huit toises de longueur ; on la fit réparer sur un dessin différent. Cette partie nouvelle n'est point en droite ligne comme l'autre, mais en forme de bastion ; la partie en ligne droite, qui étoit restée, fut fortifiée du côté d'amont par un glacis en pierres.

Le moulin a six tournans. L'écluse qui est à côté, est destinée au passage des bateaux, sur chacun desquels les Seigneurs du Pont du Château perçoivent un péage de trente sous. Ce droit de pélière (1) est possédé depuis plusieurs siècles par les Seigneurs du Pont du Château ; il remonte à ces temps de barbarie où la force étoit le premier de tous les droits.

Denis-Michel de Montboissier-Beaufort-Canillac, Marquis du Pont du Château, obtint un *arrêt du Conseil*, du 17 janvier 1733, qui le maintint dans ce droit. Il est peut-être utile de rapporter ici quelques dispositions de cet arrêt.

Le Seigneur du Pont du Château est maintenu dans la jouissance & possession de la digue ou pélière construite au dessous de la ville,

---

(1) *Pélière* est une espèce de digue dont le nom dérive des bois qui la formoient, qu'on nomme *piles* ou *pal* ; ainsi *pélière* doit signifier assemblage de piles.

ainsi que dans le droit de percevoir trente sous par chaque bateau passant par l'ouverture du pertuis ou écluse de cette digue; à la charge, par ledit Seigneur, de la faire réparer, d'y faire construire un glacis en radier à ses dépens, & d'entretenir le tout en bon état pour le passage des bateaux.

Par le même arrêt, il est défendu aux Préposés à l'ouverture de cette pélière, *de faire attendre les Marchands, Bateliers & Mariniers, au dessus, à peine de trois cents livres d'amende, & de tous dépens, dommages & intérêts;* comme aussi de percevoir, des conducteurs des bateaux, d'autres droits que les trente sous par bateau, à peine d'être poursuivis extraordinairement comme concussionnaires.

On ne peut disconvenir que cette digue ne soit une de ces usurpations féodales contre lesquelles la liberté françoise réclame avec tant de raison, qu'elle ne soit une entrave considérable au commerce de l'Auvergne, sur-tout par les atterrissemens qui se forment à l'entrée du canal, qui en rendent l'abord difficile & même dangereux, & souvent forcent les bateaux d'*attendre* plus long-temps qu'il n'est permis au Seigneur de le faire; mais elle est utile au pays, par l'abondance du poisson dont elle facilite la pêche; & les moulins qu'elle sert à entretenir, sont presque indispensables dans des temps de sécheresse : le bien qu'elle fait est particulier, mais le mal est général.

Lorsque la pélière du Pont du Château fut achevée, les poissons qui, tous les printemps, remontent de la mer, y furent arrêtés. Les saumons s'y trouvoient en telle abondance, que pendant les premières années, on y faisoit des pêches qu'on pourroit nommer *miraculeuses* : dans un seul coup de filet on a pris jusqu'à cent vingt saumons. Les pays qui sont au dessus du Pont du Château, ont, par cette construction, été privés de cette production de la rivière, qui appartient également à tous les habitans, comme l'eau qui y coule, comme l'air qui circule dans l'atmosphère (1).

Cette pêche est bien diminuée depuis qu'on s'est avisé d'arrêter bien au dessous, avec des filets, le passage aux saumons.

Suivant une ancienne opinion, ce fut au Pont du Château qu'étoit le pont sur lequel César fit passer ses légions lorsqu'il alla assiéger Gergovia. On ne peut donner à cette assertion aucune preuve certaine; il est seulement à présumer que ce fut plutôt dans cet endroit qu'ailleurs, puisque ce lieu se trouve à peu près sur le passage des troupes Romaines, & qu'il a conservé le nom de *Pont*.

Ce pont étoit en bois, c'est ce que prouve

---

(1) Les Seigneurs avoient le droit de *pélière* ; mais la pélière, formée de piles en bois, n'arrêtoit que très-peu de poissons; ils ont fait construire une *digue* en maçonnerie qui arrête tout le poisson. Je demande si le droit de *pélière* est le même que le droit de *digue* ? Je demande aussi si un homme peut avoir le droit de priver des milliers d'autres hommes qui habitent, dans une longueur de vingt-cinq lieues, les rives de l'Allier, du poisson que la nature leur destine ?

la relation du voyage de Charles IX en Auvergne, qui s'exprime ainsi : « Et le jeudi 28ᵉ jour dudit mois (mars 1566), ledit Seigneur (Charles IX) partit de Maringue pour aller passer une belle plaine, & alla dîner au Pont du Chasteau, qui est une belle petite ville & château, qui appartient au sieur *de Curton*, auquel lieu ledit Seigneur fit son entrée; puis après disner, alla passer la rivière d'Allier par dessus un *pont de bois*, pour aller coucher à *Duffet* (*Buffeol*), qui est un petit château dans un bois qui appartient à la Royne ».

Ce pont fut emporté le 21 septembre 1586 par le débordement des eaux de la rivière; cet événement est ainsi conservé dans les registres de la paroisse de Sainte-Martine de cette ville. « Nous soussignés avons vu la rivière d'Allier débordée tant qu'elle passoit sur le pont d'Allier, rompit ledit pont & une partie de la recluse de cette ville, mais aussi le mollin. La dite rivière passoit par-tout le buisson, & tenoit jusques aux noyers appelés *de Touche*, & a fait ladite rivière beaucoup de dégâts dans la justice dudit Pont & autres lieux, dont Dieu veuille nous préserver de toute inondation, &c. » Ce pont ne fut reconstruit qu'environ deux cents ans après.

CURIOSITÉS naturelles. Lorsqu'en 1776, on eut fait couper une partie du monticule sur lequel est bâtie l'église paroissiale de *Sainte-Martine*, pour continuer le nouveau chemin qui conduit au pont, le terrain coupé mit à découvert des deux côtés du chemin une roche grisâtre, entre les retraites de laquelle suinte du bitume; les parois de ces retraites contiennent des mamelons de calcédoine, & des groupes de cristaux de quartz très-transparens que le suintement du bitume recouvre quelquefois. La roche qui sert de gangue à ces productions, est une matière volcanique qu'on croit être une lave boueuse; elle est à peu près semblable aux autres roches de la province, qui produisent également du bitume. (Voyez *Montferrand*.) Ces productions sont en abondance dans une carrière qui est à droite de la grande route en descendant de la ville, au bas de l'église de Sainte-Martine.

ÉVÉNEMENS remarquables. L'événement le plus considérable dont ce lieu ait été le théâtre, est le siége qu'en fit le Roi de France Louis le Gros.

Le Comte d'Auvergne, Guillaume VI, animé contre l'Evêque de Clermont, occupoit cette capitale malgré le Prélat, & s'étoit saisi de la cathédrale & du Doyen de cette église. L'Evêque vint porter ses plaintes au pied du trône, peignit le Comte d'Auvergne comme un impie qui outrageoit la religion en s'emparant des biens ecclésiastiques, & demanda, avec supplication, que le glaive de la justice du Monarque frappât cet ennemi de Dieu (1).

---

(1) On a dit que cet Evêque étoit *Aymeric*; c'étoit plutôt *Nicolas*, qui dut le précéder. Pierre le Vénérable, de la maison de Montboissier, dans son Epître 26, adressée au Pape Eugène, dit, que cet Evêque *Nicolas* étoit « un homme scélérat, sanguinaire, qui vendoit la justice, ennemi des Prêtres & des Religieux, qui mit la

Le Roi, persuadé que la cause de l'Evêque de Clermont étoit celle de la Divinité, écrivit aussi-tôt au Comte; mais cette démarche étant inutile, il céda aux pressantes sollicitations du Prélat, rassembla aussi-tôt une armée considérable, & partit pour l'Auvergne vers l'an 1126. A peine le Roi, qui venoit pour défendre la cause de Dieu, fut-il dans cette province, qu'il s'occupa à ravager dévotement le pays, & tout en dévastant les fruits de la terre, brûlant les hameaux, massacrant les innocens Laboureurs, il approcha de Clermont. On peut dire que le remède que ce Monarque venoit apporter, étoit pire que le mal.

A l'approche de l'armée royale, les Auvergnats abandonnèrent leurs châteaux, bâtis sur des hauteurs inaccessibles, & se réfugièrent dans la ville de Clermont, qui étoit munie de gens de guerre, & de vivres. Les chefs de l'armée royale rirent de l'imprudence des Seigneurs Auvergnats, qui abandonnoient ainsi leurs forteresses pour se retirer dans un même lieu. Le Roi, pour forcer ces Seigneurs inconséquens d'abandonner cette ville, n'assiégea point Clermont, mais il marcha avec son armée vers le *Pont du Château*, place très-

---

province en combustion, obligea chacun à défendre ses droits ou à repousser ses invasions à la pointe de l'épée ». Le Pape Eugène écrivit à l'Evêque de Limoges, & à Pierre le Vénérable, pour faire cesser les brigandages de *Nicolas*; mais ce Prélat intercepta les lettres & les garda. On voit que ce n'étoit pas seulement les Nobles, mais aussi le haut Clergé qui désoloient les provinces.

forte, dit l'Historien de Louis le Gros; *ad castrum optimum, Pontem nomine, super fluvium Hilerim diverterunt.*

L'armée royale fut à peine campée aux environs du Pont du Château, que les féroces guerriers qui la composoient, avides de butin & de sang, & toujours glorieux de leurs crimes, portèrent avec joie la désolation dans les campagnes voisines. Les plaines comme les montagnes furent ravagées, & ils laissèrent des traces de leurs fureurs jusques aux lieux les plus inaccessibles, dit l'Abbé *Suger* ; ils se saisirent des troupeaux & des hommes, & les conduisirent dans leur camp.

Bientôt les assiégeans dressèrent plusieurs machines de guerre dont le jeu meurtrier faisoit choir avec impétuosité sur la tour du château, d'énormes rochers, & y faisoit pleuvoir en même temps une infinité de traits. Les ravages que produisit cette redoutable artillerie, forcèrent ceux qui défendoient la place à se rendre.

A cette nouvelle, ceux de Clermont, frappés de terreur, prirent la fuite, & laissèrent cette ville à la discrétion du Roi, qui y vint pour rendre l'église à Dieu, la liberté au Doyen, la ville à l'Evêque, & rétablir entre ce Prélat & le Comte d'Auvergne, une paix qui malheureusement ne fut pas de longue durée. (Voy. *Montferrand*, pag. 152 & 153.)

ANECDOTE. L'année 1690 fut fatale aux campagnes des environs de cette ville ; les arbres étoient couverts & dévorés par des chenilles. Pour se délivrer de ce fléau, les habitans n'employèrent point les moyens que la raison & la physique peuvent indiquer; mais ils attaquèrent juridiquement les insectes destructeurs, & leur firent un procès avec toutes les formalités requises.

Le 17 mai de la même année, ils présentèrent requête aux Vicaires du siège épiscopal vacant (1), afin qu'il fût nommé un Prêtre pour faire *l'abjuration aux chenilles*, & pour leur enjoindre de se retirer. Dans la même requête, ils demandent qu'il soit nommé un Curateur pour les chenilles, afin qu'ils puissent juridiquement *les assigner devant le juge du lieu, pour être condamnées* à se retirer des endroits où elles sont, *comme bestiaux malins pour la ruine du public.*

Un Grand-Vicaire, nommé *Burin*, rendit, d'après cette requête, une ordonnance dans laquelle il permet au Curé de *Sainte-Martine* de faire les *exorcismes* & de réciter les prières prescrites dans le rituel, « & y faire les cérémonies ordinaires, bénir l'eau, & faire les aspersions, & par les prières du peuple affligé de ce fléau qui désole les fruits de la terre, implorer la miséricorde de Dieu, & pour qu'il plaise à sa bonté d'envoyer en d'autres endroits ces animaux préjudiciables aux fruits de la terre, sans pourtant qu'ils puissent porter aucun dommage aux lieux où ils se reti-

---

(1) Le célèbre *Massillon* venoit d'être nommé à l'évêché vacant, & n'avoit pas encore pris possession.

reront, le tout néanmoins avant qu'il soit *procédé* contre lesdits animaux (1) ».

L'ordonnance du Grand-Vicaire ne permettant point que l'on procédât à la nomination d'un Curateur aux chenilles, pour y suppléer, les habitans s'assemblèrent, & délibérèrent par un acte authentique, de présenter, à ce sujet, une requête au Bailli de la ville; par cette requête, ils demandent qu'il soit nommé un Curateur aux chenilles. Le juge rend une ordonnance qui permet cette nomination, & à la requête du premier Consul *Charles Jaffeux*, on assigne *Gabriel Aymard*, pour qu'il soit dit & déclaré *Curateur aux chenilles*. Enfin l'affaire est plaidée, & le juge, après avoir ouï les Procureurs des deux parties, condamne le Curateur « à faire sortir ces misérables chenilles des lieux dommageables où elles se sont, de leur autorité, mises; & leur enjoignons, dit-il, *par le pouvoir que Dieu nous a donné*, de sortir incessamment desdits lieux, & de se retirer dans un petit *pasquier* (pâturage) situé en cette justice, au terroir *des fourches*, ou autres lieux non dommageable, pour y finir leur misérable vie. Fait & prononcé *judicieusement*, le premier juin 1690 ».

La procédure singulière dont nous venons de donner l'extrait, est très-authentique; elle se

---

(1) Par ces dernières expressions, le Grand-Vicaire paroît, sans vouloir contrarier les préjugés des habitans, appuyer davantage sur la nécessité des prières que sur celle de la procédure.

trouve dans ce moment entre les mains de M. le Curé de Sainte-Martine, dont un des prédécesseurs avoit été chargé, par l'ordonnance du Grand-Vicaire, de faire les abjurations contre les chenilles. Ceux qui connoissent un peu les usages superstitieux du quinzième & du seizième siècle, ne seront point surpris de celui-ci. L'histoire nous fournit un grand nombre d'exemples de ces ridicules & semblables procédures; je pourrois même en citer de la même province & de ce siècle : les formalités ont toujours eu beaucoup d'attraits pour les esclaves de l'erreur (1).

---

(1) *Barthélemi Chassanée*, Jurisconsulte très-distingué du seizième siècle, parle, dans un ouvrage intitulé, *Catalogus gloriæ mundi*, d'une procédure faite contre les rats par l'Officialité d'Autun. On y procéda comme au Pont du Château ; l'Official ordonna que les rats seroient cités dans tous les carrefours de la ville, pour comparoître dans trois jours & pour être ouïs, à défaut de quoi, l'on procéderoit contre eux suivant la rigueur des ordonnances. Le délai expiré, on nomma aux rats un défenseur. *Chassanée* fut chargé de plaider leur cause ; il demanda & obtint un nouveau délai, après lequel le Procureur Fiscal requit que les rats fussent condamnés par défaut, *faute de comparoir*. *Chassanée* y mit opposition, alléguant le grand nombre de chats qui étoient dans le village ; il cita, comme c'étoit alors l'usage, quelques passages de l'Ecriture Sainte à l'appui de ses moyens, & gagna la cause des rats. Ce n'étoit point là une plaisanterie, les exemples suivans en sont la preuve. L'Official de Troyes en Champagne rendit aussi une sentence sur une pareille procédure, le 9 juillet 1516, dont voici les expressions : « Parties ouïes, faisons droit sur la requête des habitans de Villenoce, admonestons les chenilles de se retirer dans six jours,

ENVIRONS. Les environs du Pont du Château offrent des points de vue superbes; le cours de l'Allier, des châteaux, des villages qui couronnent des côteaux chargés de vignobles, des plaines fertiles, & par-tout une nature riche & des sites pittoresques.

Dans une vaste plaine qui borde la rivière, à une lieue du Pont du Château, des Laboureurs trouvèrent, le 4 février 1756, dans un champ au dessous du village des Martres, un cerceuil de pierre qui en renfermoit un autre

---

&, à faute de ce faire, les déclarons maudites & excommuniées ».

L'Abbé *Thiers*, dans son Traité des Superstitions, tome I. pag. 486, cite *Léonard Vair*, qui dit que quand *les Villageois veulent chasser les sauterelles & autre dommageable vermine*, ils choisissent un certain *conjureur pour juge, devant lequel on constitue deux Procureurs; l'un de la part du peuple, & l'autre du côté de la vermine. Le Procureur du peuple demande justice contre les sauterelles & chenilles, pour les chasser hors des champs; l'autre répond qu'il ne les faut point chasser; enfin, toutes cérémonies gardées, on donne sentence d'excommunication contre la vermine, si dans certain temps elle ne sort.*

Saint Bernard ne pouvant venir à bout de chasser la multitude de mouches qui entroient dans l'église de *Foigny*, diocèse de Laon, les excommunia: *Excommunico eas*, dit-il. L'Abbé Thiers remarque à ce sujet, que le Saint ne parloit pas dans la dernière exactitude de la Théologie, puisque ce ne fut point par la vertu de ces paroles que les mouches périrent, mais par la vertu de Dieu. On voit que l'usage d'excommunier les bêtes date de loin. Ç'a été long-temps la manie des prêtres d'excommunier tout, comme c'étoit celle de Dandin de juger jusqu'aux chiens de sa maison.

en plomb. Dans ce dernier étoit le cadavre d'un enfant de dix ou douze ans, embaumé à la manière des Egyptiens, & si bien conservé, que toutes les parties du visage, même l'orbite des yeux, paroissoient presque dans leur état naturel ; les jointures du corps étoient flexibles, & les parties sexuelles si entières, qu'on distinguoit que l'enfant n'avoit pas été circoncis.

On a formé plusieurs conjectures sur l'origine de cet enfant ; selon la plus probable, il étoit Egyptien ou Arabe, & si la circoncision lui manquoit, c'est parce qu'il n'avoit pas atteint l'âge prescrit pour cette opération ; le cercueil ne portoit en effet ni inscriptions, qui sont très-peu en usage chez les Mahométans, ni figures d'hommes, prohibées par leur loi. On y remarqua seulement une étoile, un triangle, & quelques traits irréguliers : ces figures sont très-familières aux Musulmans. On trouva aussi que la momie n'avoit des cheveux que sur le derrière de la tête, & qu'ils n'étoient longs que de deux pouces, à la manière de ces peuples. Quant à l'époque de la mort de cet enfant, & à l'occasion de son existence en Auvergne, on n'a rien pu déterminer (1).

---

(1) Si cet enfant étoit vraiment Mahométan, la seule conjecture qu'on pourroit hasarder, c'est qu'il fut conduit dans ce pays en 738 ou 739, lors de l'incursion que les Sarrasins firent en Auvergne sous la conduite de *Sufif*, où ils pillèrent l'église de Brioude. Ainsi il y auroit plus de mille ans que cet enfant auroit été inhumé.

Cette

Cette momie fut d'abord l'objet de la curiosité & de la dévotion des habitans des environs, qui, voyant un corps mort aussi bien conservé, le prirent pour celui d'un Saint, & en conséquence s'empressèrent de lui arracher quelques lambeaux, pour avoir de ses reliques. Elle fut ensuite transportée à Paris, & on la voit encore au cabinet d'Histoire Naturelle du Jardin Royal des plantes.

BEAUREGARD-L'ÉVÊQUE.

Joli bourg avec un château, situé à trois lieues & demie de Clermont, à une lieue du Pont du Château, à une lieue & demie de Lezoux, à une demi-lieue de la rive droite de l'Allier, & un quart de lieue de la grande route de Clermont à Lyon.

Ce lieu n'étoit anciennement connu que par son château, qui, depuis une époque fort éloignée, appartient aux Evêques de Clermont. Cette époque seroit difficile à fixer. Le testament de *Gui* de la Tour, Jacobin & Evêque de Clermont, est le premier monument connu qui fasse mention de Beauregard. Ce Prélat est celui qui se rendit fameux par les guerres qu'il fit au Comte d'Auvergne pour soutenir ses prétentions sur les châteaux de *Lezoux* & de *Mauzun* (voyez ces deux articles). Il vivoit sous le règne de Saint-Louis, & mourut en 1285. Par son testament il légua des biens considérables à la cathédrale de Clermont, & lui donna entre autres objets précieux, le baume qu'il gardoit dans un coffre au château

Beauregard, pour en faire du faint crême. Il légua auffi aux Jacobins de Clermont fa bibliothèque & fes vêtemens qui fe trouvoient à Beauregard; ces particularités prouvent que cet Evêque habitoit fréquemment ce château.

Charles II de Bourbon, *bâtard de Reynaud de Bourbon*, Archevêque de Narbonne, élu fort irrégulièrement, en 1489, à l'évêché de Clermont, fit en partie rebâtir le château de Beauregard, & acquit des terrains confidérables pour en agrandir les jardins (1).

Jacques d'Amboife, qui lui fuccéda, fut illuftre par fes vertus & par fes bienfaits envers la province; il fit conftruire une autre partie du château de Beauregard, & orna l'intérieur de meubles magnifiques.

Guillaume Duprat, Evêque de Clermont, à fon retour du Concile de Trente, eut de vives querelles avec les Chanoines de la cathédrale, à caufe de fa longue barbe, dont il ne voulut pas fe défaire; il aima mieux vivre à la campagne avec fa barbe, qu'à la ville

---

(1) Le Chapitre de la cathédrale, qui jouiffoit alors du droit d'élire l'Evêque du diocèfe, nomma, le 2 octobre 1488, *Guillaume de Montboiffier*, qui prêta ferment, & fut mis en poffeffion. Charles VII, au mépris de toutes les règles, envoya des Commiffaires pour faire nommer fon protégé *Charles de Bourbon*, qui étoit bâtard d'un Archevêque, & qui n'étoit pas même Prêtre. La cabale du Roi de France triompha de la juftice & de la raifon. Guillaume de Montboiffier fut éconduit, & le dernier jour de février 1489, ce bâtard de Prêtre fut élu.

rasé : il se retira au château de Beauregard, où il mourut après avoir fondé le couvent des Minimes, qui est près de ce bourg.

Il paroît que du temps de cet Evêque, Beauregard étoit plus peuplé qu'il ne l'est aujourd'hui, puisque, par son testament, il déclare qu'il y avoit une communauté de Prêtres qui n'existe plus, & il qualifie ce lieu de *ville*.

François de la Rochefoucauld, troisième successeur de Guillaume Duprat, par son esprit séditieux & son attachement au parti de la Ligue, fut très-fatal aux habitans de l'Auvergne en général, & à ceux de Beauregard en particulier. De concert avec son frère, Gouverneur de la province, il fit soulever, par ses intrigues, une partie des villes contre le Roi. Les habitans de Clermont eurent assez d'énergie pour n'admettre parmi eux ni les principes séditieux de leur Evêque, ni sa personne. Ceux de Beauregard n'eurent pas la force, ni peut-être la volonté de résister à leur Seigneur ; ils embrassèrent chaudement le parti de la Ligue.

Le 14 de mai 1590, les habitans de *Beauregard*, de *Lempty* & de *Culhat*, s'armèrent, & se réunirent pour escorter la procession des rogations, & la défendre contre les attaques des royalistes de Maringues, qui faisoient de fréquentes courses dans les environs. Cette précaution devint inutile. Le Capitaine Chappes, royaliste, qui s'étoit emparé, depuis quelques mois, de la ville de Maringues où il commandoit pour le Roi, & qui se trouvoit dans le voisinage, vint avec sa troupe, composée de quatre cents hommes, attaquer, entre Médague & *Culhat*, les habitans de Beauregard; dans moins d'un quart-d'heure, il en tua quarante-cinq. (Voyez ci-après *Lezoux*.)

De tous les Prélats de Clermont, celui qui a le plus honoré le siège épiscopal de cette ville, celui dont la mémoire est la plus chérie, la plus justement révérée, ce n'est point un *Noble*, c'est l'illustre *Massillon*, roturier. Sa noblesse n'étoit point dans des parchemins, mais dans son ame; ce ne fut point ses intrigues, mais ses talens & ses vertus qui le placèrent à la tête du diocèse de Clermont.

Massillon est connu dans le monde pour un des plus grands orateurs de la France, pour celui qui a le mieux possédé l'éloquence du cœur. Enfin ses talens l'ont immortalisé, mais ses vertus lui obtinrent un autre genre de célébrité dans son diocèse. A Beauregard où il séjournoit presque habituellement, ses bienfaits sont plus connus que ses talens.

Pendant trois années consécutives la grêle avoit désolé les campagnes des environs. Les habitans de la Limagne d'Auvergne étoient en proie à la misère la plus affreuse: le digne Prélat distribuoit de tous côtés des secours; il fit secrètement parvenir la somme de vingt-cinq mille livres à l'Hôtel-Dieu de Clermont, qui régorgeoit de pauvres & de malades. A Beauregard il nourrissoit lui-même les pauvres. Chaque jour il faisoit apprêter, dans son château, les mets qui leur étoient destinés; il en goûtoit lui-même, dans la crainte que ses intentions fussent trompées, & que les pauvres souffrissent de la négligence de ses domestiques.

Il porta plus loin son zèle éclairé, & établit à Beauregard une filature de coton qui est encore en vigueur, & qui maintient dans plusieurs familles de ce bourg l'activité & l'aisance. Il fit, à ses frais, apprendre à filer à une personne de chaque maison; il fit ensuite présent à chacune d'un rouet propre à ce travail, & de plusieurs livres de coton en laine, afin que les premiers essais fussent en pur profit. La plupart des habitans conservent encore, comme des monumens de la bienfaisance de ce Prélat, les rouets qu'il leur fit lui-même distribuer.

Ses sollicitudes paternelles ne se bornoient pas aux personnes qui l'entouroient. La disette étoit affreuse en Auvergne, & il ne pouvoit en secourir tous les malheureux. Cette situation cruelle pour son cœur lui fit une nécessité de sortir un peu des bornes de son ministère. Le besoin étoit pressant; il fit ce que l'Intendant de la province auroit dû faire. Il adressa de Beauregard, en 1740, une requête en forme de lettre au Cardinal de Fleuri, premier Ministre, dont l'original, écrit de sa main, est conservé chez le Curé de Beauregard. Je ne puis résister au désir de donner ici quelques fragmens de cette pièce absolument inconnue; on y verra le tableau affligeant de la misère de cette province, peint avec cette éloquence douce, pathétique, qu'on admire dans tous ses ouvrages.

« Je supplie instamment V. E. de ne pas trouver mauvais que je sollicite une fois son cœur paternel pour les pauvres peuples de cette province. Je sens toute l'importunité de pareilles remontrances; mais, Monseigneur, si les misères du troupeau ne viennent pas jusqu'à vous par la voie du Pasteur, par où pourront-elles jamais y arriver? Il y a long-temps que tous les Etats & toutes les compagnies de cette province me sollicitent d'en représenter à V. E., la triste situation. Ce ne sont point des murmures de leur part, vous méritez trop de régner sur les cœurs; c'est uniquement leur confiance en votre amour qui emprunte ma voix.

» Il est de notoriété publique, Monseigneur, que l'Auvergne, province sans commerce & presque sans débouchés, est pourtant de toutes les provinces du royaume, la plus chargée, à proportion, de subsides; le conseil ne l'ignore pas; ils sont poussés à plus de six millions que le Roi ne retireroit pas de toutes les terres d'Auvergne, s'il en étoit l'unique possesseur (1). Aussi, Monseigneur, le peuple de nos campagnes vit dans une misère affreuse, sans lit, sans meubles, la plupart même, la moitié de l'année, manquent de pain d'orge & d'avoine, qui fait leur unique nourriture, & qu'ils sont obligés d'arracher de leurs bouches & de celles de leurs enfans, pour payer leurs impositions. J'ai la douleur chaque année de voir ce triste spec-

---

(1) Depuis l'époque où parle M. Massillon, c'est-à-dire, depuis environ cinquante ans, la somme des impositions que le Roi retire de cette province est entièrement doublée. Elle étoit alors portée à plus de six millions, aujourd'hui elle monte à douze millions huit cent mille livres.

tacle devant mes yeux, dans mes visites; non, Monseigneur, c'est un fait certain, que dans tout le reste de la France il n'y a pas de peuple plus pauvre & plus misérable que celui-ci, & c'est à un point que les nègres de nos iles sont infiniment plus heureux qu'eux; car en travaillant ils sont nourris & habillés, eux, leurs femmes & leurs enfans, au lieu que nos paysans, des plus laborieux du royaume, ne peuvent, avec le travail le plus rude & le plus opiniâtre, avoir du pain pour eux & pour leur famille, & payer les subsides. S'il s'est trouvé dans cette province des *Intendans* qui aient pu parler un autre langage, ils ont sacrifié la vérité & leur conscience à une misérable fortune...

» Au reste, Monseigneur, je supplie de tout mon cœur V. E. de ne pas regarder ce que je prends la liberté de lui écrire comme un excès de zèle épiscopal. Outre tout ce que je vous dois déjà, je vous dois plus la vérité; ainsi, loin d'exagérer, je vous proteste, Monseigneur, que j'ai ménagé les expressions, pour ne pas affliger votre cœur tendre pour les peuples ».

Il termine ainsi:

« C'est dans cette confiance que j'ai hasardé cette lettre: avec un vrai père on ose tout, & quand on lui parle pour ses enfans, on peut bien l'importuner, mais on est bien sûr qu'on n'a pas le malheur de lui déplaire. Je serai toute ma vie, &c. »

On ignore quels furent les effets de cette lettre; mais il est certain que le vertueux &

célèbre Prélat qui l'écrivit, deux ans après mourut à Beauregard. Ses entrailles furent inhumées dans l'église de ce bourg, à l'entrée du chœur, & son corps fut transporté à Clermont, & enterré dans la cathédrale. Les habitans de Beauregard, guidés par la plus pure reconnoissance, voulurent suivre la voiture funèbre qui transportoit à Clermont le corps de leur bienfaiteur, & tous l'accompagnèrent en pleurant.

Description. Beauregard est un des plus jolis bourgs de France, & s'il n'est pas bien bâti, il est au moins bien percé; il paroît même avoir été construit sur un plan moderne. Ses rues sont parallèles, en droite ligne, & se coupent entre elles à angle droit. Le bourg est bâti à l'extrémité méridionale d'un plateau fort uni, composé d'une roche calcaire qui peut avoir une lieue de circonférence. Ce plateau, fort élevé, domine une vaste étendue de la Limagne. C'est à son heureuse situation que ce lieu doit le nom significatif de *Beauregard*.

L'église est au milieu du bourg; sa construction n'a rien de remarquable; le maître-autel est orné de bas-reliefs & d'un grand nombre de figures en boiserie. Ces sculptures ont du mérite, & l'ensemble de la décoration a du moins celui d'une noble simplicité, n'étant point, comme tant d'autres du même genre, couvert & dégradé par des couleurs ou des dorures; le tout est couleur de bois. Cet ouvrage est d'un Artiste Auvergnat, nommé *Sureau*. (Voy. pag. 464 de ce volume.)

Le Château, bâti au quinzième siècle par Charles de Bourbon, & achevé par son successeur Jacques d'Amboise, est situé à l'ouest, & domine le bourg auquel il est joint; son enceinte est vaste. L'Evêque d'aujourd'hui, qui y séjourne fréquemment, a fait changer l'ancienne [distribu]tion des appartemens. On est fâché de [voir] que le lit de drap violet, qui étoit celui du [Cham]bre *Massillon*, ait été, par ces nouvelles [répa]rations, exclus de l'appartement épisco[pa]l, & dédaigneusement transporté dans des [ch]ambres hautes, destinées aux Etrangers: on y [a] substitué un lit de damas bleu, un peu plus galant.

La chapelle est petite, mais fort ornée de sculptures exécutées par le même Artiste qui a fait celles de l'église de Beauregard.

L'appartement destiné à Mesdames de France, & dans lequel elles ont logé en 1785, est celui qui est décoré avec le plus de goût; mais les ouvrages de l'art, même les plus magnifiques, ne sont rien auprès du tableau qui se présente de la terrasse dépendante de cet appartement. On reste interdit; on est ravi d'étonnement à l'aspect de ce vaste & brillant tableau. A l'est, la vue est bornée, à une distance de quatre ou cinq lieues, par la chaîne des montagnes granitiques qui séparent l'Auvergne du Forez. A l'ouest, à une distance semblable, par la chaîne des montagnes d'Auvergne, presque toutes volcanisées, où l'on distingue l'énorme groupe des *Monts-d'or*, éloigné de plus de dix lieues, & la célèbre & majestueuse montagne du *Puy de Dome*. Au nord-est, la Scène s'élargit, se prolonge, & offre un lointain immense. L'œil plonge bien avant dans la province du Bourbonnois, & peut parcourir un espace de dix-huit à vingt lieues, dont les extrémités incertaines se confondent avec les vapeurs de l'atmosphère.

La rivière l'Allier, que l'on voit distinctement passer sous le pont du *Pont du Château*, & qui s'approche à un petit quart de lieue de Beauregard, enrichit magnifiquement ce tableau ; cette rivière serpente au milieu du bassin qu'elle féconde & embellit, & se perd dans le vaste lointain dont nous avons parlé, l'œil se plaît à suivre son cours brillant, que des sinuosités ou autres accidens du terrain lui dérobent ou lui reproduisent tour à tour jusqu'aux bornes imperceptibles de l'horison.

Si l'on se représente, dans ce cadre magnifique, une infinité de fermes, de châteaux ruinés, de bourgs & de villes, des côteaux chargés de vignobles, de plaines immenses, variées par la diversité de la culture, qui charment les yeux par leurs sites toujours pittoresques, & satisfont le cœur par leur fertilité ; on aura une foible idée de ce tableau, qu'il est bien plus facile d'admirer que de peindre.

Enfin de cette terrasse, ou des autres qui entourent le château, on aperçoit distinctement onze villes, & quatre-vingt-dix-huit bourgs ou villages.

Le parc & les jardins sont au bas du château. Le parc a été planté par M. Massillon ; il est très-bien percé, & les extrémités des allées offrent de superbes points de vue.

ENVIRONS. A un petit quart de lieue, à l'ouest de Beauregard, & à l'extrémité d'un vaste plateau qui se trouve entre le bassin de l'Allier & celui du ruisseau de Billom, qui se jette au dessous dans cette rivière, est l'église de *Saint-Aventin*. Ce Saint étoit célèbre autrefois par ses nombreux miracles, & quelques villageois viennent encore l'invoquer pour être guéris de la fièvre. Le voyage que les malades font pour s'y transporter, & la pureté de l'air qu'on y respire, peuvent bien contribuer à quelques miracles, & suppléer à la foi de ceux qui n'en apportent pas une dose suffisante. (Voyez tome IV, page 362, la note.)

On ne conserve dans cette église aucune relique de ce Saint. A des époques fixes on transporte sa statue alternativement de cette église dans celle de Beauregard. Le peuple est persuadé que si l'on retardoit un de ces transports périodiques, le Saint ne manqueroit pas de faire lui-même le voyage.

Ce Saint, dont le nom est romain, vivoit dans le huitième siècle. *Saint-Odon*, second Abbé de Cluni, en parle dans ses *Collections* (1), & raconte le miracle suivant.

« J'oubliois, dit-il, de parler d'un miracle qui s'est fait dernièrement, & je suis bien aise de le rapporter, afin qu'il serve d'exemple à

---

(1) *Biblioteq. Clun.* p. 243. S. - *Odonis, Abb. Clun. Collectionum lib* 3. Il y a plusieurs Saints de ce nom, celui-ci est le même qui est honoré à Troyes, & dont les reliques sont enchâssées dans l'église de Saint-Etienne de cette ville.

ceux qui font le métier de brigand. Il existe en Auvergne une église de *Saint-Aventin*, située sur la rivière d'Allier. Des Marchands de cochons passant près de cette église, aperçurent des Gentilshommes montés à cheval, qui s'avançoient vers eux. Epouvantés de cette rencontre, ils se réfugièrent, avec leur troupeau, dans la cour de l'église. Un des cavaliers s'avança, dit aux Marchands de chasser leurs cochons de cette cour ; voyant que sa demande étoit refusée, il parvint à faire sortir par force quelques-uns de ces animaux, & il ordonna un homme de sa bande de les conduire c' lui. A peine celui-ci eut fait quelques qu'il tomba, & se rompit la hanche. Le tilhomme qui avoit donné l'ordre de condui chez lui les cochons, eut aussi sa punition ; un renard, qui se trouva sur son chemin, épouvanta son cheval, qui se cabra au point de tomber à la renverse. Le cavalier se trouva sous le cheval, & la partie éminente de la selle lui écrasa la tête. Les Marchands, qui suivoient en pleurant les troupeaux qu'on leur enlevoit, profitèrent de ce double événement, ils rassemblèrent leurs cochons, & prirent la fuite avec eux ».

L'Abbé Odon ajoute qu'il a appris cet événement du cousin même de celui qui en a été la principale victime. Il dut avoir lieu vers les commencemens du dixième siècle, temps auquel vivoit le saint Abbé.

Voilà quelles étoient les mœurs des Nobles; ils ne se contentoient pas de dévaster les campagnes de leurs voisins, de massacrer, de piller les Laboureurs, & de tenir dans l'esclavage le plus absurde & le plus oppressif, leurs propres vassaux; ils s'occupoient encore à voler les Marchands sur les chemins : on pourroit citer mille exemples qui appuient cette assertion. Une ame honnête & vraiment noble aimera mieux compter dans sa généalogie, des aïeux volés que des aïeux voleurs.

Les Minimes ont leur maison située au sud & à un quart de lieue de Beauregard; ils furent fondés par *Guillaume Duprat*, Evêque de Clermont, dans l'emplacement où se trouvoit une ancienne chapelle appelée *Notre-Dame de Beauregard*. Ce Prélat fit bâtir le monastère, légua aux moines, par son testament du 25 juin 1560, douze cents livres de rente qui lui étoient dues par le Cardinal de Lorraine, & par Jean de Longueil; il légua de plus la croix d'or qu'il portoit au cou, un grand tapis de turquie, & les livres de sa bibliothèque, propres à l'usage de cette maison.

Ces Religieux, ne trouvant pas l'ancienne chapelle de Notre-Dame suffisante, firent bientôt rebatir une église plus recherchée & plus spacieuse. *Guillaume Duprat* leur légua, par son codicille du 12 octobre 1560, pour la décoration de cette nouvelle église, plusieurs tableaux qui étoient autrefois dans la chapelle basse du château de Beauregard. Ces tableaux se voient encore dans la sacristie de cette église; les plus remarquables sont peints sur bois, & paroissent de l'école Flamande.

Lors de la mort du Prélat la construction de cette église n'étoit point encore achevée, elle ne le fut que douze ans après, en 1572, comme il est marqué à une clef de la voûte.

Entre l'église des Minimes & le bourg, au dessus du ruisseau, on a découvert, en 1789, plusieurs antiquités. Une statue en pierre, dont la tête à barbe pourroit être attribuée à Jupiter, & plusieurs tronçons de colonnes qui semblent annoncer l'existence d'un temple; on y a trouvé aussi quelque médailles frustes qui paroissent appartenir au temps du Bas-Empire.

Au nord-est de Beauregard, dans le territoire de *Medague*, est une fontaine minérale qui n'est point thermale, & dans laquelle le thermomètre se maintient à douze degrès.

LEZOUX.

Petite ville, située sur la grande route de Clermont à Lyon, à quatre fortes lieues de Clermont, à deux lieues du Pont du Château, à trois lieues de Thiers.

Lezoux, nommée en latin *Laudosum* ou *Castrum Laudosi*, faisoit partie de la seigneurie de *Robert*, Evêque de Clermont, & son frère *Gui II*, Comte d'Auvergne, en 1199, lui en fit hommage. Le Roi Philippe Auguste, après avoir fait la conquête de cette province, donna, en 1212, le château de Lezoux au même Evêque *Robert*, mais à condition qu'il le rendroit au Roi aussi-tôt qu'il en seroit légalement requis. Malgré ce titre, *Robert V*, Comte d'Auvergne, prétendit que ce château & celui de *Mozun* lui appartenoient, comme héritier de son père. Ce Comte & l'Evêque

Gui de la Tour se firent, pour ces objets, une guerre violente, qui fut terminée, en 1254, par l'entremise de plusieurs Seigneurs. (Voyez *Mozun.*) En 1312, l'Evêque de Clermont prétendoit que les habitans de Lezoux lui devoient cinquante-deux livres payables en monnoie courante; qu'il avoit droit d'exiger une certaine mesure de blé de chaque propriétaire de terre; que tous habitans qui avoient des bœufs de labour & des chevaux, étoient tenus de transporter à son château de Beauregard, son bois, son foin, & son avoine. Le Prélat prétendoit aussi avoir droit de maréchaussée & de péage dans Lezoux, & nioit aux habitans qu'ils eussent droit de commune.

« Tous les raisonnemens des deux parties, dit l'Abbé Mably, qui cite le préambule de la transaction du 11 janvier 1312, entre l'Evêque & les habitans de Lezoux, prouvent évidemment que la ville de Lezoux n'avoit point reçu de charte de commune de son Seigneur; elle auroit produit cette charte si elle l'avoit eue, ou du moins elle auroit dit que les Evêques de Clermont l'avoient gratifiée du droit de commune, & qu'elle en avoit perdu l'acte. La contestation fut terminée par une transaction qui maintint les bourgeois de Lezoux dans la jouissance de leur franchise (1) «.

---

(1) Ce n'étoit pas une chose absolument rare dans ces siècles de barbarie, de voir des villes s'ériger en communes d'elles-mêmes & sans titre. Dès que les Rois de France, & la plupart des Seigneurs eurent, par besoin plutôt que par raison, plutôt que par jus-

Cette transaction fut confirmée par lettres patentes du mois de mars 1397.

Quoi qu'il en soit des droits de l'Evêque sur cette ville, *Catherine de Médicis*, Comtesse d'Auvergne & de Clermont, se fit, par un arrêt définitif, adjuger la seigneurie de cette ville. *Marguerite de Valois* & Louis XIII lui succèdèrent ; Louis XIV, par lettres patentes enregistrées le 24 août 1661, délaissa cette terre, à titre d'échange, à M. de *Ribeyre*, Seigneur de Fontenilles & Conseiller d'Etat; elle appartient aujourd'hui à M. de Chazerat, ci-devant Intendant d'Auvergne.

DESCRIPTION. Cette ville, située dans une plaine, renferme un chapitre fort ancien, sous le vocable de *Saint-Pierre*. L'église, qui n'a rien de remarquable, paroît avoir été construite dans le dixième siècle ; on y trouve aussi un monastère de Religieux Augustins, & un *hôpital* pour les pauvres malades du pays, qui fut patenté en 1723.

---

tice, vendu des privilèges & des franchises aux villes, les habitans de celles qui ne participèrent point à cette faveur, trouvèrent leurs chaînes plus pesantes, cherchèrent à les secouer; un rayon de liberté éleva leurs ames un peu au dessus de l'abîme de stupidité où l'esclavage les tenoit depuis long-temps enfevelies. Ils sentirent qu'ils pouvoient être citoyens sans le consentement des usurpateurs de leur liberté, & ils le devinrent. Lorsque leurs Seigneurs voulurent ensuite leur demander en vertu de quels titres ils jouissoient du droit de commune, ils alléguèrent l'usage général ; & les Rois, qui avoient un grand intérêt à affranchir les citoyens de la tyrannie des Seigneurs, autorisoient de tout leur pouvoir ces espèces d'affranchissement.

ÉVÉNEMENT

Événement remarquable. Pendant les guerres de la religion, les habitans de cette ville tenoient pour le parti de la Ligue. Le Capitaine *Chappes*, de Maringue, un des braves de la province, qui s'étoit distingué pour le parti du Roi au combat d'Yssoire du 14 mars 1590, où il faisoit les fonctions de Maréchal de camp, vint deux ans après, le 24 janvier 1592, vers le milieu de la nuit, assiéger *Lezoux*, & prit cette ville par escalade au nom du Roi.

Les Chanoines du chapitre, en zélés Ligueurs, déterminèrent plusieurs Gentilshommes voisins à venir reprendre la ville, & à en chasser la garnison qu'y avoit mise le Capitaine Chappes. Bientôt, MM. de *Canillac*, d'*Estaing*, de *Montfan* & de *Crotte*, tous partisans de la Ligue, vinrent, au mois d'avril suivant, assiéger cette ville; & par les facilités & instructions que leur donnèrent les Chanoines, le 8 de ce mois, ils la prirent d'assaut & massacrèrent la garnison. Le Capitaine Chappes s'étant, dit-on, réfugié dans sa maison, y fut égorgé par *Montfan*. On conserve encore, dans cette même maison, le casque & le gantelet de ce Capitaine.

Le chapitre de Lezoux, aveuglé par l'esprit de fanatisme & de révolte qui régnoit alors, voulut consacrer cette victoire des Ligueurs, en fondant une procession annuelle appelée *la Procession de l'assaut*, & ce qui est fort étrange, c'est que cette procession est encore en usage.

FONTENILLES. A environ quatre cents toises & au nord de Lezoux, est le château de *Fontenilles*. Une longue avenue, autrefois belle & ombragée, y conduit.

Le château, entouré de fossés pleins d'eau vive, est d'une construction ancienne & recherchée; les appartemens sont décorés de quelques tableaux, & de beaucoup de portraits de personnes du règne de Louis XIII & de Louis XIV. Dans la chambre des *Joueurs*, on remarque un tableau de joueurs, qui semble d'un bon maître.

La galerie de ce château, qui s'étend sur le bord du fossé, & qui communique au parterre, est décorée de peintures & de bustes dans toute sa longueur; elle offre des paysages, & des marines d'un bel effet; mais la plupart de ces peintures sont malheureusement un peu dégradées.

LIGONES est situé à un quart de lieue de Fontenilles, & à une demi-lieue de Lezoux; c'est un château considérable appartenant à M. *de Chazerat*, ci-devant Intendant de la province d'Auvergne; sa construction moderne, sa situation avantageuse sur la sommité d'un côteau, le font remarquer de très-loin.

On y arrive par trois grandes avenues qui aboutissent, en forme de patte-d'oie, à l'entrée du parc; la principale, qui communique à la grande route de Lezoux à Thiers, & qui répond en face du château, a près de douze cents toises de longueur. De la grille, qui est accompagnée de deux pavillons, on découvre une vaste pièce d'eau en forme de trèfle, de quatre-vingts toises de longueur sur soixante-cinq de largeur, au milieu de laquelle s'élève une gerbe formée de plusieurs jets. Au delà est un parterre fleuriste, terminé par une grotte formée de roches volcaniques, du fond de laquelle sort une nappe d'eau très-abondante, dont le cours, en serpentant dans le parterre, va nourrir une seconde nappe qui sort de la bouche d'un dauphin, aux pieds d'une statue de Neptune, & après plusieurs chûtes se précipite dans la grande pièce d'eau. Ce tableau se termine avantageusement par le château qui s'élève au dessus de la terrasse, & par les bâtimens symétriques & isolés qui l'accompagnent.

La terrasse, qui forme la cour d'honneur, domine le parterre, la pièce d'eau, & une vaste étendue de terrain; elle est bordée par deux bâtimens latéraux & symétriques. Au dessus du mur de terrasse, est une grille soutenue de deux acrotères sur lesquels sont placés deux lions de figure collossale, exécutés en terre cuite d'après l'antique.

Le château isolé, situé à l'extrémité de cette terrasse, & en face de cette grille, présente un pavillon carré dont chaque face, percée de cinq croisées, a cent pieds d'étendue: ce bâtiment comprend, dans toute sa hauteur, un étage souterrain, un rez de chaussée, & un premier étage. L'ordonnance en est ionique. La façade principale présente au milieu un avant-corps décoré de six colonnes, & couronné par une balustrade dont les piédestaux portent six vases ornés de fleurs; au dessus & au centre du bâtiment, s'élève un dôme percé de huit œils de bœufs, & surmonté d'une lanterne. Les deux parties latérales de cette façade forment arrière-corps ; elles font décorées de pilastres, & chacune couronnée d'un fronton, sur les extrémités desquels s'élèvent quatre statues assises.

Les trois autres façades, bordées par un large fossé sec, présentent la même ordonnance, à quelques différences près dans leur décoration ; mais on y voit régner le même goût & la même richesse d'ornemens.

L'intérieur présente au centre un salon à l'italienne, de forme circulaire, qui reçoit la lumière par les fenêtres du dôme.

Ce salon a trente-huit pieds de diamètre. A la hauteur du premier étage, règne tout autour une galerie supportée par des cariatides. Au rez de chaussée, dans des niches, sont quatre statues représentant les quatre saisons. Les bas-reliefs qui sont au dessus, offrent les mêmes sujets. Le premier étage est décoré de pilastres ioniques, de bas-reliefs : toutes ces décorations sont exécutées en stuc.

De cette pièce on arrive dans un salon d'été, décoré de peintures, représentant des colonnes corinthiennes, ornées de guirlandes, entre lesquelles sont des vases portant des arbrisseaux. Cette architecture est peinte géométralement, & n'est point en perspective, ce qui nuit entièrement à l'illusion.

De ce salon on sort du château, en passant sur un pont roulant, construit sur le fossé, & dont le mécanisme est très-ingénieux. On entre dans un parterre de fleurs bordé de grands arbres, d'un treillage, & de vingt-huit bustes d'après l'antique, élevés sur des gaînes. Ce partetre est terminé par un bassin avec un jet, au centre duquel viennent aboutir onze routes qui se prolongent dans toute l'étendue du parc.

La principale route, qui est en face du château, en y comprenant le long canal qui est à son extrémité, a environ six cents toises de longueur. Vers le milieu de cette longueur, on trouve une étoile, au centre de laquelle est un bassin octogone avec un jet; huit routes y viennent aboutir, & présentent dans leur percé, des bassins avec des jets ou des statues collossales en stuc, élevées sur des piédestaux (1).

En continuant de parcourir la principale allée, on arrive au canal, qui a cent quatre-vingts toises de longueur sur quinze de largeur. La tête de ce canal offre un rocher volcanique fort élevé, qui soutient un bassin surmonté d'un jet considérable, dont l'eau tombe en nappe, & puis se reproduit par quatre mascarons qui la jettent dans le canal. Quatre dauphins qui sup-

---

(1) Rien ne prouve mieux la barbarie dans laquelle les Beaux-Arts & sur-tout les Arts d'imitation sont tombés en Auvergne, que le travail de ces statues colossales. M. *de Chazerat*, désirant réunir tous les genres de beauté dans sa magnifique maison de campagne, trop éloignée de la capitale du royaume, a dû choisir les plus habiles Artistes de la province; & ces habiles Artistes ont fait des figures auprès desquelles les plus mauvaises statues qu'exposent les Stucateurs de Paris devant leurs maisons, paroîtroient des chef-d'œuvres. Les Sculpteurs du onzième siècle ne produisoient rien de pire, même dans les provinces.

portent ce baſſin, lancent auſſi chacun un jet. Cette fontaine, appelée *des Dauphins*, eſt au centre d'une étoile où neuf routes viennent aboutir.

La partie occidentale de ce parc offre des points de vue auſſi étendus que magnifiques. Vers la partie orientale eſt une garenne deſſinée en manière de jardin anglois ; elle offre des ſites ſauvages & agréables. La partie baſſe de ce jardin eſt la plus pittoreſque, & celle que l'on aime le mieux à parcourir. Une vaſte pièce d'eau irrégulière, bordée de bois & de prairies, au milieu de laquelle eſt un groupe d'îles ombragées d'arbres, préſente un payſage riant, & laiſſe apercevoir un lointain borné agréablement par des campagnes & des avenues de peupliers d'Italie.

Le château de Ligones peut être regardé comme celui de la province dont l'architecture eſt la plus recherchée ; le parc qui l'entoure n'eſt pas moins remarquable par ſa diſpoſition & ſon étendue, & par le double avantage, d'autant plus précieux qu'il eſt plus rare, d'offrir une vue fort étendue, & des eaux abondantes, dont le jeu eſt continuel.

Les bâtimens ont été conſtruits, & le parc a été tracé depuis une quinzaine d'années, d'après les deſſins de M. *Deval*, Architecte de la ville de Clermont.

MARINGUES.

Ville commerçante, ſituée à cinq lieues de Clermont, à trois lieues du Pont du Château, à trois lieues de Riom, sur la rive gauche de la rivière de Morge, & à une demi-lieue du bord de l'Allier.

Ce lieu doit sans doute son nom aux vastes marais, aujourd'hui cultivés, qui se trouvent du côté du nord. Dans une charte de l'an 1260, il est nommé *Marengue*; il étoit, & il est encore le chef-lieu de la seigneurie de *Montgâcon*, dont le château, autrefois bâti à une demi-lieue & au nord-est de la ville, n'existe plus que dans une butte & une petite chapelle qui porte ce nom. C'étoit un des plus grands fiefs de la basse Auvergne; il a donné son nom à une ancienne maison de cette province, & a passé, en 1279, dans la maison d'Auvergne, par le mariage de *Béatrix* de *Montgâcon*, unique héritière de sa maison, avec *Robert VI*, Comte d'Auvergne & de Boulogne. Depuis cette époque, Maringue & la seigneurie de Montgâcon ont toujours resté dans la maison d'Auvergne ; elle appartient aujourd'hui au Duc de Bouillon régnant.

La route de Paris à Clermont passoit autrefois par cette ville, & contribuoit à l'enrichir. Charles IX, dans le voyage qu'il fit en Auvergne, en 1566, passa par Maringue. *Abel Jouan*, qui en a fait la relation, dit que le 27 mars de la même année, le Roi ayant dîné à *Saint-Priest de Bramefant*, vint faire son entrée & coucha à Maringues, qui, suivant cet Ecrivain, *est une belle petite ville.*

Le 21 décembre 1589, cette ville occupée par les Ligueurs, fut reprise par le Capitaine *Chappes*, homme hardi, entreprenant, célèbre par ses exploits militaires, qu'aujourd'hui on nommeroit brigandages; depuis cette époque, Maringues resta constamment sous la domination du Roi. Les Capitaines *Chappes* & *Basset* y tinrent une bonne garnison, & conduisirent leurs troupes à la bataille d'Yssoire, où ils se distinguèrent par leur courage. (Voyez *Lezoux* & *Beauregard.*)

Cette ville fut accordée aux Protestans d'Auvergne, comme place de sûreté; ils y avoient un temple, bâti, conformément aux édits, dans un faubourg de la ville; il fut détruit lors de la révocation de l'édit de Nantes.

Ce temple existoit dans le faubourg du Pont, & dans une rue que les Catholiques, par un esprit de fanatisme, ont appelée *la rue d'Enfer.*

Cette ville est assez bien bâtie; ce qu'elle a de plus intéressant, c'est le commerce considérable qui s'y fait en blés, en cuirs, en chamois; il y a plusieurs fabriques de chamoiserie établies sur les bords de la rivière de Morge.

Il se fait aussi un commerce de fer qui remonte par l'Allier, dans des bateaux à voiles; c'est la seule importation qui se fasse en Auvergne de cette manière.

Les deux tiers des habitans sont Tanneurs ou Chamoiseurs, ou Charretiers pour le transport des grains dans les différens marchés de la Limagne, ou Voituriers par eau. Les habitans diffèrent à plusieurs égards des autres habitans de la Limagne; ils ont des mœurs, un caractère & un costume particuliers; ils sont laborieux, actifs; mais méfians, grossiers, peu communicatifs, & fans être fort dévots, ils font fort attachés aux vieilles erreurs ; ils ont tous les défauts connus qui accompagnent l'ignorance. Lorfque les Ingénieurs, qui travailloient à lever la carte générale de France, paſsèrent dans les environs de cette ville, les habitans les prirent pour des forciers; ils les pourſuivirent à coups de pierres; il fallut envoyer des brigades de Maréchauſſée pour protéger les opérations de ces Géomètres.

Jose eſt compris dans la feigneurie de Montgâcon, & en conféquence appartient au Duc de Bouillon ; ce lieu eſt bâti fur la hauteur du côteau qui domine le baſſin de l'Allier; il y avoit un château magnifique, fitué fort avantageuſement, qui fut détruit en 1630. *Henri de la Tour*, Vicomte de Turenne, naquit dans ce château le 28 feptembre 1555 ; il y fut baptiſé par Guillaume Duprat, Evêque de Clermont, & eut pour parrain le Roi Henri II, qui lui fit donner ſon nom par M. *de la Fayette*. Ce Vicomte de Turenne fut long-temps le foutien du parti Proteſtant. En 1575, dans l'aſſemblée de Saint-Brix, Catherine de Médicis avoit fort impérieuſement déclaré que le Roi de France vouloit qu'il n'y eût qu'une feule religion ; le Vicomte de Turenne lui répondit : *Nous le voulons bien auſſi, mais pourvu que ce ſoit la nôtre, autrement nous nous battrons bien.*

Le fils de ce Seigneur fut le célèbre Vicomte de *Turenne*, Maréchal de France, qui contribua, par fon courage & par fon génie, à illustrer le règne de Louis XIV. Les Vicomtes de Turenne, ainsi que les Ducs de Bouillon d'aujourd'hui, sont de la Maison d'Auvergne, & descendent de la branche des Seigneurs de la Tour d'Oliergues en Auvergne.

L'AVEINE est un prieuré de filles nobles, situé dans la justice de Montgâcon, à une lieue de Maringues, & à quelque distance de la rive droite de l'Allier.

Ce couvent étoit autrefois nommé *l'Avoisne*, parce que les champs peu fertiles qu'on trouve au sud de ce lieu, ne produisoient que cette denrée. Son origine est un peu incertaine. *Radulphe* ou *Raoul*, Moine, disciple de *Pierre le Vénérable*, en attribue la fondation à ce saint Abbé qui étoit Auvergnat, de la Maison de *Montboissier*, un des hommes les plus illustres de son temps, & qui mourut en 1156; ainsi il faut placer l'époque de la fondation de ce couvent vers le milieu du douzième siècle.

Ce couvent renfermoit, dans son origine, quatre-vingts Religieuses, vingt Demoiselles nobles, & quatre Moines de l'ordre de Cluni (1). Voici comme s'exprime *Raoul*, le seul Ecrivain qui ait fait mention de cette communauté : « Ce monastère l'emporte sur tous ceux de l'Auvergne par le zèle religieux,

---

(1) *Prioratus* DE VENNA, *aliàs* AVENNES, *ubi debent esse quatuor vigenti Moniales, vigenti Domicellæ & quatuor Monachi.* Bibliotheq. Clun. pag. 1737.

la régularité, la pureté des mœurs & la sainteté qui y règnent aujourd'hui; car, livrées entièrement au culte divin, ces pieuses recluses n'ont aucune relation avec le monde, si ce n'est pour ce qui concerne leur nourriture. Elles observent rigoureusement leur première institution. Eloignées de la société, elles fuient les regards des hommes, & leur cœur est un sanctuaire de chasteté qu'elles préservent de toutes souillures, pour en faire un hommage à Dieu » (1).

Il faut avouer que ce couvent a éprouvé des changemens considérables. Au lieu de quatre-vingts Religieuses, de vingt Demoiselles, & de quatre Moines, on n'y trouve que quinze Dames. Au lieu de ces humbles & pénitentes recluses, couvertes du triste habit des anciennes *moniales*, ce sont des Dames, devenues depuis peu *Chanoinesses*, même *Comtesses*, & distinguées par l'élégance de leur parure. Il leur falloit, pour être admises dans ce monastère, donner long-temps des preuves d'humilité & de dévotion; aujourd'hui il faut des preuves de noblesse. Suivant les propres expressions du Moine *Raoul*, elles n'avoient rien de commun avec le monde, *nihil commune habent... sanctimoniales istæ cum mundo*; elles fuyoient les regards des hommes, *ab omni hominum aspectu remotæ*; aujourd'hui, bien différentes de ces anciennes & sauvages cénobites, elles sont réconciliées avec le monde: depuis long-temps les

___
(1) *Annales Benedictini*, &c.; tom. VI. lib. 80, pag. 563, sous l'année 1156.

hommes, sans doute moins dangereux qu'autrefois, ont chez elles un très-libre accès, & l'on n'y trouve plus de trace de la clôture : on voit que la règle y est considérablement perfectionnée.

Elles étoient encore, en 1784, vêtues en Nones, portoient la robe noire, le voile & la guimpe; mais, lasses de leurs habits de pénitence, elles ont pendant long-temps sollicité le titre de *Chanoinesse*, & le droit de porter le costume séculier, & une décoration particulière; en conséquence, en vertu d'un brevet du Roi du 4 août 1781, d'une bulle du Pape de septembre 1782, de lettres patentes confirmatives de février 1783, & d'un second brevet du Roi du 20 mars 1784, le prieuré de l'Aveine a été érigé, sous la protection de la Reine, en *chapitre royal, noble & séculier*. Il fut ordonné que les Demoiselles qui se présenteroient pour être admises, feroient remonter les preuves de leur noblesse d'extraction & de race du côté paternel, jusqu'à l'an 1400, & que du côté maternel, la mère de la récipiendaire seroit Demoiselle.

Elles reçurent alors, pour décoration, une croix d'or émaillée, à huit pointes, anglée de quatre fleurs de lis, chargée du portrait de la *Reine* & du chiffre du Cardinal de la *Rochefoucaud*, & suspendue à un ruban bleu moiré, de deux lignes moins large que celui du Saint-Esprit (1).

---

(1) Une chose remarquable, & qui, jusqu'à présent, a été sans exemple même parmi les décorations des ordres laïques, c'est que cette croix n'offre rien de

La situation de cette maison est très-heureuse; le bassin de l'Allier, les côteaux qui dominent cette rivière, offrent un des tableaux les plus rians que je connoisse.

Les bâtimens sont irréguliers & mesquins; l'église est petite, ancienne, délabrée & très-pauvre d'ornemens; on n'y trouve point de parc, mais un vaste jardin potager, un verger au bout, un étang, dont la chaussée, bordée d'arbres, est à peu près la seule promenade. Cette maison n'est point riche, le faste dispendieux auquel ces Dames se trouvent assujetties par leur nouvelle dignité de *Chanoinesse* & de *Comtesse*, doit encore diminuer leur aisance.

---

religieux. Les croix de toutes les Chanoinesses qui existent, portent l'image de la Vierge ou de quelque Saint. & le plus généralement on y voit celui de leur sainte Patrone d'un coté, & celui du fondateur de l'ordre ou de la maison, de l'autre. Les Dames de l'Aveine n'ont point suivi ce vieil usage; elles ont pris pour Patrone, *la Reine de France* actuelle, qui s'est déclarée leur protectrice dans leur érection en Chanoinesses, & dont le portrait est sur leur croix; pour Saint, elles ont adopté le Cardinal de *la Rochefoucaud*, qui les a investies de leur nouvelle dignité, & dont leur croix porte le chiffre. Elles ont cru qu'il valoit mieux avoir des protecteurs dans ce monde que dans l'autre, & qu'il étoit plus utile de faire sa cour aux vivans qu'aux morts.

Je ne connois que les Dames du chapitre de *Bourbourg*, diocèse de Saint-Omer, décorées dans le même temps, au mois de septembre 1782, du titre de *Chanoinesses*, qui portent une croix émaillée, dont le médaillon offre le portrait de la Reine; mais sur le revers on ne voit point le chiffre d'un Cardinal vivant, mais l'image de la Sainte-Vierge.

THIERS.

Ville commerçante, située sur le penchant des montagnes du Forez, sur la rive droite de la Durole, à deux lieues & demie de Lezoux, à sept fortes lieues de Clermont, & sur la grande route de cette capitale à Lyon.

Thiers doit son origine à un ancien château qui existoit dans les premiers temps de la monarchie. Grégoire de Tours, en plusieurs endroits de ses ouvrages, le nomme *Castrum Thigernum* ou *Castellum Tigernense*. Il raconte que Saint-Simphorien ayant été martyrisé à Autun, un homme pieux recueillit trois de ses cheveux avec un peu de son sang, & les ayant précieusement renfermés dans un reliquaire en argent, il les transporta en Auvergne, & les plaça à Thiers sur un autel qui fut dédié à ce Saint. *Thiery*, Roi des Francs, s'étant emparé de l'Auvergne, mit le feu au château de Thiers, & à toutes les maisons qui l'accompagnoient. L'église où étoit déposée la relique de Saint-Simphorien devint aussi la proie des flammes; mais la relique fut miraculeusement conservée.

Cet événement, qui causa l'incendie de Thiers, eut lieu l'an 532, lorsqu'*Arcade*, Sénateur de Clermont, sur la fausse nouvelle de la mort de Thiery, voulut délivrer l'Auvergne de son joug. Thiery, furieux contre les rebelles, vint alors avec une puissante armée, ruina Clermont, ravagea toute la province, brûla le château de Thiers, & prit le château de

Vollore, comme nous le dirons à la suite de cet article.

Quelque temps après, vers l'an 580, Avitus Ier, saint Evêque de Clermont, de la famille illustre des Avitus de cette ville, fonda à Thiers une église dédiée à *Saint-Genest* ; cette fondation fut faite à l'occasion d'un événement miraculeux, qui produisit la découverte du tombeau de Saint-Genest, comme le raconte Grégoire de Tours.

Le château de Thiers fut rétabli dans la suite près de l'église de Saint-Genest, & devint le chef-lieu d'une Vicomté considérable, qui, à l'époque de l'hérédité des fiefs, donna son nom à une puissante Maison d'Auvergne.

Matfroy, fils d'Astorg, Vicomte d'Auvergne, fut la tige des Vicomtes de Thiers ; il vivoit vers le commencement du dixième siècle ; son fils, Gui Ier, lui succéda dans cette Vicomté, & mourut sans lignée ; son autre fils, *Etienne*, fut Vicomte de Thiers. Etienne II, son fils, eut trois enfans mâles ; *Gui*, second du nom, fut Vicomte de Thiers, *Théotard* & *Gilbert*. Ces deux derniers fils, sans doute peu contens des biens de leur patrimoine, s'emparèrent, à main armée, de plusieurs terres qu'*Amblard*, Archevêque de Lyon, avoit données, en 978, à l'abbaye de Cluni. Ces terres enlevées étoient, en Auvergne, dans le territoire de Thiers, & dans la viguerie de Dorat. Le Pape Benoît VIII, instruit de ce brigandage, écrivit à *Etienne*, Evêque de Clermont, pour le prier d'excommunier les deux frères, & de ne les abſoudre qu'après qu'ils auroient reſtitué.

Les Vicomtes de Thiers devinrent, en 1060, Comtes de Châlon, par le mariage de *Guillaume III* avec *Adelais*, fille de *Thibaud*, Comte de Châlon. Un de ſes petits-fils épouſa Marie de Courtenai, Princeſſe du ſang royal, & petite-fille du Roi Louis le Gros. La Vicomté de Thiers paſſa à la Maiſon de Forez, par la donation que Gui VIII, Vicomte de Thiers, en fit, en 1301, à Jean de Forez ſon couſin.

De la Maiſon de Forez, la Vicomté de Thiers paſſa dans celle des Dauphins d'Auvergne, par le mariage de *Jeanne* de Forez avec *Bernard II*, Dauphin d'Auvergne; il n'eut de ce mariage qu'une fille nommée *Anne*, qui porta la ſeigneurie de Thiers & le Comté de Forez à Louis II, Duc de Bourbon. Ces ſeigneuries demeurèrent dans la Maiſon de Bourbon juſqu'en 1527 qu'elles furent confiſquées, avec pluſieurs autres, par François Ier, ſur le fameux Connétable de Bourbon.

Le Chancelier *Duprat*, vicieux comme l'eſt un courtiſan puiſſant & rongé d'ambition, préſidoit au procès fait contre ce Prince; il ſe fit donner, en 1531, par le Roi, la ſeigneurie de Thiers. Ainſi ce chef de la juſtice donnoit l'exemple de l'injuſtice la plus criante, en s'emparant de la dépouille d'un homme ſoumis à ſon jugement, & qu'il étoit intéreſſé à trouver coupable.

En 1569, le Duc de Montpenſier, ayant fait
réhabiliter

réhabiliter la mémoire du Connétable, obtint la restitution de la terre de Thiers, qui étoit alors qualifiée de *Baronnie*; elle passa avec le duché de Montpensier à Gaston de France, Duc d'Orléans, frère de Louis XIII. La célèbre Mademoiselle de Montpensier donna la seigneurie de Thiers, en 1681, au Duc de Lauzun. Antoine Nonpart de Caumont la vendit, en 1714, à Antoine de *Crozat*. *Louis de Crozat*, amateur célèbre, fut Baron de Thiers; Madame la Comtesse de Béthune sa fille lui a succédé.

Le château de Thiers fut, comme nous l'avons dit, assiégé & brûlé par Thieri, Roi de Metz, vers l'an 532; il fut pris avant l'an 1210, par *Guichard*, Sire de Beaujeu & de Montpensier, pendant la guerre que ce Seigneur fit à Gui VII, Vicomte de Thiers (1). Renaud de Forez, Archevêque de Lyon, & Gui, Comte d'Auvergne, qui étoient amis du Vicomte de Thiers, se liguèrent ensemble, afin de l'aider à reprendre ce château & les autres places dont Guichard s'étoit emparé.

Thiers ne fut long temps qu'un château avec un bourg peu considérable, dont les habitans reçurent, pour la première fois, des privilèges, au mois de mai 1272, de Gui VIII, qui

---

(1) Le moderne Commentateur de la coutume fait ici une erreur; il dit que, sous le Vicomte Gui VII, Guichard, Sire de Beaujeu & de Montpensier, prit *le château de Montpensier*; il falloit dire *le château de Thiers*: c'est sans doute une inadvertance, mais il est bon de la relever.

Partie V. Hh

en étoit Vicomte; ils furent confirmés, en 1572, par le Duc de Montpensier, Prince de la Roche-sur-Yon.

Ce lieu n'étoit point au nombre des treize villes de la province qui avoient droit de députer aux Etats; il n'y fut agrégé qu'en exécution d'un arrêt du Conseil du 29 novembre 1583, & il ne dut, pendant long-temps, sa célébrité qu'à la puissance de ses Seigneurs. Les habitans, enfin débarrassés du joug féodal, sous lequel ils demeuroient comme anéantis, livrés à leur propre activité, donnèrent à ce lieu une consistance, une célébrité cent fois préférable à la pompe imposante, mais oppressive, de leurs anciens maîtres. On voit ici une de ces heureuses révolutions produites par la liberté; tant que ce peuple resta enchaîné par le despotisme anarchique, il fut peu nombreux, pauvre & inconnu; les campagnes restèrent incultes & dépeuplées. A peine eut-il éprouvé les premières influences de la liberté individuelle, que l'aride & presque inaccessible rocher de Thiers se couvrit d'habitations & de citoyens actifs & utiles. L'industrie, l'agriculture ranimèrent tous les ordres de la société, & étendirent même leurs bienfaits jusques aux lieux circonvoisins. Un bourg ignoré devint, dans l'espace d'un siècle & demi, la troisième ville de la province, & peut-être la seconde par sa population, & par son commerce qui s'étend aujourd'hui au delà des mers.

DESCRIPTION. La ville de Thiers est située sur le groupe d'une montagne très-escarpée à l'est & au sud-est. Au bas coule la rivière de Durole, à qui les habitans doivent tout leur commerce & leur richesse. Cette situation, qui offre, de plusieurs côtés, des points de vue magnifiques ou pittoresques, a nui considérablement à la régularité de la ville; on peut dire qu'elle est une des plus mal bâties & des plus mal percées de France. Le sol, fortement incliné de tous côtés, ne présente aucune surface plane; les rues sont étroites, tortueuses, & ont toutes une pente très-âpre. On n'y trouve d'autres promenades publiques que la grande route qui n'est point bordée d'arbres, & dont la pente est même fort rude. Le défaut de pierres propres à la construction, & le grand nombre d'ouvriers qui habitent cette ville, ajoutent encore à la laideur de ce tableau. Les maisons y sont en général mal bâties, mal propres, & d'un aspect pauvre & hideux; à peine en peut-on compter une vingtaine qui soient construites, non pas avec goût, mais d'une manière qui seroit tolérable dans une grande ville.

Le château ne consiste aujourd'hui que dans quelques murs & la prison.

L'église de Saint-Genest fut d'abord construite, comme nous l'avons déjà rapporté d'après Grégoire de Tours, sur le tombeau de ce Saint, vers l'an 580, par *Avitus*, Evêque de Clermont. En 1016, Gui II, Vicomte de Thiers, érigea cette église en collégiale, & il donna aux nouveaux Chanoines les revenus des églises de *Saint-Jean de Thiers* & de *Notre-Dame* d'Aigueperse; revenus dont il avoit lui-même accoutumé de jouir comme de son patrimoine ; ces usurpations étoient alors fort ordinaires parmi les grands Seigneurs de ce temps-là.

Gui II fit un voyage à Rome, mit sur l'autel de Saint-Pierre la charte de cette fondation, & supplia le Pape, *Benoît VIII*, de la confirmer; ce qui lui fut accordé. Après son décès, *Giraud*, Doyen de cette église, fit un voyage vers le Roi de France Henri I, l'an 1059, & obtint du Monarque, & de son fils Philippe, nouvellement couronné, la confirmation des bienfaits de Gui II.

En 1236, ou dans les années précédentes, le chapitre de Thiers eut un procès considérable contre un descendant de son fondateur, contre Gui VII, Vicomte de Thiers. Guigues IV, Comte de Nevers & de Forez, beau-frère de ce Vicomte, fut choisi pour juge; la singularité de cette affaire la rend digne d'être rapportée.

Le Vicomte de Thiers disoit dans sa demande que les chanoines devoient tous les ans l'inviter avant Noël, & lui donner à dîner pendant les trois jours de fêtes; & pour soutenir le droit qu'il avoit à ces repas, il alléguoit l'usage où étoit le chapitre de régaler ainsi chaque année les Vicomtes de Thiers ses prédécesseurs.

Il demandoit aussi que le trésor de l'église de Saint-Genest lui fût livré chaque fois qu'il en auroit besoin, & qu'il le demanderoit aux Chanoines. Ce bon Seigneur avoit sans doute la tentation de s'emparer des richesses que la piété des fidèles déposoit dans ce trésor (1).

―――――――――――――――

(1) Cet abus fut long temps en vigueur chez les

Il soutenoit que les Chanoines étoient obligés d'entretenir, à leur dépens, deux hommes pour faire le guet pendant la nuit dans le cloître du chapitre, pour la garde du château.

Il disoit en outre, qu'à lui seul appartenoit le droit de juger & d'appaiser les différens & les querelles qui s'éleveroient entre les Chanoines dudit chapitre & entre leurs Clercs. Il forma encore quelques autres demandes, mais la sentence du Comte de Forez ne les lui accorda pas toutes.

Les Chanoines furent tenus de reconnoître les Vicomtes comme les patrons de leur église, & représentans de leur Fondateur; de les recevoir processionnellement lorsqu'ils reviendroient d'outre-mer, de Saint-Jacques ou de Rome; lorsqu'ils rentreroient dans Thiers, après avoir été faits chevaliers, & lorsqu'ils viendroient de se marier.

Le chapitre fut aussi condamné de se présenter trois fois par an, aussi-tôt qu'il en seroit averti, dans le château du Seigneur, *après son dîner*, afin de recevoir la confirmation des droits dont jouit ce Chapitre.

---

grands Seigneurs du temps passé; ils s'emparoient, sans scrupule, des tréfors d'une église qui leur étoit soumise, & les vendoient pour fournir à leurs besoins. Les Evêques & les Archevêques, dans le même temps, ne craignoient pas de se rendre coupables de ces spoliations. Ils vendoient les reliquaires, les vases sacrés, & l'argent qui en provenoit étoit souvent employé à payer leurs évêchés: je pourrois citer un grand nombre d'exemples de ces Prélats qui étoient à la fois simoniaques & voleurs sacrilèges.

Il fut arrêté que si les provisions de bouche & le vin venoient à manquer aux Vicomtes de Thiers ou à sa famille, le chapitre seroit tenu d'en fournir, suivant la provision qu'il en auroit, sauf au Seigneur à rendre la même quantité de ces fournitures lors de la récolte; & si le chapitre se trouvoit dans le même besoin, le Seigneur seroit également tenu de lui faire les mêmes avances.

Il fut aussi convenu que s'il survenoit à l'imprévu de la compagnie au Vicomte de Thiers, & si son dîner n'étoit pas préparé ni suffisant pour régaler les nouveaux venus, les Chanoines seroient obligés, si le Seigneur l'exigeoit, de lui envoyer aussi-tôt leur dîner, ce qui n'étoit pas une petite charge pour des Chanoines; mais le Seigneur, par la même sentence, est obligé de rendre le même service aux Chanoines, lorsqu'à l'heure du dîner il leur surviendroit compagnie (1).

Cette réciprocité de service à laquelle les parties contestantes se soumettent, & qu'elles exigent juridiquement, annonce l'insociabilité, la méfiance, & en même temps la mauvaise foi qui régnoient dans ce temps-là.

―――――――――

(1) Le moderne Commentateur de la coutume d'Auvergne, flatté sans doute de trouver à reprendre dans l'Histoire de la *Maison d'Auvergne* de *Baluze*, dit que ce Savant n'a pas connu toutes les dispositions de cette sentence. Cependant Baluze, dans le tom. II, pag. 31, rapporte en entier cette sentence, qui est longue, & qui contient plusieurs autres détails que nous ne rapportons pas ici.

Cette difficulté, chez de grands Seigneurs & chez des Chanoines, de pouvoir donner à dîner à une compagnie inattendue, difficulté qui n'existeroit pas aujourd'hui pour les moindres bourgeois, prouve combien le régime féodal est contraire à l'abondance.

L'église de *Saint-Genest* paroît avoir été construite au onzième siècle, vers le temps de la fondation du chapitre ; elle ne renferme rien de curieux. *Calvin*, dans son *Traité des reliques*, & l'Abbé *Thiers* dans sa *Dissertation sur la larme de Vendôme*, disent qu'il y a dans cette église *une larme du Fils de Dieu* : mais cette relique, si elle y a existé, n'a pas fait fortune car elle y est absolument inconnue.

L'église *du Moutier* est dans un faubourg situé au bas de la ville, & sur la rive gauche de la Durole. C'étoit l'église d'une abbaye qui paroît avoir été le plus ancien des établissemens du christianisme à Thiers. C'est là que fut déposée la relique de Saint-Symphorien, miraculeusement préservée du feu qui fut mis au château & au bourg de Thiers par Thieri. Les habitans, touchés de ce prodige, élevèrent une église dédiée à ce Saint. Dans la suite, les Seigneurs de Thiers y fondèrent une abbaye ; leurs successeurs s'emparèrent bientôt des revenus, en jouirent comme Abbés laïques, ou comme un bénéfice héréditaire. C'étoit alors un usage assez commun parmi les grands Seigneurs de ces temps de barbarie & d'inconséquence ; ils trembloient devant un Moine qui leur peignoit l'enfer ou l'éternité, & ne laissoient pas de temps en temps de piller les monastères, ou de s'emparer entièrement de leurs revenus.

Gui II, Vicomte de Thiers, avoit joui, ainsi que ses aïeux, des biens de ce monastère, où régnoit depuis long-temps le relâchement & le désordre; sentant que la rapacité de ses prédécesseurs étoit cause de ces maux, après avoir consulté sa femme & ses enfans, il abandonna les revenus qu'il retiroit de cette abbaye, & s'efforça d'y rétablir la régularité. *Pierre*, Abbé nouvellement élu, se conforma aux vœux du Seigneur de Thiers, & ne négligea rien pour rétablir la réforme dans le monastère; mais il éprouva de grands obstacles, les Moines, accoutumés à une vie licencieuse, ne purent se soumettre à la gêne de la réforme. Le zélé *Pierre*, voyant qu'il ne pouvoit seul accomplir ses projets, s'associa le célèbre *Odilon*, Auvergnat, de la Maison de Mercœur, un des plus savans de son siècle, qualifié de Saint, & qui alors étoit Abbé de Cluni. Avec son appui, l'Abbé de Thiers parvint à introduire dans son monastère la règle de Saint-Benoît. Le bon ordre étant enfin rétabli parmi ces Moines, le Vicomte Gui II, après avoir renoncé aux droits que ses aïeux avoient usurpés sur cette abbaye, lui donna encore plusieurs héritages. Cette réforme & ces bienfaits eurent lieu l'an 1012 (1).

---

(1) Le Commentateur de la coutume commet ici deux erreurs de date; il dit que la réforme fut introduite en 912, dans cette abbaye, par le Vicomte Gui, & que ce Seigneur lui fit des dons considérables en

DE L'AUVERGNE.

Aujourd'hui il n'existe plus de lieux réguliers, mais seulement l'ancienne église du monastère, qui est paroissiale; on y voit un château qui peut avoir environ deux cents ans d'antiquité, dans lequel autrefois se rendoit la justice, & où l'on conserve les archives de l'ancienne abbaye. On trouve aussi dans cette ville, l'église paroissiale de *Saint-Jean*, plusieurs communautés religieuses, un couvent de *Capucins*, fondé, en 1606, par le Seigneur de *la Fayette*, & par Jeanne de *la Fayette* sa veuve; deux couvens de filles, des *Ursulines*, établies en 1633, & des religieuses de la *Visitation*, en 1666; il existe aussi une communauté de *Pénitens*.

L'hôpital, auquel *Guillaume Duprat*, Evêque de Clermont, légua, par son codicille du 12 octobre 1560, plusieurs biens, a obtenu, en 1668, des lettres patentes.

Le Séminaire ou *Collège* est administré par des Prêtres du Saint Sacrement, fondés sous Louis d'Estaing, Evêque de Clermont, en 1677.

La Maison de l'ordre de *Grammont*, fondée par lettres patentes de 1661, a été supprimée

---

1016. *Baluze*, d'après le cartulaire qu'il rapporte, dit que ce fut le même Vicomte Gui II qui établit la réforme, & qui donna plusieurs héritages. *Tout cela, dit ce Savant, se passa en l'année 1012.* Le Commentateur auroit dû observer qu'il met 104 ans d'intervalle entre l'époque de la réforme & celle des dons, & qu'il faudroit pour cela que le Vicomte eût vécu au moins un siècle & demi. En général, dans ce volumineux commentaire, la partie historique, quoiqu'écrite avec prétention, fourmille d'erreurs.

ainsi que toutes celles de cet ordre ; la nouvelle grande route commencée doit passer à travers l'enclos de cette maison.

MANUFACTURES. Les objets les plus curieux & les plus intéressans de cette ville sont les différentes manufactures de papiers & de couteaux. La petite rivière de Durole, qui est l'ame de ces fabriques, offre, dans son cours, un grand nombre de papeteries & de martinets pour battre le fer : le mécanisme de ces derniers est admirable par sa simplicité, & par la promptitude de ses effets.

La fabrique des couteaux, des ciseaux, canifs, &c., ne se borne pas à la ville de Thiers, elle s'étend encore dans les campagnes voisines, & sur-tout dans les montagnes ; les Paysans consacrent une partie de l'année à ébaucher ces ouvrages, & l'autre partie à la culture de la terre, & par cette utile industrie, ils suppléent à l'aridité de leur sol.

Ce commerce de quincaillerie s'étend fort au delà du royaume, aux Indes, & sur-tout à Lisbonne & à Cadix, où les Négocians de Thiers ont des correspondans.

Le commerce du papier n'est pas moins considérable ; celui qu'on y fabrique est principalement pour l'écriture ; il se consomme presque tout en France : il est beau, bien collé, & des plus estimés du royaume.

On fait encore, dans cette ville, un commerce assez étendu de fil.

La fabrique des cartes à jouer, établie à Thiers, étoit une des plus considérables du royaume : il s'en fabrique encore, mais beaucoup moins qu'autrefois. Le célèbre Michel de Montaigne paſſa par cette ville à ſon retour d'Italie; il y ſéjourna le 17 novembre 1561 : voici ce qu'il dit, dans la relation de ſon voyage, ſur les fabriques & ſur l'ancien état de cette ville. « Petite ville... fort marchande, bien bâtie & peuplée. Ils font principalement trafic de papier, & ſont renommés d'ouvrages de couteaux & cartes à jouer... J'y fus voir les cartes chez *Palmier* ; il y a autant de façon à cela qu'à une autre bonne beſoigne. Les cartes ne ſe vendent qu'un ſou les communes, & les fines deux ». Le ſou de ce temps-là ne valoit que dix deniers.

Si les ... es eſcarpées de la Durole offrent, dans ſes n... breuſes fabriques, des ſources de richeſſes pour la ville & pour la province, elles doivent auſſi intéreſſer vivement l'Amateur de payſages & les Naturaliſtes. Cette rivière coule rapidement dans une antique & profonde gorge, dont les bords, en quelques endroits preſque verticaux, préſentent à chaque pas des ſites pittoreſques, & ce qu'on appelle de *belles horreurs*. Les rochers ſemés çà & là, & qui ſemblent ſuſpendus au deſſus de cette gorge, ſont granitiques. Les travaux de la nouvelle route commencée le long & au deſſus de la rive droite de la Durole, & qui doit conduire de Thiers à Lyon, ont mis à découvert pluſieurs parties de ces roches primitives, ſur leſquelles on trouve, en différens endroits, des maſſes de *porphyre* qui y ſont appliquées, ſi l'on peut appeler de ce nom des ſubſtances qui n'ont point la couleur rouge du porphyre oriental. A un quart de lieue de la ville, le long de cette route nouvellement tracée, on a attaqué une masse de cette espèce de porphyre qu'on doit nommer plus proprement *serpentin ou Ophytes* à grandes parties de feld-spath blanchâtre, disséminées dans une pâte de couleur gris-verdâtre ; ces masses suivent la même inclinaison que les couches de granit sur lesquelles elles se trouvent appliquées. On peut en détacher de gros blocs, qui sont susceptibles d'être mis en œuvre, & de recevoir un beau poli. On en trouve en plusieurs autres endroits du chemin, dont la pâte varie en couleur depuis le gris foncé jusqu'au brun noirâtre (1).

HOMME *célèbre*. Thiers est la patrie de *George Guillet de Saint-George*, qui fut le premier Historiographe de l'Académie de Peinture & de Sculpture de Paris ; il avoit la réputation d'un savant antiquaire. Quoiqu'il ne fût point Artiste, mais seulement amateur des Beaux-Arts, il fut reçu, en 1682, au rang d'Académicien, en qualité d'Historiographe. Il a donné au public plusieurs ouvrages savans, dont le plus connu est *Athènes ancienne & moderne*.

CARACTÈRE & MŒURS. Le caractère des habitans de Thiers justifie ce que nous avons avancé dans la Préface de cet Ouvrage,

---

(1) M. de *Saussure*, dans son *Voyage de Genève*, tom. I, pag. 112, parle des roches granitiques de Thiers ; mais il les a vues avec trop de précipitation, pour pouvoir observer les espèces de porphyre qui y sont appliquées çà & là.

sur les villes qui ne doivent leur richesse qu'à leurs manufactures. Celle-ci est peuplée d'environ dix-huit mille ames, dont au moins les trois quarts sont ouvriers ou commerçans. La partie la plus abondante des habitans, étant la plus occupée à un travail mécanique, n'est pas la plus instruite ni la plus polie ; en général, les habitans sont francs, bons hôtes, mais intéressés ; ils sont malins, & s'amusent volontiers à chanter les petits événemens scandaleux de la ville ; par dessus tout, ils estiment la richesse, & respectent les riches. Les riches, d'après cette opinion populaire, ont la manie de se croire fort respectables ; plusieurs le sont en effet, non parce qu'ils sont riches, mais qu'ils sont doués d'une probité infaillible, que leur commerce les rend utiles & précieux à leur patrie, & parce qu'ils n'ont pas imité quelques-uns de leurs concitoyens, qui, dégoûtés de vendre ou d'acheter des couteaux ou du papier, ont voulu enfin acheter la Noblesse ; ils ont cru s'élever à un rang plus distingué, en devenant moins utiles (1).

ENVIRONS. Les environs de Thiers offrent plusieurs vignobles, côteaux & prairies d'un assez bon rapport. A l'est, en s'avançant dans les montagnes, le sol est moins fertile. A l'ouest, sont de vastes prairies arrosées par la Du-

_____

(1) Ceux à qui le Gouvernement a vendu, aux dépens des mœurs & des propriétés publiques, des priviléges & des honneurs, & qui ont eu la petitesse d'acheter de cette Noblesse, devroient être forcés dans la suite à payer pour avoir l'honneur d'être Roturiers.

role (1). Au delà du bassin de la Dore, rivière beaucoup plus considérable, qui coule à un quart de lieue de Thiers, le terrain devient aride ; on trouve le long de la grande route une plaine de deux lieues, couverte de bois ou presque absolument stérile.

VOLLORE est un bourg avec un ancien château, situé au sud, à deux lieues de Thiers, à une lieue de Courpierre, & au bas de la chaîne des montagnes qui séparent l'Auvergne du Forez.

Ce lieu est l'ancien *Lovolautrum Utrense* ou *Volotrense Castrum*, dont parle Grégoire de Tours. L'an 532, le château fut assiégé par *Thieri*, Roi de Metz. Les ennemis, désespérant de prendre une place aussi forte & si bien défendue, se disposoient à lever le siège : les assiégés s'en aperçurent, & ils se relâchèrent de leur vigilance ordinaire, pour se livrer à la joie que leur causoit le prochain départ des assaillans. Pendant qu'ils s'abandonnoient avec sécurité à cette flatteuse espérance, un Prêtre nommé *Procule*, chargea, dit-on, son domestique de faire une brèche au mur du château, & y introduisit les ennemis. Sa trahison ne resta pas impunie ; ceux même qu'elle favori-

---

(1) Il y a environ soixante ans qu'on essaya, dans ces prés, de cultiver du riz ; on creusa plusieurs canaux d'arrosement, dont les eaux stagnantes se corrompirent, infectèrent l'air de leurs putrides exhalaisons, & donnèrent la mort à un tiers des habitans de la ville.

soit furent ses bourreaux; il se réfugia dans l'église, & fut égorgé par les soldats de Thieri: le château fut dévasté, & tous ceux qui étoient dedans furent faits prisonniers.

La terre de Vollore est considérable; elle a appartenu long-temps à la Maison de Thiers, qui descendoit de la Maison d'Auvergne. En 1248, Etienne de Thiers, Seigneur de *Maubec*, fils de Gui VI, & frère puîné de Gui VII, Vicomte de Thiers, épousa *Alasie*, fille & héritière d'*Arbert*, Seigneur de *Vollore*.

Le Seigneur *Etienne* étoit amoureux d'une jeune Religieuse du couvent de *Courpierre* (1), nommée *Ælis de Boscestor*. Impatient de posséder, sans obstacle, l'objet de sa passion, il viola la clôture du monastère, enleva la belle *Ælis*, & la conduisit dans son château de Vollore. Il faut remarquer que cette violence fut exécutée en 1248, la même année du mariage du Seigneur de Vollore.

La Prieure de Courpierre se joignit à l'Abbé de Thiers, duquel elle dépendoit, pour réclamer hautement contre *un attentat aussi horrible*, disoit-elle, *qui devoit pour toujours couvrir son monastère d'opprobre & d'infamie*. Guillaume de *Cébasac*, Doyen du chapitre de Clermont, & Grand-Vicaire de l'Evêque *Hugon*, rendit, au mois de septembre de la même

---

(1) *Courpierre* est une petite ville située sur la rive gauche de la Dore, à deux lieues & demie de Thiers, & à une lieue & demie de Vollore. Le monastère des Religieuses, dont il est ici question, existe encore, & la Prieure est Dame de la ville.

année, une sentence qui condamne le galant Seigneur de Vollore à rendre la Religieuse enlevée, à son Ordre, & à fournir aux frais nécessaires pour la faire rentrer dans une communauté semblable ou plus convenable, à donner trente livres de monnoie de Clermont à l'Abbé de Thiers, pour les frais de la procédure, & la même somme, destinée à la construction d'une chapelle dans le prieuré de Courpierre; il fut aussi constaté, par cette sentence, que la Prieure auroit droit de prendre, dans le bois de *la plaine*, tous les bois nécessaires à cette construction. Ainsi, par cet événement, le couvent de Courpiere eut une Religieuse de moins, & une chapelle de plus.

Guillaume de Vollore, fils d'Etienne, n'eut qu'une fille nommée *Marguerite*, qui épousa, en 1259, Gui VIII de Thiers, son cousin issu de germain; de ce mariage naquit *Guillaume IV*, Vicomte de Thiers, qui eut en partage les terres de Vollore & de Montguerlhe. Il épousa, en 1301, *Isabeau Damas*, fille d'*Hugues de Cousan III*. Louis fit son testament en 1314, & mourut après l'an 1337 (1).

---

(1) Le nouveau Commentateur de la coutume d'Auvergne tombe encore ici dans quelques inadvertances; il n'a pas même su copier exactement Baluze, qui est toujours son guide; il écrit: « Louis de Thiers, second fils de *Louis VIII* », au lieu, de dire, comme Baluze, « Louis de Thiers, second fils de *Gui VIII* ». L'erreur suivante est plus grave; il prétend relever Baluze sur ce que ce Savant a dit que le même *Louis de*

Louis

Louis II, son petit-fils & son successeur, mourut sans être marié. *Marguerite*, sa sœur, porta les terres de Vollore & de Montguerlhe dans la Maison de *Bellefaye*, en épousant Pierre *de Besse*, Seigneur de Bellefaye en Limousin; ces terres passèrent ensuite dans la Maison de Chazeron, & au seizième siècle dans celle de *Montmorin de Saint-Hérem*, à qui elles appartiennent encore.

A trois lieues au delà de Billom, & à environ trois cents pas de Vollore, sur l'ancien chemin de Clermont à Celle, on trouve une colonne miliaire, élevée, l'an 45 de notre ère, en l'honneur de l'Empereur *Claude*, lorsqu'il revint victorieux de Bretagne. Ce monument antique porte une inscription romaine, dont l'on a ainsi interprété les lettres initiales : *Ti-*

Thiers mourut en 1337. « Cependant, dit le Commentateur avec une sagacité étonnante, j'ai vu une transaction *du mois de mai* 1458, entre lui & les habitans de Vollore ». *Louis*, lors de sa mort, en 1337, devoit avoir environ quatre-vingt-dix ans, étant le second fils de Gui VIII, marié vers l'an 1259. Le Commentateur, en le faisant vivre au mois de mai 1458, lui donne cent vingt-un ans de plus, c'est-à-dire plus de deux cents ans d'âge. Cette longévité patriarchale ne l'étonne point; il ne s'embarrasse point si, parmi les descendans de *Louis*, il auroit existé un autre Seigneur de Vollore qui portât le même nom, & qui eût pu avoir passé la transaction de 1458. On trouve en effet que le petit-fils de ce Seigneur de Vollore, qui lui succéda, portoit le nom de *Louis*; quoiqu'il mourût sans être marié, il pouvoit avoir, à cette époque, traité avec les habitans de Vollore.

berius Claudius, Drusi filius, Cæsar Augustus Germanicus, Pontifex Maximus tribunitiâ poftetate V, Imperator XI, pater patriæ, Conful III, defignatus IV. auguftonemeto milliaria paffuum XXI.

Le nombre de vingt-un mille pas romains exprime la diftance de ce point à *Auguftonemetum*, aujourd'hui *Clermont*, & forme environ fept lieues de France, qui eft la longueur précife de cet intervalle. On a placé au deffus de ce monument une croix. Les habitans croient que l'infcription antique eft une oraifon.

Nous avons parlé dans l'article de Thiers & de Vollore, des titres pompeux, mais inutiles, vexatoires & ufurpés dans leur origine, de la Maifon de Thiers, iffue de la Maifon d'Auvergne, laquelle defcendoit des anciens Ducs d'Aquitaine; nous allons parler d'une Maifon peut-être auffi ancienne, moins impofante, mais plus utile, & plus refpectable. Ce n'eft point une Maifon illuftrée par des guerriers, fiers du fang qu'ils ont verfé, des malheurs qu'ils ont caufés dans les campagnes; mais une maifon de laboureurs, paifibles & utiles, qui ont fécondé, par leur fueur, les champs de leurs aïeux, & qui ont conftamment offert le tableau, fatisfaifant pour le Philofophe, d'une fimplicité vraiment patriarchale, unie à des vertus actives & bienfaifantes.

Cette Maifon eft celle d'une communauté de Laboureurs, appelée les *Pinons* ou les *Pinous*. Le village que forme cette communauté, eft fitué à un gros quart de lieue & au nord-ouest de la ville de Thiers, & porte le nom de *chez Pinons* (1).

Suivant une tradition fort incertaine, cette communauté a près de douze cents ans d'ancienneté ; ce qui est constant, c'est qu'elle existe depuis environ cinq cents ans. Ceux qui la composent possèdent en commun près de cinquante mille écus de biens fonds, dont la plupart environnent le village qu'ils habitent ; ils possèdent aussi le fief de *Saudon*, qui est à leur porte.

La communauté est gouvernée par un chef électif, distingué par le titre de *maître Pinon*. La maison est divisée en quatre branches ; ce sont les quatre chefs de ces branches qui administrent en commun les affaires & qui élisent un d'entre eux pour maître. Celui-ci a la principale autorité, & l'on regarde comme un des principes fondamentaux de cette société, le respect que tous ceux de la maison lui portent.

Une autre règle qui n'a pas peu contribué à maintenir cette communauté dans son intégrité première, c'est celle qui en bannit le luxe & les autres distinctions. Le maître, ainsi que tous les hommes de sa maison, est vêtu aussi grossièrement que les paysans des environs, & n'est guère distingué de ses valets. Les bâtimens

---

(1) La plupart des hameaux ou villages qui se trouvent à deux ou trois lieues aux environs de Thiers, portent des noms précédés de la préposition *chez* ; ce qui indique que ces villages doivent leur origine à la Maison dont ils conservent le nom.

sont vastes, mais simples, & même pauvres en apparence (1).

Les jeunes gens se marient ordinairement dans la famille, mais ces mariages ne sont contractés qu'entre cousins issus de germains. Ceux que l'on marie hors de la maison n'ont que cinq cents francs de dot. Les enfans mariés dehors pourroient, en justice réglée, exiger un partage des biens, afin d'obtenir une légitime plus considérable ; mais ces partages, qui ont eu lieu quelquefois dans cette famille, sont rares, à cause du grand respect qu'on imprime de bonne heure aux enfans pour la maison & pour ses usages (2).

Les Pinons mangent tous à la même table. Ils sont fort charitables, & ils ont pour prin-

---

(1) Lorsque M. *de la Grandville*, Intendant de la province, fit sa tournée, il fut visiter cette communauté de paysans. Quelques personnes de sa compagnie vouloient conseiller au maître de faire bâtir pour lui un logement propre & commode; mais M. de la Grandville, plus sensé, leur fit sentir que cette simplicité étoit nécessaire à un pareil établissement, & que ce commencement de luxe pourroit avoir des suites fatales à l'harmonie qui régnoit dans cette petite République.

(2) Il y a environ soixante-dix ans que la veuve d'un des chefs, qui n'avoit laissé qu'une fille unique, fut fortement sollicitée de se remarier avec quelque Gentilhomme; on lui faisoit aussi entendre qu'en retirant la portion des biens qui lui revenoient, elle trouveroit, pour sa fille, un parti fort avantageux ; elle répondit dans son patois, qu'elle ne pourroit jamais se résoudre à témoigner un tel mépris à la famille & aux usages des Pinons.

cipe de ne jamais refuser l'aumône à ceux qui la demandent. Ils ont un bâtiment destiné à recevoir les pauvres. Tous ceux qui y passent sont assurés d'y trouver le souper, le coucher & le déjeuné le lendemain. Ils font la prière soir & matin en commun, & exigent que leurs domestiques y assistent. Ils sont aussi exacts observateurs des préceptes de leur religion que des devoirs de la probité. Quoiqu'ils ne diffèrent en rien, par leur extérieur, des autres Paysans, ils sont néanmoins fort respectés par eux, & même par les Bourgeois. Le maître est toujours bien accueilli par-tout.

La maison des Pinons, il y a environ cent quatre-vingts ans, étoit, par défaut d'enfans mâles, prête à s'éteindre ; un nommé *Guitard* y entra, en prit le nom, & la régénéra, de sorte qu'aujourd'hui elle devroit être nommée *Guitard-Pinon*.

Un mémoire composé en 1739, sur la maison des Pinons, & imprimé avec un autre plus récent dans le Journal économique du mois de décembre 1755, nous en a conservé les anecdotes suivantes.

Pendant que M. *le Blanc* étoit Intendant de l'Auvergne, il vint visiter la communauté des Pinons ; il y fut bien reçu : il fit placer le maître à table à côté de lui, & s'informa avec soin des usages & des coutumes de la maison. Quelques années après, c'est-à-dire, vers l'an 1712, M. *le Blanc*, rappelé à la Cour (1), eut

_____

(1) Cet Intendant s'appeloit *Claude le Blanc* ; il fut Secrétaire d'Etat au département de la guerre, en 1718.

occasion de parler à Louis XIV de cette communauté. Un procès ayant attiré maître Pinon à Paris, il crut devoir aller saluer M. le Blanc, qui l'accueillit amicalement, le conduisit à la Cour, & le présenta au Roi. Louis XIV le reçut avec bonté, lui fit plusieurs questions, parut satisfait de la sagesse de ses réponses, ordonna que la taille de sa communauté ne passeroit jamais six cents livres, & lui fit donner une gratification, pour le dédommager des frais de son voyage.

Ce maître Pinon fit voir qu'il n'avoit pas moins de dextérité dans les affaires, que de sagesse dans son administration. Les Administrateurs de l'hôpital de Thiers voulurent l'engager à partager cet emploi avec eux. Il eut beau représenter que son éloignement de la ville étoit un obstacle, & que les soins de sa famille le demandoient tout entier, il se vit obligé de céder à leurs vives instances : il consentit de se charger de l'emploi d'Administrateur de cette maison ; mais ce fut à la condition que ceux qui seroient en charge avec lui, & tous ceux qui lui succéderoient dans cet emploi, donneroient comme lui, chaque année, à l'hôpital une certaine quantité de blé, de vin, & d'argent. Cette condition le tira d'affaire ; elle parut trop onéreuse aux autres Administrateurs, qui

---

fut mis à la Bastille en 1723, & fut taxé à une somme de près de huit millions, il en fut déchargé en 1725, rentra dans sa place de Secrétaire d'Etat, & devint Ministre de la Marine.

le remercièrent de fa bonne volonté, & n'osèrent plus lui faire de nouvelles inftances.

La communauté des Pinons eft la plus ancienne, mais elle n'eft pas la feule du pays qui fe régiffe avec la même fageffe ; celles des *Péricoux* & celle de *Guefle* font les plus remarquables.

Une communauté plus riche, beaucoup plus éloignée de fa première inftitution, moins utile & plus fière, & par conféquent beaucoup moins refpectable que la communauté des Pinons & autres femblables, eft celle des Moines de *Montpeyroux*.

Montpeyroux eft une abbaye de Bernardins fituée au nord, & à deux fortes lieues de Thiers, fur les limites de l'Auvergne & du Bourbonnois, dans un vallon agréable, au bas des montagnes du Forez. Elle fut fondée, en 1126, par lettres patentes de Philippe le Hardi : cette abbaye eft mife fous la protection du Roi ; elle dépend directement de Cîteaux.

Au commencement de ce fiècle, les bâtimens furent en grande partie réduits en cendres. On fit reconftruire un corps de logis magnifique, & c'eft aujourd'hui une des plus belles maifons de l'ordre de Cîteaux. L'églife eft vafte ; fa conftruction eft dans le beau genre gothique du douzième fiècle. Les jardins font étendus, & répondent à la beauté de la maifon ; rien ne reffemble à une demeure de perfonnes deftinées à vivre éloignées du monde, dans l'humilité, la pénitence, & l'abnégation de foi-même ; rien ne rappelle les mœurs des disciples de ce fougueux mais austère *Bernard*. Enrichis des aumônes de nos anciens & stupides Seigneurs, ces Moines ont oublié leur source & leur devoir.

BRIOUDE.

Ville ancienne, située à l'extrémité méridionale de la Limagne, sur la grande route de Clermont au Puy en Velai, à un quart de lieue de la rivière gauche de l'Allier, à six lieues & demie d'Yssoire, & à treize lieues de Clermont.

Le nom ancien de cette ville est *Briva*, mot qui, en langue Celtique, signifie *Pont* ou passage d'une rivière. Ce nom semble indiquer que ce lieu étoit habité avant la domination romaine. Il est très-probable que l'ancienne position de *Briva* étoit à l'endroit du bourg, aujourd'hui nommé *Vieille Brioude* (1), situé sur les bords de l'Allier, célèbre par le tombeau de Saint-Julien, qui fut transféré dans l'endroit où est aujourd'hui la ville de Brioude.

Grégoire de Tours dit que vers le commencement du quatrième siècle, *Saint-Julien* abandonna la ville de Vienne sa patrie, & se réfugia en Auvergne pour éviter la persécution; il se rendit à Brioude, dont les habitans fanatiques avoient embrassé toutes les erreurs de la magie. A peine y fut-il arrivé, qu'ils lui firent trancher la tête. Cette tête fut transportée

---

(1) Voyez ci-après *Vieille Brioude*.

à Vienne, & le corps resta à Brioude; il fut recueilli par des vieillards qui l'ensevelirent, & qui, pour leur récompense, furent aussi-tôt rajeunis.

Grégoire de Tours raconte qu'à l'endroit où Saint-Julien reçut le martyre, il jaillit une fontaine, dont l'eau douce & salutaire avoit guéri plusieurs infirmes. Une Dame, dont le mari étoit prisonnier à Trève, s'adressa au tombeau de Saint-Julien de Brioude, & obtint, par son intercession, la liberté de son époux; en reconnoissance, elle fit construire, sur le tombeau de ce martyr, une chapelle qui fut le premier monument du Christianisme à Brioude, & qui devint l'origine de l'église de Saint-Julien, si fameuse dans les premiers temps de la monarchie. L'Empereur *Avitus* voulut être enterré dans cette église, & son tombeau étoit aux pieds de celui du saint martyr.

Non loin de cette chapelle sépulcrale, étoit un vaste temple antique, consacré à Mars & à Mercure; on y voyoit les figures de ces deux Divinités, placées chacune sur une colonne très-élevée. C'est Grégoire de Tours qui nous atteste l'existence de cet édifice romain, en nous rapportant une aventure miraculeuse qui contribua beaucoup aux progrès du christianisme, & à établir la réputation du saint martyr. Un Prêtre qui, dans le même temps, passa dans ce canton, acheva de convertir les habitans, les détermina à renverser les statues de Mars & de Mercure, & à les jeter dans un lac voisin. La chapelle de Saint-Julien depuis fut agrandie & enrichie d'une infinité de présens.

Vers l'an 373, les Bourguignons passèrent le Rhin, & vinrent en Auvergne, où ils firent plusieurs ravages. Ils assiégèrent Brioude ; s'étant emparés des habitans, & ayant pillé l'église, ils se retirèrent au delà de la rivière. Lorsqu'ils se préparoient à tuer les prisonniers, ou à se les partager, *Hillidius* ou *Allyre*, guidé, suivant Grégoire de Tours, par une colombe, vint du Velai au secours de ces malheureux; assisté de quelques troupes, il tomba sur les Bourguignons, en tua un grand nombre, mit les autres en fuite, & délivra les prisonniers.

En 532, Thiéry, Roi de Metz, vint ravager & soumettre l'Auvergne, qu'*Arcade*, Sénateur de Clermont, avoit fait soulever en faveur de *Childebert* ; ayant brûlé & détruit plusieurs villes, bourgs & châteaux; égorgé ou fait prisonniers les habitans ; une partie de son armée s'approcha de Brioude, & sur la renommée des richesses que contenoit l'église de Saint-Julien, les soldats résolurent de la piller. Le peuple s'étoit réfugié dans ce temple avec ses meubles, & en avoit fermé les portes; un soldat, ne pouvant entrer par la porte, entra par la fenêtre, & introduisit ensuite ses compagnons : tout fut pillé (1). Thiéry, instruit de cette violence, condamna à mort tous les coupables qui purent être pris, fit restituer les objets volés, & ordonna qu'il ne seroit fait aucune violence à la distance

---

(1) Grégoire de Tours assure que ces voleurs, punis de Dieu, furent aussi-tôt possédés du Démon, & qu'ils se mordoient les uns les autres comme des enragés.

de sept milles de l'église de Saint-Julien de Brioude.

Les miracles nombreux qu'opéroient les reliques de Saint-Julien, y attirèrent les richesses, & les richesses, des brigands. Les Sarrasins, qui, dans leurs irruptions en France, recherchoient sur-tout les monastères & les églises riches pour les piller, portèrent la désolation dans la ville de Brioude & dans l'église de Saint-Julien.

Si le tombeau de Saint-Julien étoit, comme il est vraisemblable, au lieu aujourd'hui nommé *Vieille Brioude*, c'est à cette époque qu'il faut placer la translation des reliques de Saint-Julien, dans l'endroit où est bâtie la ville de Brioude; c'est aussi par conséquent l'époque de l'origine de cette ville. *Berenger* y fit construire une nouvelle église, fonda un chapitre, qui fut confirmé, en 826, par Louis le Débonnaire, comme nous le dirons ci-après.

Brioude, dévastée par des brigands étrangers, le fut ensuite par d'autres brigands du pays. *Guillaume VIII*, Comte d'Auvergne, son fils *Robert*; le Comte du Puy son neveu; *Pons*, Vicomte de Polignac; le Comte de Rodez, & plusieurs autres Seigneurs & Chevaliers s'étoient ligués, & avoient formé une petite armée avec laquelle ils dévastoient les campagnes, égorgeoient les Laboureurs, pilloient les églises & les monastères. Ces hommes féroces, que la crainte de l'enfer étoit seule capable de contenir un peu, redoutant l'excommunication du Pape Alexandre III, qui venoit d'arriver à Clermont, promirent, le 19 août 1162, de discontinuer leurs ravages; mais à peine le Pape fut-il éloigné, qu'ils brigandèrent avec une nouvelle fureur. Ce fut alors qu'après avoir dévasté les campagnes, ils tombèrent sur la ville de Brioude, & y firent une infinité de maux. L'Evêque de Clermont & le chapitre de Brioude portèrent de nouvelles plaintes au Pape, qui, par une Bulle datée du 20 mars 1163, excommunia les deux Comtes d'Auvergne & le Vicomte de Polignac.

Guillaume VIII, Comte d'Auvergne, accablé par ce foudre spirituel, vint à Tours, où se trouvoit le Pape Alexandre III; il se jeta humblement à ses pieds, & fit tant de promesses, qu'il obtint l'absolution. Mais ce repentir n'étoit point sincère; aussi-tôt qu'il se crut délivré des liens de l'excommunication, il se rendit coupable des mêmes crimes qui lui avoient mérité ce chatiment. Il continua ses brigandages avec un tel acharnement, que plusieurs Evêques & Abbés firent exprès un voyage à la Cour, pour exposer au Roi Louis le Jeune la triste situation du pays. Le Roi se rendit à leurs instances, les prit sous sa protection, se mit à la tête d'une armée, s'avança en Auvergne, & arriva enfin à Brioude en 1166. Le Comte d'Auvergne, son neveu, & le Vicomte de Polignac osèrent s'armer contre le Roi, & lui résister : ils furent bientôt battus, & faits prisonniers. Ils eurent recours, pour avoir leur liberté, au Roi d'Angleterre Henri II, dont ils se prétendoient vassaux, & qui les réclama en cette qualité ; mais le Roi de France les retint toujours jusqu'à ce qu'ayant donné des marques suffisantes de repentir, & promis solennellement de ne plus désoler les campagnes & piller les églises, il leur rendit la liberté. Ces Seigneurs gardèrent encore fort mal leur promesse. Cinq ans après, les Vicomtes de Polignac renouvelèrent les mêmes ravages.

En 1179, *Eracle*, alors Vicomte de Polignac, vint mettre à feu & à sang la ville de Brioude & celle de Saint-Germain, & causa, dans ces deux villes, plus de deux mille marcs d'argent de dommages; enfin la crainte des flammes de l'enfer intimida le haut & puissant Seigneur, & il se montra dans le repentir aussi bas & inepte, qu'il avoit été outrageant & féroce dans le cours de ses exploits. Il se rendit, en 1181, dans la ville du Puy, & promit entre les mains de l'Evêque de Cahors & de quelques Chanoines de Brioude, qu'il feroit telle pénitence qu'il lui seroit imposée par le chapitre de cette ville. On croiroit qu'il va être condamné à dédommager, en quelque sorte, les peuples qu'il avoit assassinés, & dont il avoit volé ou incendié les maisons : les malheureux ne reçurent aucune satisfaction. L'orgueil & l'avidité du chapitre furent seuls satisfaits.

Le Vicomte de Polignac, conseillé par ses parens & par plusieurs hommes notables, vint à Brioude au mois de septembre de l'an 1181 (1),

___

(1) Le Commentateur de la coutume d'Auvergne parle à l'article de *Salequit*, de cet événement, & le place inconsidérément en 1201 : le Vicomte *Eracle* n'existoit plus alors; c'est un anachronisme qui est dé-

le troisième jour après la fête de Saint-Julien; il entra dans la ville les pieds nus, marcha jusqu'à la porte de l'église, & là il reçut humblement sur le dos une correction chrétienne qu'un préposé du chapitre lui administra à grands coups de verge. Après avoir subi cette pénitence, digne d'un Écolier, on lui permit d'entrer dans l'église, & il s'approcha, avec beaucoup d'humilité & de dévotion, de l'autel de Saint-Julien; puis on le conduisit au chapitre, où le Vicomte, pénitent & fouetté, se donna lui-même à tous les Chanoines; il leur donna de plus le château de *Cuffe*, toutes les terres & droits qu'il possédoit à *Salezuit*; & pour témoignage d'investiture, il laissa son gant. Le Prévôt du chapitre lui rendit aussi-tôt le château de Cuffe, à condition qu'aucun Vicomte de Polignac ses successeurs, ne pourroit l'aliéner, & il s'en réserva la seigneurie, de sorte que le Vicomte fut obligé de se reconnoître vassal des Chanoines de Saint-Julien.

Après la mort d'Éracle, son fils *Pons*, Vicomte de Polignac, sans doute indigné d'une absolution que le Clergé avoit vendue si chèrement à son père, & d'être le fils d'un pénitent fouetté par des Chanoines, renouvela la guerre contre eux; mais la paix fut bientôt faite par l'entremise du Dauphin d'Auvergne.

En 1210, cette ville fut prise sur le Comte

---

montré par l'acte même qui contient ces circonstances, & qui est rapporté deux fois par *Baluze*, dans les preuves de son *Histoire de la Maison d'Auvergne*.

d'Auvergne Gui II, par l'armée de Philippe
Auguste. *Guillaume Guyart*, dans sa *Branche des royaux lignages*, dit que les troupes de ce Roi mirent toute l'Auvergne

>A perte & à destruction,
>Clermont, Aquistrent & Riom,
>Brioude, le Puy, la Tourniole,
>Et tous les lieux qu'Auvergue acole.

Outre les ravages de la féodalité, les habitans de Brioude eurent encore à supporter ceux qui furent exercés par les ennemis de la France.

Les brigands, connus sous le nom de *Compagnies* ou de *Routiers*, presque tous composés de noblesse & de ce que la France contenoit de plus scélérat, qui, dans le quatorzième siècle, dévastèrent les Provinces par des meurtres & des pillages inouïs, portèrent, en 1361, la destruction en Auvergne. *Seguin de Badefol*, chef de ces brigands, qui se faisoit appeler *le Roi des compagnies*, vint, à la tête de trois mille combattans, assiéger la ville de Brioude, & s'en rendit maître ; il pilla les maisons, le trésor de l'église, en enleva les reliques, & après s'être fortifié dans cette place, il fit des courses sur les pays voisins. Il resta environ un an maître de Brioude, & n'en sortit que par le traité conclu à Clermont le 23 juillet 1362, entre le Maréchal d'Audeneham & le Comte de Trastamare d'une part, & les chefs des compagnies de l'autre ; lesquels s'engagèrent, moyennant rançon, à vider le pays, & à suivre le Comte de Trastamare en

Espagne, pour faire la guerre au Roi de Castille son frère. *Seguin de Badefol* reçut cent mille florins d'or pour abandonner Brioude & la France; on donna de plus cinquante-trois mille florins au Comte de Trastamare & aux Espagnols qui l'accompagnoient, afin qu'ils vidassent promptement le pays. Ces Espagnols, qui étoient venus demander du secours aux François, ravageoient & pilloient les provinces où ils passoient, tout comme les Routiers. D'après ces désordres, exercés également par des François & des Alliés, on peut juger dans quel état déplorable se trouvoient les habitans des campagnes & le peuple des villes.

Les chanoines, qui étoient les moins à plaindre de ceux qui avoient essuyé ces désastres, & les plus capables de les supporter, obtinrent cependant, du Roi Charles V, mille livres de dédommagement, & cette somme fut imposée sur les malheureux de la province. Le même Roi ordonna que le château de la ville seroit fortifié & remis en bon état, & une ordonnance du 6 mars 1367, rendue par le Bailli d'Auvergne, contraignit encore les habitans de Brioude aux frais de cette réparation. Que d'injustices & en même temps que de foiblesses!

L'opposition constante des Chanoines de Brioude à refuser aux habitans de la ville, des privilèges de commune & de consulat, tandis que tous les Seigneurs laïques & les Rois en avoient accordé à toutes les villes de leurs dépendances, caractérise ici, d'une manière peu avantageuse, l'esprit du Clergé.

Plusieurs Rois de France accordèrent successivement

vement aux habitans de cette ville, le droit de commune dont jouissoient toutes les villes de France. Les Chanoines-Comtes, à plusieurs reprises, sont parvenus, même dans ce siècle-ci, à faire révoquer les lettres du Souverain : mais les ténèbres sont dissipées, la liberté a enfin repris son énergie, & la verge féodale est rompue.

Cette ténacité déraisonnable, cette soif de dominer, chez des Chanoines, obligés, par les principes de leur état, à offrir constamment dans leur conduite des exemples d'humilité & d'abnégation, à renoncer à des prérogatives orgueilleuses, si contraires à l'esprit de l'Evangile ; prérogatives qu'ils ne doivent point à leur vertu, mais à l'aveuglement des siècles barbares & honteux où elles ont pris naissance.

Les tentatives des habitans, toujours éludées par les intrigues du chapitre, durent maintenir entre ces deux partis un esprit de discorde & de haîne. Lors des premiers progrès du calvinisme en France, les habitans en embrassèrent les principes. On sait que les désordres du Clergé contribuèrent beaucoup à propager ce schisme naissant.

Le 5 septembre 1562, le chapitre présenta au Parlement une requête dans laquelle il expose les inclinations des habitans à embrasser le nouveau schisme, & annonce qu'ils s'assemblent en armes, & menacent les Catholiques ; il ajoute dans cette requête, que les Chanoines s'étoient retirés dans la forteresse du palais, & que le Comte de Montmorin, Lieutenant Général de la province, leur avoit envoyé du secours. En effet, *Blacons*, Lieutenant du Baron *des Adrets*, venoit de prendre, au mois d'août 1562, l'abbaye de la Chaise-Dieu, qui est à cinq lieues de distance. Les Protestans de Brioude, persécutés par leurs concitoyens Catholiques, croyant, à la nouvelle de l'approche de l'armée de *Blacons*, que leurs maux alloient cesser, & que le temps de se venger arrivoit, firent quelques mouvemens pour faciliter la reddition de la ville au parti des réformés. Leur attente fut trompée; MM. de Montmorin, de Saint-Chaumont & de Saint-Vidal, vinrent arrêter les progrès de l'insurrection, & forcèrent Blacons & ses troupes à abandonner la Chaise-Dieu.

Le 19 octobre 1583, Brioude fut pris par le parti des Protestans: ils en furent bientôt bannis. Les Prêtres, étant tout-puissans dans cette ville, disposèrent les habitans à embrasser le parti de la Ligue; c'est pourquoi cette ville ne se trouve point parmi le petit nombre de celles qui soutinrent le parti d'Henri IV.

DESCRIPTION. La ville de Brioude est située dans un canton fort agréable; sans être percée régulièrement, elle est assez bien bâtie. Au milieu est une place vaste; quelques restes de ses anciens murs subsistent encore; ses fossés ont été comblés, & une partie, plantée d'arbres, a été convertie en promenades.

Cette ville renferme plusieurs églises; la principale est celle de la *collégiale de Saint-Julien*; elle n'est pas aussi magnifique qu'on auroit lieu de s'y attendre: ce qu'on voit de plus remarquable dans cet édifice, est le clocher, dont la flèche s'élève fort haut. L'intérieur offre une horloge, fabriquée par un nommé *Nourrisson*, Auvergnat, natif d'Ambert, qui a presque entièrement refait l'horloge de la cathédrale de Lyon. Le mécanisme de celle de Brioude est beaucoup moins considérable. On y voit une Mort qui ouvre une bouche effrayante; des Saints qui font la procession, des portes qui s'ouvrent & se ferment, & puis on entend sonner les heures.

On a vu dans le commencement de cet article, l'origine de cette église; parlons maintenant des progrès de sa richesse, de l'origine de sa noblesse, & du titre de *Comte* que les Chanoines prétendent justement posséder.

La fondation du chapitre remonte au neuvième siècle. Lorsque les Sarrasins eurent pillé & brûlé l'église de Saint-Julien, un Seigneur riche & dévot, nommé *Berenger*, fit, vers l'an 820, reconstruire l'église, & y établit cinquante quatre Chanoines, dont vingt devoient demeurer à Vitrac. Louis le Débonnaire confirma, en 826, cette fondation, en accordant au fondateur le *comté de Brioude*, & en donnant aux Chanoines & à leur Abbé, des biens considérables, avec le privilége de ne relever que du Roi; mais pour foi & hommage ils devoient chaque année envoyer au Monarque un cheval, un écu, & une lance.

Guillaume II, Comte d'Auvergne & Duc d'Aquitaine, pour préserver la collégiale de Saint-Julien des incursions des Normands, qui en 922, ravageoient la province, y institua, sans doute vers la même année, vingt-cinq

Chevaliers pour la défendre. Ces vingt-cinq gardes de l'églife « ont depuis été, dit Befly, convertis en Chanoines, felon un titre que le fieur Préfident Savaron m'a envoyé ». Befly ne rapporte point ce titre, il n'établit point à quelle époque cette inftitution militaire devint eccléfiaftique, ni comment des militaires furent métamorphofés en Chanoines; ainfi on ne peut rien dire de certain fur l'origine chevalerefque du Chapitre. Cet Hiftorien fe contente d'ajouter, « que Brioude eft le premier endroit où l'on peut remarquer un corps de fociété, ou compagnie de Chevaliers, ordonnée pour l'exaltation de la religion chrétienne; à l'exemple de quoi plufieurs Rois & Princes ont depuis inventé & bafty plufieurs ordres ».

Le Duc Guillaume, premier inftituteur de ce corps de chevalerie, mourut au mois de décembre 927; il fut, fuivant Befly, enterré dans l'églife de Saint-Julien. *Baluze* ne parle point de cette dernière circonftance.

Soit que les reliques de Saint-Julien excitaffent encore la dévotion des Seigneurs, foit que, le chapitre noble étant établi, ils cruffent que les prières des Prêtres nobles auroient plus d'efficacité auprès de Dieu, que celles des Prêtres roturiers, opinion bien digne de ces temps de barbarie, plufieurs particuliers riches & puiffans s'empreffèrent d'enrichir ce chapitre. Louis le Débonnaire, & Guillaume, Duc d'Aquitaine, avoient déjà donné beaucoup de biens à cette églife. En 961, *Raimond Ier*, Comte de Rouergue & Marquis de Gothie, dans fon teftament, qui contient un très-grand nombre de donations aux monastères & aux églises, légua à celle de Saint-Julien de Brioude plusieurs alleus ou fiefs. *Pons*, Comte de Gévaudan, lui donna, en 1011, l'église de Langeac, en Auvergne, quelques autres églises, & plusieurs droits lucratifs, *pour les ames* de ses parens. On ne peut assurer que les ames en faveur desquelles ces donations furent faites, en ressentirent l'influence; mais il est certain que le chapitre en devint beaucoup plus riche, beaucoup plus fier, & beaucoup plus entêté à n'admettre dans son sein que des Nobles, & à refuser constamment tous les autres particuliers qui avoient droit de prétendre à ces places: cet entêtement fut la cause de plusieurs procès dont on a vu des exemples jusques dans ce siècle-ci.

La noblesse de ce chapitre a été, pour la première fois, reconnue, en 1369, par un jugement du Bailli d'Auvergne, dans lequel on lit que, *SUIVANT LES STATUTS DU CHAPITRE, aucun qui voudra entrer en ladite compagnie dudit canonicat de Saint-Julien de Brioude, doit faire preuve de noblesse, d'Ecuyer, de nom & d'armes de quatre générations, le Recevant étant le cinquième degré, autant paternel que maternel, tant d'un côté que d'autre, sans qu'il puisse être reçu autrement.*

Il paroît par les expressions de ce jugement, qu'il n'y avoit rien de légalement arrêté sur l'exclusion des roturiers aux canonicats; que ce n'a été ni le vœu du fondateur ni celui des bienfaiteurs de l'églife, puifqu'on n'y réclame que les feuls *ftatuts du chapitre*; ftatuts qui, à cet égard, ne doivent avoir aucune force de loi (1).

Cherchons à quelle époque les Chanoines nobles ont commencé à être Seigneurs de la ville, & à prendre le titre de *Comtes*. Lorfque Louis le Débonnaire confirma, en 826, la fondation du chapitre de Saint-Julien, il accorda à *Berenger*, qui en étoit le fondateur, *le Comté de Brioude*; ce Comté paffa enfuite aux Comtes d'Auvergne. Robert II, Comte d'Auvergne & du Gévaudan, céda, vers la fin du onzième fiècle, à Dieu & à Saint-Julien martyr, des redevances auxquelles le chapitre étoit affujétti envers lui. Dans un autre acte, rapporté par Baluze, aux additions du premier livre des preuves de l'Hiftoire d'Auvergne, il menace de fa colère les laïques qui continueront de poffédér injuftement les biens de l'églife de Saint-Julien. Ces actes annoncent qu'il étoit Seigneur de Brioude. En 1165, le chapitre n'avoit pas entièrement la juftice de la ville, puifque

---

(1) Les biens d'églife étant des biens communs, les Chanoines n'étant que des ufufruitiers de ces biens, ils n'ont pas le droit d'exclure tels ou tels prétendans aux canonicats, ni de ftatuer au préjudice de ces prétendans; parce que *nul ne peut fe faire un titre à foi-même*. Il falloit que ce droit excluﬁf fût préalablement établi par la volonté expreffe du fondateur; il ne l'a point été. Les ftatuts du chapitre font fans force à cet égard, le jugement qui s'appuie fur eux eft mal fondé, & le prétendu droit d'exclure les Roturiers des canonicats, n'eft qu'un vieil abus.

Louis le Jeune étant à Brioude, les Chanoines lui demandèrent le privilège de n'avoir dans leur justice aucun Officier royal : ce Roi ne crut pas devoir leur refuser cette grace. Les Dauphins d'Auvergne qui avoient succédé, dans cette partie de la province, aux Comtes d'Auvergne, avoient à Brioude des propriétés seigneuriales. En 1223, *Dauphin* d'Auvergne, son fils & son petit-fils, cédèrent au chapitre plusieurs redevances qu'ils avoient coutume de percevoir dans la ville & dans le territoire de Brioude, lui abandonnèrent aussi la maison seigneuriale qu'ils possédoient dans ce lieu, appelée vulgairement le *palais comtal*, & ils permirent au chapitre d'y construire des tours, des murs, & telles fortifications qu'il jugeroit à propos. Ce ne peut être qu'à cette époque, c'est-à-dire, au treizième siècle, que les Chanoines de Saint-Julien de Brioude furent les seuls Seigneurs de la ville.

Ce qui peut concourir à constater la seigneurie des premiers Dauphins d'Auvergne sur la ville de Brioude, c'est l'usage où ils étoient de faire leur entrée solennelle dans cette ville ; ce droit honorifique devint, par un abus singulier, une servitude pour les Dauphins. Lorsqu'ils se furent successivement dépouillés, par dévotion, des prétentions qu'ils avoient sur la ville, ils ne purent plus y entrer sans une grande cérémonie. Ils devoient pompeusement se transporter à l'église de Saint-Julien, & puis donner un repas à tout le chapitre. Les nobles Chanoines tenoient beaucoup à ce repas ; car, en 1407, ils forcèrent *Beraud II*, Dauphin d'Auvergne & Seigneur de Mercœur, à reconnoître authentiquement qu'il étoit assujetti à cette singulière redevance. Louis de Bourbon, Dauphin d'Auvergne, ayant affaire dans la ville de Brioude, fut obligé de supplier le chapitre, par acte du 6 octobre 1428, de l'exempter de la cérémonie, *sans tirer à conséquence* pour l'avenir.

La dénomination de *Comtes* que prennent les Chanoines nobles de Saint-Julien, parce qu'ils remplacent l'ancien Comte de la ville, n'a pas plus de deux siècles d'ancienneté.

Le chapitre est divisé en trois hiérarchies; la première est composée de vingt-deux *Chanoines-Comtes*, desquels sont le Prévôt & le Doyen (1); la seconde est de douze *Chanoines sacerdotaux* ou *hebdomadiers*, & d'un Aumônier; & la troisième de dix *Chanoines sémi-prébendés*. Tout l'honorifique appartient aux Chanoines-Comtes, & les autres qui sont indignes de porter un ruban de couleur & une croix émaillée, sont chargés *du soin de louer Dieu*.

Les Chanoines-Comtes se sont toujours distingués par une scrupuleuse exactitude à n'admettre parmi eux des sujets nobles de quatre générations paternelles & maternelles, sans compter le degré du Candidat.

L'ajustement & la décoration qui les distin-

---

(1) Le plus ancien & le plus célèbre des Chanoines-Comtes, qui existent aujourd'hui, est le Cardinal de *Bernis*, Ministre du Roi à Rome, & l'un des quarante de l'Académie Françoise; c'est, dit-on, à Brioude qu'il a composé une partie de ses poésies aimables & voluptueuses.

guent, leur ont été accordés par Louis XV le 9 juin 1772. Ils portent une croix d'or à huit pointes, émaillée & furmontée d'une couronne de Comte. D'un côté, eft l'image de Saint-Julien, avec cette légende: *Ecclefia Comitum Brivatenfium*, & de l'autre eft Saint-Louis, avec ces mots: *Ludovicus decimus quintus inftituit*; cette croix eft fufpendue à un ruban bleu avec un liferé couleur de feu.

Les Chanoines ont le droit d'officier avec la croffe & la mitre, & de porter l'habit violet. C'eft un droit bien flatteur pour ceux qui croient que tel ajuftement, telle couleur rendent un homme plus refpectable (1).

Le chapitre eft exempt de la juridiction épifcopale, & foumis directement au faint fiège. Le Roi eft le premier Chanoine de ce chapitre. Charles V ayant fait un vœu à Saint-Julien, pour le Dauphin fon fils, chargea, en 1370, *Jean de Meillon*, Evêque de Clermont, de l'accomplir. Ce Prélat dépofa, fur le tombeau de Saint-Julien, le manteau du jeune Prince, avec fon chapeau garni de perles, de fleurs de lis & de dauphins. Ces morceaux précieux font encore conservés dans le tréfor du chapitre.

Le Dauphin étant devenu Roi fous le nom

---

(1) Donner des décorations à des hommes qui n'ont que le mérite d'être les fils de leur pere, & d'avoir le plus adroitement intrigué pour obtenir leurs places, c'eft folennifer de vieilles chimères, c'eft protéger l'intrigue, c'eft proftituer les décorations, c'eft méprifer les vertus & infulter à la raifon.

de *Charles VI*, vint lui-même acquitter son vœu. Le chapitre le reçut comme son premier Chanoine, lui présenta des habits sacerdotaux, avec lesquels ce Roi assista au chœur pendant le service divin. Après avoir fait sa prière à Saint-Julien, il se rendit en la salle capitulaire, confirma les privilèges du chapitre, & lui fit présent de deux ornemens de draps d'or.

Plusieurs Rois ont séjourné à Brioude, & les Chanoines ont toujours profité de la circonstance pour leur faire confirmer leurs privilèges, & quelquefois pour en obtenir de nouveaux.

Le chapitre nomme à tous les bénéfices, à l'exception des deux dignités de *Prévôt* & de *Doyen*, qui sont à la nomination du Roi depuis l'union de l'abbaye de *Charroux*, accordée par Sa Majesté audit chapitre (1).

---

(1) *Charroux* est en Poitou, nous en avons parlé tom. IV de cet Ouvrage. Avant cette réunion, les Chanoines nobles étoient au nombre de trente-huit; depuis, ils ont été réduits à vingt-deux. Pour engager le Roi à consentir à cette réunion & à cette réduction, qui accroissent considérablement leurs revenus, les Chanoines ont concédé à Sa Majesté le droit de nommer les deux premiers bénéfices. De cet arrangement il résulte deux attentats au bien général. 1°. Les nominations des deux dignitaires n'étant point faites par le chapitre, mais par le Roi, deviennent le plus souvent le fruit de l'intrigue & de la bassesse, & par conséquent très-vicieuses; 2°. les biens qui suffisoient à plus de soixante Chanoines, n'en nourrissent plus que trente-deux, & leur procure une abondance toute opposée à l'esprit de leur état.

Les Cordeliers de cette ville ont été fondés dès les commencemens de l'ordre de Saint-François ; ils existoient dans cette ville en 1299. On voit dans leur église, près du maître-autel, du côté de l'évangile, le magnifique tombeau de *Robert Dauphin*, Evêque de Chartres & d'Alby ; ce fut lui qui fit bâtir le chœur. Ce Prélat, après avoir long-temps plaidé pour conserver son évêché d'Alby, qu'on lui disputoit, mourut en 1461 ; il n'avoit pas plus l'esprit de son état que la plupart des autres Evêques de son temps : ses longs procès pour 'évêché d'Alby en sont la preuve. Il ne doit pas non plus être cité comme un modèle de continence ; car il est prouvé qu'il eut deux enfans naturels, l'un appelé *Jean*, & l'autre *Robert*, que le Roi Charles VII légitima par lettres données à la Guierche en Touraine, au mois de mai 1451.

Ce Prélat étoit fils de *Beraud II*, Dauphin d'Auvergne & Seigneur de Mercœur, qui fut un des plus grands Capitaines de son temps.

Les Minimes ont été fondés, en 1608, par le chapitre de Brioude, dans le faubourg de *Saint-Ferréol*, où il y avoit autrefois des Prêtres chorriers de Saint-Julien.

Cette ville a quatre paroisses ; on y trouve aussi plusieurs autres communautés religieuses des deux sexes. Telles sont celles des *Capucins*, des *Religieuses de Fontevrault*, des *Religieuses de Notre-Dame*, des filles *de la Visitation*, & des filles *de la Croix*.

Il y a aussi un *collège* professé par des Prêtres de la congrégation du Saint Sacrement, un *hôpital*, dont la fondation est attribuée à Saint-Robert, qui vivoit au onzième siècle; on y a réuni depuis peu l'ancienne maladrerie de la Baghasse.

Quoique la justice de la ville & de la banlieue appartienne au chapitre, le Doyen, le Prévôt & le Commandeur de *Saint-Jean* de cette ville ont chacun une justice particulière dans des quartiers particuliers.

Un événement singulier, qui peut servir à la peinture des mœurs du quatorzième siècle, doit être rapporté ici. Une jeune dévote nommée *Jacquette Fernol*, voulant fuir le monde & embrasser la vie érémitique, se retira dans un hermitage près de Brioude; le Curé de Saint-Piejet la mit en possession du terrain qu'elle avoit choisi pour y construire son hermitage: il croyoit en avoir le droit; mais le Doyen le lui disputa, parce que le terrain de l'hermitage étoit dans l'étendue de sa justice. Pour terminer les dissentions que fit naître cette affaire, le Doyen déclara, par un acte formel de l'an 1383, que cette zélée recluse étoit sa femme. *Donataria & femina ipsius domini Decani* (1).

Brioude a donné naissance au brave & sage

---

(1) Le noble chapitre de Brioude n'a pas toujours, comme on le pense bien, mené une conduite très-respectable. Dans le onzième siècle, plusieurs Chanoines furent accusés de s'enrichir, de concert avec quelques habitans, par des usures excessives. Le Pape Alexandre II prescrivit au chapitre de faire cesser ces abus, & de punir les coupables.

Marquis de *la Fayette*, aujourd'hui Commandant général de la Milice parisienne.

ENVIRONS. Les environs de Brioude offrent aux Amateurs d'Histoire Naturelle quelques objets intéressans. Dans la paroisse de *Lubilhac*, qui est entre Brioude & Massiac, on trouve dans du granit commun, des filons d'antimoine; on en trouve aussi au dessus de *Vieille-Brioude*. ces filons sont irréguliers, & existent la plupart dans les fentes du rocher.

La mine de *Saint-Ilpise* qui est à deux lieues & demie de Brioude, offre, dans les filons les plus réguliers, une mauvaise sorte de spath pesant.

La plaine où est située Brioude est magnifique; si elle n'est pas une des plus fertiles, elle est au moins une des plus agréables & des plus vastes de la Limagne. L'Allier, & plusieurs ruisseaux qui viennent s'y jeter, en font le principal agrément; les montagnes qui sont au delà de cette rivière, bornent la plaine, & offrent des côteaux ondulés, composés de terres sablonneuses & graveleuses, mêlées de terres ocracées & argileuses, rougeâtres, qui proviennent en grande partie des débris de volcan. Depuis Saint-Ilpise jusqu'à Brioude, l'Allier est bordé des deux parts de côteaux chargés de vignobles; mais le vin qu'ils produisent n'est pas d'une bonne qualité.

L'Allier coule à une demi-lieue de Brioude. On avoit construit, pour la seconde fois, il y a environ une quinzaine d'années, au lieu appelé *la Baghasse*, où passe la grande route, un pont en pierre que l'eau a emporté de nouveau; on s'occupe aujourd'hui à le rétablir plus solidement, & les travaux sont presque achevés.

VIEILLE-BRIOUDE est un bourg situé sur la rive gauche de l'Allier, au sud & à une petite lieue de la ville de Brioude.

On a agité la question de savoir si c'est dans ce lieu que Saint-Julien reçut le martyre & fut enterré, & si c'est à ce lieu plutôt qu'à la la ville de Brioude que l'on doit attribuer ces deux vers de Sidoine Appolinaire :

*Hinc te suspiciet benigna Brivas,
Sancti quæ fovet ossa Juliani.*

Le Père *Sirmond* & le Président *Savaron* s'accordent à croire que ce lieu tant révéré par Grégoire de Tours, est Vieille-Brioude; d'autres soutiennent que ce lieu est au contraire la ville de Brioude. Je crois qu'on peut facilement concilier ces deux opinions. L'ancien *Brivas* étoit *Vieille-Brioude*; son nom *Brivas*, qui signifie un lieu situé sur le bord d'une rivière, à l'endroit d'un passage ou d'un pont, convient mieux au bourg de Vieille-Brioude, qui est précisément bâti sur les bords de l'Allier, qu'à la ville de Brioude, qui est éloignée d'une demi-lieue de cette rivière; d'ailleurs le prénom *Vieille*, de Vieille-Brioude, atteste une existence antérieure à celle de la ville. Ainsi, on peut présumer que ce fut à Vieille-Brioude que Saint-Julien fut martyrisé & enterré; que l'église ayant été ruinée par les Sarrasins,

Berenger, vers l'an 820, fonda, dans l'endroit où est aujourd'hui placée la ville de Brioude, & sans doute sur un terrain qui lui appartenoit, une nouvelle église plus vaste & moins exposée aux ravages des brigands étrangers, étant plus éloignée de la rivière, dont les bords étoient leur route la plus ordinaire ; il y établit des Chanoines qui durent, à cette époque, transporter les reliques de Saint-Julien dans la nouvelle église. Cette nouvelle Brioude fut distinguée par le nom qu'elle a porté long-temps de *Brioude-l'Eglise*, & l'ancienne Brioude abandonnée reçut naturellement celui de *Vieille-Brioude*.

Dans les commencemens de la monarchie, ce bourg fut le siège d'une viguerie royale ; elle fit ensuite partie du domaine des Dauphins d'Auvergne, & fait encore partie du Dauphiné. M. le Duc d'Orléans, en 1789, a transmis à M. le Comte de Barentin la terre de Vieille-Brioude, moyennant une redevance.

Il y a dans ce bourg une maison de Chanoines réguliers de la Congrégation de France ; la cure qui en dépend est à la nomination de l'Abbé de Pebrac.

Vieille-Brioude est remarquable par un pont fort curieux & qui paroît antique. Ce pont est sur l'Allier, & n'a qu'une seule arche ; cette arche, étonnante par sa hauteur, par son étendue, embrasse toute la largeur de la rivière, & porte sur deux rochers placés sur ses bords. Elle est à plein cintre ; sa hauteur, depuis le niveau de l'eau jusqu'au point le plus élevé de la voûte, est de quatre vingt-quatre pieds. L'ouverture du cintre, c'est-à-dire, la distance d'un côté de la naissance de l'arc à l'autre, est de cent quatre-vingt-quinze pieds : c'est, sans contredit, l'arche la plus vaste que l'on connoisse.

La largeur de ce pont ne répond point à l'énorme dimension de la longueur de l'arche qui le forme ; cette largeur est de quatorze pieds, ainsi que les culées ; les deux arêtes du cintre forment chacune un bandeau, qui est en pierres de taille, & le reste est en moellons.

Ce pont n'est point pavé, & la crête de la voûte paroît à nu : les voitures ne peuvent point passer dessus, mais les chevaux & les gens à pied y passent. Malgré l'état d'abandon où se trouve cette construction vraiment merveilleuse, elle paroît très-solide, & promet de durer encore plusieurs siècles.

On a remarqué que lorsque deux personnes sont placées sous le pont, aux deux extrémités de l'arc, en se parlant assez bas, elles s'entendent fort bien. Ce phénomène n'est pas nouveau, & plusieurs bâtimens en offrent l'exemple ; mais il est rare d'en faire l'expérience à une si grande distance.

Ce pont, que le Père Montfaucon a fait graver, a été regardé comme un ouvrage des Romains ; sa forme cintrée & sa construction semblent confirmer cette opinion ; cependant on assure que c'est-là une construction du quinzième siècle ; on dit même qu'on a découvert dans les archives de la seigneurie, le prix fait, qui témoigne qu'il a été construit en 1454, & qu'il a coûté trois cents écus d'or.

Il existe dans le voisinage d'autres ponts construits de la même manière, mais dont l'arc n'est pas aussi étendu ; tel est celui de la *Baghasse*, sur la rivière de Senoire, à une demi-lieue de Brioude, & à peu près à la même distance de Vieille-Brioude.

AMBERT.

Ville très-commerçante, chef-lieu du pays appelé *Livradois*, située sur la rive droite de la Dore, à quatorze lieues de Clermont, à treize du Puy en Vélai, & à neuf de Thiers.

Cette ville n'est pas fort ancienne, & ne doit sa richesse & sa population qu'à ses manufactures. Elle reçut, en 1239, des privilèges, le droit de commune & de consulat, de Guillaume de *Baffie*, son Seigneur. Eléonore de Baffie, son héritière, porta *le Livradois*, dont *Ambert* est le chef-lieu, dans la Maison d'Auvergne, par son mariage avec *Robert V*, Comte d'Auvergne & de Boulogne.

Jean II, Comte d'Auvergne & de Boulogne, surnommé *le Mauvais mesnagier*, parce qu'il vendoit & dissipoit une partie de ses biens, vendit, en 1385, le Livradois & Ambert à *Morinot de Tourzel*.

Jean II avoit un esprit foible, & se laissoit conduire par des courtisans vicieux, qui, en favorisant & excitant son goût pour la débauche, le dépouilloient de ses biens. Cette foiblesse d'esprit est attribuée, avec assez de fondement, à un poison violent qu'on lui avoit fait prendre à Avignon en 1384. Le Cardinal de Saint-Martial invita ce jeune Prince à dîner. *Rai-*

mond de *Turenne*, son beau-frère, qui assistoit à ce repas, fut accusé d'avoir lui-même apprêté le poison : les effets en furent violens. Vingt-sept Médecins, tant de Montpellier que d'Avignon, furent appelés pour le secourir; ils firent rendre au malade le poison qu'il avoit pris; mais il avoit séjourné trop de temps pour ne pas causer de grands ravages; son cerveau en fut affoibli, les cheveux & les ongles des pieds & des mains lui tombèrent, & pendant toute sa vie il en fut affecté.

Dans un factum présenté à la cour du Parlement, en 1483, par *Anne de Beaufort de Canillac*, veuve de *Godefroi de la Tour*, elle réclame contre la vente du *Livradois*, faite par *Jean II* à *Morinot de Tourzel*; les moyens que cette Dame fait valoir pour annuller cette vente, sont assez singuliers pour être rapportés.

Elle commence par déclarer que le Comte *Jean II* étoit *bien simple & légier, & ne tenoit pas grand compte de ses besoingnes*, qu'il étoit *de soi & de sa condition très-simple, nonchalant, & de petit gouvernement, légier à donner & despendre* (dépenser) *le sien, sans cause, & légier à séduire & decevoir*.

La plupart des Gentilshommes qui étoient à son service, *donnez à déliz & à dissolutions, le mirent à mener vie dissolue, tant de bouche que de femmes, que de folles despences & autrement, quoi que soit, lui accordèrent toutes ses volontés, délits & dissolutions, &c.*

Un Gentilhomme nommé *Aubert de Puychalin* fut sur-tout accusé de disposer absolument de la volonté du Comte, & d'employer des moyens surnaturels & magiques pour se rendre entièrement le maître de son esprit. La sœur de ce *Puychalin*, Religieuse à *Esteil*, étoit fort liée avec une sorcière de ce temps-là, nommée *Blanche de Paulet*, qui *fit certaines sorceries audit Monsieur Jean, pour le tenir, comme ils disoient, allié en amour audit Messire Aubert de Puychalin*. Notre sorcière cueillit certaines herbes, & entre autres y avoit de la prévanche, & mit de l'encens, du cresme, & mist & brouilla tout ensemble, & fit faire un brevet qu'elle mist avec, & y avoit audit brevet :

Pour ce te donne la prévanche,
Que mon amour la tienne venche.

Ces deux vers & la mixtion magique furent placés en différens endroits. On en mit *dans les raubes dudit Monsieur Jean, entre paus & drapt,* on en *fit coudre dedans sa manche & ailleurs sur lui, en son lit, & en sa chambre, & en autres lieux près de lui,* où il avoit accoutumé de fréquenter.

La sorcière fut soupçonnée, & prise par la justice de Montboissier, & en son procès confessa toutes les choses dessusdites & autres ; pourquoy elle fut baillée aux gens de l'Evêque de Clermont.

Morinot de Tourzel (1) profita de l'empire

---

(1) *Morinot de Tourzel*, Seigneur d'Alègre, suivant le factum déjà cité, n'étoit pas de grand lieu,

que ce jeune Prince laissoit prendre sur lui, pour se faire donner, par le moyen de ses domestiques ou Gentilshommes, plusieurs terres; il en acheta quelques-unes à très-vil prix, & surtout la ville d'Ambert & le Livradois. Cette terre considérable ne lui couta que vingt-cinq mille francs; mais pour que les parens du Comte ne réclamassent point contre une vente si usuraire, il fit mettre dans le contrat trente-cinq mille francs. Cette terre, qui comprenoit *Ambert*, *Riolz*, *Viverols*, *Baffie*, & plusieurs autres bourgs & villages, fut alors estimée, sans y comprendre les châteaux & autres maisons, à cent mille ou à cent-vingt mille francs. La veille du contrat, un Seigneur de *Montmorin*, complice de cette trahison, s'entendit avec *Morinot* pour enivrer le Comte d'Auvergne; ils le firent coucher avec eux dans le même

---

mais de commun état de simple Gentilhomme. Il paroit même que ce simple Gentilhomme étoit l'humble & très-complaisant serviteur du Duc de Berri, & qu'il dut à la protection de ce Prince une partie de ses richesses & de son pouvoir; c'est au moins ce qu'on lui reproche dans ce factum. Ce *Morinot de Tourzel* a été la tige des derniers Seigneurs d'Alègre, qui se sont distingués dans les guerres d'Italie, sous les règnes de Louis XII & de François Ier. Ils ont été célèbres sous les règnes d'Henri III & d'Henri IV, par les duels fréquens qu'ils eurent successivement avec les Seigneurs de la Maison de *Duprat*, dont ils étoient alliés. En 1592, *Christophe d'Alègre*, sous prétexte de venir saluer *François de Montmorenci du Hallot*, le poignarda en l'embrassant. Ces d'Alègres étoient autrefois connus en Auvergne par leurs cruautés & leurs brigandages. (Voyez *Issoire*.)

fit, & ils empêchèrent que toutes autres personnes que celles qui leur étoient dévouées, ne parvinssent jusqu'à lui. Cette vente frauduleuse fut cassée, & déclarée nulle, par un arrêt du 16 mai 1483, qui fut suivi d'un autre arrêt confirmatif du 5 juin 1489.

Le pays de Livradois & la ville d'Ambert passèrent à la Maison de Chalençon de *Rochebaron*, ensuite à celle de la *Rochefoucauld de Langeac*, puis à celle de *Moras* : aujourd'hui elle appartient à M. le Comte de *Merle*, Maréchal de Camp, par son mariage avec N. de *Moras*.

Le Capitaine *Merle*, fils d'un Cardeur de laine d'Uzez, comme le dit M. de Thou, qui, par des coups de mains, qui tiennent plus du brigand que du guerrier, parvint, dans des temps de troubles, à s'enrichir, à devenir *Baron de Salavas*, & à laisser une postérité de Nobles, après avoir fait plusieurs expéditions en Auvergne, & notamment à Yssoire, revint dans cette province, en 1577, lorsque les troubles se renouvelèrent. Il partit d'Uzez à la fin de janvier, prit le château de Peyre, celui de Malzieu, & s'avança près d'Yssoire. Favorisé par la garnison de cette ville, qui étoit commandée par *Chavagnac*, il vint mettre le siège devant *Ambert*. Il prit d'abord les châteaux voisins *du Lac* & de *Novacelle*; puis ayant brisé les portes de la ville par le moyen des pétards, il s'en rendit maître le 15 février; de là il faisoit, sur les pays voisins, une infinité de courses. Le 22 du même mois, ses troupes prirent le bourg de *Marsac* en

Livradois, situé à une lieue & demie d'Ambert. Ce bourg avoit été saccagé l'année précédente ; ils le pillèrent de nouveau, brûlèrent la maison du Marguillier, firent plusieurs habitans prisonniers, & emmenèrent leurs bestiaux, & quelques temps après mirent le feu à un faubourg.

Le Comte de *Montmorin*, Gouverneur de la province, & quelques Seigneurs du parti Catholique s'armèrent pour donner la chasse à Merle. Le Comte de *Montmorin* assiégea le château *du Lac*, & le prit, le lundi de Pâques, après l'avoir battu de cent coups de canon. Pendant ce siège, le Comte de *Martinenge* assiégeoit Ambert ; il donna plusieurs assauts, & quoique la place fût mal fortifiée, elle étoit bien défendue par le Capitaine *Merle*, qui soutint vigoureusement ces attaques, & força Martinenge de se retirer avec perte considérable d'hommes & de munitions. *Merle* ne fut pas aussi heureux à *Marsac*, & quoiqu'il eût joint ses forces à celles du Comte de *Chavagnac*, il fut mis en déroute avec perte de trois cents hommes ; mais il n'abandonna ce lieu qu'après avoir fait brûler cent vingt maisons. Peu de temps après cette affaire, le 25 avril suivant, ayant appris que le Duc d'Alençon, frère du Roi, marchoit en Auvergne, & se disposoit, avec une armée formidable, à assiéger Ambert, il trouva cette ville trop affoiblie par le dernier siège, & ses murs trop endommagés pour qu'elle pût résister à des forces si considérables ; il l'abandonna, & fit transporter les munitions qui s'y trouvoient, dans Yſſoire, où il jeta en même temps un grand nombre de ſoldats, ſans leſquels, dit-on, cette ville n'auroit pu réſiſter aux troupes du Duc d'Alençon. (Voyez *Yſſoire*, page 333.) Après que l'armée de ce Prince eut pris Yſſoire, elle marcha vers Ambert, dont les habitans ſe rendirent ſans réſiſtance.

DESCRIPTION. La ville, bâtie dans la plaine agréable & aſſez fertile du Livradois, eſt dédommagée, par la beauté de ſes environs, du peu d'agrément qu'elle offre dans ſon intérieur; elle eſt mal percée, & les rues en ſont étroites; on y rencontre cependant des maiſons commodes & bien bâties; il s'y trouve quelques maiſons religieuſes & un Hôtel-Dieu; l'édifice le plus remarquable eſt celui de l'égliſe de *Saint-Jean*.

Saint-Jean eſt une égliſe paroiſſiale deſſervie par une nombreuſe communauté de Prêtres. Cette égliſe eſt admirée par ſa conſtruction ſimple & ſolide; les pierres de taille qu'on y a employées ſont de granit, dont la plupart des maiſons de la ville ſont bâties; la carrière la plus eſtimée d'où l'on tire cette pierre, eſt au lieu de *Tari*.

Le clocher eſt remarquable par ſon élévation; il préſente d'abord une tour carrée qui renferme les cloches; au deſſus s'élève une autre tour ronde qui eſt terminée par l'horloge.

Le commerce & les fabriques ſont ce qu'Ambert offre de plus intéreſſant. Les papeteries ne ſont point établies dans la ville, mais elles ſont répandues dans les environs depuis une demi-lieue juſqu'à une lieue de diſtance. Le ruisseau de *Taboulet*, celui de *la Forie*, & celui de *Chadernolle*, offrent dans leur cours un grand nombre de ces fabriques.

Les papiers qui en sortent sont généralement destinés à l'impression en taille-douce, & au papier appelé *serpente*, qu'on emploie le plus ordinairement pour les éventails.

Les papiers les plus estimés sont ceux qui sortent des fabriques de MM. *Tamisier* (1), & de celles de M. *Dupuy* de *la Grandrive*; ce sont les seuls employés pour les gravures recherchées.

L'Angleterre tire beaucoup de papier d'Ambert. On en transporte à Lyon, à Genève & à Paris (2). Ce commerce peut aller à sept à huit cent mille livres par an.

Il se fait encore dans cette ville un commerce considérable de *camelots*, fabriqués dans les environs, & sur-tout au lieu de *Cunlhac*.

On fabrique aussi dans cette ville des *étamines* pour passer la farine, &c.; des *jarretières* en fil, en laine & coton; des *lacets*, des *rubans* de fil & laine que l'on envoie en Italie, en Espagne, & jusqu'en Amérique. On tire d'Allemagne des rubans de fil blancs & rayés, pour assortir les envois qu'on fait de

---

(1) Depuis quelque temps le feu a consumé les fabriques de MM. *Tamisier*; ce malheur a suspendu leur commerce, mais ne l'a pas détruit.

(2) M. Vimal, tient à Paris, rue Hautefeuille, un magasin considérable des plus beaux papiers d'Ambert.

cette marchandise. Il y a aussi dans cette ville des manufactures d'*épingles* & d'*aiguilles*, mais dans le genre commun.

Ambert doit une partie de son commerce & de ses embellissemens à deux citoyens respectables dont la mémoire mérite d'être conservée; l'un est M. *Flouvat*, qui, vers le milieu de ce siècle, a introduit dans cette ville des fabriques de boutons ouvrés à l'aiguille, de gances, de cordonnets & de jarretières. Pour parvenir à faire adopter à ses concitoyens cette nouvelle branche d'industrie qui répand l'activité & l'aisance dans une classe nombreuse de citoyens, & même dans la campagne; pour parvenir à lui donner une consistance durable, il a fallu à M. *Flouvat* beaucoup de zèle, de désintéressement & de persévérance.

L'autre citoyen est M. *Madur Dulac*, Bailli d'Ambert, mort depuis quelques années; c'est à son zèle, à ses soins, & en partie à ses frais, que la ville doit ses embellissemens, ses promenades, ses plantations, & plusieurs établissemens utiles.

Ce qui donne plus de prix à ces bienfaits, & ce qui peint d'un seul trait le caractère des habitans de cette ville, c'est que ces deux bons citoyens savoient qu'ils ne seroient point payés de reconnoissance; on a regardé leurs généreux sacrifices de soins & d'intérêts, comme l'effet d'une imagination déréglée, comme une folie.

Ambert est situé auprès de la chaîne des montagnes granitiques, qui sépare l'Auvergne du Forez ; les maisons, comme nous l'avons dit, sont bâties, & les rues pavées de granit.

Environs. Arlanc est une petite ville située sur les bords de la petite rivière de Dolore, & à peu de distance de la Dore, & au sud & à trois lieues & demie d'Ambert ; on y fabrique beaucoup de dentelles.

Le *bourg d'Arlanc* est un lieu séparé d'environ quatre cents toises de la ville, & situé sur la même rivière ; c'est dans ce bourg qu'est l'église paroissiale, la seule du bourg & de la ville.

Livradois. Tout le bassin formé par la Dore, depuis & au dessus d'Arlanc jusqu'aux environs de la Tour-Goyon, située au dessous d'Ambert, dans une distance d'environ quatre lieues & demie, compose le pays appelé *Livradois*, dont *Ambert* est, comme nous l'avons dit, la capitale. On prétend que ce pays étoit autrefois couvert des eaux d'un lac nourri par la rivière de Dore ; qu'un rocher énorme, situé près de la Tour-Goyon, servoit de digue à ces eaux. Ce rocher fut coupé, les eaux s'écoulèrent ; le lac fut à sec, & il ne resta au fond que le courant de la Dore ; & c'est, dit-on, à cause des eaux dont ce pays fut alors délivré, qu'il porte le nom Livradois, sans doute de *Liberatus*.

Aucun monument historique ne constate cet événement, le souvenir en a été seulement conservé par la tradition orale ; il est certain qu'il est antérieur au douzième siècle, puisque ce pays portoit alors le nom de *Livradois*.

LA CHAISE-DIEU.

Petite ville, avec une célèbre & très-riche abbaye, de l'ordre de Saint-Benoît, située au sud-est, & à neuf lieues d'Yssoire, à cinq lieues de Brioude, & à six lieues d'Ambert.

Cette ville doit son origine au monastère qui fut fondé vers le milieu du onzième siècle.

Robert, quoique Chanoine & Trésorier du chapitre de Brioude, quoiqu'issu des Comtes de Poitou, se dépouilla de ces frivoles dignités, & préféra la retraite aux vanités du monde. Deux Chanoines de l'église du Vélai, nommés l'un *Arbert*, l'autre *Rostaing*, lui cédèrent, en 1043, un terrain inculte & désert. *Robert* y jeta les fondemens d'un monastère, y bâtit une église, & plusieurs dévots l'accompagnèrent dans cette retraite. Cet établissement, qui reçut dès son origine la dévote dénomination de *casa Deï*, c'est-à-dire, maison de Dieu, prenoit déjà de la consistance, lorsque huit ans après, le 20 septembre 1051, le Roi Henri Ier, sur la recommandation de *Rancon*, Evêque de Clermont, lui permit, par une charte, d'ériger ce monastère en abbaye. Le même Evêque de Clermont donna à cette nouvelle abbaye plusieurs églises & possessions, & ces donations furent confirmées par le Pape Léon IX.

L'Abbé Robert mourut en 1067, avec une si grande réputation de sainteté, que pour capter sa bienveillance, plusieurs Princes & Seigneurs s'empressèrent d'enrichir son abbaye.

En 1092, *Raimond de Saint-Gilles*, après la mort de son frere Guillaume IV, Comte de Toulouse, éprouva de la part des Toulousains des difficultés pour être reconnu successeur de son frère. Un Ecrivain du douzième siècle rapporte que ce Prince, tourmenté par l'incertitude de sa situation, se rendit, accompagné d'un seul domestique, à l'abbaye de la Chaise-Dieu ; étant entré dans l'église, & s'étant mis en prières devant le tombeau de Saint-Robert, il lui exposa la cruelle alternative où il se trouvoit ; il lui parla long-temps avec tout le respect & toute la confiance qu'un protégé accorderoit à son plus puissant protecteur : le Saint ne répondit rien.

Le lendemain de grand matin, il fit célébrer une messe, puis il fit hommage à Saint-Robert, en prenant son épée de dessus l'autel, & protestant qu'il ne tiendroit que de lui, le Comté de Toulouse, si Dieu lui faisoit la grace de l'obtenir par son intercession. Les désirs de Raimond furent bientôt accomplis ; à peine fut-il parti de la Chaise-Dieu, & arrivé dans ses terres, que les peuples le reconnurent, sans difficulté, pour Comte de Toulouse. Le même Ecrivain assure qu'il conserva depuis une grande vénération pour Saint-Robert.

Ce même Comte de Toulouse, qui se distingua dans les Croisades, & qui est tant célébré dans *la Jérusalem délivrée* du Tasse, avant son départ pour la Palestine, qui eut lieu en 1099, vint à la Chaise-Dieu visiter le tombeau de Saint-Robert. Il demanda la faveur d'emporter avec lui la tasse dans laquelle le saint Abbé avoit accoutumé de boire; il la conserva toujours sur lui pendant la guerre qu'il soutint dans la Terre-Sainte. Quelques jours avant sa mort, arrivée en Orient au mois de février 1105, il chargea *Arbert*, moine de la Chaise-Dieu, qui l'avoit suivi, de rapporter cette précieuse relique dans l'abbaye, à laquelle il fit en mourant de magnifiques présens; cette tasse est encore conservée dans le trésor de cette église.

Cette abbaye eut plusieurs procès, plusieurs dissentions violentes à soutenir à cause des donations trop considérables que de riches dévots lui faisoient continuellement.

DESCRIPTION. *Pierre Roger*, natif du Limosin, Docteur de Paris, Religieux de la Chaise-Dieu, puis Archevêque de Rouen, enfin élu Pape en 1342, sous le nom de *Clément VI*, fut le bienfaiteur de cette abbaye; il y fit bâtir la magnifique église qu'on voit aujourd'hui.

Cette église est un des beaux édifices du quatorzième siècle, & une des plus belles églises d'Auvergne.

Le chœur a cent pieds de longueur depuis l'entrée jusqu'à la balustrade du sanctuaire, il est bordé de cent cinquante-six stalles. L'espace qu'elles laissent au milieu est de vingt-cinq pieds; ce chœur est justement regardé comme le plus beau qu'il y ait en France.

Jacques de Sénecterre, dernier Abbé titulaire de cette abbaye, donna, en 1518, les curieuses tapisseries qu'on y voit; il lui fit plusieurs autres dons considérables, parmi lesquels on remarque un ornement complet, formé de quatre-vingt six aunes de velours noir, à larmes de velours blanc, dont le prix monta, avec tous les assortimens, à treize cent quarante-neuf livres dix sous. Cet Abbé est enterré dans le chœur devant les degrés du maître-autel.

Au milieu du chœur est le tombeau du Pape *Clément VI*, qui fit bâtir l'église. Ce tombeau est en marbre noir. On a dit que les Calvinistes, lorsqu'ils prirent la Chaise-Dieu, en 1562, violèrent le tombeau de ce Pape, & que le Marquis de *Curton*, qui étoit leur chef, prit la tête de ce Pontife, & fit boire ses gens dans son crâne, afin, disoit-il, qu'ils pussent se vanter d'avoir bu dans la tête d'un Pape; on a ajouté, que celui qui fit cette espèce de profanation, *devint enragé, & fut attaché avec des crampons de fer qu'on montre encore à la Chaise-Dieu*. Cette tradition, qui est un de ces mensonges inventés par les Catholiques pour rendre les Protestans plus odieux, est démentie par les Historiens les plus respectables, & par des faits auxquels on ne peut pas répliquer. Ce n'est point le Marquis de *Curton* qui commandoit alors les troupes du parti Protestant, comme nous le dirons ci-après; le tombeau ne fut point violé; car ayant été ouvert en 1709, on trouva les ossemens entiers de Clément VI, avec sa tête. Un Chirurgien nommé *Pissevin*, qui assistoit à cette vérification, examina cette tête, & s'aperçut qu'elle avoit été trépanée, ce qui est conforme à l'Histoire de la vie de ce Pape, qui subit en effet l'opération du trépan.

Clément VI mourut le 6 décembre 1352 ; il étoit de la Maison de Beaufort ; son corps fut transporté de *Villeneuve d'Avignon*, où il faisoit sa résidence ordinaire, & sa pompe funèbre fut des plus magnifiques ; quoique doué de connoissances supérieures à son siècle, il fut vivement taxé d'avarice, de débauche & d'une ambition excessive (1).

Pierre Roger, son neveu, qu'il avoit élevé aux dignités de l'église, devint Pape lui-même

---

(1) Ce fut lui qui acheta de *Jeanne de Naples* la ville d'Avignon & son territoire, pour la somme de 80,000 florins d'or, somme qui, dit-on, ne fut jamais délivrée. Ce fut lui qui excommunia l'Empereur Louis de Bavière, dans une Bulle où il exprime ainsi ses malédictions contre ce Prince : *Que la colere de Dieu, celle de Saint-Pierre & de Saint Paul tombent sur lui dans ce monde & dans l'autre ! Que la terre l'engloutisse tout vivant ! Que sa mémoire périsse ! Que tous les élémens lui soient contraires ! Que ses enfans tombent entre les mains de leurs ennemis, aux yeux de leur père !* C'étoit un homme bien furieux que ce Pape Clément ! Ses ennemis lui répondirent par d'autres malédictions qu'ils mirent dans la bouche du Diable. On lui reprocha son avarice, son impureté & son orgueil. Avant sa mort, il déclara qu'il révoquoit & soumettoit à la correction du saint Siège tout ce qu'il avoit dit ou fait de contraire à la morale chrétienne.

sous le nom de *Grégoire XI*; il fit à son tour de grands biens à l'abbaye de la Chaise-Dieu, & par son testament voulut y être enterré, & y fonda une chapelle, appelée la chapelle Grégorienne. La famille de *Beaufort*, qui n'existe plus, & qui est aujourd'hui représentée par celle de *Montboissier*, avoit ses tombeaux dans cette église.

On conserve, dans le trésor de cette abbaye, la crosse de Saint-Robert, dont le haut est d'ivoire en forme de *T*; sa dalmatique & sa tasse, dont nous avons parlé, qui a, dit-on, la vertu de guérir la fièvre lorsqu'on y boit de l'eau de la fontaine qui est dans la tour de Clément VI; on y voit aussi deux éperons qu'on attribue au dernier Comte de Toulouse.

Ce trésor contenoit un très-grand nombre de reliquaires en argent, & de précieux joyaux d'église; mais Louis XV, dans un moment où ses finances se trouvèrent épuisées, exigea qu'on lui délivrât une partie de ces richesses, & les Saints furent transformés en écus.

Cette abbaye a le privilège d'être sous la protection & sauve-garde du Roi; privilège qui a été confirmé par le Roi *Jean*, par Charles V, & par un arrêt du Parlement du 14 août 1380. Le Pape Luce III, accorda aux Abbés la prérogative d'officier aux fêtes solennelles avec la mitre.

Cette abbaye étant une des plus riches du royaume, la province a perdu beaucoup depuis qu'elle est en commende, les revenus considérables qu'en retirent les Abbés n'étant point consommés sur les lieux, où ils pouvoient

contribuer

contribuer à enrichir les habitans, & à soulager les pauvres, sont transportés dans la capitale, où le plus souvent ils ne sont employés qu'à l'entretien du luxe & de la dépravation des mœurs. Si les fondateurs & les bienfaiteurs ressuscitoient, ils seroient indignés de voir l'emploi scandaleux de leurs pieuses donations, & d'apprendre qu'au lieu d'avoir fait l'aumône à des *lazares*, ils ont accru l'or des *mauvais riches*.

Ce bénéfice étant ce que le Clergé appelle *un bon morceau*, a toujours été accordé aux courtisans les plus en crédit, le Cardinal de *Tournon* & son frère; le Cardinal de *Richelieu* & le Cardinal son frère, puis le Cardinal *Mazarin*, l'ont successivement possédé. L'Abbé est aujourd'hui M. le Cardinal de *Rohan*, ci-devant Grand-Aumônier de France.

La ville de la Chaise-Dieu n'est pas considérable; mais depuis plusieurs siècles, elle jouit des prérogatives de ville. On y trouve un petit hôpital. L'air qu'on y respire est vif, plus froid que chaud; la vue est belle, & s'étend bien avant dans la Limagne d'Auvergne.

Le territoire de cette ville étant peu fertile, presque tous les habitans sont forcés de s'expatrier, & de faire valoir ailleurs leur force & leur industrie. Les femmes restent dans la ville & s'occupent à fabriquer de la dentelle.

Cette ville fut prise, en 1562, par *Blacons*, Lieutenant du fameux Baron des Adrets; après l'avoir prise, il y laissa une garnison

Partie V. M m

sous les ordres de *Monjou*, son beau-frère, & partit pour la ville du Puy (1).

A peine fut-il parti que les Catholiques, commandés par les sieurs de *Montmorin*, *Saint-Chaumont* & *Saint-Vidal*, vinrent assiéger la Chaise-Dieu. *Monjou*, qui défendoit cette ville, capitula, & la rendit. Les Catholiques qui lui avoient promis sa liberté, le firent prisonnier contre la foi du traité, & l'accusant d'avoir tué le Baron de Gondrin, ils l'envoyèrent dans les prisons de Riom, où il eut beaucoup à souffrir.

Pendant le séjour que M. le Cardinal de Rohan a fait dans cette abbaye en 1786, par ordre du Roi, après la fameuse affaire du *collier*, la ville fut menacée d'un incendie général. Ce Prélat contribua, par ses ordres, & même par son exemple, à arrêter les progrès de la flamme, & son zèle lui valut l'estime des habitans. Lorsque le feu fut calmé, les Religieux apportèrent processionnellement le chef de Saint-Robert ; le Cardinal se prosterna devant cette relique, & il ne craignit pas de se mettre à genoux dans un lieu rempli d'eau & de boue : par cette démonstration de piété, M. le Cardinal de Rohan a laissé dans ce pays une haute idée de sa dévotion.

---

(1) Le moderne Commentateur de la coutume d'Auvergne, en relevant l'erreur de ceux qui ont attribué la prise de cette ville au Marquis de Curton, est tombé lui-même dans une autre erreur, en disant que ce fut le fameux *Baron des Adrets*. Ce féroce guerrier étoit alors à Lyon.

LANGEAC.

Ville de la basse Auvergne, chef-lieu du pays de *Langeadois*, située sur la rive gauche de l'Allier, à sept lieues du Puy en Vélai, à six lieues de Brioude, à sept de Saint-Flour, & à vingt de Clermont.

Le plus ancien monument connu qui désigne le nom de ce lieu, est le codicille de Raimond, premier du nom, Comte de Rouergue, & Marquis de Gothie : par cette espèce de testament, fait vers le commencement de l'année 961, ce Prince légua de grands biens à une infinité d'églises, notamment aux abbayes de Saint-Geraud d'Aurillac, & de Saint-Julien de Brioude ; il donna le fief de Langeac, *Alode Langiaco*, à *Adhémar*, Vicomte de Toulouse, & à un de ses fils, s'il en provenoit de son mariage ; & dans le cas où Adhémar mourût sans enfant, il légua ledit *Langeac* au monastere de Saint-Géraud de Cairac, en Querci ; il donna en outre un autre fief de *Langeac*, désigné par le nom de Saint-Affre, à *Etienne* son frère, Comte de Gévaudan, après la mort duquel il voulut que ce fief passât à celui de ses fils qu'*Etienne* indiqueroit ; & après la mort du père & du fils, ce fief devoit être substitué à l'abbaye de Saint-Géraud d'Aurillac (1).

---

(1) Le moderne Commentateur de la coutume d'Auvergne a entassé bien des erreurs en parlant de ce testament ; il dit, ainsi que plusieurs autres Ecrivains, que c'est celui de *Raimond Pons*, Comte de Toulouse,

Pons, Comte de Gévaudan, fils d'Etienne, désigné dans le testament de Raimond, hérita, conformément au vœu du testateur, de cette partie de la seigneurie de Langeac, indiquée sous le nom de *Saint-Affre* ou de *Saint-Aure*, ou peut-être encore de l'autre partie de Langeac. Au commencement de l'année 1011, il donna à l'abbaye de Saint-Julien de Brioude plusieurs églises, & sur-tout celle de Langeac, avec toutes ses dixmes (1).

Nous ne parlerons pas de la généalogie de l'ancienne Maison de Langeac ; cette partie, la plus aride de l'Histoire, est trop éloignée de

---

& qu'il fut fait en 96e. Les Historiens du Languedoc ont démontré depuis long-temps que ce testament est celui de *Raimond Ier* du nom, Comte de *Rouergue* & Marquis de Gothie, cousin de *Raimond Pons*, & qu'il a été fait au commencement de 961. Il paroît que le Commentateur de la coutume n'a pas lu entièrement ce testament, duquel cependant il tire des inductions fort singulières sur la Maison de *Langeac* ; il ne parle point du legs fait à *Adhémar*, du fief de Langeac, mais seulement d'un autre fief de Langeac, que le Testateur désigne sous le nom de *Saint-Affre*, & qu'il lègue à Etienne qui n'étoit pas son fils, mais son frère.

(1) Le Commentateur de la coutume, qui semble n'avoir rien négligé pour éclaircir les prétendues difficultés qui découlent des erreurs dans lesquelles il est tombé lui-même sur l'origine de cette Maison, parle de la donation de Pons, Comte de Gévaudan, d'après un fragment de table rapporté par Baluze. Il paroît qu'il n'a pas lu l'acte de cette donation, qui se trouve cependant tout entier dans les preuves de l'*Histoire de la Maison d'Auvergne*.

notre objet, nous nous contentons d'avoir relevé des erreurs, & fixé l'incertitude des Auteurs sur les premiers Seigneurs de cette ville, & nous dirons seulement que les Seigneurs de cette Maison ont presque toujours rempli les emplois les plus éminens de la province.

DESCRIPTION. Cette ville, située sur les bords de l'Allier, n'a rien de bien remarquable; elle étoit autrefois décorée d'un pont de pierre que les débordemens de la rivière ont entraîné.

L'église de *Saint-Gal*, Patron de la ville, est la seule église paroissiale; elle est aussi une collégiale, composée d'un Doyen & de treize Chanoines. L'Abbé de la Chaise-Dieu, en qualité de Prieur de Langeac, est Chanoine & chef du chapitre; il y a de plus un couvent de l'ordre de la *Visitation*, & un autre de celui de *Saint-Dominique*. Ce dernier est célèbre dans le pays par le séjour & les reliques de la *Sœur Agnès*, qui est une Sainte du siècle dernier. Elle parvint du rang de Sœur converse à celui de Supérieure de sa communauté; elle a fait plusieurs miracles, à ce que dit un Missionnaire qui a composé l'Histoire de sa vie, & qui assure qu'elle est morte en très-bonne odeur de sainteté; on dit même que, s'il n'en coûtoit rien, elle seroit déjà canonisée.

On trouve aussi dans cette ville un couvent de *Capucins*, & un hôpital fondé, dans le seizième siècle, par les Seigneurs du lieu.

On regarde à Langeac, comme une curiosité digne de l'attention des Voyageurs, l'horloge de la ville, & sur-tout son Jacquemar.

Sur la cîme d'un rocher voisin, s'élèvent les ruines du château des Seigneurs de Langeac. On dit que ce fut sur ce même rocher que *Saint-Ilpise* & *Saint-Arcon*, tous deux compagnons & martyrs, séjournèrent pendant deux ans.

Cette ville est le siège d'une prévôté royale des plus anciennes de la province. Elle a un corps municipal, établi par lettres patentes de 1487; établissement auquel les Seigneurs du lieu se sont opposés d'abord, & dont ils ont ensuite beaucoup diminué les privilèges.

Quoique cette ville soit située dans la basse Auvergne, elle est néanmoins du diocèse de Saint-Flour.

Les habitans ne jouissent pas dans le pays d'une réputation fort avantageuse.

USAGES. On pratiquoit autrefois dans cette ville un usage aussi ridicule que singulier, & dont il seroit difficile de connoître l'origine, ainsi que les motifs qui l'on fait établir.

Le jour de la fête de Saint-Gal, Patron de la ville, le châtelain du village de *Chillac*, situé à deux lieues de Langeac, & qui dépend du duché de Mercœur, arrivoit dans cette ville, monté sur un char, & accompagné des autres Officiers de sa justice. Ils faisoient une entrée pompeuse par une ancienne porte appelée *de Las-Farghas*, & saluoient les habitans, en leur jetant des œufs, au nombre de mille ou douze cents. Cette cérémonie étoit embellie de tous les accessoires convenables à sa dignité. C'étoit de part & d'autre des folies scandaleuses, des querelles dont les suites devenoient souvent fatales.

En 1360, le Dauphin d'Auvergne, qui possédoit le droit de venir aussi assaillir les habitans de Langeac à coups d'œufs, exigea dans une occasion, où, par la crainte des ennemis on avoit clos la porte de *Las Farghas*, que cette porte fût ouverte à lui ou à ses Officiers. On rapporte des lettres d'*Eustache*, Seigneur en partie de Langeac, par lesquelles il reconnoît le droit incontestable du Dauphin d'Auvergne, de jeter des œufs à la tête des habitans, & ordonne que, malgré le danger, la porte close sera ouverte pendant la cérémonie.

En 1522, *Reynaud*, Seigneur de Langeac, demanda a *Charles*, Duc de Bourbonnois & d'Auvergne, Dauphin d'Auvergne (1), &c., l'abolition de ce droit ridicule. Ce Prince donna des lettres d'abolition, où l'on lit : « Par une ancienne introduction & coutume invétérée, notre Châtelain autres nos Officiers de Chillac, ont accoutumé aller en ladite ville, *à grand mocqueton & scandale*, dépens de nous & irrision de justice, sans aucun profit utile, ne occasion de chose méritoire, au moyen duquel jettement d'œufs, & de l'assemblée du peuple qui se fait, sont par cy-devant survenus plusieurs mises, débats & insolences, & sont encore les choses en voye de parvenir à pis, tout par occasion de juremens & blasphêmes, qui en ce

---

(1) C'étoit le célèbre Connétable de Bourbon qui fut tué au siège de Rome.

faifant fe commettent, que par les dérifions & mocquetons qui fe y font..... & de ladite charge & manière de faire ce jettement d'œufs, avons déchargé & déchargeons ledit fieur de Langeac, ladite ville & habitans d'icelle, fans ce qui ez foient tenus dorefnavant d'obéir à nofdits Officiers, en jetant lefdits œufs... &c. »

ENVIRONS. Les environs de Langeac offrent plufieurs curiofités minéralogiques. A *Saint-Arcons*, fitué à une forte lieue, & au deffus de cette ville, fur la rivière d'Allier, on voit un fuperbe groupe de colonnes bafaltiques, qui font des plus hautes & des plus régulières de l'Auvergne.

Le long des rives de l'Allier, entre Langeac & Vieille-Brioude, on trouve des filons d'antimoine. L'exploitation de ce minéral n'eft pas en grande activité; la facilité qu'ont les Étrangers de l'importer en France, le maintient à un prix modique qui ne s'élève pas beaucoup au deffus des frais qu'elle néceffite. « L'antimoine d'Auvergne, dit M. *Monnet*, eft le plus fulfureux qu'on connoiffe, & le plus pur; auffi fe fond-il avec la plus grande facilité » (1).

---

(1) On place deux pots de terre l'un fur l'autre, de manière que le pot fupérieur ait fon fonds à l'ouverture de l'inférieur. Ce fonds eft percé de trous, & le minéral purifié eft reçu par ces trous dans le pot inférieur, il s'y criftallife & s'y moule. Cette méthode a été apportée d'Hongrie en Auvergne, en 1734, par une compagnie de Mineurs Allemands, où fe trouvoit M. de *Blumeftin* père.

On rencontre près de Langeac plusieurs couches de charbon de terre d'assez bonne qualité. On y trouve d'espace en espace de très-beaux morceaux de quartz nitreux qui ressemblent assez à celui de Madagascar par sa dureté; ils abondent sur-tout au lieu nommé *le Clusol*. Il en est qui, par leur couleur sombre, approchent de la topaze enfumée, & qui étant taillés, ressemblent beaucoup à cette pierre fine.

A deux lieues de Langeac, près du village de *Chavagnac*, dans la paroisse de *Saint-George Daurat*, on a trouvé, il y a quelques années, en creusant dans le granit, une ouverture dans laquelle étoit une sorte de spath fusible, adhérent à du quartz tendre, & qui sembloit en faire partie ; ce spath semble particulier à ce pays; il est de plusieurs couleurs, violet, jaune, & à facettes spathiques, mais sans forme déterminée.

SAINT-PAULIEN.

Ville ancienne, autrefois capitale & épiscopale, située à l'extrémité de l'Auvergne, & près des limites du Vélai, à huit lieues de Brioude, à cinq lieues de Langeac, & à deux lieues & demie du Puy en Velai.

Nous ne parlons de cette ville que par rapport à son ancien état. Elle est l'ancienne capitale des peuples du Velai, appelée, du temps des Romains, *Revessio* ou *Ruessio*; elle fut ensuite nommée *Vellava*, *civitas Vellavorum*, enfin *civitas Vetula*. Cette ville reçut long-temps après le nom de *Saint-Paulien*, qui fut un des premiers Evêques du Velai, qui, pendant plusieurs siècles, y tinrent leur siège épiscopal.

En 864, cette ville fut détruite par les Normands. *Norbert*, après la mort de Gui Ier, son prédécesseur, fut élu, vers la fin du neuvième siècle, Evêque du Velai, par une partie du Clergé, tandis que l'autre partie nomma *Vital*, frère de *Claudion*, Vicomte de *Polignac*. Chacun des deux contendans prétendoit faire valoir ses droits, lorsque, par un accord fait ensemble, il fut décidé que Norbert demeureroit seul Evêque, à condition qu'il céderoit la ville de Saint-Paulien à *Vital*, ou plutôt au Vicomte de Polignac; ce qui fut exécuté. Depuis ce temps, cette ville appartint aux Vicomtes de Polignac; & alors Norbert transféra les reliques de Saint-Georges & de Saint-Marcellin, premiers Evêques du Velai, de la ville de Saint-Paulien à celle du Puy. Cette translation eut lieu à la fin du neuvième siècle, ou au commencement du dixième. Ce fut alors que cette ville reçut le nom de *Civitas Vetula*, ville vieille, pour être distinguée de la ville nouvelle du *Puy*; par la suite n'ayant d'autre illustration que le corps de Saint-Paulien qu'elle conserva, on lui donna le nom de ce saint Evêque.

Les Auteurs de l'Histoire du Languedoc ont, dans deux notes particulières, discuté l'époque de la translation du siège épiscopal à la ville du Puy; ils la placent, comme nous l'avons marqué, vers la fin du neuvième siècle, & s'autorisent pour cela de preuves qui paroissent concluantes (1). Cependant M. l'Abbé *le Beuf* a depuis avancé, avec assez de vraiemblance que cette translation eut lieu vers l'an 560 ou 570, sous l'épiscopat d'*Evode*. Entre ces deux opinions soutenues par des Auteurs également respectables, nous ne déciderons point, & nous croyons que pour le faire, on doit attendre la découverte de quelques preuves qui ne laissent plus de doute sur la question.

Quoi qu'il en soit, il est certain que Saint-Paulien est l'ancienne capitale des peuples du Velai, & qu'elle renfermoit un grand nombre d'antiquités romaines, dont plusieurs ont été transportées au *Puy* ou château de *Polignac*. (Voyez tome II, ces deux articles.)

Les murailles de cette ville, qui, suivant une inscription qui s'y trouve, ont été bâties en 1415, ne sont point de construction romaine; cependant M. l'Abbé le Beuf a trouvé plusieurs inscriptions antiques, que Dom Mabillon avoit déjà rapportées dans le quatrième siècle de ses Annales bénédictines. Il a remarqué sur-tout, dans un faubourg de cette ville, une chapelle appelée *Notre-Dame du haut solier*, dont les murs, du côté septentrional, ne sont bâtis que de débris d'édifices romains, & de fragmens d'inscriptions, posés les uns sur les autres, sans mortier ni sable. Il a vu, dans le même quartier, plusieurs restes de couches de ciment & de mastic qui ont servi à contenir de

---

(1) Voyez tom. I de l'*Histoire du Languedoc*, note 80, & tom. V, additions & corrections, pag. 675.

la mosaïque; mais la seule inscription qui soit bien conservée dans cette ville, est celle-ci, gravée en deux lignes: HERMA DIONIS. Cette inscription appartenoit à un autel ou temple consacré à une Divinité qui réunissoit les deux sexes: car ce nom composé d'*Herma*, qui signifie Mercure, & de *Dionis*, qui est un nom de Vénus, rappelle la Divinité que les Grecs nommoient *Hermaphrodite*.

Il y a dans cette ville deux paroisses, l'une appelée *Saint-Germain*, l'autre *Saint-Paulien*, situées hors les murs. Il y en avoit une troisième nommée *Notre-Dame du haut solier*, elle a été supprimée. On y trouve de plus une *collégiale*, dont l'église étoit l'ancienne cathédrale; elle est composée de treize Chanoines.

A un quart de lieue de la ville de Saint-Paulien, sur le bord du grand chemin, & en face d'un moulin appelé *Burbulion*, M. l'Abbé le Beuf a vérifié une inscription rapportée par plusieurs Auteurs, qui tous l'ont mal décrite; la voici telle qu'elle est gravée:

CAESAR PRINCEPS
JUVENT. VIAS ET
PONTES VETUS
TATE CONLAPSAS
RESTITUE. FT.

C'est-à-dire, *César, Prince de la jeunesse, fit rétablir les chemins & les ponts tombés par vétusté.*

Cette inscription est gravée sur une colonne de quatre à cinq pieds de hauteur; on y a planté une croix, & l'on présume que pour ajuster la colonne à cet usage, on l'a raccourcie par en haut, & on a enlevé la première ou peut-être même la seconde ligne de cette inscription; car le nom du César qui a fait exécuter ces réparations, ne s'y trouve pas, & les Romains qui élevoient quelques monumens, étoient trop jaloux de faire passer leur nom à la postérité, pour oublier de l'y placer. D'ailleurs il est reconnu que ces sortes d'inscriptions commencent toujours par un nom propre, & le mot *César* n'est ici qu'une dignité. *Bergier* a pensé, & M. l'Abbé le Beuf est de son avis, que cette inscription étoit précédée par ces mots. *C. Julius Verus Maximus*. *Grutter* rapporte une inscription pareille, qui commence par ces mêmes noms. Ainsi ce sera le fils de l'Empereur Maximin qui aura fait placer cette inscription vers l'an 238 de notre ère.

SAINT-FLOUR.

Ville épiscopale, qui dispute à celle d'Aurillac le titre de capitale de la haute Auvergne; chef-lieu d'un bailliage & d'une élection, située sur la rive gauche de la Truyère, à douze lieues d'Aurillac, à sept de Langeac, & à près de vingt-deux lieues de Clermont.

Saint-Flour ou *Florus*, premier Evêque de Lodève, qui a donné son nom à cette ville, étoit, suivant un Ecrivain du treizième siècle, du nombre des soixante-douze Disciples de

Jésus-Christ, & vivoit dès le premier siècle de l'église; mais, suivant des Historiens plus dignes de foi, ce Saint existoit au cinquième siècle. Il prêcha la foi dans la Narbonnoise, puis dans l'Aquitaine, vint mourir dans la haute Auvergne, & fut enterré sur une hauteur connue alors sous le nom de *Mons indiacus* ou *indiciacus*, ou de *Mons planus*; on y bâtit une petite chapelle, où ses reliques furent révérées avec beaucoup de dévotion.

Un Seigneur Auvergnat, nommé *Amblard de Bresons*, coupable de plusieurs crimes, & redoutant, dans l'autre monde, le châtiment des péchés qu'il avoit commis dans celui-ci, fit un voyage à Rome, & obtint, du Saint Père, son absolution, à condition qu'il fonderoit un monastère. Le Pénitent de *Bresons*, de retour en Auvergne, fonda, sur le terrain dont il étoit Seigneur, & dans le lieu où étoit la chapelle de *Saint-Flour*, un monastère de l'ordre de Saint-Benoît. Cette fondation eut lieu vers les commencemens du onzième siècle. *Saint-Odilon*, Auvergnat, détermina ce fondateur, à soumettre son nouveau monastère à l'ordre de Cluni, dont il étoit Abbé. Ce saint Abbé contribua même à cette fondation, & fit, dit-on, construire les murs de la ville & bâtir l'église du couvent à côté de la chapelle de Saint-Flour.

Le Pape Urbain III, après avoir présidé le Concile de Clermont, partit de cette ville, & se rendit au monastère de Saint-Flour, le 7 décembre 1095, assisté de plusieurs Evêques, & en consacra l'église.

Il paroît que la ville de Saint-Flour doit son origine à ce monastère. Les moines réveillèrent la dévotion des peuples pour les reliques de Saint-Flour, & furent attirer un grand concours de Pélerins, qui nécessita la construction de plusieurs hôtelleries, & agrandit beaucoup ce lieu. Le Pape Jean XXII, en démembrant une partie du diocèse de Clermont, érigea en évêché Saint-Flour, le 9 juillet 1317, & nomma pour premier Evêque, son Chapelain, appelé *Raimond de Mostuejouls*, Abbé de Saint-Tibéri, Docteur en décret. Cette nouvelle érection contribua sur-tout à donner plus de consistance & d'étendue à la ville de Saint Flour.

En 1577, cette ville manqua d'être prise par le Capitaine *Merle* d'Usès. Le frère de cet aventurier parvint secrètement, avec une vingtaine de soldats, à entrer dans la ville. Les habitans, avertis à propos, se jetèrent sur cette petite troupe, & forcèrent tous les soldats qui la composoient, à se précipiter des murailles en bas ; la plupart périrent.

DESCRIPTION. Cette ville est située sur une éminence qui la rend très-remarquable ; cette éminence a été formée par une abondante coulée de lave basaltique, dont la masse se trouve coupée à pic à l'endroit où la partie élevée de la ville est séparée du faubourg. Cet énorme & naturel mur de terrasse fut sans doute, dans des temps reculés, ainsi formé par le cours de la rivière de Truyère, qui, en dégradant successivement la base sur laquelle repose cette couche basaltique, l'obligea à s'écrouler, & à ne présenter qu'une face verticale.

Ce côté offre de loin une vue aussi singulière que pittoresque. La ville paroît élevée au dessus de cette terrasse naturelle qui a près de trois cents pieds de hauteur, & au bas de laquelle est le faubourg où passent la rivière & la grande route. Cette coulée de lave est formée de colonnes prismatiques, mal configurées, très-serrées les unes contre les autres, & qui ne laissent voir qu'une partie de leurs faces. Un ravin qui est à l'est, découvre ces colonnes, & fait voir que la couche qui les forme, diminue d'épaisseur à proportion qu'on s'éloigne de la ville, & que s'élève le terrain qui lui sert de base.

La surface de cette coulée forme une plaine unie & élevée, qui, jointe à d'autres terrains contigus, a plus d'une demi-lieue de circonférence; elle offre aux habitans une promenade agréable, & dont la vue s'étend fort loin.

La ville est mal bâtie, & les rues sont mal-percées.

La Cathédrale est placée à l'endroit où la coulée de lave commence à s'abaisser ; elle étoit l'église du monastère fondé par *Amblard de Bresons*, & que *Saint-Odilon* fit bâtir dans le onzième siècle; on voit encore une partie de cette première construction. Plus d'un siècle après son érection en église épiscopale, en 1450, *Jacques le Loup*, quartorzième Evêque, fit reconstruire le chœur, & élever les deux clochers. *Charles de Noailles*, dans des temps bien postérieurs, fit don de la grosse cloche; ce même Prélat fit aussi bâtir le palais épiscopal.

Quoique le monastère de Saint-Flour fût, en 1317, érigé en évêché, les moines Bénédictins qui l'occupoient, continuèrent d'être réguliers jusqu'en 1476; alors ils furent sécularisés, & formèrent un chapitre, composé d'un Archidiacre, d'un Trésorier, d'un Archiprêtre, & de dix-sept Chanoines. On conserve dans le trésor de cette église un *soulier* qu'on croit être celui de la Vierge.

L'église de *Notre-Dame* est une collégiale fondée, au quatorzième siècle, par *Archambaud III*; ce chapitre est composé d'un Prévôt & de sept Chanoines.

On trouve encore dans cette ville plusieurs communautés religieuses: tels sont les *Dominicains*, fondés, sur la fin du quatorzième siècle, par *Pierre de Vissac*, Evêque de cette ville; les *Cordeliers*, fondés, en 1402, par Jean, Duc d'Auvergne; il y a aussi deux ou trois couvens de filles.

Le collège, fondé en 1590, par *Annet de Fontanges*, est professé, depuis la suppression des Jésuites, par des Prêtres séculiers. Le séminaire est dirigé par les Lazaristes.

L'*Hôpital général* a reçu des dons considérables de M. *de Ribeyre*, un des derniers Evêques, dont la mémoire est encore bien chère aux habitans de cette ville.

Paul de Ribeyre, natif de Clermont-Ferrand, doit être placé au rang de ces Prélats dont les vertus bienfaisantes inspirent autant de vénération, qu'infpire de mépris la vanité de ceux qui, élevés par de honteufes cabales, font faftueux du bien des pauvres, & ne portent fur le fiège d'autres vertus que les richeffes de leur évêché & les titres irrifoires de *Grandeur* & de *Monfeigneur*. Le Prélat dont nous parlons eut les vertus de l'Evangile; il fut humble, modefte, & fur-tout bienfaifant. Son entrée à Saint-Flour fut le commencement du bien qu'il fit à cette ville, & qu'il n'a point difcontinué; jamais, tant qu'il vécut il n'abandonna fon diocèfe. Il fit bâtir entièrement, ou en partie, plufieurs monumens à fes frais; tels font le *collège*, l'*hôpital*, le *féminaire*, un *cimetière* hors de la ville, avec une chapelle attenante. Il fonda les *chaires de Théologie*, une communauté de Sœurs *Hofpitalières*; il diftribuoit continuellement aux pauvres, malgré la modicité de fon revenu, des fecours confidérables; enfin il fit, à fes frais, ouvrir une entrée dans la ville, & une communication avec la grande route, & en même temps décorer cette entrée d'un beau portique. Le corps municipal y a fait placer les armes de ce Prélat, qui ont été fculptées à Paris; on y voit les vers fuivans, que les habitans demanderent, en 1774, à M. *de Belloy*, leur compatriote :

De *Ribeyre*, en ces lieux, tu vois le moindre ouvrage;
Compter nos monumens, c'eft compter fes bienfaits :
De l'églife & du pauvre il accroît l'héritage,
Il lègue à fes parens les heureux qu'il a faits.

En envoyant ce quatrain, M. de Belloy écrivoit à ses compatriotes : « Je suis bien honteux que mon amour-propre & ma reconnoissance, également intéressés à remplir vos vues, n'aient pas mieux réussi ».

La même lettre de M. de Belloy contient le récit d'une action qui honore infiniment les habitans de Saint-Flour. C'est ce Poète qui la rappelle lui-même à ses compatriotes; voici ses expressions :

« ... Ce qui m'a causé une joie plus vive & plus profonde, c'est la protection particulière que vous avez su obtenir de l'héritier du trône, par cet hommage courageux que vous lui avez rendu en 1770, lorsque vous osâtes *consacrer à acheter du grain pour les pauvres, tout l'argent destiné à célébrer les fêtes de son auguste mariage*. La France ignore, & la France devroit savoir qu'à la première nouvelle de ce changement de destination, Monseigneur le Dauphin, cédant aux mouvemens d'une sensibilité prompte & active, qui caractérise les ames fortes, écrivit sur le champ, de sa propre main, à M. *de Monthion*, Intendant d'Auvergne, qu'il le chargeoit de remercier en son nom les Officiers municipaux des villes de Saint-Flour & d'Aurillac, de la fête magnifique qu'ils lui avoient donnée en secourant l'infortune, & de les assurer qu'il n'oublieroit jamais une marque si éclatante de leur zèle & de leur estime ».

La lettre de M. *de Belloy* se terminoit ainsi :
« Malgré tous les obstacles qui m'environnent, je ne puis renonce de rentrer au moins pour

quelques momens dans vos murs chéris. Non, je m'en flatte encore, mes yeux ne se fermeront pas sans revoir une fois les lieux où j'ai eu le bonheur de naître, & de naître françois.

Le 27 mars 1774, le corps de ville de Saint-Flour fit une délibération par laquelle il arrêta que la lettre de M. de Belloy seroit enregistrée & déposée aux archives de l'hôtel-de-ville, & qu'on lui demanderoit son portrait. Ce portrait fut envoyé, & il se voit encore dans la grand'-salle.

ENVIRONS. Le Pays qui environne la ville de Saint-Flour, est une plaine nommée la *Planése*; elle est fertile en blés, seigles & en pâturage ; mais étant dépourvue d'arbres, l'aspect en est un peu triste. On y envoie du Poitou & de plusieurs autres lieux, de jeunes mulets qui s'y engraissent, & qui font une des branches considérables du commerce de la haute Auvergne.

ALLEUSE, situé à une lieue & demie, & au sud de Saint-Flour, offre, sur un pic très-élevé & presque inaccessible, les ruines, encore considérables, d'une ancienne forteresse que Froissard appelle *Louise*, & qui est nommée ailleurs *Alotze*. Elle fut prise au quatorzième siècle par un parti Anglois commandé par *Merigot de Marchez*. Les troupes de ce château faisoient de fréquentes sorties, & désoloient les campagnes voisines. En 1410, les habitans de Saint-Flour le firent démolir.

Anglard & *Challières* étoient encore des forteresses occupées par les Anglois. *Challières*, qui est à trois petites lieues & au sud-est de Saint-Flour, fut pris par ces ennemis, au mois d'avril 1380. Au mois de juin suivant, Bertrand du Guesclin vint en Auvergne, se joignit au Duc de Berri qui y commandoit, pour assiéger le château de *Challières*, & ce ne fut qu'au commencement de Juillet qu'ils parvinrent à s'en emparer. Les châteaux d'*Anglard* & d'*Alleuse*, ainsi que ceux du *Carlat* & de *Murat*, restèrent encore long-temps entre les mains des Anglois : car ces lieux, ainsi que plusieurs autres, sont dénommés dans l'accord fait, en 1387, entre le Comte d'Armagnac & les trois Etats d'Auvergne, de Vélai, de Gévaudan, &c., pour concourir à chasser entièrement les Anglois de ces pays, & notamment de ces forteresses qu'ils tenoient encore.

CHAUDES-AIGUES.

Petite ville ancienne, située à quatre fortes lieues de Saint-Flour, à dix d'Aurillac, & à une lieue & demie des limites de l'Auvergne & du Gévaudan.

Cette ville, nommée en latin *Aquæ Calentes*, & que Sidoine Apollinaire appelle *Aquæ Baiæ*, par allusion aux fameux bains de ce nom, situés dans la Campanie, tire son nom de la source abondante d'eau chaude qui y coule (1).

---

(1) M. de Valois a confondu *calentes aquæ* de Sidoine, avec *aquæ calida* de la table Théodosienne, qui sont aujourd'hui les eaux de Vichi.

Cette ville est située dans un fond entre des rochers de granit à gros grains; les eaux, par différentes issues, jaillissent presque bouillantes de cette roche, & en si grande abondance, qu'elles forment un gros ruisseau, qui conserve sa chaleur à une distance considérable.

La grande source est la plus remarquable; la chaleur y fait monter le thermomètre à soixante degrés. M. *Monnet*, qui en a donné l'analyse, dit que ces eaux ne sont pas, à proprement parler, minérales, qu'elles n'ont aucun rapport avec les autres eaux thermales de l'Auvergne, excepté par un peu d'alkali minéral & de sel marin qu'elles contiennent, comme toutes celles de ce pays qui sourdent du rocher primitif. Elles n'ont point d'autre saveur que celle de l'eau chaude ordinaire, & elles peuvent, sans inconvénient, être employées à tous les usages de la vie; aussi les habitans s'en servent-ils pour leurs besoins domestiques, & la plupart font couler cette eau chaude par de petits canaux dans leurs maisons, afin que l'intérieur en soit échauffé.

Cette eau chaude s'emploie encore avec avantage pour dégraisser les laines, & pour la teinture des étoffes; & c'est à cette source thermale que les habitans doivent une partie de leur commerce & de leur richesse.

Il y a dans cette ville une église collégiale, qui étoit originairement une communauté de Prêtres habitués, fondée par un Seigneur de cette ville, de la Maison de Bourbon; l'église paroissiale a été réunie à ce chapitre, du consentement de l'Evêque diocésain. On y trouve aussi une maison religieuse de *Notre-Dame*, établie en 1676, & un *hôpital* fondé en 1603, qui a été patenté en 1784.

CARLAT.

Bourg, avec les ruines d'un ancien château, autrefois chef-lieu du pays de *Carladès*, auquel il a donné son nom, situé au bas du groupe des monts du Cantal, à deux fortes lieues, & au dessous de Vic, & a peu près à la même distance d'Aurillac.

Le château du Carlat, une des plus anciennes forteresses de France, étoit regardé, dans les premiers temps de la monarchie, comme la plus forte place de l'Aquitaine.

Après le soulevement de plusieurs Seigneurs du royaume d'Aquitaine, qui avoient élu & couronné Roi, Pepin II, l'Empereur Louis le Débonnaire marcha, à la tête d'une forte armée, en Auvergne, reçut, près de Clermont, la soumission de plusieurs Seigneurs d'Aquitaine, qui n'avoient point trempé dans la révolte, continua sa route vers la haute Auvergne, & vint, en 839, camper devant le château du Carlat, occupé par les partisans de Pepin II.

Ce château, suivant la description des anciens Historiens, étoit de tous côtés entouré de rochers escarpés, & ne communiquoit avec la campagne que par un sentier, ce qui le rendoit presque imprenable. Malgré les difficultés que présentoit ce siège, l'Empereur voulut l'entreprendre. Après bien des peines & du temps, il força les assiégés de se rendre à dicrétion. Ce Prince, à leur égard, usa de sa clémence ordinaire, &, content de leur soumission, il leur accorda la vie, & les maintint dans la possession de leurs biens.

Ce château & le pays de *Carladès*, qui, sous l'empire Romain, avoient appartenu à la Maison prétorienne de *Ferreol*, étoient, depuis le règne de Charlemagne, un Comté héréditaire. *Douce de Carlat*, fille de *Gilbert*, apporta en mariage, l'an 1113, à Berenger, Vicomte de Millaud, de Gévaudan & de Lodève, la moitié du Comté de Carladès; cette moitié reçut le titre de Vicomté de *Murat*; ces deux parties furent long-temps indépendantes, & ne reconnoissoient point de suzerains.

En 1370, ce château fut pris par des troupes de brigands appelées *Compagnies*, qui tenoient pour les Anglois. Deux ans après, le Duc de Berri & le Duc de Bourbon vinrent mettre le siège devant cette forteresse, & parvinrent à les en chasser.

Les Anglois reprirent, quelques années après, le château du Carlat; ils le possédoient en 1387: car dans l'accord passé entre le Comte d'Armagnac & les trois Etats de l'Auvergne, du Vélai, du Gévaudan, &c., pour chasser les Capitaines Anglois des places qu'ils tenoient dans ces pays, ce château est le premier dénommé.

Le 9 juillet 1392, *Renaud de Pons* vendit le Vicomté de Carladès à *Jean*, Duc de Berri, qui, en 1409, le donna à *Bernard d'Armagnac*, & à Bonne de Berri sa femme. *Jacques d'Armagnac*, Duc de Nemours, dont

Louis XI avoit juré la perte, s'étoit retiré dans le château du Carlat; ce Roi y envoya des troupes, en 1469, commandées par Jean *Blosset* de Saint-Pierre, Sénéchal de Normandie, qui, après un séjour de dix-huit mois, furent obligées de lever le siège. Le Duc passa, avec le Comte de Dammartin, qui stipuloit pour le Roi, un traité dans la ville de Saint-Flour, le 17 janvier 1469, suivant lequel il consentoit, s'il manquoit à la fidélité due au Roi, que tous ses biens fussent confisqués & unis au domaine de la couronne.

Ce Duc ayant de nouveau tramé quelques projets contre le Souverain & contre son serment, le Roi, en 1475, envoya une seconde fois une armée commandée par le Duc *de Beaujeu*, pour assiéger la forteresse du Carlat, dans laquelle étoit Jacques d'Armagnac & son épouse *Louise d'Anjou*.

Le siège se poussoit vigoureusement. *Jacques d'Armagnac*, ne pouvant plus résister, se rendit au Duc de Beaujeu, & fut conduit à Lyon, & renfermé dans le château de Pierre-Encise; puis, étant transféré à la Bastille, il y fut, par ordre du Roi, renfermé dans une cage de fer. Ce fut de cette cage que ce Seigneur écrivit à Louis XI pour lui demander sa grace, avec des supplications si pressantes & si humbles, qu'elles inspirent plutôt la pitié que l'admiration. Tel qui brave avec courage la mort dans les combats, devient foible & lâche à l'approche de son supplice (1).

---

(1) Voici quelques expressions de la lettre de ce Duc :
» Mon très-redouté & souverain Seigneur, tant & si

L'épouse du Duc d'Armagnac étoit enceinte lorsque le château du Carlat fut assiégé ; l'événement qui termina ce siège, & l'appréhension du sort funeste dont son mari étoit menacé, la frappèrent si vivement, qu'elle fut, avant le terme, atteinte du mal d'enfant, & mourut des suites de cet accouchement précoce, au château du Carlat ; *dont ce fut grand dommage*, dit Jean de Troyes dans sa Chronique, *car on la tenoit bien bonne & honneste Dame.*

Les craintes de cette épouse n'étoient que trop fondées ; Jacques d'Armagnac eut la tête

---

humblement que faire je puis, me recommande à votre grace & miséricorde... Sire, j'ai tant méfait envers Dieu & envers vous, que je vois bien que je suis perdu, si vostre grace & miséricorde ne s'estend, laquelle, tant & si humblement & en grand amertume & contrition de cœur, que je puis, vous supplie & requiers en l'honneur de la benoiste Passion de N. S. J. C., & mérites de la benoiste Vierge Marie, & des grandes graces qu'il vous a faites, plaise vous me l'octroyer & libéralement donner... Sire, pour les grandes graces qui vous sont faites, faites-moi grace & à mes pauvres enfans ; ne souffrez que pour mes péchez je meure à honte & confusion, qu'ils vivent en deshonneur & au pain quérir ; & si avez eu amour à ma femme, plaise vous avoir pitié du malheureux mari & orphelins... Tant & si très-humblement que faire puis, vous requiers pardon, grace & miséricorde ; je vous servirai bien & si loyaument, que vous connoîtrez que je suis vray repentant, & que de force de bien faire, veux amander mes déauds. Pour Dieu, Sire, ayez pitié de moy & de mes pauvres enfans, & estendez vostre miséricorde... Ecrit en la cage de la Bastille, le dernier jour de janvier 1478. Signé, *le pauvre Jacques* ».

Louis XI n'étoit pas sensible à de telles prières.

tranchée en la place de Grève; Louis XI eut même la cruauté de faire placer les enfans de ce Duc sous l'échafaud, tête nue, les mains jointes, & vêtus de blanc, afin qu'ils participassent au supplice, & que le sang du père rejaillît sur les enfans.

Louis XI ayant confisqué les biens de Jacques d'Armagnac, il donna la terre du Carlat à *Jean Blosset* de Saint-Pierre, Sénéchal de Normandie. Jean & Louis d'Armagnac, auquel Charles VII restitua une partie des biens de leur père, cédèrent, en 1489, leurs droits sur cette terre à *Pierre II*, Duc de Bourbonnois & d'Auvergne; elle passa à Susanne de Bourbon, femme du célèbre Connétable *Charles de Bourbon*. François 1er ayant confisqué tous ses biens, chargea le Maréchal de Chabanne de se rendre maître du château du Carlat, dont il s'empara sans résistance. Ce Roi céda cette terre à sa mère, *Louise de Savoie*, & après la mort de cette Princesse, arrivée en 1531, elle fut réunie à la couronne, & resta au domaine jusqu'en 1643; alors Louis XIII en disposa en faveur d'*Honoré de Grimaldi de Monaco*, & elle est encore possédée par ses descendans.

Au seizième siècle, le pays de Carladès avoit un Gouverneur, & le château du Carlat étoit commandé par un Capitaine qui y tenoit une garnison pour défendre la place, & qui mettoit à exécution les mandemens de justice émanés du juge d'appeaux des Vicomtés de Murat & du Carlat.

En 1568, cette place fut prise par les Religionnaires du Languedoc ; les Royaliftes s'en emparèrent dans la fuite.

Un Gentilhomme, nommé *Marcé* ou *Marzé*, en étoit Capitaine, lorfqu'en 1585, la Reine *Marguerite de Valois* vint s'y réfugier. Sa mauvaife conduite & les extorfions de Madame *de Duras* la firent chaffer d'Agen, d'où elle partit dans le plus grand défordre, accompagnée de quatre-vingts Gentilshommes & de quatre cents foldats. Mille arquebufiers poftés fur fon paffage tuèrent quelques perfonnes de fa fuite ; elle, montée en croupe derrière *Lignerac* (1), frère du Capitaine *Marcé*, marcha, pendant toute la nuit, dans un pays montagneux, & arriva en Auvergne, où *Marcé* l'attendoit fur la frontiére avec cent Gentilshommes, pour la conduire au château du Carlat. (Voyez *Agen*, tom. III, pag. 138.)

Scaliger dit que s'étant mife en croupe fans couffin, elle s'écorcha toute la cuiffe, dont elle fut un mois malade, & en eut la fièvre; il ajoute : « Le Médecin qui la panfa eft maintenant avec le Roi ; elle lui fit donner les énivières (2) ; elle fut, dit-il, contrainte d'em-

---

(1) C'étoit *François-Robert de Lignerac*, Bailli & Général au commandement des montagnes d'Auvergne.

(2) C'eft fans doute le Médecin *du May*, cité dans le *Divorce fatirique*, qui acoucha cette Reine d'un fils qu'elle eut de fon domeftique *Aubiac*, & qui lui panfoit, fuivant l'Auteur de cette piece, *quelques apoftumes fur fon derrière*; cet apoftume pouvoit bien être l'écorchure dont parle Scaliger.

prunter une chemise d'une chambrière, dans un lieu voisin ».

Le Père *Hillarion de Coste*, le plus zélé apologiste de cette Reine, parle du désordre de ce voyage ; dit qu'elle donna à *Lignerac*, qui la menoit en trousse, le nom de *Chevalier de la belle fleur*, & qu'elle chargea *Marcé* d'aller à Agen sauver ses pierreries & recueillir les débris de sa suite. L'Auteur du *Divorce satirique* dit qu'elle arriva dans le plus grand désordre au *Carlat* ; « place forte, ajoute-t-il, & ressentant plus sa tanière de larrons, que la demeure d'une Princesse, fille, sœur & femme de Roi ».

Suivant le même Auteur, Henri III, apprenant la fuite de la Reine sa sœur, dit, en présence de ceux qui assistoient à son dîner : *Les cadets de Gascogne n'ont pu fouler la Reine de Navarre ; elle est allée trouver les Mulletiers & les Chaudronniers d'Auvergne.*

Le même Satirique, continuant l'Histoire de son séjour au Carlat, dit : « Elle jeta l'œil sur son Cuisinier, pour ne chommer point, se fâchant d'attendre *Duras* qu'elle avoit envoyé vers le Roi d'Espagne, quérir de l'argent ; encore que sa femme, sa confidente, craignant qu'elle ne lui enlevât son *causaquet*, lui prêchât la constance & le mérite de cet absent : mais son désir insatiable, égal à la faim d'un limier,..... ne put endurer cette attente ni celle de *Saint-Vincent*, qui, pour éviter la dépense, étoit allé jusqu'à sa maison ; elle s'en prit au triste *Aubiac*, comme au mieux peigné de ses domestiques, qu'elle éleva de l'écurie en la chambre, & s'en fit tellement ... »

L'Auteur raconte, en termes aujourd'hui peu décens, que cette Reine eut un enfant d'*Aubiac*, qu'il fut conduit en nourrice au village d'*Escoubiac*, & qu'il fut élevé à Birac en Gascogne; il dit aussi que Madame de *Marcé*, femme du Capitaine du château de Carlat, surprit cette Princesse couchée avec ce favori : « *Aubiac*, chétif rousseau, dit-il, & plus tavelé qu'une truite, dont le nez teint en écarlate ne s'étoit jamais promis, au mirouër, d'être un jour trouvé dans le lit avec une fille de France, ainsi qu'il le fut à *Carlat* par Madame *Marzé*, qui, par trop matineuse, fit ce beau rencontre allant donner le bon jour, suivant sa coutume, à la Reine ».

Henri III, qui poursuivoit toujours cette Princesse, envoya des ordres à *Marcé* de s'assurer de sa personne, & de la tenir comme prisonnière.

Marguerite, élevée dans une Cour corrompue, avoit appris, par l'exemple de Catherine de Médicis sa mère, à employer, sans scrupule, les moyens les plus criminels pour se débarrasser de ceux qui gênoient ses projets; elle fit, dit-on, empoisonner le Capitaine *Marcé*, afin d'être seule maîtresse de la place. Elle chargea en même temps *Romes*, cousin de son favori *Aubiac*, de lever des troupes en Gascogne, pour chasser la garnison qui étoit dans le château, & la remplacer par ces nouveaux soldats : mais son projet fut découvert.

Sa conduite, depuis long-temps odieuse, souleva contre elle les habitans du Carlat; après avoir resté dix-huit mois dans cette forteresse, cette Reine fut forcée d'en sortir avec la même précipitation qu'elle avoit mise en fuyant d'Agen. Le Père *Hillarion de Coste*, dans son apologie, ne parle pas de ce poison, ni du projet d'envahir Carlat; il dit seulement que la mort de *Marcé* fit sortir la Reine de ce château.

Elle fut se réfugier à *Ibois*, château qui appartenoit à la Reine sa mère; & de là elle fut conduite à *Usson*. (Voyez *Usson*, p. 380.)

Suivant l'usage de la noblesse de ce temps-là, les Gentilshommes qui gardoient cette forteresse, faisoient des excursions dans la campagne, détroussoient les passans, voloient & massacroient les habitans du bourg du Carlat. Henri IV, instruit de ces odieuses vexations, chargea M. de Sully de faire démolir ce château; il fut détruit en 1604, & le procès verbal de cette démolition se trouve dans l'église paroissiale du bourg.

DESCRIPTION. Ce château immense & inaccessible étoit élevé sur un rocher naturellement escarpé de trois côtés, & qui communiquoit aux montagnes voisines par une langue de terre qui fut coupée. On y montoit par un chemin pratiqué tout autour du rocher, comme une galerie en forme de spirale; il avoit une double enceinte qui comprenoit une grande étendue dans laquelle étoient plusieurs bâtimens. Outre le château, le Commandeur du Carlat y avoit une vaste maison; on y voyoit aussi une abbaye de Religieuses de l'ordre de *Sainte-Claire*, & l'église paroissiale du bourg avec son cimetière. Dans cette église, étoit une chapelle sous l'invocation de *Notre-Dame du Puits*, parce que tout auprès étoit un puits dont l'eau servoit à l'usage des habitans du château ; il y avoit encore sur la hauteur une grande pièce d'eau qui servoit d'abreuvoir aux chevaux.

L'église paroissiale fut, au commencement du seizième siècle, reconstruite dans le bourg du Carlat, par *Anne* de France, veuve de *Pierre*, Duc de *Bourbon*. On voit encore ses armes à la voûte de cette église. Cette même Princesse transféra l'abbaye de *Sainte-Claire*, qui étoit également dans l'*enceinte* du château, au bourg de Boisset, & cette maison, qui avoit été fondée, en 1323, par Ysabeau de Pons, Vicomtesse de Carlat, fut enfin de nouveau transférée à Aurillac.

MURAT.

Petite ville, chef-lieu d'une Vicomté de son nom, située près des bords de l'Allagnon, au bas des monts du Cantal, à six lieues de Vic en Carladès, & à cinq lieues de Saint-Flour.

La Vicomté de Murat est un arrière-fief de la Vicomté de *Carladès*, duquel il relève depuis plusieurs siècles.

Guillaume, Vicomte de Murat, permit, vers la fin du treizième siècle, aux habitans de s'ériger en corps de communauté, de créer des Consuls, & de clorre la ville de murailles ;
il

il leur donna des deniers patrimoniaux & d'octrois à prendre sur toutes les denrées & marchandises qui seroient pésées au poids de la ville.

Renaud, Vicomte de Murat, ayant refusé de rendre la foi-hommage à *Bernard d'Armagnac*, Comte de Rhodès, Vicomte de Carlat, & Connétable de France, fut condamné, par un jugement des Officiers de *Carladès*, du 21 janvier 1414, à avoir sa Vicomté confisquée. Il falloit un siège pour exécuter cette sentence, *Bernard d'Armagnac* chargea *Begon d'Estaing*, son vassal, d'assiéger le château de Murat. *Juvenal des Ursins*, dans son histoire du Roi Charles VI, parle de ce siège : « En ce temps, dit-il, le Comte d'Armagnac print le chastel de Murat par composition, & plusieurs autres places qui estoient au Vicomte de Murat, & preint ledit Vicomte ; par le moyen que ses serviteurs & gens s'en peussent aller des places qu'ils tenoient, leurs vies sauves. Si le meit en prison, & en la fin eschappa, il s'en alla devers le Duc de Bourgogne (1) ».

Depuis cette époque, la Vicomté de Murat fut unie de nouveau à celle du Carlat.

---

(1) Ce Renaud, Vicomte de Murat, quelques années après, en 1419, entra dans la trame odieuse formée contre la vie de Jean, Duc de Bourgogne ; il s'engagea à être complice de cet assassinat pour la somme de 57,000 moutons d'or, & de 500 liv. de rente en terre. Cette action, digne du plus vil des scélérats, n'a pas empêché le Vicomte d'être *noble*, & son fils d'être issu d'un *sang illustre*.

DESCRIPTION. La ville est située au bas d'un énorme rocher de basalte en prisme, sur lequel étoit bâti l'ancien château des Vicomtes; cette forteresse, vaste, composée de plusieurs corps de bâtimens, entourée d'une double enceinte, fut détruite sous le ministère de Richelieu. Les colonnes prismatiques de ce rocher ont depuis quatre jusqu'à quarante pieds de longueur, depuis cinq jusqu'à huit faces. Les tronçons sont emboîtés les uns dans les autres. Plusieurs de ces colonnes ont été détachées du sommet du rocher, & ont roulé jusqu'au fond du vallon, où on voit des tronçons qui ont plus de dix pieds de longueur.

La collégiale de *Notre-Dame* étoit une ancienne église paroissiale, desservie par une communauté de Prêtres; vers l'an 1371, elle fut érigée en chapitre par *Dieudonné de Cardaillac*, troisième Evêque de Saint-Flour. Ce chapitre fut enrichi par les bienfaits du célèbre *Bernard d'Armagnac* & d'autres Seigneurs de Murat. L'église étant tombée en ruine, *Anne de France*, Duchesse de Bourbon & Vicomtesse de Murat, la fit rebâtir; on voit encore ses armes aux vitraux.

Le couvent des *Récollets* est nommé dans le pays le *couvent de Saint-Gal*. On croit que ce fut dans cette solitude que se retira *Saint-Gal*, Evêque de Clermont; il est certain qu'en cet endroit étoit une ancienne chapelle de *Saint-Gal*, où *Bernard d'Armagnac*, Vicomte de Carlat & de Murat, fonda, en 1350, un couvent de Cordeliers, qui subit la réforme des observans, puis, en 1599, celle des Récollets. La maison est assez belle. La sacristie renferme plusieurs reliques; on y voit une châsse couverte de velours, semée de fleurs-de-lis d'or; on présume que ce précieux joyau a été donné par *Anne* de France, Duchesse de Bourbon.

L'Hôpital, autrefois peu considérable, ne jouissoit que de deux cents livres de rente. *François de Bresons*, le dernier de sa maison, Capitaine du château de Murat, lui légua cinq cents livres de rente; quelques personnes charitables ont beaucoup augmenté son revenu; il monte aujourd'hui à environ cinq mille livres.

ENVIRONS. En face de Murat, & de l'autre côté de l'Alagnon, est le riche prieuré de *Bredon*.

A une lieue de *Murat*, dans la paroisse de *Moissac*, est l'énorme rocher de *Laval*; cette masse de basalte, presque entièrement taillée à pic, offre de belles colonnes prismatiques.

A une demi-lieue de Murat, sur le chemin qui conduit de cette ville à *Vic*, près du lieu de Chambon, on trouve un amas assez considérable de bois brûlé, enfoui sous plusieurs couches de terre; on présume, avec assez de fondement, que l'embrâsement de ce bois est dû à l'action des volcans. « Ce bois charbonneux, dit M. *Monnet*, est couvert par un lit fort épais de cendres volcaniques, où l'on trouve des morceaux de vrai charbon végétal, dans un état naturel, tel qu'il seroit s'il venoit d'être fait; & si, comme il y a lieu de le croire, ces charbons existent depuis à peu près les dernières coulées de lave, on peut regarder l'assertion de *Stahl*, qui établit que le charbon est la matière la moins destructible de la nature, si elle n'est exposée au feu, comme un axiome incontestable en Chimie ».

Au dessous de ce charbon on en trouve un autre qui ressemble au *jayet*, & qui, étant exposé sur les charbons ardens, répand, en brûlant, une odeur bitumineuse; près de là on voit une belle roche de *colcothar*, de *bol rouge*. Les environs de Murat offrent fréquemment des terres cuites & calcinées.

La route qui mène de Murat à Vic, & qui n'est praticable que dans la belle saison, offre plusieurs objets intéressans : l'énorme groupe des monts du Cantal est le plus imposant.

LES MONTS DU CANTAL, connus des Anciens sous le nom de *montes Celtorum*, forment un groupe fort étendu de plusieurs montagnes, dominé par une principale, appelée particulièrement le *Cantal* : cette montagne, dont l'énorme base s'étend du nord au sud, dans une longueur d'environ six mille toises, comprend plusieurs pics particuliers, dont le plus considérable, qui est situé vers le milieu de sa longueur, se nomme le *plomb du Cantal*; il s'élève au dessus du niveau de la mer à neuf cent quatre-vingt-treize toises. De cette montagne, part, en divergeant, comme d'un centre commun, une douzaine de rivières ou torrens, parmi lesquels sont l'*Allagnon*, la *Truyères*, & la *Cère*.

La composition de cette montagne & des monts adjacens ressemble beaucoup à celle du *Puy de Dome* & des *Monts d'or*; ainsi, si ces derniers sont volcaniques, les monts du Cantal doivent l'être aussi; mais les témoignages évidens & nombreux que présentent ces montagnes, ne laissent point de doute à cet égard.

A une lieue & au nord-ouest du plomb du Cantal, s'élève, au delà du vallon profond qui les sépare, le *Puy de Griou*, appelé en latin *Mons* ou *Podium Greo*. Cette montagne, parfaitement conique, est si escarpée, qu'il est très-difficile d'atteindre son sommet; elle est dépouillée de toute verdure, & absolument aride; son sommet présente un petit plateau qui a environ six pieds de large sur cinquante de longueur; le côté opposé au sud-est, & qui fait face au Cantal, offre un affreux précipice presque vertical, qui se termine au fond du vallon où est le village *des Chazes*.

A une demi-lieue & au nord du *Puy de Griou*, est une autre montagne fort élevée, nommée le *Col de cabre*; à l'ouest & à une lieue de cette dernière, est *le Puy Mari*, qui est élevé au dessus du niveau de la mer, de neuf cent cinquante-six toises; ces deux montagnes sont à l'extrémité du vallon de *la Jordanne*, & le dominent; c'est à leurs pieds que cette rivière prend sa source.

A une lieue & à l'ouest du Puy Mari, est le *Mont Violent*, qui domine la ville de *Salers*; sa hauteur, au dessus du niveau de la mer, est de neuf cent soixante toises.

Ces énormes aspérités, ainsi que plusieurs autres moins considérables, rassemblées dans une étendue de deux ou trois lieues, sont entourées d'autres montagnes inférieures, & de longs appendices qui s'abaissent en s'éloignant du centre, & laissent entre elles de larges & profonds vallons. Tels sont, au sud, deux vallons presque paralèlles; l'un formé par la *Jordanne*, l'autre par la *Cère*; au nord, le vallon où se trouve le bourg d'*Apchon*, celui où est bâti le village de *Dienne*, &c.

Ces montagnes couvertes de neige pendant la plus grande partie de l'année, se parent de verdure dans la belle saison, & offrent d'excellens pâturages; elles sont de tous côtés semées de petites maisons appelées *Burons*, habitées, après la fonte des neiges, par des Bergers chargés de la garde des bestiaux qui viennent en foule paître sur ces monts. C'est dans ces Burons qu'ils recueillent le lait des vaches, & qu'ils en font des fromages, célèbres dans la province sous le nom de *fromage du Cantal*, qui forment une des principales branches du commerce de la haute Auvergne.

VIC EN CARLADÈS.

Bourg, chef-lieu de la justice du pays de *Carladès*, situé sur la petite rivière de Cère, au pied des monts du Cantal.

La situation de cette ville, dans un pays montagneux, n'est cependant point désagréable; le vallon formé par la Cère offre de charmans points de vue. Ce lieu fut pillé plusieurs fois par les Anglois; on trouve encore dans le voisinage un monument qui atteste leur séjour dans ce pays: sur une éminence est un rocher qui, dans l'idiome du pays, se nomme encore *Lou roc des Anglés*.

Ce lieu fut encore brûlé & pillé pendant les guerres de la religion; mais il a été rétabli, & c'est à l'étendue du ressort de sa juridiction, & à la réputation de ses eaux minérales, qu'il doit sa population & sa consistance.

L'église paroissiale est sous l'invocation de *Saint Pierre*. On y trouve aussi un couvent de filles de l'ordre de Saint-Benoît, qui a été fondé par *Camille de Pestelo*, Marquise de *Monclar*.

En sortant de *Vic*, comme pour aller à *Thiésac*, on trouve une butte sur laquelle est une belle chapelle, qui portoit autrefois le nom de *Saint-Remi*, mais qui a pris celui de *Notre-Dame du Calvaire*.

M. de *Marigny*, Archevêque d'Avignon, après avoir fait un voyage à la Terre-Sainte, vint à Vic pour y prendre les eaux; il dit plusieurs fois que cette butte ressembloit parfaitement au *mont Calvaire*; d'après cela on y bâtit cette chapelle, & on lui donna ce nom.

La source minérale de Vic étoit depuis long-temps ensevelie sous les ruines d'un côteau qui s'étoit écroulé. *Doria*, fameux Médecin de Murat, observa que les bêtes à cornes, qui aiment par préférence les herbes salées, s'y attroupoient. Frappé de ce phénomène, il fit faire, en 1590, une fouille, & y découvrit une grotte voûtée d'une forme à peu près semblable à celle du Mont d'or, qu'on appelle *Bains de*

César, dans laquelle on trouva plusieurs médailles impériales.

C'est en face de Vic, & à un quart de lieue de ce bourg, sur la colline opposée du vallon, que se trouve cette source d'eau minérale, qui n'est pas fort abondante, mais qui est une des plus minérales de l'Auvergne. D'après l'analyse faite par M. *Monnet*, six livres de cette eau ont donné deux grains de terre absorbante, un gros d'alkali minéral, avec quelques grains de sel marin; c'est au gaz que cette eau doit la faculté de tenir une si grande quantité de matière en dissolution; si on l'expose quelque temps à l'air, on voit la terre calcaire se déposer promptement; à sa source elle paroît épaisse & semblable à de l'eau de chaux.

Vic est la patrie de *Pierre d'Auvergne*, célèbre Troubadour du treizième siècle, surnommé *le Moine de Montaudon*; il étoit Religieux du monastère d'Aurillac, suivant sa vie, rapportée dans un ancien manuscrit de la Bibliothèque du Roi. Ce lieu a aussi donné naissance à *Louis Boissi*, Poëte dramatique, de l'Académie Françoise; il y naquit en 1694. Plusieurs de ses pièces sont restées au théâtre; telles sont l'*Impatient*, le *François à Londres*, les *Dehors trompeurs* & le *Babillard*. On dit qu'un particulier d'Aurillac lui servit de modèle pour cette derniere pièce, qu'il le fit assister à la première représentation, & qu'il ne se reconnut pas. Son théâtre est en neuf volumes. Il eut le privilège du Mercure de France, & le rédigea avec succès. Il mourut en 1758.

ENVIRONS. A une demi-lieue de Vic, en remontant le vallon, on trouve le château ruiné de *Muret*; il appartenoit à l'ancienne Maison de *Tournemire*. Le dernier châtelain de ce château, fidèle aux anciens us & coutumes de la noblesse, empruntoit, ne payoit pas ses dettes, & battoit ses créanciers. Un Sergent, nommé *Loup*, vint, dans son château de Muret, lui signifier un mandement de justice. Le noble Châtelain lui fit couper le poing, en lui disant que jamais loup n'étoit entré dans son château qu'il n'y eût laissé la patte. Le temps où les crimes des Gentilshommes restoient impunis, commençoit à passer; on fit le procès du Seigneur Châtelain, & par sentence du siège de Carlat, il fut condamné & exécuté à mort. Le château fut démoli en 1574, & la seigneurie réunie au fief du Carlat.

AURILLAC.

Ville qui prétend au titre de capitale de la haute Auvergne, chef-lieu d'un Présidial, d'un Bailliage & d'une Election, situé sur la petite rivière de Jordane, à huit lieues de Mauriac, à trois lieues de Vic, à douze lieues de Saint-Flour, & à vingt-six lieues & au sud de Clermont.

Quelques Ecrivains, jaloux de flatter leur patrie par une illustre origine, ont avancé qu'*Aurillac* avoit été fondé par l'Empereur *Aurélien*, & ils s'appuient principalement sur le rapport qui se trouve dans le nom de cette ville & celui de cet Empereur. Nous n'essayerons pas même de réfuter cette assertion (1).

Aurillac est nommé pour la première fois vers la fin du neuvième siècle ; ce n'étoit alors qu'une seigneurie appartenante au Comte Geraud, petit-fils de *Gerard*, Comte d'Auvergne, & connu sous le nom de *Comte d'Aurillac*, ce qui ne signifie pas qu'il y eut un Comté de ce nom, car, comme l'observe *Besly*, *Aurillac ne fut jamais Comté*. Geraud résolut de vivre dans le célibat, & fonda, dans sa seigneurie, un monastère qui en porta le nom (2). Cette fondation fut confirmée, en

―――――――――――――――――

(1) On a dit aussi que le *Pagus Aurelienfis*, dont parle le Moine *Aimoin* à propos de la guerre de Childebert & de Théodebert contre Clotaire, étoit le territoire d'Aurillac, & que le lieu de *Combros*, où, suivant le même Ecrivain, se réfugia ce dernier Prince, est aussi *Comros* dans la haute Auvergne; mais il est évident qu'Aimoin parle du territoire d'Orléans, & du lieu de *Combreux*, situé dans le territoire & à cinq lieues de cette ville.

Ce n'est point non plus le *Meroliacenfe Castrum*, dont parle Grégoire de Tours, comme l'avance Moreri sans aucune preuve, & comme quelques Ecrivains l'ont répété d'après lui. Si Moréri & ses copistes eussent lu la description de *Meroliacenfe Castrum* dans Grégoire de Tours, ils se seroient convaincus qu'elle ne convient nullement à l'emplacement d'Aurillac. (Voyez *Murols*, pag. 309 de ce volume.)

(2) Le Duc de Guienne lui proposa sa sœur en mariage ; il refusa en disant qu'il aimoit mieux vivre célibataire ; *j'aime mieux*, ajouta-t-il, *mourir sans enfans, que de laisser de méchans héritiers*.

899, par le Roi de France. Il paroît qu'alors Aurillac ne consistoit qu'en ce monastère. Les lettres du Roi ne parlent point de bourg ni de ville, mais seulement d'un monastère appelé *Aurillac, monasterium cognomine Aurilacus*. Saint-Geraud, dans son testament fait en 909, le désigne ainsi ; *un lieu appelé le monastère Aurillac. Locum... quod vocatur Aurilacus monasterium.* Ce monastère, par sa célébrité, donna, dans la suite, naissance au bourg, qui s'accrut successivement, lui donna même son nom, & prit celui de *Saint-Géraud*, son fondateur, qu'il conserve encore.

DESCRIPTION. Aurillac passe, avec raison, pour la ville la plus jolie & la plus considérable des villes de la haute Auvergne ; elle est bâtie dans un vallon agréable & fort étendu, & arrosée par la petite rivière de Jordane, qui descend de l'énorme groupe des monts du Cantal. La vue est bornée au nord-ouest & au sud-est par des collines fort élevées ; les maisons y sont bien construites, & l'on y trouve de charmantes promenades. On distingue celle appelée *le Gravier*, pratiquée dans une île de la rivière qui réunit l'ombrage, le bruit des eaux, au charme d'une belle vue.

La fontaine du chapitre est curieuse par son bassin, creusé dans un seul bloc de marbre noir de dix pieds de diamètre.

L'abbaye *de Saint-Geraud*, fondée, en 899, par Saint-Geraud, fut d'abord consacrée en l'honneur des Saints Apôtres & de Saint-Clément ; elle reçut ensuite le nom de son fondateur, & fut sécularisée le 13 mai 1561. C'est aujourd'hui une riche collégiale, composée d'un Doyen, d'un Aumônier, d'un Sacristain, d'un Chantre, de douze Chanoines, & de six semi-Prébendés. L'abbaye relève immédiatement du Saint Siège ; l'abbé avoit autrefois la haute justice, non seulement de la ville, mais des faubourgs ; son château est bâti dans le faubourg de *Saint-Estephe*, c'est-à-dire, de *Saint-Etienne* ; la chapelle de ce château est la paroisse de ce faubourg.

L'*église de Saint-Geraud* étoit très-belle ; du temps des guerres de la religion, les Protestans en détruisirent une partie, mais ce qui reste donne une grande idée de son ancienne construction. Les reliques du saint fondateur y étoient conservées. *Jean de Cardaillac*, Abbé de ce monastère, leur fit faire, en 1536, une châsse en argent, pesant quatre-vingts marcs ; mais, en 1569, les Protestans, qui pillèrent cette église, jetèrent les reliques au feu, & emportèrent la châsse.

L'école établie dans ce monastère fut, dans les dixième & onzième siècles, une des plus célèbres de France ; elle a produit plusieurs Savans, dont le plus distingué est *Gerbert*, qui devint Pape sous le nom de Silvestre II.

L'église de *Notre-Dame* est l'unique paroisse de la ville, celle de *Saint-Etienne*, dont nous avons parlé, ne s'étendant pas au delà du faubourg où elle est située. Cette église est desservie par un Curé, & par soixante Prêtres communalistes.

Il y a en outre dans cette ville, des *Cordeliers*, des *Carmes*, trois monastères de filles, & un hôpital.

Le couvent des *Cordeliers* est un des plus anciens du royaume. Leur église fut détruite par les Protestans; mais elle a été rétablie, & aujourd'hui elle est regardée comme une des plus belles de leur province. La tradition rapporte que le Séraphique *François* envoya *Saint-Antoine de Padoue* au couvent d'Aurillac, pour y enseigner la Théologie.

En 1355, *Jean de Roquetaillade*, Religieux de ce couvent, s'amusoit à prophétiser, & à publier des prédictions peu flatteuses pour les mœurs du Pape & des Cardinaux. Innocent VI en fut instruit, il fit prendre le Prophète, & le fit conduire prisonnier à Avignon.

Le couvent des *Car.* fut fondé, vers le milieu du quatorzième siècle, par *Geraud de Gaignac*. Ce couvent & l'église furent aussi dévastés par les Protestans, on les fit rebâtir avec plus de magnificence. L'église est belle; elle est surmontée d'un dôme fort élevé; le maître-autel est revêtu en marbre, & enrichi d'ornemens dorés.

Le réfectoir est une des curiosités de la ville; c'est une très-belle salle qui a soixante-dix-huit pieds de long, quarante-deux de large, & trente-sept de hauteur; le plafond est orné de peintures.

Le Collège fut fondé par la ville. Les Jésuites le firent construire vers l'an 1689. Depuis l'expulsion de ces Pères, il est professé par des Prêtres séculiers, nommés & gagés par la ville.

Usages. On pratiquoit autrefois à Aurillac un usage remarquable. Lorsqu'un Prêtre disoit sa première messe, le Clergé célébroit ce jour par des cérémonies ridicules ; tous les Prêtres de la ville couroient dans les rues, & y danfoient au fon du tambour. Un arrêt du 22 mars 1547 défend la continuation de cette cérémonie, digne des anciennes *Bacchanales*.

Le même arrêt contient d'autres articles qui prouvent le déréglement des Prêtres de ce temps-là ; il ordonne que *toutes les concubines & femmes fufpectes, étant és maifons des Prêtres d'Aurillac, fi aucune y en a, vuideront les lieux, & leur défend d'en tenir*.

EVÉNEMENT remarquable. Cette ville foutint plufieurs fièges du temps des gueres des Anglois, & eut beaucoup à fouffrir des guerres de la religion. Ceux du parti des Guifes envoyèrent, en 1562, à Aurillac un nommé *Brefons*, Gentilhomme des environs, afin qu'il s'emparât des fortereffes de la haute Auvergne. Ce Brefons, que *de Serres* appelle *infigne voleur s'il en fut onc*, avoit une fi grande réputation de cruauté & de fanatifme, que la nouvelle de fon arrivée répandit la confternation chez tous les Proteftans d'Aurillac ; la plupart s'expatrièrent vers la fin du mois de mai, & fe réfugièrent, les uns dans le Limofin les autres à Lyon ou à Orléans.

Le 3 juin, *Brefons* arriva à Aurillac ; il fut bientôt fuivi d'un nommé *Montelli*. « L'on ne fauroit bonnement exprimer, dit *de Serres*, l'indignité des pilleries & des meurtres que ces deux hommes commirent avec leurs fatellites. Ils maffacrèrent cruellement, en divers endroits, huit hommes, pillèrent quelques châteaux & la ville d'*Argentac*, infinies maifons particulières, volèrent grand nombre de Marchands, violèrent plusieurs femmes & filles : finalement conclurent de tuer tous ceux qui avoient fait profession de la religion en ces quartiers là; mais sur ces entrefaites survint l'édit de pacification qui rabatit un tel coup ».

La guerre ayant recommencé entre les deux partis, les Protestans du Rouergue, du Querci & de la Vicomté de Turenne, se réunirent, en 1569, pour assiéger Aurillac; ils étoient commandés par les Capitaines *la Roque* & *Bessonnière*, qui, ayant remarqué que la porte de Saint-Marcel avoit été murée en dedans, & qu'elle étoit double, firent, pendant la nuit, un trou à la porte extérieure, & jetèrent, par ce trou, entre les deux portes en bois, environ cent livres de poudre. Ayant rebouché le trou, & fait une longue traînée de poudre, ils y mirent le feu. L'effet en fut terrible; les deux portes sautèrent en l'air, le mur qui étoit derrière fut renversé, ainsi qu'une partie de la muraille. Les Protestans, au nombre de cent cinquante, entrèrent par cette ouverture dans la ville, & après avoir tué environ cent vingt bourgeois, qui, réveillés par l'effroyable explosion, avoient couru aux armes, ils se saisirent des Consuls, les appliquèrent à la torture, & les firent pendre. Ils pillèrent & détruisirent presque toutes les églises. Ils brûlèrent au milieu de la place publique tous les titres & archives de la ville. M. de Saint-Herem, Gouverneur de la province, accourut avec une troupe de soldats choisis; mais il trouva la garnison protestante plus forte qu'il ne pensoit, & il s'en retourna sans rien entreprendre.

Hommes célèbres. Aurillac est la patrie de plusieurs hommes célèbres. *Gerbert*, qui devint Pape sous le nom de Silvestre II, étoit, dit-on, natif de cette ville : cela n'est pas prouvé ; mais on sait qu'il étoit d'Auvergne, & qu'il fut élevé au monastère d'Aurillac, qu'il devint le Précepteur de l'Empereur Othon III, & du Roi Robert, ensuite Archevêque de Reims, puis de Ravenne, enfin Pape, en *999*.

Il étoit un des plus savans de son siècle ; il dut la thiare à ses talens ; mais on crut vulgairement que, pour parvenir à une dignité si éminente, il avoit employé de la magie. On lui attribue l'invention des horloges à roue ; il fabriqua une sphère & divers instrumens curieux qui lui attirèrent encore le surnom de *magicien*. Le Cardinal *Bennon*, dans sa vie d'Hildebrand, le traite de *sorcier* ; ce Cardinal ne l'étoit certainement pas. (Voyez *Limoges*, Part. IV, pag. 268).

François Mainard, Président au Présidial d'Aurillac, de l'Académie Françoise, & Poète françois ; il fut aussi Secrétaire de la Reine *Marguerite* : il paroît que ce Poète, témoin des scènes galantes qui se passoient au *Carlat* & à *Usson*, s'occupoit à chanter les amours de cette Princesse ; dans une Ode adressée à *Flotte*, l'un de ses amis, il en fait l'aveu :

> L'âge affoiblit mon discours,
> Et cette fougue me quitte,
> Dont je chantois les amours
> De la Reine *Marguerite*.

On

On pourroit aussi conjecturer que ce fut d'après ces mêmes exemples qu'il composa ces poésies licencieuses nommées *Priapées*, dont Ménage nous a conservé ces quatre vers, qui sont les seuls qu'on puisse citer :

> Muse, trêve de modestie,
> Vous vous fâchez toutes les fois
> Qu'on parle de cette partie
> Qui fait les Papes & les Rois.

Il étoit, dit Ménage, Poète lorsqu'il imitoit les autres, & versificateur dans ce qu'il composoit de son cru. Dans sa vieillesse, rassasié de toutes les jouissances, & rebuté de la Cour, il composa des Stances adressées à son fils, qui offrent une teinte de philosophie assez rare dans son siècle; il se retira à Aurillac où il mourut, en 1646.

Piganiol de la Force étoit d'Aurillac; ses Descriptions de Paris, de Versailles & de Marly, & sur-tout sa Description de la France, ont eu le succès qu'elles méritoient à bien des égards. Ce dernier ouvrage a eu trois éditions, & a été traduit en diverses langues; on le lit encore avec beaucoup d'intérêt. Piganiol joignoit à des connoissances en Histoire, du goût pour les Beaux-Arts. Il étoit encore respectable par sa probité exacte, par les qualités de son cœur. M. l'Abbé d'Expilly, dans son Dictionnaire, l'a copié entièrement, sans le citer.

MINÉRALOGIE. Dans le lit de la rivière de *Jordanne*, qui arrose Aurillac, on trouve un grand nombre de pierres primitives, des basaltes;

des granits fins & des porphyres à taches verdâtres & rouges, ainsi que plusieurs sortes de quartz.

Cette rivière roule des pailletes d'or, &, dans le siècle dernier, il existoit à Aurillac plusieurs orpailleurs qui retiroient encore un bénéfice de leur travail; aujourd'hui que le numéraire est fort augmenté, la peine l'emporteroit sur le profit.

MAURIAC.

Petite ville de la haute Auvergne, chef-lieu d'une des quatre grandes Prévôtés de cette partie de la province, & d'une Election, située sur la grande route de Clermont, à dix-huit lieues de cette capitale, à sept lieues d'Aurillac, & à une lieue & demie des bords de la Dordogne & des limites du Limosin.

Quelques Ecrivains ont avancé que *Mauriac* est le lieu près duquel se donna la fameuse bataille entre *Attila*, Roi des Huns, & *Ætius*, Général Romain, & que Grégoire de Tours, en parlant d'Attila, désigne ainsi : *Mauriacum campum adiens*, &c. Il est démontré aujourd'hui que cet événement mémorable eut lieu dans la plaine de Saint-Maurice, près de la ville de Châlons en Champagne (1).

---

(1) M. *Sabbathier*, Secrétaire perpétuel de l'Académie de Châlons sur Marne, a donné sur ce sujet une dissertation très satisfaisante, où il prouve d'une manière incontestable que le lieu de cette bataille est

En conséquence de cette assertion on a fait dériver *Mauriac* de *Mauri hac obiere*, étymologie aussi absurde que peu conséquente. Ce ne furent pas les Maures, mais les *Huns* & autres peuples du nord, qui périrent à cette bataille; il est plus satisfaisant de croire que le nom de cette ville vient de celui de *Saint-Mary* ou *Marius*, qui, du temps des premiers Apôtres envoyés dans les Gaules, prêcha le Christianisme dans la haute Auvergne; ses reliques sont précieusement conservées à Mauriac. Au nom de *Mari* ou *Mauri*, on a ajouté la terminaison *ac*, qui signifie habitation.

Cette ville doit son origine, ainsi que plusieurs villes de France, à un ancien monastère qui fut fondé par *Théodechilde*, fille de Clovis, & par un Comte d'Auvergne nommé *Basolus*. Suivant un manuscrit conservé dans cette abbaye, cette Princesse, chassant dans la forêt, tomba dans une fosse où étoit une lionne qui allaitoit ses petits. Dans un si grand danger elle n'éprouva que la peur, & en mémoire de cet événement, elle fonda un monastère dans le lieu même. C'est une fable qu'il faut ranger parmi tant d'autres que les Moines du neuvième & du dixième siècle s'amusoient à composer : ce récit est, dans l'original, plein de faussetés & d'anachronismes, & il n'y a jamais eu de lions en Auvergne.

---

dans les plaines de Châlons. On voit encore à quatre lieues de cette ville, un camp qui porte le nom de *Camp d'Attila*.

On parle encore dans ce pays d'un château, qu'habitoit, dit-on, *Théodechilde*, nommé *Escolier*. On n'en voit que des ruines, situées à un quart de lieue de la ville. On croit aussi posséder dans l'abbaye un testament de cette Princesse.

Cette abbaye célèbre attira des habitans qui se multiplièrent insensiblement, & formèrent une ville.

L'église fut reconstruite vers le milieu du treizième siècle. *Gui de la Tour*, Evêque de Clermont, la consacra.

Ce monastère, sous le titre de *Saint-Pierre*, est de l'ordre de Saint-Benoît, & dépend de l'abbaye de *Saint-Pierre le vif* de Sens. Le Doyen est séculier, & c'est à lui, ainsi qu'au monastère, qu'appartient la justice du lieu.

Le clocher de cette abbaye étoit couvert en plomb; un Prieur du monastère, qui aimoit mieux l'argent à lui que le plomb au clocher, vendit le plomb, & le fit recouvrir en tuiles.

On conserve dans l'église la châsse de *Saint-Marius*, dont les reliques étoient autrefois à *Saint-Mauri-le-Creux*, & qui furent transférées, dans le onzième siècle, au monastère de Mauriac. Tous les ans, le premier Dimanche du mois de juin, cette châsse est transférée de l'église de ce monastère, dans une chapelle dédiée à la Vierge & à *Saint-Marius*, qui est située sur une montagne voisine, appelée le *Puy de Saint-Mary*. Le premier septembre suivant, les Religieux de Mauriac vont en procession reprendre cette châsse, & la replacent dans leur église.

On conserve aussi dans cette église le corps de *Saint-Quinidius*, Evêque de Vaison; ce Saint avoit une église qui lui étoit dédiée, & qu'on voit encore au milieu des ruines de l'ancienne ville de *Vaison*. M. Suarez, Evêque de cette ville, fit réparer cette ancienne Basilique. (Voyez *Vaison*, Part. I, pag. 214 & 215.)

Le collège de Mauriac fut un des premiers collèges de France professés par des Jésuites; *Guillaume Duprat*, Evêque de Clermont, à son retour du Concile de Trente, introduisit le premier ces Religieux en France, & les établit d'abord à *Mauriac*, à *Billom*, puis à *Paris*; les habitans de Clermont refusèrent alors de les recevoir.

Ce Prélat fit bâtir ce collège avec sept mille livres, & lui assigna des rentes suffisantes pour son entretien. Ce collège, depuis l'expulsion des Jésuites, est régi par des Prêtres séculiers.

On trouve encore dans cette ville quelques autres églises & communautés; il ne faut pas oublier l'église paroissiale de *Notre-Dame des Miracles*, qui doit ce nom aux merveilles qui s'y opéroient autrefois. L'église est gothique, fort jolie, & ornée de figures singulières; au dessus du maître-autel est la figure de la Vierge miraculeuse; cette statue est d'un bois très-noir.

M. de Monthion a fait embellir cette ville par le moyen des ateliers de charité. La fontaine est due aux soins de cet Intendant; elle présente un obélisque sur le dé duquel est cette inscription, composée par M. *Marmontel* :

Ce fut dans les horreurs de la calamité,
  Qu'un ami de l'humanité
A ces heureux travaux occupa l'indigence.
Monthion, ton active & sage intelligence,
Eclairoit *Tournemire* qui t'a bien imité !
Qu'à jamais cette pierre inviolable & sainte
  Fasse lire aux siècles futurs,
Que sans toi tout un peuple eût péri dans les murs
  Dont il a décoré l'enceinte (1).

Mauriac est dans une situation avantageuse, sur une éminence composée de lave, dont la partie inférieure offre des terres bolaires, rouges, calcinées, & autres qui sont toutes les premières déjections d'un volcan voisin.

La ville est dominée par une petite montagne volcanique & fort aiguë ; c'est de là qu'on tire les basaltes en lame, & autres laves dont les maisons sont bâties.

Cette ville a cela de remarquable, que le méridien de Paris la traverse presque au milieu ; c'est le seul lieu un peu distingué dans la partie méridionale de la France, qui se trouve dans cette direction.

---

(1) La foiblesse de ces vers, les expressions impropres de *pierre inviolable*, de *l'enceinte des murs*, &c., prouvent fortement combien ce sujet a paru ingrat à M. Marmontel.

ENVIRONS. A deux lieues de Mauriac, entre *Bort* & cette ville, dans le territoire de Vendes, il existe une bosse chysteuse très-étendue, où se trouvent plusieurs veines de charbon de terre d'une excellente qualité.

MIRMONT est un ancien château situé à une lieue de Mauriac; il est environné de fossés, & présente toutes les fortifications de la féodalité. On y conserve un grand nombre d'armures. Il y a, dit-on, des souterrains qui communiquent à plusieurs lieues delà.

Un monument bien digne d'être remarqué, se voit dans une plaine voisine de la ville; il représente un piédestal antique, chargé de bas-reliefs, composés de trophées d'armes. On a placé au dessus une croix. Suivant l'opinion des gens du pays, ce monument indique le lieu d'une bataille; mais on ignore dans quel temps & par quels peuples elle a été donnée.

ESCORAILLES est situé à une lieue & au sud de Mauriac; le château de ce lieu étoit, du temps de la première race, une forteresse regardée comme inexpugnable. L'usurpateur *Pepin*, qui, depuis plusieurs années poursuivoit avec un féroce acharnement, *Waifre*, Duc légitime d'Aquitaine, vint, vers la fin de l'année 767, assiéger le château d'*Escorailles*, qui tenoit, ainsi que quelques autres, pour le malheureux *Waifre*. Cet usurpateur parvint, mais avec beaucoup de difficulté, à s'en rendre maître; il prit aussi dans le même temps le château de *Peyruffe*, proche Allanches, & celui de *Turenne*.

Les ruines du vieux château existent encore dans le bourg à côté de l'église, & paroissent être de la plus grande ancienneté. On voit auprès un autre château moins ancien qui appartient à la Maison d'Escorailles.

Ce lieu a donné son nom à une des plus puissantes Maisons de la haute Auvergne, dont du Bouchet a écrit la généalogie (1). Cette Maison a fourni une favorite à Louis XIV, Marie-Angelique d'*Escorailles*, Duchesse de *Fontanges*.

Elle n'avoit que dix-sept ans lorsqu'elle parut à la Cour, où on lui fit obtenir une place de *fille d'honneur* chez *Madame*, épouse de Monsieur, frère du Roi. Elle étoit blonde, & sa figure effaça bientôt toutes les beautés de la Cour. L'Abbé de Choisi la peint en deux traits : elle étoit *belle comme un ange, mais sotte comme un panier*. Madame de Montespan, se confiant toujours sur son propre mérite, eut l'imprudence de dire au Roi que Madame avoit auprès d'elle une jeune Provinciale qui étoit *une véritable idole de marbre*. Le Roi la vit, l'aima ; elle rougit, fut quelque temps confuse, puis elle se laissa aimer. Aussi-tôt le Roi lui accorda, en 1679, le titre de *Duchesse*

───────────

(1) *Louis d'Escorailles* fut un des complices de l'assassinat exercé à Montereau sur Jean, Duc de Bourgogne.

& lui prodigua ses finances. Jamais on n'avoit vu à la Cour une favorite faire autant de dépense ; elle donnoit à tous venans & à pleine main ; elle eût voulu, dit un moderne, avoir des royaumes à donner. Le Roi lui assura cent mille écus par mois, & lui en donnoit presque autant en bijoux, en meubles & en ajustemens : les modes françoises lui doivent l'invention des *fontanges*.

Les suites d'une grossesse ternirent sa beauté ; dépourvue des uniques charmes qui la faisoient régner à la Cour, elle se retira dans un couvent, où elle mourut le 28 juin 1681, à 20 ans. On dit que Louis XIV consentit à la voir avant sa mort, & lui accorda quelques larmes.

A une lieue & demie d'Escorailles, & à la même distance de Mauriac, est le bourg de SALINS. La rivière d'*Ause*, qui descend des monts du Cantal pour aller se jeter dans la Dordogne, passe dans ce bourg, & y fait une chûte qui produit la plus belle & la plus pittoresque cascade de l'Auvergne ; la chûte est d'environ cent pieds.

HOMMES célèbres. Mauriac est la patrie de l'Abbé *Chappe d'Auteroche*, célèbre Astronome, de l'Académie des Sciences ; il naquit dans cette ville en 1722. L'Académie le nomma, en 1760, pour aller observer, en Sibérie, le passage de Vénus. Il fit ses observations avec autant d'exactitude que de courage ; & à son retour en France, il publia la *Relation de son voyage en Sibérie*. En 1768, il partit pour la côte la plus occidentale de l'Amérique, pour obferver auffi le paffage de Vénus. Une maladie contagieufe, qui défoloit la contrée, enleva ce Savant; mais il eut la confolation, en mourant, d'avoir eu le temps de remplir le but de fon voyage.

SALERS.

Petite ville de la haute Auvergne, avec titre de *Baronnie*, fituée à trois fortes lieues & au fud-eft de Mauriac, au bas du groupe des monts du Cantal.

Charles, Duc du Bourbonnois & d'Auvergne, avoit permis aux habitans de clorre leur ville de murailles, en confidération des pillages que les Anglois y avoient commis dans le quatorzième fiècle. Dans le feizième fiècle les habitans voulurent rétablir leur clôture; *Charles de Salers* s'y oppofa. Le Parlement rendit un arrêt, en 1540, qui autorifa la clôture de la ville, à la charge, par les habitans, de fe foumettre à la démolir, s'il étoit ainfi ordonné définitivement, & de donner caution. M. *Baillet*, Confeiller au Parlement, fe tranfporta à Salers pour faire exécuter l'arrêt, & il reçut les cautions des habitans.

La paroiffe, fous l'invocation de *Saint-Mathieu*, eft deffervie par une communauté de Prêtres; on y trouve auffi une maifon de Miffionnaires, des Récollets, &c.

L'églife de *Saint-Paul*, qui étoit autrefois la paroiffe de Salers, eft fituée au bas de la montagne.

Les environs de cette ville sont très-fertiles en pâturages, & on y fait des fromages qui sont renommés.

Près du village *des Falgoux*, à deux lieues & à l'est de Salers, au bas de la montagne de Salers on trouve des grottes dont les voûtes naturelles, ainsi que les parois, sont garnies de stalactites de plusieurs formes.

Hommes célèbres. Cette ville est la patrie de *Pierre Liset*, qui s'éleva, par son talent, au grade d'Avocat Général, puis à celui de Premier Président au Parlement de Paris.

C'étoit un fort savant Jurisconsulte pour son temps, mais un cruel persécuteur; il conduisit au bûcher un grand nombre de Protestans, & fut l'inventeur de ce tribunal atroce appelé *Chambre ardente*,

Ayant fait taire un Avocat qui, en pleine audience, donnoit aux cadets de la Maison de Lorraine, le titre de *Prince*; le Cardinal de Lorraine qui gouvernoit tout alors, l'obligea de quitter sa place. Après cette disgrace, il fut bassement se jeter aux pieds du Cardinal, & le conjura d'avoir pitié de sa vieillesse; ce qui a fait dire à M. de Thou qu'il se conduisoit en femme après avoir agi en homme. Il mourut en 1554, Abbé de Saint-Victor.

Fin de la cinquième Partie.

TABLE
De la cinquième Partie.

A.

*A*IDAT	page 314
Aiguesperse,	98
Alleuse,	564
Ambert,	529
Amburs,	288
Ardes,	375
Arlanc,	538
Artonne,	108
Aveine, (*l'*)	474
Aurillac,	585
Auvergne, (*Comté d'*) 28. *Duché d'Auvergne*, 29. *Dauphiné d'Auvergne*,	31

B.

Beauregard,	449
Besse,	303
Billom,	417
Bort-Saint-George,	66
Bouchet, (*le*)	414
Bourboule, (*la*)	307
Brassac,	48
Brioude,	504
Buron,	411

C.

Carlat,	567
Chaise-Dieu, (*la*)	539

TABLE.

Challieres,	page 564
Chamaliéres,	266
Chambon, (lac de)	310
Champeix,	362
Chartreuse de Port-Sainte-Marie,	287
Chaté,	271
Châteaubriand,	288
Chaudes-Aigues,	565
Cirgue, (Saint)	365
Clermont,	162
Cognat,	92
Combrailles,	56
Coran,	412
Coude,	330

E.

Ebreuil,	85
Effiat,	107
Escorailles,	599
Evaux,	58

F.

Falgoux, (les)	603
Fayette, (la)	405
Fontaine de la poix, voyez *Puy de la poix*,	
Fontanat;	274
Fontenilles,	466

G.

Gannat,	87
Gensac,	97
Gergovia,	316

I.

Issoire, voyez *Yssoire*.

TABLE.

J.

Jose,   page 473

L.

Lac de Chambon,   310
Lac de Pavin,   306
Langeac,   547
La Tour,   302
L'Aveine,   474
Lezoux,   462
Ligones,   466
Livradois,   538

M.

Manglieu,   415
Maringues,   470
Marssac,   533, 534
Mauriac,   594
Maurifolet, (la Tour de)   359
Mercœur, voyez Ardes,
Mirmont,   599
Montaigu le blanc,   365
Monts-d'or,   46, 291
Monts du Cantal,   46, 580
Montferrand,   146
Montfrialoux,   64
Montjoli, (caves de)   267
Montpensier,   102
Montpeyroux, (abbaye de)   503
Montrognon,   327
Mozat,   140
Mozun,   425
Murat,   576
Muret,   585
Murols,   308

TABLE.

N.

Nechers,	page 367
Nonette,	ibid.

O.

Orcival,	290

P.

Pavin, (lac de)	306
Perriers,	359
Pinons, (les)	498
Pont de Pierre,	220
Pont du Château,	430
Pontgibaud,	285
Port-Sainte-Marie, Chartreuse,	287
Pradines,	360
Puits des Fées,	71
Puy de Chaté,	271
Puy de Dome,	275
Puy de Graveneire,	270
Puy de Montaudoux,	271
Puy de la Poix,	161

R.

Ravel,	426
Riom,	111
Rocheblanche, (la)	327
Roche de Baune,	71
Rochefort,	288
Royat;	268

S.

Saillant, (saut de)	314
Saint-Cirgue,	365
Saint-Flour,	557
Saint-Myon,	110

Saint-Paulien, page 553
Saint-Pourcain, 80
Saint-Sandoux, 367
Salers, 602
Sallins, 601
Senectère, 312

T.

Thiers, 478
Toul-Sainte-Croix, 77
Tour, (la) 302
Tournoille (la) 146

U.

Usson, 380

V.

Vassivière, (la Chapelle de) 305, 306
Vernet, (le) 404
Vic en Carladès, 582
Vic-le-Comte, 406
Vieille-Brioude, 526
Vodable, 369
Vollore, 494
Volvic, 142

Y.

Yssoire, 333
Yvoine, (Saint) 359

Fin de la Table de la cinquième Partie.

ERRATA.

ERRATA

Du cinquième volume.

Page 8, ligne 8 de la note, *conseiller*, lisez *concilier*.

Page 28, ligne 29, Dieu y soit *ou* Busceol, retranchez *ou*.

Page 29, ligne 6, retranchez *en* 1501.

Page 39, lig. 19, *au Sud*, lisez *au Nord*.

Page 45, ligne 8, *du village*, lisez *au village*.

Page *idem*, ligne 9, ajoutez une virgule après *Dore-l'Eglise*.

Page 51, ligne 9 de la note, *ville de Clermont*, lisez *Sénéchauffée de*, &c.

Page 55, ligne 1ere, *baffe Limagne*, lisez *baffe Auvergne*.

Page 64, ligne dernière, *Barrillon*, lisez *Baraillon*.

Page 107, ligne 14, *érigea*, lisez *fit ériger*, ligne 15, *fit*, lisez *&*.

Page 132, ligne 19, après *infidélité*, ajoutez *des habitans de Riom*.

Page 229, ligne 17 de la note, *dex son son épouse*, lisez *de*.

Page 248, ligne 3 de la note, ajoutez *mais* avant le mot *presque*.

Page 331, ligne 6, *memoriæ*, lisez *memorie*.

Page 380, ligne 2, *à l'Ouest*, lisez *à l'Est*.

Page 482, ligne pénultième, *le groupe*, lisez *la croupe*.

Page 528, ligne 8, *ainsi que les culées*, lisez, *ainsi que celle des culées*.

Page 545, ligne 12, après *crédit*, mettez un point & virgule, & ligne 13, après *frère*, mettez une virgule.

Page 548, ligne 10 de la note, *ingulières*, lisez *singulières*.

Page 553, ligne 6, *ils abondent*, lisez *il abonde*.

Page 555, ligne 2, *vraiemblable*, lisez *vraisemblable*.

Page 603, ligne 26, *du Cardinal*, lisez *duc Cardinal*.

SUPPLÉMENT
AU CINQUIÈME VOLUME.

L'Auvergne & le Vélai réunis forment trois départemens, le *département du Haut-Allier*, celui *du Cantal*, & celui *du Puy de Dôme*.

Le département du *Haut-Allier*, composé du Vélai & d'une partie de la haute Auvergne, est divisé en trois districts, dont les chefs-lieux sont, *le Puy, Brioude, & Yssengeaux*. L'assemblée du département se tient dans la ville du *Puy*.

Le département *du Cantal* comprend une grande partie de la haute Auvergne. Il est divisé en quatre districts, dont les chefs-lieux sont: *Saint-Flour, Aurillac, Mauriac, & Murat*. L'assemblée de ce département alternera à *Saint-Flour* & à *Aurillac*. Le siège de l'Evêché reste à *Saint-Flour*.

Le département du *Puy de Dôme* est divisé

en huit districts, dont les chefs-lieux sont : *Clermont*, *Riom*, *Ambert*, *Thiers*, *Issoire*, *Besse*, *Billom*, & *Montaigu*. Les assemblées du département se tiendront jusqu'à nouvelle détermination dans la ville de *Clermont*.